SOJOURNER OR NATIVE

THE SOCIAL ORIENTATION OF CHINESE SOCIETY IN LATIN AMERICA(1847-1970)

刘叶华／著

他乡·故乡

拉美华人社会百年演变研究

中国人民大学出版社
·北京·

目　录

图表目录

第1章　导论

1.1　学术界定

本书讨论的主要内容是：拉美华人社会百年演变研究，时间段是从1847年到1970年。对于本书涉及的关键概念，进行如下学术界定。

按照学界通常的界定，拉丁美洲（全称拉丁亚美利加州，Latin America）是指美国以南的美洲地区。但是，它的产生来源并不是地理学上山脉或者河流的天然阻隔，而是由该地区的政治、经济和社会发展历史演化而来的。历史上，该地区大多数国家曾沦为西班牙、葡萄牙的殖民地，官方通用语言是拉丁语系的西班牙语和葡萄牙语，因此得名“拉丁美洲”。拉丁美洲以巴拿马运河为界，一分为二：北部包括墨西哥高原、中美地峡和西印度群岛，它们属于北美洲；南部是南美洲的全部。①

在学界，华人、华侨和华裔是有严格区分的。华人（Chinese），广义上是指所有具有中国血统的人，狭义上是指除了拥有中国国籍以外具有中国血统的人。华侨（Overseas Chinese，Chinese Sojourner）是指定居在国外具有中国国籍的人（中国公民），无当地国家的护照，持有中国护照。华裔（Chinese Descent），指非定居中国国内的具有中国血统的人，持有当地国家的护照。在这三个概念中，华裔的外延最小，大多数社会历史学研究中所指的华人华侨都涵盖了华裔。当然，在具体的个案研究中，研究者也会根据研究需要对某些概念的外延进行重新界定。例如，1956年，华人学者张清杰（音译，Ching Chieh Chang）在马里兰大学地

---

① 参见维基百科，http://zh.wikipedia.org/wiki/%E6%8B%89%E4%B8%81%E7%BE%8E%E6%B4%B2。

理系完成的博士论文《华人在拉丁美洲》中，对华人的界定就比较特殊：包括所有华人父母的后裔，不论出生在中国与否，也不论他们是否为中国公民；不包括华人与其他种族通婚留下的后裔。还有学者借用散居世界的犹太人的概念，将海外华人（Chinese overseas）称为华人散居者（Chinese diaspora）或华族（Ethnic Chinese）。① 本书中的华人仍沿用大多数社会历史研究中所采用的广义上的含义。如果从历史认同和身份认同的角度言之，海外华人承认自己或祖先的中华文化传统，并且有效地加以运用在华人社会内部以及居住国主流社会获得身份认同，从而形成华人族裔的独特个性；他们也认同居住国的历史，积极参与居住国的政治、经济和社会事务之中，最终成为当地少数族裔不可分割的重要成员之一。②

1847—1970 年，在这一百多年的时间里，中国社会从封建社会逐步沦为半殖民地半封建社会，中国共产党创立后，进而经历了两次国内革命战争和抗日战争、解放战争，找到了民族独立、国家富强的社会主义发展道路，从半殖民地半封建社会直接迈入了社会主义社会，开始了轰轰烈烈的社会主义建设。当动荡不安的社会制度和体制不再能庇护和养育它的子民时，难免人心思变、人心思迁，于是鸦片战争后大批中国移民前往拉美谋生。在他乡谋生的华人与他们留居国内的亲族有着“斩不断”的宗族人际关系网络，与接二连三的新生政权有着“理还乱”的政治经济情愫，时时刻刻惦念着衣锦还乡。与这些国内的政权更迭和社会演进相呼应，与拉美民族独立运动后资本主义民主国家的建立相关联，海外华人的心理也在发生着变化，由侨居到定居，由叶落归根到入乡随俗，他乡与故乡的观念逐渐错位，转变为“他乡亦故乡”。因此，拉美华人社会百年间的产生、发展和演变构成了相对独立、完整的历史个体事件，与当地社会和祖国的关系也发生着亲疏变化，对自身社会认同产生了一个

---

① 参见王庚武著，赵红英译：《单一的华人散居者?》，载《华侨华人历史研究》，1999 (3)，1～14 页；刘宏：《王庚武教授与海外华人研究：方法论的初步观察》，载《华侨华人历史研究》，2003 (3)，62～69 页；杨振华：《研究海外华人历史理论的演变》，载《新余高专学报》，2004 (1)，69～71 页。

② 参见王庚武著，钱江译：《从历史中寻求未来的海外华人》，载《华侨华人历史研究》，1999 (4)，1～11 页。

由失落到重生的历史性变迁，具有典型的社会历史学研究价值。

1.2　学术回顾

中国大陆的拉美华人华侨研究始于 20 世纪 60 年代，台湾则在 50 年代就有学者开始进行研究；在拉美，20 世纪 50、60 年代华人学者也编纂了相关的研究著述。近年来，随着国外学者的加入，相关的研究成果日渐增多。下面按照研究者的研究对象和研究目的，将国内外学者的研究成果分为以下四类，加以论述。

第一，关于契约华工（Indentured Chinese Labor）、苦力贸易和华工移民史的研究。

1963 年，陈泽宪的论文《十九世纪盛行的契约华工制》大致梳理了 19 世纪以前的非法劳工贸易，着重分析了 1850—1875 年的契约劳工贸易，分门别类地统计了拉美契约华工的整体情况，开拉美契约华工历史研究先河。[①]

20 世纪 80 年代，陈翰笙主编的《华工出国史料汇编》（共十辑）正式出版，内容包括中国官文书、英国议会文件、美国官方文件、中外综合性著述。拉美华工的史料其中也有涉及：第一辑《中国官文书选辑》中的第二册第三编古巴华工、第三册第四编秘鲁的华工和第五编拉丁美洲其他各地（包括巴西、墨西哥、巴拿马、智利和危地马拉等国家）的华工；第六辑《拉丁美洲华工》，收录了克里门蒂（Cecil Clementi）的著作《中国人在英属圭亚那》（1915）的主要部分，杜冯·克拉夫·科比特（Duvon Claugh Corbitt）的著作《1847—1947 年古巴华工研究》（1917），陈匡民的《美洲华侨通鉴》（1950）中关于古巴、巴西、牙买加、巴拿马和墨西哥的华工、华侨的篇章，以及中外学者有关拉美的笔记、著述和纪略。这是一部内容最丰富、最具影响力的华工研究史料集成。

在一些专业的学术期刊和论文集中也有关于拉美华人研究的学术论文，如《世界历史》、《拉丁美洲研究丛刊》、《华侨华人历史研究》、《华

---

① 参见陈泽宪：《十九世纪盛行的契约华工制》，载《历史研究》，1963（1），34～41 页。

人华侨史研究集》、《八桂侨史》、《拉丁美洲研究》、《世界华人精英传略・南美洲与加拿大卷》、《华人之声》、《海外华人百科全书》等。

台湾淡江大学拉丁美洲研究所的熊建成关于古巴华工的研究成果史料价值丰富，影响较大。他根据西班牙和古巴的华侨华工档案资料和官方数据，统计了古巴华工的总人数、性别、年龄、婚姻状况、职业分布情况以及华工死亡率和回国人数，并研究了西班牙政府对古巴华人移民政策的演变和古巴中国领事馆设立等历史问题。①

国外学者也从各自的研究角度出发，对拉美契约华工、苦力贸易和移民史进行了深入的理论分析。

美籍华人胡其瑜（Evelyn Hu-DeHart）毕业于斯坦福大学，是布朗大学美洲种族和族群研究中心（Center for the Study of Race and Ethnicity in America，Brown University）主任。她从民族问题和奴隶制度的角度，对契约劳工制度作了定性分析，认为契约劳工制度从根本上说是一种新的奴隶制度，契约劳工被剥夺了各种自由，充当种植园的奴隶。②

华裔学者 Walton Look Lai 任教于特立尼达的西印度大学历史系。他搜集和整理了大量一手的珍贵资料，在拉美华人研究史上拥有权威的学术地位。他从世界经济史的角度出发，以奴隶制度崩溃以后世界劳工制度变迁为背景，对加勒比海地区的中国和印度劳工进行了推动因素、生活和劳动状态、适应过程等多方面的比较研究。③ 在他编纂的另外一部史料集成中，全面系统阐述了加勒比海地区华人的历史，通过收集、整理殖民地时期的政府档案、当时报纸期刊摘编、当事人采访记录和回忆录选辑、通信、船运公司的航海档案、日记和笔记等资料，展现了 19 世纪华工的移民背景、契约签订、抵达后情况、种植园生活和工作、1866 年

① 参见熊建成：《西班牙有关古巴华人移民政策的演变》，台北，新陆书局，1979；熊建成：《中国契约劳工与古巴中国领事馆的设立》，见《第四届世界海外华人国际学术研讨会论文集 Ⅱ》，93～103 页，台北，"中央"研究院，2001。

② See Evelyn Hu-DeHart, "Chinese Coolie Labor in Cuba in the Nineteenth Century: Free Labor or Neo-slaver?" *Slavery and Abolition*, 1993-04, 14: 1.

③ See Walton Look Lai, *Indentured Labor*, *Caribbean Sugar*: *Chinese and Indian Migrants to the British West Indies*, *1838-1918*, Baltimore and London: The Johns and Hopkins University Press, 1993.

后的移民变化等历史，以及现代华人社区的崛起。①

阿诺德·米格尔（Arnold Meagher）的博士论文从世界经济史的角度阐释了由于国际劳动力短缺，劳工贩子涉足中国东南沿海，在厦门、汕头、香港、广州、黄埔、上海、宁波、澳门等沿海开放口岸，掳掠华工，还翔实地记述了航行线路、途中华工的悲惨境遇和反抗斗争，特别探讨了大安的列斯（Greater Antilles）群岛和南美洲契约华工的劳动生活状态。他一语道破契约华工的本质：契约华工绝对不是什么自由移民，而是西方殖民者假人口贩子之手，诱骗、拐卖和绑架中国东南沿海居民，运送到拉美做苦力，在劳动、生活等方面的待遇与奴隶别无二致。他还充分肯定了华工在拉美经济发展方面的巨大贡献，以及在丰富当地文化中的积极作用。②

秘鲁华工遭受的非人待遇一直以来是国外学者普遍关注的主题。在这方面，瓦特·斯图尔特（Watt Stewart）、麦凯尔·冈萨雷斯（Michael J. Gonzales）、温贝托·罗德里格斯·帕斯托尔（Humberto Rodríguez Pastor）、Trazegnies Granda 等人的研究成果影响最大。③

---

① See Walton Look Lai, *The Chinese in the West Indies*, *1806–1995*: *A Documentary History*, Kingston: The Press University of West Indies, 1998.

② See Arnold Meagher, *The Introduction of Chinese Laborers to Latin America*: *The "Coolie Trade"*, *1847–1874*, PhD Dissertation, Davies: University of California at Davies, 1975.

③ See Watt Stewart, *Chinese Bondage in Peru*: *A History of the Chinese Coolie in Peru*, *1849–1874*, Durhan, N. C.: Duke University Press, 1951. Watt Stewart, *Henry Meiggs*: *Yankee Pisarro*, Durham, Durham: Duke University Press, 1946. Michael J. Gonzales, *Cayalti*: *The Formation of A Rural Proletariat on a Peruvian Sugar Came Plantation*, *1875–1933*, PhD Dissertation, Berkeley: University of California at Berkeley, 1978. Michael J. Gonzales, "Capitalist Agriculture and Labor Contracting in Northern Peru, 1880–1905," *Journal of Latin American Studies* (*Great Britain*), 1980–12, pp. 291–315. Michael J. Gonzales, "Chinese Plantation Workers and Social Conflict in Peru in the Late Nineteenth Century," *Journal of Latin American Studies* (*Great Britain*), 1989, 21: 3, pp. 385–424. Michael J. Gonzales, "Economic Crisis, Chinese Workers and Peruvian Sugar Plants: A Case Study of Labor and the National Elite," in Bill Albert and Adrian Graves ed., *Crisis and Change in the International Sugar Economy*, *1860–1914*, Norwich & Edinburgh: ISC Press, 1984, pp. 181–198. Michael J. Gonzales, *Plantation Agriculture and Social Control in Northern Peru*, *1875–1933*, Austin: University of Texas Press, 1985, pp. 84–116. Humberto Rodríguez Pastor, *Los trabajadores Chinos Culies en el Perú*, Lima: Articulos Historicos, 1977. Fernado de Trazegnies Granda, *En el país de las colinas de arena*: *Reflexiones sobre la inmigración china en el Perú de S. XIX desde la perspective del Derecho*, Lima: Fondo Editorial de Pontificia Universidad Catolica del Perú, 1994.

19 世纪末古巴学者开始研究古巴华人社会状况。1953 年马歇尔·鲍尔斯（Marshall K. Powers）的博士论文系统介绍了契约华工移民古巴的过程。① 国际移民史专家赫利（Denise Helly）除主编 1876 年清政府赴古巴调查团报告英文版外，还撰写过华工研究专著。②

此外，还有关于圭亚那和特立尼达的华工研究，如苏阿冠（Trev Sue-A-Quan）的《甘蔗收割者：圭亚那华人契约移民》和劳伦斯（K. O. Lawrence）的博士论文，分别对这两个国家的华工移民过程进行了全面的探讨和论述。③

第二，关于排华运动的研究。

在排华运动研究方面，台湾何凤娇主编的《排华史料汇编：墨西哥》（上、下）是台湾"国史"馆推出的资料汇编，具有很高的史料价值。④

国外学者关于拉美排华运动和移民史的研究多集中在墨西哥 20 世纪初到 30 年代的几次排华运动上，由于有些研究者持有强烈的种族歧视观念，研究成果里充斥着对华人的侮蔑和贬低，观点极端偏激，不够公正客观。如何塞·安杰尔·埃斯皮诺（José Angel Espinoza）的著作详细地提供了有关资料并分析了排华原因，但是作者歧视华人的种族偏见也在研究成果中表现得十分明显。⑤

胡其瑜对 19 世纪末 20 世纪初发生在墨西哥索诺拉（Sonora）地区的排华运动进行过研究，比较客观、公正。她认为，吃苦耐劳的品质让华

---

① See Marshall K. Powers, *Chinese Coolie Migration to Cuba*, PhD Dissertation, Florida: University of Florida, 1953.

② See Denise Helly, *Idéologie et ethnicité: les Chinois Macao à Cuba, 1847 – 1886*, Montrèal: Presses de I'Université de Montrèal, 1979. Denise Helly, *The Cuba Commission Report: A Hidden History of the Chinese in Cuba* (*The Original English-Language Text of 1876*), Baltimore and London: The Johns Hopkins University Press, 1993.

③ See Trev Sue-A-Quan, *Cane Teapers: Chinese Indentured Immigrants in Guyana*, Vancouver: Riftswood Publishing, 1999. K. O. Lawrence, *Immigration to Trinidad and British Guiana, 1834 – 1871*, PhD Dissertation, Cambridge: Cambridge University, 1958.

④ 何凤娇主编:《排华史料汇编：墨西哥》，台北，"国史"馆，1991，1993。

⑤ See José Angel Espinoza, *El ejemplo de Sonora*, México: [s. n.], 1932. José Angel Espinoza, *El problema Chino en México*, México: [s. n.], 1931.

人在当地处于较优越的经济地位，而当地居民由于经济不景气导致失业率上升，华人招致当地居民的敌对和憎恨。其实，当地华人经济地位的优越程度言过其实，其中也不乏排华势力想象的因素。①

此外，查尔斯·肯伯兰德（Charles C. Cumberland）、菲利普·丹尼斯（Philip A. Dennies）、利奥·达姆伯基（Leo M. D. J. Dambourges）、雷蒙·克莱普（Raymond B. Craib）等学者都从不同的角度对排华运动进行了阐释。②

第三，关于拉美华人历史和现状的研究，如关于"种族性"（Racial Identity）和"克里奥化"（Creolization，即因华人与当地妇女结婚而出现的种族同化现象）等的研究。

20世纪80年代以来，中国大陆学者对于拉美华人华侨的历史和现状的研究成果增多，但是与对华工的研究相比，仍显得比较薄弱。主要有徐世澄、沙丁、杨典求、杨安尧、刘文龙、管彦忠等学者散见于期刊上或文集上的研究性文章，鲜有综合性的专门著述。③

---

① See Evelyn Hu-DeHart, "Immigrants to A Developing Society: The Chinese in Northern Mexico, 1875–1932," *Journal of Arizona History*, 1980, 21, pp. 49–87. Evelyn Hu-DeHart, "Racism and Anti-Chinese Prosecution in Sonora, Mexico, 1876–1932," *Amerasia Journal*, 1982, 9: 2, pp. 1–27.

② See Charles C. Cumberland, "The Sonoran Chinese and the Mexican Revolution," *Hispanic American Historical Review*, Vol. 4, No. 2, 1960–05, pp. 191–211. Philip A. Dennis, "The Anti-Chinese Campaigns in Sonora, Mexico, " *Ethnohisotry*, 1979, 26: 1, pp. 65–88. Leo M. D. Jaques Dambourges, *The Anti-Chinese Campaign in Sonora, Mexico, 1900–1931*, PhD Dissertation, Arizona: University of Arizona, 1974. Leo M. D. Jaques Dambourges, "Chinese Merchants in Sonora, Mexico, 1900–1931," in Luz. M. Martinez Montiel ed., *Asiatic Migrations in Latin America*, pp. 13–20. Raymond B. Craib, *Chinese Immigrants in Porfirian Mexico: Preliminary Study of Settlement, Economic Activity, and Anti-Chinese Sentiment*, Albuquerque: Latin American Institute, University of New Mexico, 1996.

③ 参见徐世澄：《拉丁美洲与华人》，见庄炎林主编：《世界华人精英传略·南美洲与加拿大卷》，311～325页，南昌，百花洲文艺出版社，1995。沙丁、杨典求：《清季我国和一些拉丁美洲国家的首次建交及其影响》，见中国拉美史学会编：《拉丁美洲史论文集》，336～353页，北京，东方出版社，1986。杨安尧：《秘鲁华侨华人经济的变化和发展》，载《八桂侨史》，1994（1）。刘文龙：《近代拉丁美洲华人商业活动初探》，载《拉丁美洲研究》，1996（5）。杨安尧：《亚马孙河流域的华人》，载《华人之声》，1997（1）。杨安尧：《华工与秘鲁华人社会》，载《华侨华人历史研究》，2000（3）。管彦忠：《中国人移居巴拿马的历史进程》，载《拉丁美洲研究》，2002（2）。

20 世纪 50 年代，中国台湾就已经出版了当地华侨学者研究拉美华侨史的著述。60、70 年代，台湾《华侨月报》等杂志刊登了拉美华侨撰写的介绍所在国华侨概况的文章。1969 年，拉美华侨何名忠的著作介绍了南美华侨企业的情况。① 华侨协会总会主编的《海外华人青少年丛书》是这些出版物中的代表性著作，丛书共 12 本，涵盖了拉美 19 个国家，是第一套介绍拉美华人华侨的中文系列图书。

国外拉美华人社会的研究学者以华人华裔为主力，20 世纪 50、60 年代主要成果是资料汇编，如刘令编著的《华侨人物志》和《美洲华人志》、陈匡民的《美洲华侨通鉴》等。

张清杰在其博士论文中提出了华人“种族性”的问题，指出，华人虽然居住在多种族杂居的环境中，但是在人口比例较高的国家仍然保持着独立的“种族性”；即使与当地其他族裔有通婚关系，也仅限于私人的家庭生活，华人人际交往和社会生活圈仍然是独立于其他族裔的。

诺拉 · 简 · 哈尔（Laura Jane Hall）的博士论文也对 1853—1879 年抵达圭亚那的 13 376 名华人定居后的历史进行了跟踪研究，指出这批华人移民在保持自己独立性的同时，没有对当地统治秩序构成任何威胁，还与其他移民社会保持着融洽的关系。华人适应能力强固然是原因之一，更重要的是华人用皈依基督教或者主动寻求“克里奥化”的方法融入了主流社会。②

斯图亚特（John Othneil Stewart）的论文对特立尼达的移民“克里奥化”过程进行了分析，但是因为没有公开发表，影响不大。③

还有两部论文集影响较大，一部是路斯 · 蒙泰尔（Luz M. M. Montiel）主编的《拉丁美洲的亚洲移民》，其中收录了 5 篇与华人有关的文章，分别

① 参见何名忠：《南美国家及华侨实业简介》，台北，“中国”侨政学会，1969。

② See Laura Jane Hall, *The Chinese in Guyana: The Making of A Creole Community*, PhD Dissertation, Berkeley: University of California at Berkeley, 1995.

③ See John Othneil Stewart, *Coolie and Creole: Different Adaptations in a Neo-plantation Village-Trinidad, West Indies*, PhD Dissertation, Los Angeles: University of California at Los Angeles, 1973.

讨论了墨西哥的索诺拉、巴拿马、秘鲁的钦查岛、古巴等地的华人移民状况。[①] 另一部是罗杰·桑杰克（Roger Sanjek）主编的《加勒比海的亚洲人：中国人、印度人和日本人在特立尼达和多米尼加共和国的经历》，其中 Christine Ho 的文章阐述了圭亚那、特立尼达和牙买加华人“克里奥化”的过程。[②]

第四，有关华人的区域性、国别性研究。

与拉美其他国家相比，圭亚那是最早开始华人研究的。英国驻圭亚那总督秘书克里门蒂的编年史著作，记录了 1850—1914 年华人移民兴衰的主要历史事件和详尽的数据，为后来的研究者提供了研究框架。[③] 玛格雷·科尔帕特里克（Margery Kirkpatrick）采访了 16 名华人前辈并将他们的口述记录下来，详细记录了圭亚那华人定居、宗教信仰、妇女地位以及由契约华工向英属圭亚那人转变的过程。[④] 还有玛琳·库克·克劳福德（Marlene Kwok Crawford）编写的关于圭亚那华人社会的研究著作，概述了圭亚那华人社会的历史演进，还收录了圭亚那知名华人的小传。[⑤]

科特（Kenneth Cott）和劳伦斯·道格拉斯·泰勒（Lawrence Douglas Taylor）的论文探讨了华人移民在墨西哥外交关系中，特别是在美墨关系和中墨关系中的历史作用。[⑥] 欧阳民（Eduardo Auyon Gerardo）主编的《墨国下加省华侨沿革史略》（1971）较详细地叙述了华人开发墨西哥下加利福尼亚（Baja California）的历史及华人一体化的过程。1991 年

---

① See Luz M. Marinez Montiel ed., *Asiatic Migrations in Latin America*, México: Le Colegio de México, 1981.

② See Roger Sanjek ed., *Caribbean Asians: Chinese, Indian and Japanese Experiences in Trinidad and the Dominican Republic*, New York: The Asian/American Center at Queens College, CUNY, 1990.

③ See Cecil Clementí, *The Chinese in British Guiana*, Georgetown: Argosy, 1915.

④ See Margery Kirkpatrick, *From the Middle Kingdom to the New World: Aspects of the Chinese Experience in Migration to British Guiana*, Georgetown: The Author, 1993.

⑤ See Marlene Kwok Crawford, *Scenes from the History of the Chinese in Guyana*, Georgetown: The Author, 1989.

⑥ See Kenneth Cott, "Mexican Diplomacy and the Chinese Issues, 1876-1910," *Hispanic American Historical Review*, Vol. 67, No. 1, 1987-02, pp. 63-85. Lawrence Douglas Taylor, "El Contraband de Chinos a Lo Largo de la Frontera Entre México y Estados Unidos, 1882-1931," *Frontera Norte* 6, No. 11, 1994-06/07, pp. 41-57.

他又有著述问世。①

在古巴，关于华人社会史的研究成果也非常丰富。胡安·希门尼斯·帕斯特拉纳（Juan Jeménez Pastrana）等学者对1847—1930年华人参与古巴独立运动的英雄事迹按照时间顺序开展研究，记叙了古巴华人在古巴独立战争和对巴蒂斯塔（Rubén Fulgencio Batista y Zaldívar）独裁政权的斗争中所建立的卓著功勋。② 古巴华人社会生存与适应的历史受到杜冯·克拉夫·科比特的关注，在他的著作中全面、系统地记述了古巴华工及华人百年生存、创业、适应和一体化的进程。③ 在清末的古巴华工受虐调查中，清政府派往古巴、秘鲁等地的代表团撰写了揭露契约华工惨状和奴隶制度嗜血本性的报告，如陈兰彬的《古巴华工口述册》等。这些出使拉美国家的清政府外交官员还以笔记和日记的方式记述了拉美各国华人社会的现状和受到的不公正待遇，如容闳的《西学东渐记》、谭乾初的《古巴杂记》、张荫桓的《三洲日记》、崔国因的《出使美、日、秘三国日记》等。④

在特立尼达，特雷沃尔·M·米勒特（Trevor M. Millett）利用自己的记者身份，对华人社区进行了调查研究。他的著作生动地展示了特立尼达华人在长期定居过程中的演变史。⑤

一些学者运用比较的研究方法，对不同地区或城市的华人进行比较研究，比如美国学者Adam McKeown对秘鲁、芝加哥和夏威夷三地的华人进行比较研究。⑥ 华人学者王保华（Dernard Wong）比较了利马和纽约华人同

---

① See Eduardo Auyon Gerardo, *El Dragon en el Deserto*: *Los Pioneros Chinos en Mexicalí*, Mexicalí: Instituto de Cultura de Baja California, 1991.

② See Juan Jeménez Pastrana, *Los Chinos en las Luchas por la Liberación Cubana*, *1847-1930*, Habana: Instituto de Historía, Ac. De C., 1963.

③ See Duvon C. Corbitt, *A Study of the Chinese in Cuba*, *1847-1947*, Kentucky: Asburry University, 1971.

④ 参见李安山：《明清时期有关华侨华人的典籍笔记和研究概述》，载《华侨华人历史研究》，2002（6），43页；沈燕清：《清代海外游历笔记中的华侨社会》，载《八桂侨刊》，2005（10），48～52页。

⑤ Trevor M. Millett, *The Chinese in Trinidad*, An Inprint Publication, 1993.

⑥ See Adam McKeown, "Inmigración China al Perú, 1904-1937: Exclusión y Negociación," *Histórica* (*Lima*): 1996, 20, pp. 59-91. Adam McKeown, *Chinese Migrant Networks and Cultural Change*: *Peru*, *Chicago*, *Hawaii*, *1900-1936*, Chicago: The University of Chicago Press, 2001.

化及纽约、利马和菲律宾华人在家庭、亲属和种族认同等方面的差异，指出，移民政策和华人经济适应程度的高低会对华人社区的组织和结构产生直接影响。①

由此可见，迄今为止，国内外学者关于拉美华人华侨的研究成果多是某些具体历史背景下的断裂性、片段性研究或者是国别研究，没有把拉美华人社会作为一个整体连缀起来，缺乏整体性和系统性，难免会以偏赅全，不能给予拉美华人社会一个客观、公正的评价。

1.3 研究意义

据维基百科最新统计，目前全球有将近 4 000 万华人，遍布 40 多个国家，并且在有些国家华人掌握着可观的社会财富。② 根据 2005 年的统计数据，在拉美有 112 万华人，几乎遍及拉美主要国家。在拉美历史上华人的社会影响更不可小视。根据陈泽宪 1963 年对契约华工问题的研究，拉美华人移民的"星星之火"肇始于 19 世纪以前的非法劳工贸易，而 1851—1875 年 32 万契约华工抵达拉美，遂成"燎原之势"，奠定了拉美华人社会的主要人口构成和社会基石。因此，以拉丁美洲的华人社会为对象进行深入研究，有着重要的理论意义和现实意义。

从拉美华人社会史研究的角度看，无论是外文还是中文著述、资料汇编，对拉美华人华侨的研究多集中在华工问题、苦力贸易等方面，重点放在华工出国史料的搜集和整理上，以此揭露殖民主义和种族主义的罪恶行径。当然，拉美华人社会在局部地区、特定事件、具体时点的社会活动和生存状态也从中略见一斑。毕竟，这些研究成果对于拉美华人社会的历史发展描述是片段性的、不完整的、断裂的。因此，本书采用

---

① See Bernard Wong, "Family, Kinship, and Ethnic Identity of the Chinese in New York City, with Comparative Remarks on the Chinese in Lima, Peru and Manila, Philippines," *Journal of Comparative Family Studies*, 1985, 16: 2, pp. 231-254.

② 参见维基百科"海外华人"词条，http://zh.wikipedia.org/zh-hans/%E6%B5%B7%E5%A4%96%E8%8F%AF%E4%BA%BA。也有不同口径的人口统计数据。如根据约翰·奈斯比特（John Naisbitt）1996 年版的《亚洲大趋势》中的数据，全球有 5 700 万海外华人，遍布 60 多个国家。

历史学的分析手段，回归当时的历史背景，对拉美华人社会的缘起、发展、成熟与演变的历史过程进行整体呈现；以社会学的分析手段，对拉美华人社会的组织结构、与当地社会和其他移民社会之间的关系、与祖国的关系，进行深入解析。由此，给予拉美华人社会一个公正、客观的评价。社会活动主体也从华工延展到广义上的华人，研究对象范围进一步扩大。因此，本书将进一步推进华人华侨的相关理论研究，并有所补益。

与世界其他地区相比，对拉美华人社会的研究还具有如下特殊的现实意义：

第一，拉美有30多个国家，因历史上长期遭受西班牙和葡萄牙的殖民奴役，独立后又长期困扰于美国等西方列强推行的新殖民主义、不平等国际贸易，经济基础孱弱，社会发展水平不高，大部分国家与我国一样同属于“第三世界”的发展中国家。只有深入了解和认识拉美国家的历史，才能与之加强合作、共同发展，从而更行之有效地推行我国的外交政策。

第二，拉美是多族体（Ethnic group）混合居住的地区。居民有原著居民印第安人、奴隶贸易后裔黑人、西班牙和葡萄牙殖民者及流放者后裔白人、包括充当苦力的契约华工在内的亚洲人，以及他们之间相互通婚形成的混血种人。其中混血种人占一半以上。因此，该地区的文化结构呈现出多族体杂糅的特质，而且各族体之间的冲突摩擦的根源仍未根除，种族歧视的残余依然存在。

美国率先于19世纪80年代通过了排华法案，华人成为美国历史上唯一曾被美国国会及联邦政府立法排挤和禁止移民的民族。排华浪潮最先波及的就是作为美国“后院”的拉美国家——墨西哥、古巴、巴拿马等国都发生过驱逐华人的事件。以何塞·安杰尔·埃斯皮诺、雷蒙·克莱普、利奥·达姆伯基等为代表的西方学者把华人自成一体、华人组织之间互相争斗作为引发排华的因素。至今某些种族歧视分子仍然利用这些反华论调，发泄民族主义情绪和“仇富”心理，伺机迫害华人。因此，梳理拉美华人社会的历史发展脉络，正本清源地阐释华人社会的性质和作用，对于我国制定政策保护海外华人华侨的合法权益，反驳种族歧视分子的荒谬论调将有所裨益。

第三，近年来，拉美经济发展速度较快，与中国的政治合作、经贸合作、社会文化交流日趋加强，其中华人华侨的纽带作用不容忽视。在台湾“金钱外交”的影响下，哥斯达黎加一直以来都视台湾为中国的“合法政府”，建立了“正式的外交关系”。2007 年，哥斯达黎加断绝了与台湾的“外交关系”，与中华人民共和国建立了大使级外交关系。在这个过程中，哥斯达黎加的洪门组织通过民间途径，进行非官方接触，做了大量的工作，付出了不懈的努力。此外，多米尼加的洪门组织也在积极地与官方政府接触，“反独促统”，促使居住国政府断绝同台湾的“外交关系”，与中华人民共和国建立正式外交关系。

第四，拉美是世界各大洲中人口密度较小的一洲，广大的亚马逊（Amazon）热带雨林区、内陆高原和沙漠区至今尚很少有人居住。但是，近年来拉美人口增长加快，并且城市化进程迅速，墨西哥城（Mexico Cuidad）、布宜诺斯艾利斯（Buenos Aires）、圣保罗（Sañ Paulo）、里约热内卢（Rio de Janeiro）等都发展成为人口逾千万的超级大城市。这些大城市成为形形色色、各怀抱负的种族组织、宗教组织和政治组织崭露头角、发展成员、扩张势力的沃土。本书通过对拉美华人社会的个案研究，希望可以对拉美非主流社会及社会组织的研究提供一些参考资料。

第 2 章　华人移民拉美

“拉丁美洲”这个称呼与生俱来就带着浓厚的殖民主义色彩，让人自然而然地联想到西方殖民者嗜血的奴役和统治，它们是西班牙、葡萄牙、英国、法国和荷兰。曾几何时，在巨大的商业利润的诱惑下，它们充当着中国与拉丁美洲国家交流的“传声筒”和“搬运夫”的角色，中拉之间的商贸交往一直是处于“闻其声，而不见其人”的状态。时至 19 世纪中期，也是它们为了攫取新大陆丰富的资源，把一批批华人送上了万里迢迢、多灾多难的移民拉美之路。

2.1　历史上的中国与拉美

在一些考古学者看来，中国人到达拉美的时间要远远早于哥伦布发现新大陆，可以上溯到两个时期：一是公元前 11 世纪被武王击败的殷纣东夷军残部东渡到墨西哥建立城市，其后裔再移居到中南美洲国家，创造了拉丁美洲的古代文明——玛雅文明（Mayan civilization）；二是汉朝僧人慧深东渡扶桑，驾驶着大帆船，到达了“大汉国东二万余里”、“多扶桑木”① 的墨西哥。以上说法虽也以拉美当地出土的文物和考古发现作为佐证，但也仅仅止于想象和猜测。

2.1.1　贸易往来

有确切中外文献记载的中国与拉美的贸易肇始于明朝，都是通过海上贸易完成商品交换活动的。有两条航线影响最大，一条航线是万历年

---

① 《梁书·诸夷传》。

间（16 世纪后期）开发的“太平洋丝绸之路”，闽、粤口岸—菲律宾马尼拉（Manila，Philippines）—墨西哥阿卡普尔科（Acapulco，Mexico）—西班牙塞维利亚（Sevilla，Spain）；另外一条是葡萄牙商人开发的以伊比利亚（Iberia）半岛为中介的印度洋航线，中国澳门—印度果阿（Goa Velha，India）—葡萄牙里斯本（Lisbon，Portugal）—巴西，或先到巴西，再返回里斯本。

东汉、三国起，我国就开发了通往南洋菲律宾的航线。到了明朝，造船工业和航海术得到了进一步的发展，商队下南洋的活动日渐频繁。1565 年西班牙开始殖民菲律宾，他们利用菲律宾作为海上贸易的中转港，先通过中国商船把中国的丝绸、瓷器、工艺品等产品运往马尼拉，然后由西班牙商人用大帆船把货物向东输送到墨西哥西海岸港口销售，大帆船返回时主要装载美洲生产的白银回到马尼拉，西班牙人再用这些白银采购中国商品。明朝从事海外贸易的商人结算货款时，经常收到墨西哥的“鹰洋”。这就是在“太平洋丝绸之路”上最为活跃的马尼拉大帆船（Manila Galleon）贸易。中国商品再以墨西哥为集散地，运往秘鲁等拉美其他国家，销售地域扩展到巴拿马到智利海岸乃至其他内陆城市。①

根据史料记载，在马尼拉价值 100 余万西元的中国生丝运抵墨西哥可售得西元 200 余万，毛利高达 100%。② 高额的利润回报吸引了很多华商远赴墨西哥经商。在墨西哥，华商比西班牙商人更会经商，以致 1635 年墨西哥城的西班牙商人向当地总督抱怨在自己殖民地的首都里竞争不过华商，要求把华商驱赶到乡下去。③ 大帆船贸易一直持续到 1815 年，拉美爆发民族独立运动，墨西哥的阿卡普尔科港毁于战火。

---

① 参见任继愈：《美洲华侨史话》，10 页，北京，商务印书馆，1997；刘文龙：《华夏文化在近代拉丁美洲》，载《拉丁美洲研究》，1998（4），47～50 页；张世均：《中国瓷器在拉美殖民地时期的传播》，载《黔东南师专学报》（哲社版），1995（1），6～11 页。

② See William Lytle Schurz，*The Manila Galleon*，New York：Historical Conservation Society，1959，p. 308.

③ See Evelyn Hu-DeHart，“Latin America in Asia-Pacific Perspective，” In Arif Dirlik，ed.，*What Is in a Riml?：Critical Perspectives on the Pacific Region Idea*，2nd edition，Lanham：Rowman & Littlefield Publishers，Inc.，1998，p. 30.

1553年葡萄牙殖民者入居我国澳门，中国的瓷器和工艺品开始通过澳门和伊比利亚半岛辗转流入拉美的巴西等葡萄牙殖民地。明崇祯十三年（1640）后，葡萄牙商人把受当地人喜爱的中国青花瓷直接运至巴西销售。中国瓷器对巴西上层社会的影响很大，富有的庄园主以收藏中国瓷器为荣，收藏家们经常聚在一起讨论中国瓷器的艺术性。

由于航线漫长曲折、商品经济不发达、多个政治势力并存等因素，中国输出拉美的商品多为轻薄、贵重的丝绸、陶瓷等奢侈品①，主要是满足上层贵族的收藏和炫耀的需求，对广大普通民众的生活影响不大；中国从拉美引进的主要是一些农作物，如马铃薯、玉米、西红柿、花生、番薯、烟草等，价值相对较低。因此，墨西哥和秘鲁的白银大量流入中国，促进了明朝商品经济的发展和社会的进步，"直到19世纪以前'中央之国（指中国）'实际上是世界经济的某种中心"②。此外，拉美农作物的传入增加了中国的粮食产量，对明清时期中国渡过饥荒起到了重要的作用。

2.1.2 文化传播

作为世界经济中心，中国向拉美输出的不止是商品，还有凝结在商品中的手工技艺、文化传统和审美情趣。马尼拉的大帆船带去的不仅有精美的中国商品，还有技艺精湛的华人手工业者、温良诚实的华人家仆、富甲一方的华人商贾以及厌倦漂泊的水手。他们被当地人统称为"马尼拉华人"（Chinos de Manila）。清代张荫桓《三洲日记》中描述了"太平洋丝绸之路"的繁忙景象："查墨国记载，明万历三年，即西历一千五百七十五年，（墨）曾通中国。岁有飘船数艘，贩运中国丝绸、磁、漆等物，至太平洋之亚冀巴路商埠（即阿卡普尔科港），分运西班牙各岛（指当时的西属拉美殖民地）。其时墨隶西班牙，中国概名之为大西洋。"③

① 参见李金明：《明代后期私人海外贸易的发展与华侨出国高潮的形成》，载《华侨大学学报》（哲学社会科学版），1983（2），56～64页。

② 贡德·弗兰克著，刘北成译：《白银资本》，19页，北京，中央编译出版社，2000。

③ 张荫桓：《三洲日记》卷五，20页，上海石印版，1906。

“对利润的渴求把中国商人带到了墨西哥”①，1575—1815 年的两百多年间，“每年都会有 20 到 60 艘的中国帆船到达马尼拉”②，随船的华人又可能会转乘西班牙的船只抵达墨西哥和秘鲁。据估计，16 世纪末到 17 世纪中叶，移入美洲的马尼拉华人有五六千人。③

16 世纪末，西班牙王室下令准许华人工匠移居西班牙及所属殖民地。由此，织工、裁缝、木匠、金银首饰匠和理发师等华人工匠来到拉美，向当地人传授纺织、制瓷和制造工艺品的技术和工艺，还有的从事服务行业。在墨西哥的阿卡普尔科港他们还建造了唐人街。甚至华人的衣着和服饰也为当地人所接受和喜爱。17 世纪初，一位西班牙船长从中国带回一位公主，定居到墨西哥的普埃布拉（Puebla）城。她以明代服饰为基础，根据当地的气候特点设计了一款女装，为当地妇女所喜爱，成为当时墨西哥最流行的古装——“普埃布拉中国女装”（China Pueblana），沿袭至今；她用过的床帐和纸扇也被珍藏在当地的博物馆中。④

华人的能工巧匠们还在当地留下了很多杰出的艺术作品，它们的图案、花纹、造型等都饱含人文情趣和审美取向，承载着中国的思想和文化，在拉美地区广为传播，还被吸收进当地的文化之中。如墨西哥城大教堂瓜达卢佩圣母（Lady of Guadalupe）殿堂中的木雕就是出自华人匠人之手。巴西历史上的华人定居地还保存着中式的八角亭台。

中国的娱乐活动和传统习俗也随着华人移民传入拉美，如纸牌游戏、放风筝、放鞭炮等。秘鲁华人还传授当地人如何制作“人造焰火”。据史料记载，在节日庆典活动时，秘鲁也会燃放烟火，“天空出现了七头蛇的

---

① J. González de Mendoza, *The History of the Great and Mighty Kingdom of China and the Situation Thereof*, Printed for the Hakluyt Society, 1853.

② William Lytle Schurz, *The Manila Galleon*, p. 71.

③ 参见徐世澄：《华人与拉丁美洲》，http://blog. china. com. cn/xushicheng/art/83528. html。

④ 参见林被甸：《跨越太平洋：中国与拉丁美洲的文化交流》，见《中国拉美史研究会济南年会论文》，2007，278～308 页；赵巧萍：《十九世纪初中国封建政府的华工出国政策》，载《工会理论与实践——中国工运学院学报》，1996（1），35～37 页。

烟火”①。这表明，秘鲁的烟火制作技艺已经十分精湛。

与此相对，拉美传入中国的农作物在丰富饮食内容和改变饮食结构的同时，也促成了中国某些特有的饮食文化和饮食习惯的形成。清代辣椒由拉美传入，为中国人所接受和喜爱，八大菜系之一的川菜，其烹饪风格据推测也是在这个时期最终形成的。

2.1.3 “禁海令”与闭关锁国

明朝初期，为了巩固刚刚取得的政权，对逃往东南沿海元朝残余势力和方国珍、张士诚旧部进行剿杀，明朝将东南沿海作为军事区，严禁居民私自出海。后来，倭寇犯境，烧杀抢掠，加之左丞相胡惟庸、宁波卫林贤与倭寇勾结叛乱事发，明廷更觉海防事大，禁海愈严。直到永乐年间，随着政权逐渐巩固和国力日渐强盛，海防令才稍松，三宝太监郑和下西洋，到达了东南亚、西亚及北非。

及至满洲贵族入主中原，中国的统治政权再次经历交替。在清朝建立之初，“扬州十日”、“嘉定三屠”等清军实施的残酷民族屠杀，使得满汉民族矛盾尖锐，反清斗争此起彼伏，如郑成功等明朝残余势力占领台湾，觊觎有朝一日推翻满洲贵族政权，恢复汉人的统治。为此，清政府关闭了东南沿海的对外贸易，推行严格的“禁海令”；制定了严苛的律法，禁止百姓私自出海谋生。《大清律例》第225章规定，“凡沿海五十里之地，均不准人民居住，以杜绝有人乘虚而出”，“一切官员及军民等，如有私自出海经商，或移（至）外洋海岛者，应照交通反叛律，处斩立决”。

东南沿海的闽、粤两省百姓因自古就有下南洋做工的传统，清廷更是加大力度贯彻“禁海令”。顺治十八年（1661）强令福建、广东、浙江、江南、山东五省沿海居民内迁30～50里，“着令寸板毋入海，粒米毋越疆，犯者死，连坐”。沿海军民“挈妻负子载道路，处其居室，放火焚烧，片石不留，民死过半，枕藉道涂”，沿海一带“火焚二个月，惨不

---

① 埃斯图亚尔多·努涅斯：《十六、十七世纪东方各国对秘鲁文化的影响及其表现》，见《中外关系译丛》，第5辑，298页。

可言”，往往数里因之化为废墟。而后立沟墙为界，“寸板不许下海，界外不许闲行，出界以违旨立杀”①。由于台湾收复和清廷地方官吏上陈清廷，主张开海以求富民，康熙二十三年（1684）执行了 40 年之久的“禁海令”被废止，实行“开海”贸易。而禁止百姓向海外移民的禁令直到光绪十九年（1893）八月，驻法大使薛福成奏请改变传统的禁止移民条例，经过总理衙门复奏，清政府才于年底废除了禁止移民条例。

康熙五十六年（1717），清政府恐“海外如西洋等国，千百年后，中国恐受其累”②，禁止南洋贸易。此后，清朝的对外贸易思想和制度越来越保守，闭关锁国的政策趋向越来越明显。通商口岸只有广州一岸；禁止进出口的商品也越来越多；对外商的经商活动和居留时间限制严格；建立行商制度，由清政府批准“洋商”资格，垄断一切对外贸易经营权和收益权。这一方面是因为统治者故步自封、妄自尊大的思想，“天朝物产丰盈，无所不有，原不借外夷货物以通有无”③，另一方面是清廷唯恐沿海汉族居民与海外相勾结，威胁到它的统治地位，“日久虑生他弊”，幻想着掩耳盗铃关闭“天朝”国门，就可以钳制民智，统治千秋万代。

闭关锁国的政策遏制了中国商品经济的进一步发展，阻隔了中国与世界的思想文化和科学技术的交流，在西方经济社会飞速发展的时代，中国失去了世界经济中心的地位，而逐渐落后于西方。直到鸦片战争，西方殖民者才用武力迫使清廷打开国门，可是中国已经错过了大好的发展机遇，失去了与列强进行自由、平等贸易的机会和筹码，一步步沦入半殖民地半封建社会的深渊。

2.1.4　早期移民

在西方殖民者大批招募华工移民拉美之前，19 世纪初期拉美还有三次规模很小的华人移民活动，它们都是由偶然的、单个的历史事件所引发的，没有产生连锁移民反应。

---

① 《榕城纪闻》，转引自陈旭麓：《近代中国社会的新陈代谢》，32 页，上海，上海人民出版社，1992。

② 《清圣祖实录》卷二，7 页。

③ 梁廷枏等纂：《粤海关志》卷二十三，8 页。

第一个事件是茶叶种植引入巴西。1808年，居住在巴西的葡萄牙王室，从澳门招募茶农到里约热内卢的Botanical Garden茶园种茶，几年后又招募了数百华人到圣保罗种茶，试图以此在当地推行茶叶贸易。① 据推测，这批茶农来自湖北，“巴西茶曰沙，据言传自湖北，时在嘉庆十七年。嗣是植茶彼土，而焙茶仅遗八人矣”②。可见，虽然种植茶树在当地取得了成功，但是饮中国茶的习惯却没有在当地普及。茶农被迫转行经商，并与当地妇女联姻，逐渐为当地文化同化。圣保罗的茶农聚集地也仅留下了“茶谷”这个地理名词。

第二个事件是1830年菲律宾华人（即马尼拉华人）移民古巴。他们充当古巴西班牙贵族（Spaniards）的家佣，生活习惯完全西班牙化了。③

第三个事件是19世纪初期，东印度公司偷运华人苦力到特立尼达的甘蔗种植园，以缓解当地劳动力短缺的状况。英国殖民政府委托东印度公司在广州拐骗了300多名华工，从澳门登上葡萄牙的船只，在槟榔屿（Penang）换乘英国船，分两批抵达特立尼达。

上述早期移民活动都是分散发生的独立事件，属于个别殖民政府、庄园主或者移民代理商的一时兴起或短期行为，移民活动没有产生联动效应，不具有连续性和持久性。因此，早期华人移民活动没有对拉美地区政治、经济和社会产生重要的影响。移民人数很少，也无法保持华人的独立性，很快被当地社会所融合和同化，不可能形成相对独立的华人社会。

2.2 华人移民拉美的原因

19世纪40年代开始，西方主要资本主义国家经历了工业革命以后，成为资本主义工业国，不可逆转地在全世界建立起政治和经济霸权；而

① See Anita Bradley, *Trans-Pacific Relations of Latin America*, New York: Institute of Pacific Relations, 1904, p. 51.

② 陈翰笙主编：《华工出国史料汇编》，第一辑，1202页，北京，中华书局，1981。

③ See Ching Chieh Chang, *The Chinese in Latin America: A Preliminary Geographical Survey with Special Reference to Cuba and Jamaica*, Maryland: The University of Maryland, 1956, p. 10.

此时的中国，资本主义萌芽发展缓慢，还停留在自给自足的封建小农经济阶段。中国和拉美国家都被纳入了资本主义经济体系和殖民政治版图之中，土地、矿产、黄金、白银、劳动力等一切资源，都统统按照西方资本主义国家的意志重新整合、洗牌，以维持资本主义国家机器的运转。一向安土重迁的华人或被掳掠至海外充当苦力，或躲避灾祸去拉美谋生路。

19 世纪 40、50 年代，华工移民拉美地区盛行一时。1847 年古巴的种植园里引进了华工；1849 年秘鲁鸟粪岛（Guano Island）和沿海的种植园也买入了华工；1853 年当几百名华工抵达哥斯达黎加时，在巴西的种植园中已经有华工劳作了。①

2.2.1　国内天灾人祸的推动

2.2.1.1　人口过剩，灾害频仍

清代中后期，人口增长十分迅速，地少人多，农村出现了人口过剩的现象。乾隆六年（1741）首次进行人口统计时，全国大小男妇超过 1.43 亿；乾隆二十七年（1762）增长至 2.04 亿；乾隆五十五年（1790）突破 3 亿；及至道光十四年（1834），全国大小男妇则超过了 4 亿。与大幅度增长的人口数量相比，与前朝相比，清代的土地数量却没有增加。有清一代官方册籍中的土地数字没有超过明朝洪武二十六年（1393）官方登记的 850 万顷。② 可见，与有限的土地资源相比，清代末年农村人口总量出现了相对过剩。土地兼并又使人口过剩的状况雪上加霜。嘉庆以后，农村大地主兼并土地的情况十分激烈，贫富两极分化严重，“一家而有数千百家之产，则一家而至失业者数千家”③。农村大量的剩余劳动力涌入城市，成为流民。

---

① See Juan Jeménez Pastrana, *Los Chinos en las Luchas por la Liberacion Cubana*, 1847-1930, p. 19; Watt Stewart, *Chinese Bondage in Peru*, pp. 16-17; *Daily Panama Star*, 1853-09-11, Quoted in Lucy M. Cohen, "The Chinese of the Panama Railroad: Preliminary Notes on the Migrants of 1854 Who 'Failed'," *Ethnohistory*, Vol. 18, No. 4 (Autumn, 1971), p. 311.

② 参见张研：《清代社会经济史研究》，2～3、14 页，北京，北京师范大学出版社，2010。

③ 钱维城：《养民论》，见《皇朝经世文编》卷十一，宝善书局白纸石印版，光绪二十二年。

乾隆中叶以后清朝的统治日渐腐朽没落，封建统治者贪图享乐，国库空虚，各级官吏贪污腐败，搜刮乡里，统治者无心兴修水利，水旱灾害肆虐，饥荒接踵而来，“民食树皮、草根、观音土，死亡相踵”，“立人市，鬻子女”，“饿殍于道者累累”，农业生产和生活破坏严重。据不完全统计，1068—1911年福建发生灾荒饥馑888次，漳、泉、莆、仙等17个重灾县是321次，平均不到三年就发生一次饥荒。1851—1908年广东台山县发生各种灾荒36次，平均一年半发生一次灾荒。[①] 因此，为谋生计，大批城市流民和灾民铤而走险，出洋做工。

2.1.1.2 社会动荡，民不聊生

1840年以后，中国又开始遭受西方列强的殖民侵略，小农经济加速破产。而清政府为了维护风雨飘摇的政权，对外卑躬屈膝，仰洋人之鼻息，对内镇压反清农民起义。太平天国运动（1851—1864）和两广天地会起义失败前后，闽、粤劳动人民在清统治者疯狂镇压下，大批逃亡香港、澳门，出洋避祸。[②] 辛亥革命后，革命成果被袁世凯窃取，中国又陷入了军阀割据的混乱局面。军阀连年混战，西方列强为所欲为，广大人民难以为生，于是产生了出洋避祸的想法。

除了以上原因以外，据史料记载，在广东珠江三角洲土、客发生武装冲突的时期，战俘也会被卖到拉美的秘鲁、巴拿马、墨西哥、古巴等国充当苦力。[③]

2.2.2 拉美劳动力需求的拉动

1847年，西班牙政府授权古巴可以引入华工。[④] 1849年，秘鲁通过了招募华工的特殊移民法案。很快，英属西印度群岛的殖民政府在引进了大批印度劳动力之后，也开始引进华工。促使拉美国家的殖民者源源

① 参见陈列：《鸦片战争以后华工出国的分布及动因》，载《华侨华人历史研究》，1991（2），60页。

② 参见陈翰笙主编：《华工出国史料汇编》，第一辑，3～4页。

③ 参见向大有：《广西人移居国外原因初析》，载《八桂侨刊》，1987（2），1～9页。

④ See A. L. Valverde, *Estudios Jurídicos e Históricos*, Habana: Avisador Comercial, 1918, pp. 25-27.

不断地大批引入华工的主要原因是当地劳动力短缺，而劳动力短缺又与以下历史背景和历史事件有着不可分割的关系。

2.2.2.1　发达国家资本过剩，寻找增殖空间

在完成第一次工业革命以后，欧洲的殖民主义国家经济实力迅速增强，国内资本出现过剩，亟待寻求更大的发展空间。“一旦有适当的利润，资本就胆大起来。如果有 10%的利润，它就保证到处被使用；有 20%的利润，它就活跃起来；有 50%的利润，它就铤而走险；为了 100%的利润，它就敢践踏一切人间法律；有 300%的利润，它就敢犯任何罪行，甚至冒绞首的危险。”① 欧洲殖民国家迫切地将资本投入拉美殖民地国家，不惜采取任何手段促使资本增殖。

经历了 1790—1826 年的战争，虽然拉美大部分地区摆脱了西班牙和葡萄牙的殖民统治，但是英、法、美等新殖民主义者乘机而入，掠夺农产品和矿产品，倾销工业品，投资修建基础设施以求高额回报。而随着货运量和客运量的不断增大，又需要兴建一些基础的交通设施，如开挖运河、修建铁路等。这些工程吸引了西方发达国家过剩资本在拉美寻找增殖的机会和空间。拉美兴建铁路的资本就来自于英国、法国或者美国，比如美国铁路企业家亨利·梅格斯（Henry Meiggs）在智利和秘鲁兴建的铁路，巴拿马的地峡（Isthmus）铁路即是如此。

1848 年，新格拉纳达政府（New Granada，巴拿马当时隶属于它统治）与巴拿马铁路公司（the Panama Railroad Company）签署了建造和设计地峡铁路的合同。这家公司的创立者是美国纽约工程师阿斯平沃尔（William Aspinwall）、史蒂芬（John L. Stephens）和昌西（Henry Chauncy）。他们曾经承办过美国太平洋铁路的修建工作，其间雇用过大批华工。② 1849 年铁路建设正式破土动工。但这一地区几乎没有任何可供铁路建设的资源，“不仅是资本、技术和企业短缺，而且劳力、原材

① 《马克思恩格斯全集》，中文 1 版，第 23 卷，829 页注（250），北京，人民出版社，1972。

② 让巴拿马下决心建设地峡铁路的原因是，在加利福尼亚“淘金热”的影响下，取道巴拿马到加利福尼亚淘金的移民活动空前活跃。1852 年拥有 1 万人口的巴拿马主要人口组成是政府官员、商人、贸易者和劳工。

料、木材和钢铁，甚至是劳动工具都要从国外进口”①。

1850—1855 年巴拿马铁路公司雇用了 6 000～7 000 名契约劳工，他们主要是来自哥伦比亚北部卡塔赫纳（Cartagena）省的土著人和牙买加的黑人或印度劳工，工资是 15～50 美元不等。② 还有来自爱尔兰的劳工，他们签署 6 个月的用工合同，用来交换去加利福尼亚的船资。这种短期劳工远远不能满足巴拿马铁路公司的需求，为了缓解劳动力短缺的状况，巴拿马铁路公司主席及董事会计划在 1853 年引进大约 2 000 名契约华工，而且他们希望与华工签署的合同不是三年或者五年，而是七年。③

2.2.2.2 禁止黑奴贸易，废止黑人奴隶制度

1790—1826 年，拉美各国的独立战争从社会体制上动摇了黑人奴隶制度，与此同时，资本主义工业革命也从经济体制上摧毁了摇摇欲坠的拉美黑人奴隶制度。为适应英国资本主义工业发展的需要，以自由贸易取代垄断政策，1807 年和 1838 年，英国先后宣布废除奴隶贸易和奴隶制度，其影响波及拉美的英属殖民地国家。不久，其他西方殖民主义国家的奴隶制度也难以为继，奴隶制度和奴隶贸易结束了。由此，引发美洲各殖民地的劳动力严重缺乏，劳动力价格提高，特别是以热带作物种植、自然资源开发、基础设施建设等劳动力密集型产业为主业的古巴、秘鲁和英属西印度群岛国家甚至因劳动力短缺而导致产量骤降。从欧洲引进劳工的试验失败后，西方殖民者把目光转向了东方，转向了劳动力廉价而又国力孱弱的中国。根据 1882 年美国驻华领事的调查，一名中国农工在丰收的年份一年能挣 1.5～2 美元，平均年收入是 1.3 美元；而一名日本农工农忙时节可挣 35 美元，一年的工钱是 60 美元。④ 相差 30 倍之多！

从东南亚热带种植园的试验中，拉美的白人殖民者认识到：契约华工是他们最理想的雇用对象。他们纷纷寻求代理人不远万里跑到遥远的

---

① Lucy M. Cohen, “The Chinese of the Panama Railroad,” pp. 309, 310.

② See *Daily Panama Star*, 1853-12-22, Quoted in Lucy M. Cohen, “The Chinese of the Panama Railroad,” p. 311.

③ See *La Estrella de Panama*, 1854-05-18, 1854-08-04, Quoted in Lucy M. Cohen, “The Chinese of the Panama Railroad, ” p. 313.

④ 参见郑曦原编，李方惠、郑曦原、胡书源译：《帝国的回忆：〈纽约时报〉晚清观察记》，62～63 页，北京，三联书店，2001。

中国，争相掳掠贩卖华工，以替代黑奴。贩卖非洲黑奴的人口贩子也为利益所驱使，改变了他们的非洲航线，转向中国，驾轻就熟地开始从事奴隶贸易的翻版——苦力贸易。

1817 年 9 月 23 日西班牙和英国签订了废除非洲奴隶贸易的协定，根据协定，从 1820 年 5 月 30 日起，停止奴隶贸易，但是直到 1886 年古巴才停止奴隶贸易。全部依靠黑奴的古巴蔗糖产业受到重挫，蔗糖产量急剧下滑。[①] 从欧洲吸引白人移民的措施相继失败，古巴庄园主抱怨缺少劳动力，于是 1847 年西班牙政府授权古巴引进契约华工。7 月，第一批契约华工抵达古巴。

在秘鲁，独立以前，殖民者主要依靠印第安人的无偿徭役和黑人奴隶维持生产；独立以后，黑人奴隶制度与社会体制中的共和精神相悖，逐渐减少。秘鲁全国出现了劳动力短缺的状况。1849 年，秘鲁国会通过了一项普遍移民法（A General Immigration Law），通常被称为"中国人法"（Ley Chinesca），允许中国劳动力输入秘鲁。

在英属加勒比海群岛殖民地，1833 年法案（Act of 1833）宣布所有黑奴从 1834 年 8 月 1 日起自由。英属圭亚那、特立尼达和牙买加的热带气候非常适合解放的黑奴谋生。解放后，他们无须在种植园内终年劳作了，于是移居岛内生活，造成沿海地区种植园劳动紧缺。殖民政府开始从印度输入劳工，继而又开始雇用华工，以替代黑人奴隶。

2.2.2.3　市场需求骤增，劳动工具更新换代

1763 年，英国占领古巴，并维持了 10 个月的统治，强迫这块西班牙殖民地向北美开放国际贸易，使古巴成为北美市场的主要蔗糖供应地。1838 年，古巴蔗糖生产工业进行了重大的革新，古巴社会从"主要依靠豢养奴隶、种植烟草和小规模蔗糖生产为主的混合经济"向"以大规模蔗糖和咖啡生产为基础的种植园农业占主导地位"[②] 转型。蔗糖经济的大发展壮大了古巴种植园主阶层的力量，他们是庄园主（Hacendado）、奴

① See A. L. Valverde, *Estudios Jurídicos e Históricos*, pp. 23～25.

② Franklin Knight, *Slave Society in Cuba during the Nineteenth Century*, Madison: University of Wisconsin Press, 1970, p. 6.

隶主（Esclavista）和奴隶贸易者（Negrero）。不仅在自己的种植园他们的地位是至高无上的，他们还能操纵政府决策向着有利于自己的方向制定。在废奴运动之前，古巴种植园主发展蔗糖工业的条件堪称“天时”、“地利”、“人和”兼备：广阔的市场空间、先进的生产技术、充裕的资本、一呼百应的政治环境、现代化的企业精神和源源不断的非洲奴隶。而如火如荼的废奴运动造成的劳动力短缺让古巴蔗糖经济的“人和”不复存在。经过调查，他们发现华工是比非洲奴隶更理想的劳动力，机敏聪明，吃苦耐劳。于是，古巴政府采取措施，积极引进华工。在英属加勒比海地区的蔗糖生产国家，其生产结构的变化也与古巴类似。

19 世纪 40 年代，秘鲁鸟粪出口贸易繁荣，需要大批的劳动力挖掘鸟粪；此后，积累的资本又投入种植园的农业生产里，种植园农业也亟须劳动力。

可见，市场某种商品需求的骤增是拉美各国短期内大批输入华工的直接动因，而劳动工具的革新又加快了华工替代非洲奴隶、成为主要劳动力的进程。

2.2.2.4 劳工减员迅速，亟待新生力量补充

到达拉美的华工经过长途跋涉，身体透支严重，又马上被驱赶进自然条件恶劣、瘟疫肆虐的庄园和工地上劳作。他们从事的都是最繁重的体力劳动，劳动条件苛刻，更不敢奢谈劳动保护措施了。最有代表性的是修建巴拿马地峡铁路的科隆（Colón）工地和秘鲁挖掘鸟粪的岛屿。

据巴拿马当地报纸《巴拿马之星》（*La Estrella de Panama*）报道，巴拿马地峡铁路的修建工程从 1849 年动工到 1853 年就有 270 名劳工死亡。《巴拿马明星日报》（*Daily Panama Star*）记者报道，“虽然言过其实的报道满天飞”，但是治疗劳工的热病确实需要大笔的医疗费用。①而去秘鲁钦查（Chincha）岛挖鸟粪的华工几乎无一生还，历来是历史学研究者和人权维护者诟病和抨击苦力贸易体制灭绝人寰本质的典型事例。

---

① See *Daily Panama Star*, 1853－12－22, Quoted in Lucy M. Cohen, “The Chinese of the Panama Railroad,” p. 311.

为了继续维持种植园的生产和铁路的建设，西方殖民者需要源源不断的劳动力补充进来，弥补劳工减员造成的人力短缺。

2.2.3　苦力贸易与契约华工

移居拉美的第一批华人大部分是通过苦力贸易贩运过去的契约劳工。据史学家考证，契约华工制度起源于 17 世纪被荷兰军队掳掠到巴达维亚 (Batavia) 贩卖的华工，盛行于 19 世纪，与“猪仔”贸易既有联系又有区别。[①] 所谓契约劳工要在出国前华工与葡萄牙、西班牙、英国、法国、美国、俄国、荷兰、秘鲁等国家及其殖民地的人口贩子、投机商及代理人签订 3～8 年的合同，每月获得微薄的工资；华工运到拉美以后价格不菲，抵扣旅费和食宿费后，人口贩子获利惊人。据统计，契约华工的工资是每月 4 元，每个华工在拉美劳动力市场的标价是 400～500 元，人口贩子的成本是 100～150 元，利润率是 233%～567%[②]；其中以航运商获利最大。香港、澳门至美国苦力船的航行成本每人不到 5 元，船票售价是 55 元，利润多达 10 倍。[③] 1851—1875 年，西方殖民者通过贩卖华工到拉美种植园和美国矿区，获得高达 8 400 万元的暴利。[④]

2.2.3.1　契约华工的本质

针对契约华工的本质，恩格斯一针见血地指出，拉美契约华工制是“隐蔽的苦力奴隶制”。1857 年 3 月马克思在《英人在华的残暴行动》中揭露了西方殖民者对契约华工人身权利和生命权利的践踏和蹂躏，“对那些被卖到秘鲁沿岸去充当连奴隶都不如的牛马以及在古巴被卖为奴的受骗的契约华工横施暴行‘以至杀害’”[⑤]。表面上看，华工与雇主签订用工合同，是自由、自愿的，清政府也采取了防止拐骗良民的措施，“凡有自

---

① 参见吴凤斌：《有关契约华工的几个问题》，载《华侨华人历史研究》，1989 (2)，14～21 页。

② 参见彭家礼：《十九世纪开发西方殖民地的华工》，载《世界历史》，1980 (1)，3～14 页。

③ 参见陈兰彬：《古巴华工事务各节》，第二册，藏于中国社会科学院近代史研究所；Charles Denby, *China and Her People*, Vol. 2, Boston: Page & Company, 1906, p. 111。

④ 参见陈翰笙主编：《华工出国史料汇编》，第四辑，244 页。

⑤ 《马克思恩格斯全集》，中文 1 版，第 12 卷，178 页，北京，人民出版社，1962。

愿出洋之人，必须在中国地方官前当面声明，由地方官将合同逐句讲解给听。如实系情愿受雇，方准定期下船，断不许各外国船将未经地方官讯明之人，私收下船，以致各匪徒得行拐骗之计”①。但事实上，人口贩子为牟取暴利，采用的招工的手段都是暴力和血腥的。他们借“道德劝说”和“购买”华工之名，行绑架、诱拐之实，手段极其卑劣：“炫以赀财，投人所好。以代找工作、招收伙计、介绍当兵、相约出游等为名进行欺骗。或诱之嫖赌，一吞其饵，即入牢笼。若诱之不能，则出之以掠。于滨海埔头，通衢歧路，突其不意，指为欠债，诬为偷盗，诓以仇人相见，强扯而去。或设计求人帮助，暗下蒙药，绑架而走。”更有甚者“伺伏于僻径，待可欺者过，那一人突遮其口，数人强纳于麻袋中，负之而径行”②，如此等等，暴力或胁迫的毒辣手段不一而足。

西方国家的私人投机者纷至沓来，到中国掳掠廉价劳动力。19世纪40年代中期，英国投机商、人贩子德滴（James Tait）在厦门开设德记洋行（Messrs Tait & Co.，又称大德记卖人行），贩卖人口活动最为猖獗。他伙同英商合计洋行（Messrs Syme Muir & Co.）在厦门及附近地区做苦力生意。德滴出任西班牙、葡萄牙和荷兰三国驻厦门领事以后，更是为所欲为。他雇用几百名拐匪和歹徒，每拐骗一个苦力就支付一份人头费。拐骗来的华人被囚禁在巴拉坑（Baracoon，即收容苦力的牢房）中，受尽酷刑，被迫承认自愿出洋做工，强行签订契约后就被押送到船上。③ 他们还收买贪污腐败的清廷官员，为苦力贸易保驾护航。厦门关道（即海关）同西班牙领事及投机商相互勾结，狼狈为奸，准其拐骗、掳掠华工。家属奔走求救，被囚华工跳水自杀。连总理衙门赫德（Hart）也不得不说，“愚见人命大事，招工费则细事耳”④。

---

① 《两广总督劳崇光准许各国招工出洋照会》，咸丰十年正月二十七，转引自朱士嘉：《美国迫害华工史料》，27～28页，北京，中华书局，1958。

② 李东沅：《论招工》，见戴逸编：《近代经世文选》，75～76页，成都，巴蜀书社，2011。

③ 参见陈翰笙主编：《华工出国史料汇编》，第一辑，10～11页。

④ 《1872年赫德致总署申呈》，见《总署清档》，转引自陈翰笙主编：《华工出国史料汇编》，第一辑，12页。

而所谓的招工合同完全是从维护雇主利益出发的，如规定，“工作时间要根据工作性质由买主决定”，“如在工作时间表现懒散或未执行园主或监工的命令……必须服从园主或监工的惩罚”，“在任何情况下都一如既往地为东家效劳，决不找任何理由或借口从他手下逃跑”等等。可以看出，华工最基本的生存权和人身自由都被完全剥夺了，所谓的合同与“卖身契”无异。

2.2.3.2　在华招工合法化及苦力贸易港之争

鸦片战争之前，已经有西方人到中国招募华工，西班牙苦力贩子称之为“黄色贸易”（La trata amarilla）。澳门是向拉美贩卖契约华工的主要贸易港口，“为众夷聚集之区……每岁冬间夷船回国，间有无业贫民私相推引，受雇出洋，但必择年力强壮之人，其稚弱者概不雇用。议定每人先付洋银六七圆，置买衣物，带至该国则令开山种树，或做粗重活计，每年口食之外仍给洋银十余圆，三年后任其他往”①。在 1873 年，即澳门苦力贸易停闭前夕，仅葡萄牙、西班牙和秘鲁三国开设的猪仔馆就有 300 多家，靠苦力贸易为生的人多达三四万人。② 有统计数据表明，1847—1874 年，西方殖民者掠去拉美的华工多达 25 万人。③

鸦片战争以后，西方的坚船利炮打开了中国的国门。1842 年，清政府被迫签署《南京条约》，开放五个沿海通商口岸，并割让香港岛给英国，为西方殖民者非法掳掠华工提供了便利条件。1844 年起，英国华工贸易全面展开，1846 年古巴商人胡利安·祖莱塔（Julián Zulueta）

---

① 《林则徐奏查明外国船只骗带华民出洋情形折》，道光十九年七月二十四日，转引自陈翰笙主编：《华工出国史料汇编》，第一辑，6～7 页。

② 参见《总署清档》，同治十二年，附件，《驻澳门美国人给住香港美国人的信》，转引自陈翰笙主编：《华工出国史料汇编》，第一辑，7 页。

③ See Evelyn Hu-DeHart, “Latin America in Asia-Pacific Perspective,” p. 30; Ching Chieh Chang, *The Chinese in Latin America*, p. 13. 另外还有统计数据表明，1847—1874 年，古巴和秘鲁分别掠去 14.3 万和 12 万华工，大多数是从澳门运出的。参见谭乾初：《古巴杂记》，见陈翰笙主编：《华工出国史料汇编》，第六辑，109 页。Watt Stewart, *Chinese Bondage in Peru*, p. 62. 此外还有不同的估算，宓亨利（Mac-Nair）（25 万～50 万，古巴、秘鲁和夏威夷群岛）、张荫桓（30 万，美、西属拉美殖民地、秘鲁）、罗荣渠（30 万左右，古巴、秘鲁、英属圭亚那为主的 19 个拉美国家）。参见罗荣渠：《十九世纪拉丁美洲的华工述略》，载《世界历史》，1980（4），34～36 页。

在伦敦与英国签约，从通商口岸厦门往古巴输送华工。1847 年，一艘西班牙船只和一艘英国船只分别运送了 206 名和 365 名华工抵达哈瓦那。①

1860 年英、法联军胁迫清政府正式签署了中英、中法《北京条约续增》，"许华人出洋承工"②，承认了华工出国的合法性。1868 年签订的《中美天津条约续增条约》，亦称《蒲安臣条约》，更是从中国"取得廉价劳动力的条约"。根据"利益均沾"的原则，其他西方殖民国家也获得了在华合法招工的权利。

在掳掠华工的苦力贸易中，西方殖民者之间也存在着激烈的竞争，葡萄牙和英、美之间对苦力贸易港的争夺异常激烈。19 世纪 50 年代，臭名昭著的古巴和秘鲁苦力贸易使英国被迫停止向古巴和秘鲁贩运苦力。苦力贸易中心转向了澳门。为了在竞争中获胜，英、美炮制出所谓"赊单工"③，标榜自己的移民是"自由移民"，而不是"苦力贸易"。英国下令禁止澳门苦力入港，很多苦力船因无处整修设备和置办物资，只得空船开走。1874 年 3 月，里斯本当局不得已下令关闭澳门苦力贸易。这一时期，20 多万苦力从澳门运到拉美殖民地。④ 此后，香港成了从中国非法掳掠华工的唯一贸易港口。西方殖民者掳掠华工出国的活动到 20 世纪 30 年代才基本结束。⑤

2.2.3.3 毗邻苦力贸易港

在苦力贸易开始的头几年里，苦力贸易的集散港口有厦门、汕头、

---

① See Juan Jeménez Pastrana, *Los Chinos en la Historia de Cuba*, *1847-1930*, Habana: Ed. Ciencias Sociales, 1983, pp. 13-17.

② 《恭亲王奕䜣、桂良、文祥等奏英、法所增准许华民出口之条已叙入续约章程内折》，见《筹办夷务始末》（咸丰朝）卷六十七，13～17 页。

③ 为了冒充自由旅客，赊单工不在香港签约。驻香港的美国领事要从每一名苦力身上收取一笔非正式的"签证费"，承认其为"自由旅客"。赊单工运到美国，立即签立还债契约，受商人债主的严格控制，派到各处进行大编队劳动。工资由债主代理人支配。除按月扣还债款外，只给华工少数生活费，并从供应华工生活消费品中，克扣谋利。债主也有高价出租或转卖华工的。

④ See Evelyn Hu-DeHart, "Opium and Social Control: Coolies on the Platations of Peru and Cuba," *Journal of Chinese Overseas*, Vol. 1, No. 2, 2005 (11), p. 171.

⑤ 参见罗荣渠：《十九世纪拉丁美洲的华工述略》，载《世界历史》，1980（4），34～41 页。

香港和澳门等多个选择。但是，1853年英国政府关闭了香港的苦力贸易之后，清政府也关闭了厦门和汕头等港口。在葡萄牙殖民者的佑护之下，澳门成了唯一一个苦力贸易开放港。在澳门港口汇集着法、葡、俄、荷、美、秘等国的苦力贸易船，其中大多数是秘鲁籍的船只，它们的航线是向东穿过太平洋直达卡亚俄（Callao）；而前往西印度群岛国家的船只则向西穿过印度洋，绕好望角（the Cape of Good Hopes），横渡大西洋的圣赫勒拿（St. Helena）岛，抵达哈瓦那和其他港口。① 之后长达20年的时间里，紧邻澳门的珠三角成为遭受人口贩子滋扰和劫掠的重灾区，拉美华人移民也大部分来自于此。

在澳门禁止进行苦力贸易以后，香港是中国南方唯一一个与美洲有直航的港口。到秘鲁的航线没有什么变化。新的航线是：从香港先航行到墨西哥和巴拿马的港口，再向南沿南美西海岸航行，将华工送往巴拿马、厄瓜多尔和智利，以及墨西哥南部。19世纪30年代，绕经好望角的航线基本被废弃，1884年运往牙买加的华工航线是：香港—温哥华（Vancouver）—哈里发（Halifa）—金斯顿（Kingston），极少一部分绕经巴拿马运河②；1917—1921年往古巴运输华工的航线是：香港—洛杉矶—哈瓦那。③ 中国东部沿海的舟山、台山、顺德、新会、南海、豪山、开平、恩平和肇庆九地毗邻香港，因此，在苦力贸易被禁止以后，输往拉美的契约华工还是来自于这九地。

在这九个县中，距离香港和澳门越远的县，移民的数量越少。舟山、台山、顺德、新会和南海在拉美华人移民占大多数，稍远一些如豪山、开平、恩平和肇庆则相对较少，更南和更北一些的县城则几乎没有移民到拉美。比如，在古巴，75%的华人移民来自舟山、台山、新会和南海，其中，台山县人约占40%，只有25%的移民来自其他

---

① See A. B. Lubbock, *Coolie Ships and Oil Sailers*, Glasgow: Brown, Son & Ferguson, Ltd., 1935, p. 69.

② 从香港经洛杉矶到古巴的航线是8 051海里，而绕经巴拿马运河的航线是10 995海里，所以巴拿马航线更长。而且，香港和温哥华、洛杉矶之间的直航船只远远多于香港和巴拿马之间的船只。

③ See Ching Chieh Chang, *The Chinese in Latin America*, p. 47.

五个县。[①] 秘鲁和巴拿马的华人移民则来自台山、新会和舟山。[②]

在古巴的华人墓地里，可以看到在厦门港口开放苦力贸易的最初几年里，确实有来自福建的移民，但是福建移民不久在古巴华人中就找不到了。这是因为：厦门港口开放苦力贸易只持续了两年，而且规模不大。在厦门港与古巴和秘鲁的航线关闭以后，广东与拉美的航线依然畅通。

但是，牙买加华人移民来自东莞、宝安和惠阳三县。[③] 这三县位于珠江口之东，紧挨香港。这是因为苦力贸易时期，牙买加并没有输入过华工，直到1884年，英国殖民政府才从这三县输入华工，因此，之后的牙买加华人都是在他们同乡的介绍和资助下，移民牙买加的。

2.2.3.4 海上浮动的地狱

在漫长艰苦的航行中，华工乘坐的船只拥挤不堪，人均面积不足0.2平方米，加之苦力贸易商为了压缩成本，饮食条件极差，缺乏必要的医疗措施。因此华工的死亡率很高，有时达20%以上。向拉美运输华工的船只被称为“海上浮动的地狱”。（参见表1）

表1　　拉美苦力华工在旅途中的死亡率（1850—1856）

年份	目的地	船只数	在华招募人数	船上死亡人数	死亡率
1850	秘鲁	2	740	247	33%
1852	巴拿马	1	300	72	24%
1852	圭亚那	3	811	164	20%
1853	古巴	2	700	104	15%
1853	巴拿马	1	425	96	23%
1854	秘鲁	1	325	47	14%
1856	秘鲁	1	332	128	39%
1856	古巴	1	298	132	44%

资料来源：成田节男：《华侨史》，403～456页，东京，萤雪书院，1941；A. L. Valverde, *Estudios jurídicos e históricos*, pp. 23-44。

① See Statistics on Overseas Chinese in Cuba, 1958, Quoted in Ching Chieh Chang, *The Chinese in Latin America*, pp. 42-43. 黄作湛：《古巴见闻录》，见《中华文史资料文库·华侨华人编》，704页，北京，中国文史出版社，1996。

② 参见［美］陈匡民：《美洲华侨通鉴》，761页，纽约，美洲华侨文化社，1950。

③ See Li Anshan, “Survival, Adaptation and Integration: Origins and Evolution of Chinese Community in Jamaica (1854-1962),” in Andrew R. Wilson ed., *The Chinese in the Caribbean*, Princeton: Markus Wiener Publishers, 2004, pp. 45-46.

为了防止华工逃跑，苦力贩子竟然把华工囚禁在船舱内，不得自由行动。如果稍有反抗，华工还会遭到严刑拷打。即使侥幸到达了目的地，有的华工的身体状况已经变得很差，奄奄一息的华工一下船就被送进医院的事情常有发生。

人贩子惨无人道的暴行激起了华工的不断反抗，华工起义事件频频发生。他们焚毁船只，杀死船长，驾船返回中国。据统计，1845—1872年，苦力船海上遇难事件共计 48 起，其中 38 起是华工暴动所致。①

2.2.3.5　宗亲或同乡的帮带作用和连锁移民活动

虽然鸦片战争以后清政府解禁了华工出洋的限制，与西方殖民者签订了允许华工出洋务工条约，但是从未采取过任何积极的措施引导和帮助华工向拉美移民。清政府长期实行的“闭关锁国”政策，让中国人对外面世界的认识仅限于东南亚国家，对遥远的拉美知之甚少，更不会想到移民拉美。事实上，在苦力贸易期间乃至其后，中国移民对拉美的认识都是来自于先期充当苦力的宗亲或者同乡，“私相推引”是中国人赴拉美务工或经商的主要信息来源和出国渠道。即使这样，他们对拉美的认识仍然是局限于有宗亲或者同乡的那一国而已，对其他国家仍然是一无所知。

在苦力贸易之后，华人要想到拉美谋生，跨越浩渺的太平洋，必须要想办法支付高昂的旅费。他们获得旅费资助的主要办法是依靠宗亲会或同乡会（Casinos），在家乡或者拉美的宗亲会给他们以经济上的援助。拉美民族独立战争取得胜利以后，自由商贸机会和广阔市场空间也吸引了中国内地、香港和北美的巨富商贾投资商业和制造业。他们通过宗亲会或同乡会的举荐获得所需要的劳动力，成为帮助华人移民拉美的重要资金来源之一。

在宗亲或同乡的帮带作用下，拉美华人移民活动产生了“连锁反应”和“聚集效应”。主要表现在两个方面：一方面拉美华人移民的国家分布是不平衡的，相对集中于若干契约华工较早到达的墨西哥和加勒比海地区；另一方面，拉美华侨侨乡也多集中于闽、粤两省，特别是靠近澳门、

① 参见任继愈：《美洲华侨史话》，36 页。

厦门和香港的县乡之中。通过契约华工和苦力贸易，前述九个县的人构成了拉美华人的“先锋军”，他们又介绍和资助同乡或者同族来到拉美，让这种移民活动绵延不绝。

通过细致分析各国华人移民的家乡，宗族帮带的连锁移民效应就十分明显了。比如，1912—1953 年牙买加华人死亡记录是 1 289 人，其中 1 018 人来自中国内地，910 人出生在东莞（493 人，其中观澜墟 240 人，塘沥 200 人）、宝安（251 人，其中沙湾 108 人）和惠阳（166 人，其中龙岗 67 人，横岗 76 人）。而且，来自同一地区的很多人都有相同的姓氏，来自观澜墟的华人多姓陈，来自东莞塘沥的华人多姓曾和郑，来自宝安县沙湾和惠阳县龙岗的华人多姓李，来自惠阳县横岗的华人多姓何。① 同样来自珠江三角洲的华人移民家乡也很集中，如南海县的九江、台山县的海盐。②

① 参见［美］李谈仁：《占美加华侨年鉴·1957 年》，转引自 Li Anshan，“Survival，Adaptation and Integration，” p. 46。

② See Ching Chieh Chang，*The Chinese in Latin America*，p. 46.

第3章　拉美华人社会结构分析

3.1　人口总量

契约华工是拉美华人移民的先驱，构成了拉美华人移民社会的核心成员。虽然自19世纪50年代到20世纪50年代的100多年，入境拉美的华人达到了二三十万，但是由于华人的社会地位极其卑微，命如草芥，拉美华人的人口总量远远低于入境华人人口总量。

3.1.1　由“爆炸式”激增到“温和式”下降

19世纪中期到20世纪中期是华人移民洪流涌入拉美的高潮期，拉美华人人口总量出现了“爆炸式”的激增。华人居住的主要拉美国家在20世纪30年代前后，华人移民总量达到了高峰。其中也分为两个阶段：第一阶段是19世纪中后期，25万～30万的契约华工到达拉美，主要集中在秘鲁和古巴等加勒比海国家。第二阶段是19世纪末20世纪初到30、40年代世界经济大衰退时期，华人移民人数是1万～2万人。除了第一阶段的契约华工以外，自由移民的人数明显增加。他们大部分是劳工，还有很多工匠和小商贩。[①] 这一时期的自由移民以到墨西卡利山谷（Mexicalí Valley）充当棉田工人的华工最有代表性，有1万多人。

拉美各国人口在达到峰值以后，开始呈现下降趋势，主要因素有：

第一，拉美华人都有叶落归根、衣锦还乡的想法。

① See Evelyn Hu-DeHart, “Spanish America,” and Walton Look Lai, “The Carribbean,” also in Lynn Pan, ed., *The Encyclopedia of Chinese Overseas*, Cambridge: Harvard University Press, pp. 245-260, 248-253.

第二，拉美华人移民中女性比例很低，不足 10%。（参见第 3 章 3.3.1 有关论述）因此，纯血统华人后裔不多。在秘鲁等少数国家华人会与当地人通婚，但大多都是同居的关系。

第三，因为政治迫害或经济环境恶化，拉美华人大批外迁至美国。比如 20 世纪 20、30 年代墨西哥的排华风潮迫使索诺拉地区的大批华人迁移至美国。

对于 20 世纪 40 年代前后，拉美华人确切的人口总量，缺乏资料记载。根据徐世澄的研究，到第二次世界大战结束前，拉美华侨总人口数为 12.7 万。华侨人数超过 1 万人的国家有古巴（2.4 万人）、秘鲁（2.36 万人）、巴拿马（1.3 万人）和牙买加（1.3 万人）。自 20 世纪 40 年代末 50 年代初起，拉美各国华人移民入境数量有所增加。主要是从我国的香港、台湾以及东南亚国家移入拉美的大批新华侨，其中有商人、企业家和劳工；还有一批 1949 年前后从中国大陆前往拉美的富人和原国民党军政要员等，比较明显的是巴西的圣保罗。对于 20 世纪 60 年代拉美华人人口总量，存在着多个统计数据。夏威夷大学地理学系教授章生道（Sen-dou Chang）对 20 世纪 60 年代初期拉美华人人口总量的统计为 14.87 万人①；徐世澄对 20 世纪 60 年代末拉美华人人口总量的估计是 16.5 万人，比第二次世界大战结束前增加 3.8 万人②；1999 年出版、新加坡华裔馆编纂的《海外华人百科全书》整理了拉美研究学者胡其瑜、Walter Look Lai 的研究成果，得出的统计结果是 20 世纪 60 年代末拉美华人人口总量将近 10.6 万③，比第二次世界大战结束前反而减少了 2 万多人。

事实上，从 20 世纪 60 年代开始，拉美各国普遍存在着制约或减少华人人口总量的因素，导致拉美华人大批外迁至美国和加拿大。这些因素

---

① 其中对墨西哥（1 万）和秘鲁（3 万）的华人人口数量显然是估算得来的。参见 Sen-dou Chang, "The Distribution and Occupations of Overseas Chinese," *Geographical Review*, 1968 (1), p. 99。

② 参见徐世澄：《华人与拉丁美洲》，http://blog.china.com.cn/xushicheng/art/83528.html。

③ 其中胡其瑜的部分数据来自台湾地区学者何名忠编写的《秘鲁华侨手册》和《南美国家及华侨事业简介》，See Lynn Pan, ed., *The Encyclopedia of Chinese Overseas*, pp. 248-253, 254-260.

是：拉美国家的民族独立、革命运动、民族主义政府的建立等。因此，20 世纪 60 年代末拉美华人人口总量的增减主要取决于增长因素（新移民增加）和减少因素（政治、经济环境的恶化）的博弈结果。

3.1.2　混血华人后裔比例呈攀升趋势

有关拉美华人人口统计有不同的统计口径，比较有代表性的是非血统标准和血统标准。前者的统计法应用比较广泛，但是多为估算或推算数据，华人也包括对家族的华人历史存在认同感、父辈为华人的混血华裔。后者以张清杰为代表，华人仅指从中国移民拉美的第一代华人及父母双方都是华人的后裔，不包括华人与当地种族的混血后裔。其数据主要来自拉美官方政府在 1950 年前后的人口普查，数据来源较为准确，但多以是否持有中国护照或者华人自己申报为统计依据，对华裔特别是混血华人后代统计缺失。据此统计，20 世纪 50 年代前后，拉美地区的华人总量仅有 7.7 万。将张清杰（7.7 万）、章生道（14.87 万）和《海外华人百科全书》的拉美华人人口统计数据（10.6 万）进行对比，我们可以发现张清杰统计的拉美华人人口总量比章生道的少近 50%，比《海外华人百科全书》的少近 38%。如果排除新移民和移民迁出等非主要因素，是否统计混血华人后裔是统计数据存在差异的主要因素。（参见表 2）

表 2　　　　拉美各国华人人口统计表（1921—2000）

国家	1921—1950	60 年代初	60 年代末	90 年代
阿根廷（Argentina）	462（1914）；200（1945）；250（1950）	240	300	10 000
阿鲁巴（Aruba）	—	486	—	600
玻利维亚（Bolivia）	31（36 人入境，5 人离境）（1942—1945）；20（1950）	35	50	750
巴西（Brazil）	704（58 人为第二代）（1950）	6 748	—	30 000
智利（Chile）	1 605（1930）；1 500（1945）；1 239（1950）	2 950	2 000	2 000
哥伦比亚（Colombia）	550（1943）；650（1950）	1 400	1 000	1 500

续前表

国家	1921—1950	60年代初	60年代末	90年代
哥斯达黎加 (Costa Rica)	933（1950）	3 000	—	5 000
古巴 (Cuba)	23 000（1943）；32 000（含中古混血）（1945）	31 039	11 834	3 500
库拉索 (Curacao)	—	443	—	1 000
多米尼加共和国 (Dominican Republic)	561（含第二代华人 51 人）（1950）	1 060	1 000	5 000
厄瓜多尔 (Ecuador)	885（1942）；1 000（1950）	4 171	4 200	8 000
萨尔瓦多 (El Salvador)	284（1930）；250（含第二代华人 100 人）（1950）	515	500	2 000
法属圭亚那 (French Guiana)	—	308	—	—
危地马拉 (Guatemala)	759（1921）；670（1940）；1 000（1950）	5 234	4 000	4 000
圭亚那 (Guyana)	3 567（含第二代华人 3 126）（1946）	5 000	4 074	1 000
海地 (Haiti)	37（1950）	204	—	—
洪都拉斯 (Honduras)	382（1950）	817	900	500
牙买加 (Jamaica)	6 886（含第二代华人 4 334 人）（1945）	18 655	10 267	5 000
墨西哥 (Mexico)	1 805（1940）；12 000（1950）	10 000	10 000	15 000
尼加拉瓜 (Nicaragua)	487（1940）；600（1945）；600（1950）	3 000	1 000	500
巴拿马 (Panama)	1 851（1940）；2 751（含第二代华人 900）（1950）	2 960	8 000	25 000
巴拉圭 (Paraguay)	10（1950）	12	10	2 000
秘鲁 (Peru)	12 915（含第二代华人2 000）（1940）	30 000	30 000	120 000

续前表

国家	1921—1950	60年代初	60年代末	90年代
苏里南 (Surinam)	2 293 (1941)	5 700	5 339	3 000
特立尼达和多巴哥 (Trinidad & Tobago)	5 641（含第二代华人 2 366 人）(1946)	12 000	8 361	5 000
乌拉圭 (Uruguay)	60 (1950)	152	100	500
委内瑞拉 (Venezuela)	1 278（含第二代华人 37 人）(1950)	2 580	3 000	3 000
总计	12 716	148 709	105 935	253 850

注：第二栏为张清杰统计数据，第三栏为章生道统计数据，第四栏为《海外华人百科全书》统计数据，第五栏为 Kent 统计数据。数据来源：See Ching Chieh Chang, *The Chinese in Latin America*, pp. 150－157; Sen-dou Chang, "The Distribution and Occupations of Overseas Chinese," p. 99; Lynn Pan, ed., *The Encyclopedia of Chinese Overseas*, pp. 248－253, 254－260; Robert B. Kent, "A Diaspora of Chinese Settlement in Latin America and the Caribbean," p. 124。

随着1900年后的第一代华人移民逐渐减少和华人与当地人通婚增多，混血华人后裔在拉美华人人口总量中所占比例一直呈上升趋势。现在拉美华人人口总量究竟有多少？因对混血华人后裔的认识不同，造成统计结果大相径庭，最典型的是秘鲁。华人与当地人通婚开始较早，二代或二代以上的华人混血为数众多，华人人口总量的统计结果相差很大。Poston 等三位学者 1994 年推算的秘鲁华人人口总量是 50 万，台湾《华侨经济年鉴（1997）》的统计结果是 54 万。20 世纪 90 年代，李贺（Li He）估算秘鲁的华人人口总量在 8 万～10 万之间。1994 年研究秘鲁利马华人社会多年的人类学家 Lausent-Herrera 推算秘鲁华人人口总量约 16 万。而根据中国驻秘鲁领事馆的统计数据，1999 年 Benavides 进行了更为大胆的估算，全秘鲁有 150 万秘鲁人的父辈或祖辈来自中国！①

① See Jr. Dudley L. Poston, Michael Xinxiang Mao and Yu Mei-Yu, "The Global Distribution of the Overseas Chinese Around 1990," *Population and Development Review*, 1994 (3), pp. 631－645; Commission on Overseas Chinese Affairs, *Overseas Chinese Economy Yearbook*, Taipei, 1997; Li He, "Chinese Immigrants in Peru," *Ibero-Americana*, *Nordic Journal of Latin American Studies*, 1990 (2), pp. 3－16; Isabelle Lausent-Herrera, "Lima: Au Coeur de la Ville, le Quartier chinois," *Problèmes de Amérique Latine*, 1994 (14), pp. 311－319; Maria A. Benavides, *Chinese Immigrants in Brazil*, Unpublished, 1999.

3.1.3 华人在居住国的人口比例较高

因为历史和地缘关系，亚洲（特别是东南亚地区）的华人人口总量占全球海外华人人口的比例是最高的，占全世界华人移民的 90%；迁出亚洲的海外华人比例相对较低，但是也达到了 32 万以上。在迁出亚洲的海外华人中，美洲华人占 70%，其中 1/3 在拉美。（参见表 3）

表 3　　亚洲以外地区华人人数统计表（20 世纪 40、50 年代）

年份	地区	华人人口总量
1950—1951	加拿大、美国	150 157
1950	拉丁美洲	77 142
1940	太平洋岛屿	43 435
1937—1948	非洲	14 851
1940—1948	欧洲（不包括苏联）	24 002
1945—1947	澳大利亚和新西兰	13 517

资料来源：U.S. 1950 population census and Canada 1951 population census; *China Handbook*, pp. 22-23, 1937; Australia population census, 1947; New Zealand population census, 1945: Quoted in Ching Chieh Chang, *The Chinese in Latin America*, p. 2。

虽然拉美华人人口总量不及美国和加拿大，但是随着拉美华人人口总量的增加，华人在居住国所占的人口比例也逐年提升。从表 4 中可以看出，1861—1931 年特立尼达华人人口比例一直维持在 0.3%以上，特别是在苦力贸易时期，甚至达到 1.28%的峰值。

表 4　　特立尼达华人人口比例（1861—1931）

年份	华人人口总量	全国人口总量	华人人口比例
1861	461	84 438	0.55%
1871	1 400	109 638	1.28%
1881	1 266	153 128	0.83%
1891	1 006	218 381	0.46%
1901	832	273 889	0.30%
1911	1 113	333 552	0.33%
1921	1 334	365 913	0.36%
1931	2 027	412 783	0.49%

资料来源：Walton Look Lai, *Indentured Labor, Caribbean Sugar: Chinese and Indian Migrants to the British West Indies, 1838-1918*, p. 302。

到 20 世纪 40、50 年代，甚至超过了美国。那时，在美国，华人人口比例是 0.07%，可在特立尼达是 0.89%，在牙买加是 0.48%，在古巴是

0.44%，在巴拿马是0.33%。（参见第6章6.1.3.3有关论述）因此，拉美华人在居住国是最重要的少数族裔之一。

3.2　人口分布

3.2.1　国别分布

华人在拉美各国的人口分布十分不平衡，呈现区域化聚集的分布格局。拉美华人人口分布与各国的华人移民政策和气候都没有关系。比如，阿根廷从未采取任何措施限制华人入境，但是在改革开放后的新移民到达之前，华人人口总量只有二三百人；古巴从1898年（1917—1921年除外）开始采取严厉措施限制华人入境，但是古巴却在20世纪60年代之前华人人口总量一直居各国之首；中美的尼加拉瓜、危地马拉和哥斯达黎加，以及南美的玻利维亚、巴拉圭和乌拉圭都曾采取措施限制华人移民，但是20世纪60年代这两个地区的华人数量分别是几千人和一百人上下。华人在拉美的分布也与气候无关。虽然华人大多来自潮湿的亚热带气候区，但是在拉美，他们的聚居区分布在各种各样的气候带中，比如墨西哥北部和秘鲁太平洋海岸的干燥气候区、圭亚那的热带雨林区、古巴的热带稀树草原气候（Savana）区。与中国广东地区气候相似的阿根廷和巴拉圭的亚热带气候区，在20世纪60年代定居的华人只占总数的1%。① 对拉美华人人口分布起决定作用的是历史因素。

在19世纪中后期的契约华工时期，拉美华人移民大部分集中在积极推进华人移民的国家，主要是加勒比海地区的古巴，占总数的53%；南美的秘鲁，占总数的37%。（参见表5及图1）

表5　　拉美主要国家入境华人国别分布（1847—1874）

年份	国别	入境华人移民总量
1847—1874	古巴	125 000
1849—1874	秘鲁	87 393

---

① See Ching Chieh Chang, *The Chinese in Latin America*, pp. 52-53.

续前表

年份	国别	入境华人移民总量
1853—1866	英属圭亚那	15 720
1853—1866	英属西印度群岛：特立尼达	2 645
1865	英属洪都拉斯	474
1853—1872	荷属圭亚那	2 502
1850	巴拿马	1 000
1865	哥斯达黎加	600
	总计	235 334

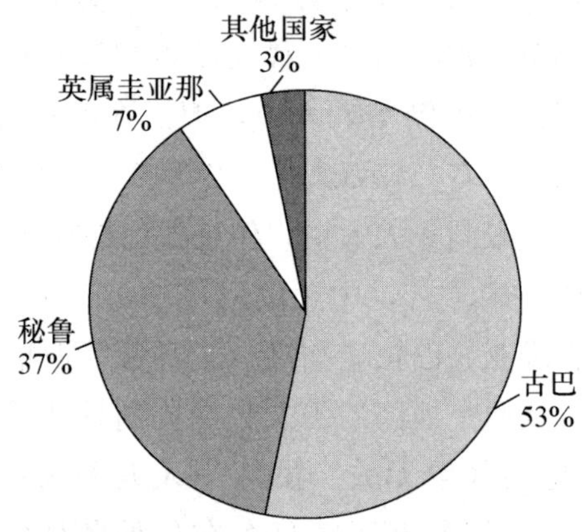

图 1　拉美华人移民国别分布比例图（1847—1874）

资料来源：Ching Chieh Chang，*The Chinese in Latin America*，p. 46。

墨西哥的华人移民模式与古巴和秘鲁不同，大规模的华人移民是发生在1900年墨西卡利山谷开发时期。1930年，墨西哥华人人口达到2.5万峰值。

在契约华工获得自由以后，华人为了寻求更好的生存条件，向契约华工聚集国家的周边国家扩散。19世纪70年代，3 000名英属圭亚那华人移居到周边的苏里南和特立尼达。20世纪初，牙买加吸引了大批华人到此定居。1904—1914年，巴拿马运河的修建促成了当地经济繁荣，大批华人来到科隆谋生。即使在华人迁走较少的秘鲁，也有华人企业迁往厄瓜多尔和智利的海滨城市。①

① See Robert B. Kent, "A Diaspora of Chinese Settlement in Latin America and the Caribbean," in Laurence J. C. Ma and Carolyn Cartier, ed., *The Chinese Diaspora: Space, Place, Mobility, and Identity*, Oxford: Rowman & Littlefield Publishers, INC., 2003. p. 118.

从表 2 中可以看出，20 世纪 50、60 年代拉美华人仍然聚集在加勒比海地区及其周边国家。加勒比海地区华人人口总量居前三位的是古巴、牙买加、特立尼达和多巴哥。而墨西哥和秘鲁的华人人口总量也很大，即使是最保守的估计，也已达到几万。由此可见，这段时期的拉美华人约 2/3 分布在加勒比海地区和中美地区，以及墨西哥；约 1/3 分布在南美，其中一半在秘鲁。在安第斯山脉以东和亚马逊河以南的广袤地域，如玻利维亚、巴拉圭、乌拉圭和阿根廷等国家，华人人口数量很少。虽然根据章生道的估算巴西华人将近 7 000 人，但是与当时拥有 1 亿人口的大国相比，这个数字还是无足重轻的。

然而，到了 20 世纪 90 年代，拉美华人人口的分布格局彻底发生了变化。加勒比海地区及南美加勒比海沿岸国家华人人口总量下降至万人以下。中美国家除了巴拿马华人人口大幅度增长以外，墨西哥等其他国家基本保持稳定。南美的阿根廷、巴西和秘鲁华人人口也大幅度增长。按照人口总量排序，秘鲁最多，超过 10 万；巴西、巴拿马和阿根廷也超过了 1 万。（参见表 2）

3.2.2　城乡分布

在任人摆布的契约华工时期，拉美华人无权选择自己工作和生活的场所。拉美殖民政府根据用工需要把契约华工贩卖给种植园主或工场主。根据 1886 年古巴殖民政府官员的估算，在哈瓦那港口登岸的契约华工 70%在沿海的甘蔗种植园劳动，20%在裁缝铺、金属工匠铺、鞋帽铺、马具铺和雪茄烟工场充当学徒，10%受雇做厨师、车夫、园丁、侍者、宾馆服务生或家仆。而据 1874 年陈兰彬古巴调查团的报告，在种植园工作的华人比例达 90%以上。① 19 世纪 50 年代华工在秘鲁的卡亚俄登岸后，大部分都被送到鸟粪岛做鸟粪挖掘工，钦查岛就是其中之一，坐落于卡亚俄南 100 英里。在秘鲁的苦力贸易时期，70%～75%的华工是在棉花种植园或甘蔗种植园劳作的。这些种植园都分布在沿海的山谷中，从北部的兰

---

① See Arnold J. Meagher, *The Introduction of Chinese Laborers to Latin America*, pp. 234-235.

巴耶克（Lambayeque）延续到南部的阿雷基帕（Arequipa）。此外，还有5 000～10 000名华工被派遣修筑通往安第斯（Andes）的铁路。①

在契约华工获得自由以后，他们都义无反顾地离开城市周边的种植园，凭借高超的工艺技术和克勤克俭的勤奋精神，在城市中心进入城市服务业或小商业服务业谋生。因此，在契约华工时期以后，拉美华人主要集中于城市，特别是少数几个城市中心。就某一国而言，无论华人人口总量多寡，无一例外地华人聚居区都位于城市中心。

古巴1943年人口统计数据显示，71%的华人居住在人口5 000人以上的城市，42%的华人聚集在哈瓦那。1940年墨西哥人口统计显示，华人62%居住在人口1万人的城市里，1/3住在墨西哥城、坦皮科（Tampico，旧称参必咕、参迫古）、梅里达（Mérida）和墨西卡利（Mexicalí）。在秘鲁的利马和卡亚俄，84%的华人被划为城市居民。1940年巴拿马人口统计数据显示，华人85%是城市居民，62%居住在巴拿马城（the city of Panama）。1946年英属圭亚那人口统计数据显示，华人60%居住在乔治敦（Georgetown）。在牙买加，一半以上的华人在金斯顿城区。在华人较少的国家，华人聚居在城市的现象更为明显。1950年洪都拉斯人口统计数据显示，华人92%生活在城市；在萨尔瓦多，华人中城市居民占94%；在多米尼加共和国，则高达96%。1941年委内瑞拉人口统计数据显示，1 022名华人中有63%居住在加拉加斯（Caracas）和马拉开波（Maracaibo）。在没有官方人口统计数据的哥伦比亚、厄瓜多尔和智利，华人也主要是居住在巴兰基亚（Barranquilla）、瓜亚基尔（Guayaquil）、伊基克（Iquique）、安托法加斯塔（Antofagasta）、圣地亚哥（Santiago）等大城市。②

事实上，在华人人口总量相对较大的国家，华人聚居的城市类型是存在差异的。在墨西哥和秘鲁、智利等南美国家，华人人口密度与当地城市人口密度成反比，华人聚居在人口密度较低的边境城市。而在古巴、牙买加和特立尼达等加勒比海岛国，华人人口密度与当地人口密度成正比。在古巴，城市规模越大，华人人口越多。20世纪50、60年代，哈瓦那曾是古

① See Watt Stewart, *Chinese Bondage in Peru*, pp. 85, 89.

② See Ching Chieh Chang, *The Chinese in Latin America*, pp. 54-56.

巴最大的城市，也是拉美最大的华人聚居区，华人移民达 1 万人之多。[①] 第二大城市圣地亚哥（Santiago de Cuba）也是第二大华人聚居区，第三大城市卡马圭（Camagüey）也是第三大华人聚居区，其后是谢戈德阿维拉（Ciego de Avila）、西恩富戈斯（Cienfuegos）和关塔那摩（Guantánamo）。同样，牙买加和特立尼达的华人虽然遍布全岛，但大多集中于首都城市圈中。根据 1950 年前后的人口统计数据，金斯顿是牙买加最大的城市，也是最大的华人聚居区；牙买加居前四位的大城市，也是华人数量居前四位的城市，后三个城市分别是西班牙城（Spanish Town）、安东尼奥港（Port Antonio）和蒙特哥贝（Montego Bay）。在特立尼达，43%的华人生活在西班牙港（Port-of-Spain），20 世纪 50、60 年代它是拉美第四大华人聚居城市。在特立尼达，随着城市人口密度的降低，华人人口数量也随之减少。（参见表 6）

表 6　　特立尼达的华人城市分布统计（1946）

城市	人口总量	华人人口数量
西班牙港（Port-of-Spain）	92 793	2 441
圣乔治（St. George）	146 431	1 144
维多利亚（Victoria）	116 283	837
圣帕特里克（St. Patricke）	69 183	530
卡罗尼（Caroni）	61 739	310
居尔蒂斯（E. Corties）	44 333	337
圣安德鲁（St. Andrew）	23 285	193
纳里瓦（Nariva）	11 815	43
圣戴维（St. David）	5 037	58
马亚罗（Mayaro）	4 196	43

资料来源：Ching Chieh Chang，*The Chinese in Latin America*，p. 67。

20 世纪 50、60 年代，在华人人口较少的六个中美国家，华人也主要集中在首都和大的海港。仅巴拿马城就有 1 200 名华人，比其他任何一个中美国家的华人人口总数都多，是中美最大的华人聚居城市。科隆拥有 500 名华人，是中美第二大华人聚居城市。[②]

---

① 同一时期，在西半球，只有洛杉矶和纽约的华人人数多于哈瓦那。

② See Ching Chieh Chang，*The Chinese in Latin America*，p. 66.

3.3 性别结构与年龄结构

拉美华人社会结构的特殊性是推进拉美华人社会历史演进的客观前提条件。拉美华人社会的性别比例失衡导致华人与其他族裔通婚增多，加快了华人融入当地社会的进程；拉美华人社会老龄化的趋势，使拉美华人人口总量在达到峰值后日趋下降，华人感到必须联合其他的族裔才能争取政治地位和经济权利，从而拉美华人社会独立性、封闭性相对削弱，更加快了华人融入和同化的进程。

3.3.1 性别结构

拉美华人社会结构最突出的特征就是性别比例失衡，男子远远多于女子，女子极为少见。造成这种现象的主要原因是，在一百多年的拉美华人移民史中，大部分华人移民都是单身男子，只有极少数华人移民携妻带子，举家搬迁。这种华人男子单身赴拉美的情况在苦力贸易时期尤为明显。根据古巴殖民政府官方公布的数字，1847—1859 年，有42 401 名华人入境古巴，其中只有 52 人是女子；1849—1874 年，有87 393 名华人入境，其中女子不超过 100 人。即使在 1874 年苦力贸易结束后，古巴入境华人女子依然没有大幅度增加。1899 年，古巴入境华人 4 863 人，其中女子只有 49 人。（参见表 7）秘鲁 1872 年人口统计显示，12 849 名华人中，只有 15 名女子。① 其他国家的情况也基本相同。（参见表 8 和表 9）

表 7　古巴华人女子入境统计（1862—1943）

年份	1862	1872	1877	1899	1907	1919	1931	1943
人数	25	32	66	49	46	284	202	165

资料来源：古巴官方公布数字，Quoted in Ching Chieh Chang，*The Chinese in Latin America*，p. 152；Evelyn Hu-DeHart，“Opium and Social Control”，p. 170。

表 8　墨西哥华人女子入境统计（1895—1950）

年份	1895	1900	1910	1921	1930	1950
人数	22	18	85	179	421	457

资料来源：墨西哥官方公布数字，Quoted in Ching Chieh Chang，*The Chinese in Latin America*，p. 155。

① See Evelyn Hu-DeHart，“Opium and Social Control，” p. 170.

表 9　　　　　　委内瑞拉华人女子入境统计（1936—1950）

年份	1936	1941	1950
人数	9	43	52

资料来源：委内瑞拉官方公布数字，Quoted in Ching Chieh Chang，*The Chinese in Latin America*，p. 157。

据此推断，19 世纪移居拉美的华人移民并没有留下众多纯血统的华人后裔，20 世纪 40、50 年代以后的华人社会成员主要是由 1900 年以后的华人移民和他们的后裔构成的，华人社会中女性的比例仍然远远低于男性。（参见表 10 和表 11）

表 10　拉美主要国家 1900 年后华人移民占华人人口总量的比例（1943—1950）

年份	国家	华人人口总量	1900 年以后的华人移民数量及百分比（%）
1943	古巴	23 000	18 484（80.4）
1950	巴拿马	2 700	1 851（68.6）
1940	危地马拉	1 014	670（66.1）
1950	哥斯达黎加	933	586（62.8）
1950	墨西哥	12 000	6 180（51.5）
1946	特立尼达	5 641	2 366（41.9）
1943	牙买加	6 886	2 552（37.1）

资料来源：Ching Chieh Chang，*The Chinese in Latin America*，p. 71。

表 11　　　　　　拉美主要国家男女比例统计表（1943—1950）

年份	国家	男性	女性	男女比例
1943	古巴	17 593	1 336	13.17∶1
1950	多米尼加共和国	490	71	6.90∶1
1940	巴拿马	3 207	675	4.75∶1
1940	危地马拉	897	207	4.33∶1
1950	洪都拉斯	289	93	3.11∶1
1950	哥斯达黎加	631	302	2.09∶1
1946	特立尼达	3 749	1 892	1.98∶1
1943	牙买加	4 343	2 543	1.71∶1

资料来源：Ching Chieh Chang，*The Chinese in Latin America*，p. 72。

拉美华人社会男女比例严重失衡主要与居住国的移民政策倾向、华人移民目的、移民资费来源等因素有关。

第一，事实上，拉美国家更愿意接受欧洲移民，不鼓励华人终生定居拉美，繁衍生息。在大部分国家（除了阿根廷和巴西）吸引欧洲移民失败后，劳动力紧缺促使它们最终开始接受华人移民。但是，拉美国家移民的主要目的是暂时解决劳动力短缺，而不是增加国家的人口总量。因此，在苦力贸易时期，人口贩子们只想贩卖身强力壮的男子作为粗笨工作的劳动力，对女子不感兴趣。比如，1917—1921 年，古巴颁布政策鼓励华人移民，但仍以男子为主，女子被拒之门外。

1900 年以后，大部分拉美国家都开始限制华人移民，有的全面排华，有的制订各种限制措施。这充分说明，劳动力紧缺状况一旦缓解，华人移民就成了拉美国家急于排挤的目标。对华人来说，移民到一个排华的国家要冒极大的风险，只有男子才有勇气只身犯险。

第二，华人大都安土重迁，在他们预先的计划里，并不想长久地居住下去，移居拉美谋生是暂时的，终有一天要衣锦还乡的。一旦居住国政治、经济环境恶化，拉美华人就逃往他国或返回家乡。

第三，华人去拉美需要支付高昂的旅费，横渡太平洋的漫长旅程收费不菲。一个可以支付全家旅费的华人家境必定不错，完全不必出洋冒险。在苦力贸易时期，旅费来自于长期雇佣合同；到了自由移民时期，华人大多靠先期移居拉美的同乡或宗亲垫付旅费。只有男子特别是未婚男子才有人会垫付旅费，以劳动作为对价补偿。如若事业有成，他们发现很难放弃手头生意回国发展。如果不想和当地女子结婚，他们只能在国内找新娘，再带回拉美。华人移民中的女子多源于此。反之，如若一事无成，也就没钱回国娶亲了。因此，在 20 世纪初的英属西印度群岛和墨西哥，虽然当地政府并没有限制华人移民的政策，但华人女子移民依然很少。

此外，拉美各国之间华人性别比例也有差别，比如在古巴性别比是 13.17∶1，在牙买加是 1.71∶1，牙买加的华人女子比例高于古巴。这主要因为牙买加的英国殖民政府和古巴的西班牙殖民政府限制华人的政策力度是不一样的。1900 年以后，古巴严格限制华人移民，只是在 1817—1921 年允许华人男子移民做劳工。那些想把妻子接来古巴的成功商人，只能采用非法手段让妻小入境古巴。与之相对，牙买加直到 20 世纪 40 年代才开始严格限制华人移民，之前华人的妻子可以轻而易举地入境牙买加。

3.3.2　年龄结构

从上述的拉美华人社会性别结构可以推知，从 20 世纪 40 年代开始，拉美华人社会的年龄结构是中老年人多于年轻人。造成这样的年龄结构的主要原因是，苦力贸易结束以后，拉美各国的华人自由移民从来没有达到过苦力贸易时期的规模，移民中的儿童和女子更是凤毛麟角。

在古巴，根据中国驻古巴领事馆 1948 年的人口统计，30 岁以下的华人占当地华人总数的 3.4%，40 岁以上的占 60%。1940 年 70%的秘鲁华人在 35 岁以上。1950 年智利华人 70%在 40 岁以上。同一时期，50%的委内瑞拉华人在 40 岁以上；在墨西哥北部的契亚帕斯，50%的华人在 50 岁以上。① 而且 1950 年在 30～75 岁的华人中，男子所占的比例远远高于女子。而在中国改革开放之前，新移民对华人人口总量的补充作用十分有限。因此，中老年人多于年轻人的社会年龄结构和男女比例失衡的性别结构必然会导致拉美华人社会人口总量呈下降的趋势。

3.4　职业结构

在契约华工时期，华工的职业是无法自己选择的，他们被当作奴隶一样驱使。古巴等加勒比海地区的华工主要在甘蔗种植园中做收割工或者在糖寮中充当工人。在秘鲁，华工先是被驱赶到南部沿海挖鸟粪，九死一生；后来又在甘蔗种植园、矿山和铁路工地上劳作。在合同期满或废止契约以后，拉美华人才有自由选择自己的职业。比如，在秘鲁，大部分华人留在了沿海地区，还有少部分人到安第斯山区或热带雨林地区闯天下。

3.4.1　概述

在美国和加拿大，华人多从事餐饮业和洗衣业。20 世纪 50 年代，华人在美国开设的 2 万家企业中，有 1 万多家是洗衣店，5 000 家是餐厅和

---

① See Ching Chieh Chang, *The Chinese in Latin America*, p. 76.

咖啡厅。[1] 虽然也有华人开杂货店和百货商店，但是洗衣店和餐厅是美国华人就业最多的行业。拉美华人职业结构则与此不同。除了巴西、秘鲁等特殊国家以外，华人几乎不开洗衣店，中餐馆的数量也不多。从契约华工制度结束到改革开放后的新移民涌入之前，大多数拉美华人主要从事商品零售业，特别是开杂货店。在有些国家，他们还成功地将杂货店零售生意扩展到批发业务、进口业务、农业和小型加工制造业。

与拉美其他族裔的职业相比，华人以从事商品零售业和服务业为主，并以商业资本为基础兼及农业和小型加工制造业。拉美华人从事的职业有以下五个特点：

第一，华人企业多是私营的私人资产，而且多从资本需要较少的杂货店零售业起家。

第二，华人的职业素质除了需要吃苦耐劳以外，还需要经营智慧和商业技巧，是体力劳动和脑力劳动相结合的行业。

第三，华人的职业都是非垄断性的，极少有政府背景和政府资源支撑。因此，如果当地政府排华政策严峻，华人很容易失业或者企业破产倒闭。

第四，华人企业多雇用同宗或者同乡充当帮手，扩大规模。

第五，若不是外力所迫，华人不会轻易转行，涉足陌生行业。

3.4.2 职业结构

拉美各国的华人虽然主要从事的是零售业，但是因各国国情和华人地位不同，华人的职业范围和职业种类也有所不同，呈现出不同的发展变化规律。

需要说明的是，有些国家华人人口总量很少，华人经济发展缓慢，华人职业没有什么大的发展变化，职业结构单一。比如，在中美国家危地马拉，早期华人的主要职业是裁缝，也有少数人从事东方商品进口。随着资本的增加，他们开始转向经营零售业务，全部从事杂货店生意或者是普通零售业。[2] 还有洪都拉斯、萨尔瓦多和哥斯达黎加等国家，华人

---

① 参见［美］刘令编著：《华侨人物志》，85页，洛杉矶，东西文化出版社，1949。

② See Ching Chieh Chang, *The Chinese in Latin America*, p. 117.

人口总量少，资本积累缓慢，还是停留在杂货店零售业阶段。

智利华人多集中在塔拉布卡（Tarapacá）省，在 20 世纪 50 年代的伊基克，134 家华人杂货店控制着该地的杂货店行业；482 家华人商业企业分布在智利 12 个以上的城市中，其中一半是杂货店，189 家是肉店。[①] 这些零售店的资本都非常少（资本最多的店不超过 1 万美元），都处于零售店阶段。

南美厄瓜多尔的华人主要经营杂货店生意和干果买卖，资本总量很少。在 20 世纪 80 年代改革开放后的新移民到来之前，阿根廷、巴西、玻利维亚、哥伦比亚、巴拉圭和乌拉圭等国家的华人人口总量都非常少。大部分阿根廷华人聚居在布宜诺斯艾利斯。他们中间最成功的是进口中国古董、丝绸、茶、瓷器的进口商品零售商。还有人在餐馆做厨师、服务生，或做零售生意。大部分哥伦比亚华人做杂货店零售生意，而且很成功。在华人最多的巴兰基亚，华人经营着 19 家零售杂货店、12 家洗衣店和 4 家餐馆。玻利维亚、巴拉圭和乌拉圭的华人总量都在 100 人左右，主要是做小生意。大部分苏里南华人都是经商的，而且在面包业实力很强，当地一半的面包业都掌握在他们手中。此外，还拥有当地最大的木材厂。[②]

20 世纪 30 年代，西印度群岛国家华人的职业是开洗衣店。20 世纪 50 年代，这些国家的华人经济有了缓慢发展。在海地，华人做着一些小生意；在多米尼加共和国，华人则开小餐馆或者杂货店。

下面根据华人职业发展和变化的阶段和特征，对拉美主要国家华人的职业结构进行分类说明。

3.4.2.1　产业链上溯型

华人先在产业链末端的零售业取得成功，继而向产业链上游延伸，相应地华人的职业结构也呈现出沿产业链上溯的排列和发展模式。

比如，牙买加华人是从杂货店（当地叫作“零沽商”）零售做起的。华人通过自己的聪明才智和勤奋节俭，在杂货店零售业取得了成功。随着资本积累越来越多，华人从零售业开始向批发业发展。20 世纪 50 年

① See Ching Chieh Chang, *The Chinese in Latin America*, p. 118.

② Ibid., pp. 120-121.

代，牙买加有 1 250 家华人店铺，大部分做杂货店生意及相关行业，垄断了岛上的杂货店生意的批发和零售业务。①

牙买加华人经营的杂货店与美国华人不同，它综合了食品市场、昼夜便利店、药店和酒类供应店等多种业务功能。为了进一步控制供货渠道、降低供货成本，做大规模杂货店批发生意的牙买加华人最后都会涉足进口代理业务和加工制造业。不仅是食品，所有杂货店经营范围内的商品，牙买加华人进口商都会进口，从食品、日用品到香水、玩具，一应俱全。有了下游的销售渠道，牙买加华人做进口业务也非常成功。他们经营的加工制造业也与杂货店的经营项目有关，主要是面包炉厂、饮料厂（特别是瓶装软饮料）、雪糕厂、肥皂厂。肥皂厂除了生产肥皂以外，还生产人造黄油、食用脂肪和食用油等。

由此可见，牙买加华人经营的各种产业都是从杂货店零售业中衍生出来的。面包、软饮料、雪糕、肥皂和人造黄油等华人工厂生产的产品可以直接在杂货店中销售。甚至食品加工厂和进口商都是隶属于大型、连锁型杂货店批发商的，形成垂直的行业垄断控制。牙买加华人的职业结构也沿着杂货店商品供应链向上延伸和排列。

虽然牙买加华人也有人务农，但是数量很少，而且社会影响力较弱。1943 年，牙买加有 81 家华人农场，但是它们中的 7 家面积小于 0.2 平方公里。所有农场都种植水稻，而不是当地的主要农产品——蔗糖。②

3.4.2.2 资本攀升型

华人先通过资本较小的行业积累资本，继而向资本较大的行业攀升，相应地华人的职业结构也呈现由简单的体力劳动行业向体力劳动与复杂的脑力劳动相结合的行业攀升的排列和发展模式。

古巴华人获得自由后首先涉足的是果蔬店、洗衣店，然后才是零售杂货店。但是，古巴华人的零售杂货店很少能发展成批发杂货店。20 世纪 50 年代，有 3 500 家古巴华人商业企业，其中 1 667 家是零售杂货店，720 家是果蔬店，591 家是洗衣店，281 家是餐馆，剩下的 241 家是各种

---

① See Ching Chieh Chang, *The Chinese in Latin America*, p. 88.

② Ibid. p. 92.

其他企业。①

古巴杂货店的运营资本远远高于牙买加。牙买加全国杂货店的资本不超过 500 万美元，但古巴高达 2 000 万美元。② 这是因为古巴人口总量比牙买加大，购买力也比牙买加强，杂货店必须具备一定规模才能满足当地居民的需求。因此，古巴华人通过更长时间的、资本少的以简单体力劳动为主的小生意来进行资本积累，待时机成熟，才能经营杂货店生意。

一般来说，小型果蔬店是杂货店的前身，经营范围主要是各种各样的食品。在资本积累到一定程度以后，果蔬店转型为杂货店，经营米、面、油、糖、豆类和香料等日常必需的主副食品。华人果蔬店为华人经营农业提供了市场条件，20 世纪 50 年代古巴出现一批在大城市周围经营农场的华人，仅哈瓦那周边华人经营的农场就有 50 家。③

古巴华人是唯一在拉美经营洗衣业的，洗衣店是以简单体力劳动为主的行业，所需资本也不多，因此，早期古巴华人很多从事洗衣业。1954 年古巴有 1 200 家洗衣店，其中一半属于华人。虽然从事洗衣业的华人很多，但是店面规模很小。20 世纪 50 年代，古巴华人餐馆有 300 多家，但都是档次不高、价格实惠的普通餐馆，很少有华人开中国风味餐馆。④ 餐饮业也是华人进行资本积累的一个行业，一旦时机成熟，他们也转向杂货店零售业。

在圣地亚哥（Santiago de Cuba）、哈瓦那和卡马圭等古巴大城市，都会有若干家高档华人商店，专营从东方进口的丝绸、刺绣、瓷器、象牙等。规模很小，不足以影响当地的华人社会经济。

尼加拉瓜华人大部分也是做杂货店零售业起家的。在完成了最初的原始资本积累以后，他们在当地开办肥皂厂获得了成功。20 世纪 50 年

---

① See Raymond S. D. Yoh, *Report from Cuba and Proposed Project for Promotion and Stabilization of Economic Welfare of Overseas Chinese in Cuba*, Habana: nonpublished, 1952, p. 4.

② See Ching Chieh Chang, *The Chinese in Latin America*, pp. 93－94.

③ Ibid., p. 97.

④ Ibid., pp. 97－98.

代，尼加拉瓜华人经营着4家肥皂厂，生产的肥皂产品占据着70%的市场份额。还有着2家木材厂和3家衬衫厂。①

3.4.2.3 移民政策排挤型

在这种类型的国家，华人移民的资本比较充裕，素质也很高，可以在很高的起点上选择自己的行业，因此华人涉足的商业和服务业范围较广，在当地经济中扮演重要的角色。但是，当地的排华运动或者限制移民措施对华人经济产生重创，很多华人移民他国，留下华人从事的职业被排挤到一个相对较小的范围内。

当拉美大部分国家出台了限制华人移民政策的时候，墨西哥是拉美较少接受中国移民的国家之一。在1921年之前，华人和其他国籍的移民都可以自由移民墨西哥，自由选择自己的职业。墨西哥华人经过一代人的努力，华人经济就繁荣起来了，在当地经济中占有一席之地。

1930年之前，华人在墨西哥的索诺拉、锡那罗亚（Sinaloa）、科阿韦拉（Coahuila）、奇瓦瓦（Chihuahua）和下加利福尼亚北部建立了强大的商业根基，特别是在索诺拉和锡那罗亚两州影响力最大。除了数不胜数的零售商店以外，华人还拥有两个大型连锁商店，在两州都拥有超过200家分店。华人在当地的零售业中占统治地位。② 但是，好景不长，20世纪30年代，华人聚居的北部各州爆发了激烈而血腥的排华运动。排华运动对这两州华人经济的打击是致命性的。华人纷纷从银行提现逃往美国或中国，导致当地银行倒闭，零售业也倒退数年。排华事件让当地华人商业元气大伤，直到20世纪50年代，两州华人商业企业仍是劫后余生的几百家零售杂货店，在当地的影响已大不如前。③

在20世纪初期的科阿韦拉，华人经济异常繁荣，华人生意遍布全州。在托雷翁（Torreón），华人甚至控制和经营着银行和有轨电车，投资多来自美国、加拿大和墨西哥城。1911年民族主义者引发的托雷翁排

---

① See Ching Chieh Chang, *The Chinese in Latin America*, p. 117.

② See *New York Times*, 1931-08-10, 1931-12-26.

③ See Ching Chieh Chang, *The Chinese in Latin America*, pp. 101-102, 104.

华事件使美国和加拿大的投资者纷纷撤资，银行关闭，有轨电车和其他生意倒闭。只剩下私营小生意惨淡经营，其中大部分是杂货店。虽然 1914 年、1920 年和 1926 年墨西哥又有排华事件发生，但是墨西哥华人生意还算成功。20 世纪 50 年代，仅托雷翁就有 50 多家华人商业企业，有些批发商的投资至少几十万美元，多则上百万美元。托雷翁是墨西哥华商经历危机后恢复最快、最好的城市之一，他们始终控制着当地杂货店生意的命脉。①

墨西哥下加利福尼亚的华人主要集中在墨西卡利。19 世纪 20 年代，无论从人口数量上说，还是从当地经济地位上说，华人都是当地最重要的少数族裔之一。当地 80%以上的棉花生产都是靠华人投资维持的，华人或者是股东，或者是借贷者；墨西卡利零售业 90%掌握在华人手中。20 世纪 30 年代，当地政府出台了限制华人雇员比例的政策，随之而来北部两州发生排华事件，世界性经济危机爆发，导致华人商业资本纷纷撤离墨西卡利。剩下的华人主要做零售生意，半数是开杂货店，还有 13 家小商店、12 家宾馆和 25 家接待美国观光客的餐馆。② 20 世纪 50 年代，当地华人在零售业仍占有重要地位。

在下加利福尼亚的蒂华纳（Tihuana），华人商业企业主要是杂货店、夜总会、宾馆和餐厅，顾客主要是来此地休闲娱乐的美国观光客。在塔毛利帕斯（Tamaulipas）和契亚帕斯两州，大部分华人经营杂货店生意，规模较大的 7 家还是批发商。这里还有拉美华人唯一经营稻米加工厂的城市，拥有 57 家华人稻米加工厂。墨西哥城华人的职业与北美华人相似，经营餐馆，但是，并没有北美华人经营的洗衣店业。③

在巴拿马，20 世纪初就有 100 多家华人零售店，大部分是杂货店。当时，华商与其他族裔一样享有平等的经商权。20 世纪 30 年代，巴拿马华人经济发展到顶峰。1940 年之前，华人是巴拿马杂货店生意的中坚力

---

① See Ching Chieh Chang, *The Chinese in Latin America*, p. 105.

② Ibid., p. 107.

③ Ibid., pp. 107-109.

量，杂货店零售业几乎完全掌握在华人手中。但是极端民族主义统治者总统阿里亚斯（Arnulfo Arias Madrid）① 1941 年推出了限制华人经商的措施：华人只准经营售卖东方商品的零售商店。巴拿马华人商业受到重挫，倒退数年。此后，巴拿马华人虽然仍然经营杂货店生意，但是昔日的统治地位一去不复返了。

1938 年前，委内瑞拉加拉加斯华人在酒店（Botiquines）经营方面独具实力。1938 年，委内瑞拉官方强行关闭了华人酒店。当地政府安排失业的华人去农场工作。但是不久大部分华人还是返回城市，开水果店或咖啡屋，也有华人经营杂货店、洗衣店和餐馆。20 世纪初，委内瑞拉发现了石油，经济获得了大发展，委内瑞拉华商也随之受益，是拉美华商中比较富裕的群体。

3.4.2.4 当地经济驱动型

华人投资的行业与当地主流产业发展结构相契合，在当地主流经济形态中占有重要地位。

秘鲁是唯一一个华人出巨资投资农业的拉美国家。华人在当地农业特别是棉花种植业中扮演着重要的角色。第一次世界大战期间，秘鲁华商意识到棉花种植业将要大发展，于是投资购买棉田，大力发展棉花种植经济，秘鲁大部分棉花产品都来自华人棉田。20 世纪 50 年代，劳动力价格大幅度提升，经营棉田的利润越来越微薄，华商放慢了扩大棉田种植面积的速度。到第二次世界大战之前，华人棉田产量下降，占秘鲁全国棉花产量的 1/7。②

在秘鲁的新兴城市中，商业和服务业有巨大的上升空间，于是经营棉花种植园的华人也投资城市中的批发业和进口业。20 世纪 50 年代，在利马和卡亚俄有 20 家大型华人批发公司和进口公司，进货渠道主要是香港。③

3.4.2.5 竞争对手回避型

华人在当地的商业经营活动中遇到了比自己更强大的竞争对手，为

---

① 阿里亚斯在 1940、1949、1968 年三次当选巴拿马总统，但是都没有完成任期。在统治期间，他大力推行暴力的种族歧视政策，特别是针对当地华人。

② See Ching Chieh Chang, *The Chinese in Latin America*, pp. 110-111.

③ Ibid., p. 113.

了回避正面直接竞争，转向其他类似的经营行业或经营范围。

秘鲁华人虽然在棉花种植业方面经济实力最强，但是大多数从事的仍然是零售业。19 世纪末，秘鲁华工取得自由后，他们就开始经营小杂货店，开创自己的事业。19 世纪 70 年代时，凭着高超的商业技能，他们在这个行业取得了成功。①

20 世纪 20 年代，日本人大量移民秘鲁；到了 30 年代，华人的小型零售店与日本人的竞争十分激烈。这在秘鲁华人和日本人都很多的利马省表现得最为明显。20 世纪 30 年代，利马省昌凯谷内日本人经营的商店已无处不在，日本人取代了华人在该省零售业的垄断地位。资本不足的利马华商被迫从杂货店向普通零售业转型。到了 20 世纪 50 年代，370 家利马华人企业中，只有 1/10 还在从事杂货店生意，1/3 做的是普通零售生意，其他利马华人企业经营二手家具店、餐馆或者宾馆。利马省内各个城市的华人企业都有这种转型的趋向。②

西印度群岛的特立尼达在拉美地区是华人相对人口最多的国家，华人在当地的经济地位和经济影响力仅次于牙买加华人。特立尼达全国人口不足 100 万，但是 20 世纪 40 年代华人开设了 2 000 多家商业企业，其中一半是杂货店生意。经营进出口业务的大型华人企业资本多达几十万美元。20 世纪 50 年代，华人遭到来自犹太商人和印度商人的竞争，失去了不少生意。③

3.4.3　形成原因

拉美华人在国内多是农民，但是来到拉美之后他们选择经商作为开创事业的契机，取得了比较丰厚的经济回报，一定程度上提升了社会地位。那么，究竟是哪些原因促使大部分拉美华人弃农经商呢?

第一，从拉美华人的经济实力和生产方式来看，商业特别是零售商业更适合华人。华人来到拉美，或者是种植园里的劳工，或者是修建铁

---

① See “The Chinese Colony in Peru,” *The West Coast Leaders*, 1928-01, pp. 79-80.

② See Ching Chieh Chang, *The Chinese in Latin America*, p. 112.

③ Ibid., p. 122.

路的工人，又或者是矿工，积蓄微薄，无力开办大规模的企业或购置土地。加之，拉美土地多掌握在大种植园主或者大庄园主手中，即使他们要卖地，也是大片出让而不会分割出卖。拉美当地人都没有经济实力购买土地，更不要说是以华工身份来拉美的华人了。只有在秘鲁，有美国或中国香港资金支持的富商才有实力购买农庄。无力雇用工人的华人，家庭本身就是从事生产劳动的基本经济单位。而大多数拉美华人都是单身男子，没有家人。对他们来说，在城市开一家门脸小店比较容易，而在农村种植和管理一片土地则比较困难。从资金周转速度来看，做小生意比经营小农场资金周转得要快，赢利也多，可以很快改善华人的经济条件。

第二，从拉美华人的经济观念和经济目标看，他们的商业观念和商业意识已经形成，经商也有助于他们迅速达成“发家致富”、“衣锦还乡”的目标。拉美华人多来自中国东南沿海，他们离国之前，已接受了清后期资本主义经济萌芽的影响，具备了一定的商业理念，积累了一定的商业经验。衣锦还乡是第一代拉美华人的奋斗目标，因此，在他们的人生规划中，终有一日是要叶落归根的。如果置办了土地，就意味着要祖祖辈辈在异域生活下去，葬身他乡。

第三，从拉美华人经济体的形成和结构来看，同乡或宗亲的连带作用促使大部分拉美华人选择经商，居住国同乡会的社会活动又促成了华人贸易圈的形成和扩大。华人自由移民大都是靠同乡或者宗亲的资助来到拉美的，他们需在同乡或宗亲的店铺中做若干年的学徒抵债。学徒经历使他们在经商方面积累了很多实践经验，同乡或宗亲在经商方面的很多成功实例也使他们愿意经商致富。同乡会的商业作用在古巴华人中间表现得较为明显。实力雄厚的大商人会积极参与活动，为同乡会建会址，庆祝传统节日，与原籍地保持密切联系，并帮助生活困难的同胞。借此，他们可以掌握同乡会的领导权和供应当地必需品的垄断权，建立自己的贸易关系网络。①

① 参见刘文龙：《拉丁美洲华人商业活动初探》，载《拉丁美洲研究》，1996（5），45～46页。

第四，从拉美华人所处的社会地位和社会条件看，华人经商既是填补商品经济空白的需要，也是居住国社会经济发展状况制约的结果。比如，19 世纪末，牙买加旧的农产品供应体系不能适应城市居民日益提高的购买力的需求，食品和杂货贸易发展缓慢，市场发展空间很大，于是牙买加华人就选择了开办食品杂货店。

拉美华人在积累了一定的商业资本之后，又会投资到其他相关的商业行业或者其他产业，促使某些拉美国家华人经济总量不断增长，经济实力和影响力日益扩大。但是到了 20 世纪 60 年代以后，特别是在拉美出生的华裔成长起来以后，拉美华人社会的职业结构发生了改变。土生华裔大多接受的是美国的西方教育，甚至不会讲中文。他们不再甘心做祖辈和父辈店铺里的伙计，而是去做社会地位更高的专业性职业，比如医生、律师、工程师等。拉美华人白手起家建立起来的杂货店生意已后继无人。

第 4 章　拉美华人社会概述

4.1　拉美华人社会的建立与形成（1847—1917）

从 1847 年第一批华工抵达拉美到第一次世界大战结束前，拉美华人社会逐渐建立和形成。大批契约华工和自由华人移民构成了拉美华人社会人口总量的核心组成部分，并且不断吸引新移民加入；获得自由的契约华工和作为自由移民的华商开始在拉美各国经商。他们不仰人鼻息，有稳定的收入来源，形成了拉美华人社会的经济基础；相对独立的华人社区开始建立，并且形成了与当地社会截然不同的文化风情和风俗习惯。但是，此时的华人社会并没有进入拉美当地社会的主流和上层，政治上处于无权的地位，经济架构刚显雏形。

4.1.1　艰难求生，争取自由（1847—1874）

19 世纪中后期，拉美华人大多数是通过苦力贸易来到拉美的。他们以"契约华工"的名义在拉美国家被任意买卖，生活条件和工作条件与黑奴无异，甚至有些方面还不如黑奴。[①] 正如胡其瑜所说："虽未（像来自太平洋群岛的劳工一样）招致灭种之灾，然而在亚太区域经济发展体系里，来自中国和日本的劳工们遭受的是经济剥削、种族歧视和文化镇压。"[②]

---

① 有人将秘鲁的华工与黑人奴隶做了对比，指出华工的遭遇比黑奴更为悲惨：第一，黑奴终身服务于主人，为了剥削得更长久，主人可能会较为仁慈，但是雇主会竭尽全力在合同期限内榨干华工全部血汗；第二，秘鲁民法设置了保护黑奴的条例，华工则从当地社会和祖国得不到任何保护；第三，黑奴可以组建家庭，而华工成家的可能性很小。参见罗荣渠：《十九世纪拉丁美洲的华工述略》，载《世界历史》，1980（4），37 页。

② Evelyn Hu-DeHart, "Latin America in Asia-Pacific Perspective," p. 51.

大多数“契约华工”合同没到期就已经被折磨死了。为了摆脱殖民统治，求得生存与发展的权利，拉美华人也采取各种各样的方式与当地殖民统治者相抗争，争取生命权利和人身自由。1847—1874 年苦力贸易期间，共有 225 000 名苦力或华工被运到拉美的古巴和秘鲁。（参见第 6 章 6.2.2.1 有关论述）80%或更多的苦力被送到了甘蔗种植园从事农业生产，在秘鲁还有的被送去修建的中央安第斯铁路，建设港口，挖鸟粪，或种植棉花和蔗糖。①

4.1.1.1　古巴

1847 年 6 月，第一批苦力 571 人分别乘英国的奥奎多（Oquendo）号和阿吉尔公爵（Duke of Argyle）号抵达哈瓦那。他们与西班牙领事馆签订为期 8 年的用工合同。这标志着中拉关系史上为时近 30 年之久的“苦力贸易时代”正式拉开序幕。② 古巴发展委员会（Junta de Fomento）以每个苦力 170 比索的价格把大多数苦力卖到了甘蔗种植园工作，特别是马坦萨斯（Matanzas）省。他们在糖寮和蔗糖种植园或水稻田里从事劳动。还有些苦力被卖给了铁路公司修建铁路。虽然由于华人宗教和文化背景的原因，西班牙皇室曾经下令古巴暂停苦力贸易，但是迫于劳动力短缺的种植园主的压力，很快于 1853 年就又恢复了。③

在古巴，西班牙殖民政府虽曾颁布法规，要视“亚洲殖民地开拓者”为自由人，但殖民当局又颁布法令宣称，当此与工作性质发生冲突时华工要放弃基本人权。“契约华工”在古巴遭到非人的虐待。根据 1874 年陈兰彬古巴使团的调查报告，1847—1874 年到达古巴的 114 081 名华工只有 53 502 人逃离了被奴役的命运，极少一部分回到了中国。④ 根据英总领

---

① See Evelyn Hu-DeHart, “Chinese Coolie Labor in Cuba and Peru in the Nineteenth Century: Free Labor or Neoslavery?” *Hawaii Huaren Yanjiu*（*Journal of Overseas Chinese Studies*），1992（2），pp. 149－181.

② 参见林被甸：《跨越太平洋：中国与拉丁美洲的文化交流》，见《中国拉美史研究会济南年会论文》，2007，299～300 页。

③ See Arnold J. Meagher, *The Introduction of Chinese Laborers to Latin America*, pp. 214, 221－222; Evelyn Hu-DeHart, “Latin America in Asia-Pacific Perspective,” p. 34.

④ See *The Cuba Commission Report*: *A Hidden History of the Chinese in Cuba*（*The Original English-Language Text of 1876*），p. 25.

事署册部的记载，1847 年、1853—1874 年，在古巴登陆的苦力是126 008人，途中死亡 17 032 人。① 而根据古巴文献记载，1847—1874 年，在古巴登陆的苦力是 124 813 人，途中死亡 16 576 人；若加上 1865—1875 年从美国加利福尼亚非法入境的华人和统计缺失部分，入境古巴华人就高达 15 万人了。② 然而，古巴华人苦力 45%在合同期内被折磨致死；甚至有些学者估计，这个死亡率高达 70%～75%。③ 这些劫后余生的华人奠定了古巴华人社会的主体部分。

在 1860 年之前，合同期满后苦力可以成为自由公民，并且选择自己喜欢的职业，但是 1860 年西班牙皇室颁布的法令剥夺了苦力成为自由公民的权利，他们被强迫或者签订新的用工合同，或者离开古巴。华工可怜的积蓄根本无力支付回家的路费，大部分人只得又签订新的用工合同。④ 19 世纪 70 年代，哈瓦那和其他城市劳动力短缺，城市服务业欠缺，合同期满的华人移居城市寻求生路。在 1868 年爆发的十年战争（第一次独立战争）期间，华人苦力逃出种植园，加入起义军，为自由而战。1871 年，西班牙下令停止输入华工，但是直到 1874 年华工输入古巴才彻底停止。

19 世纪中期，古巴华工受虐的陈情书通过美国公使转呈清廷，1874 年陈兰彬赴古巴调查华工受虐情况。1878 年，十年战争结束时，古巴起义军在与西班牙殖民军队签订协议时，明确要求“使华人等得享受豁免及解放之权”⑤，得以通过。同年，清廷在古巴遣使设领，保护华工权益。在清廷外交手段的辅助之下，通过坚持不懈的革命斗争，古巴华人终于获得了人身自由。

---

① 参见谭乾初：《古巴杂记》，见陈翰笙主编：《华工出国史料汇编》，第六辑，109 页。

② See Juan Pérez de la Riva, “Demografia de los Culíes Chinos en Cuba (1853-1874),” *Revista de la Biblioteca Nacional “José Marti”*, Vol. LVII, 1966-04, pp. 4-6; Arnold J. Meagher, *The Introduction of Chinese Laborers to Latin America: The “Coolie Trade”, 1847-1874*, p. 220.

③ See Duvon C. Corbitt, *A Study of the Chinese in Cuba, 1847-1947*, p. 80; Gonzalo de Quesada, *Los Chinos y la Revolucion Cubana*, Habana: Ucar, García y Cía, 1946, p. 17; Arnold J. Meagher, *The Introduction of Chinese Laborers to Latin America*, p. 236.

④ See A. L. Valverde, *Estudios Jurídicos e Históricos*, pp. 42-43.

⑤ ［美］刘令编著：《华侨人物志》，175 页。

4.1.1.2　秘鲁

根据秘鲁利马粤东华侨会馆资料记载，清道光二十六年（1846）就已经有被拐卖华工在秘鲁贩卖，“在澳门被番人拐骗，由帆船而来，直到庇噜（秘鲁）国哩吗（利马）埠发卖”①。鸦片战争以后，清朝国门洞开，秘鲁华工苦力贸易规模急速扩大，迅速达到高峰，“华人旅秘，始于道光二十六年（1846）。同治季年（1874），乃增至 10 余万”②。虽然华工旅途中的死亡率高达 10%甚至 30%，但到达秘鲁的仍有 9 万之众。③ 而根据 1889 年到秘鲁考察的傅云龙统计，从 1838 年开始到光绪年间到达秘鲁的华工“无虑十一万有奇”④。

根据近代学者的普遍看法，秘鲁苦力贸易是从 1849 年 10 月，75 名契约华工抵达秘鲁介休（Joshua）港到 1874 年 7 月最后一批契约华工在卡亚俄港登岸为止。卡亚俄港的人口市场上，合同期 5 年的华工以 400～500 比索的价格出售。1850—1859 年，有 13 000 名华人苦力输入秘鲁。他们大多数被驱赶到鸟粪岛做工，或卖给拉利博塔尔（La Libertad）或利马省周边的大种植园。也有的在工厂充当工人或手工业者，在家里做家佣、厨师、面包师；5 000～10 000 名华工受雇修筑通往安第斯的铁路。与鸟粪工和种植园农工相比，铁路工人和城市工人、家佣的待遇相对来说要好一些。由于国际舆论指责秘鲁对钦查岛鸟粪工的非人虐待，1856 年秘鲁当局被迫宣布禁止苦力贸易，苦力输入有所减少，但 1857—1860 年仍有几百名苦力被非法运入秘鲁。秘鲁官方统计数字表明，1860—1874 年澳门苦力贸易繁盛时期，入境秘鲁的华人苦力是 74 247 人。⑤

在秘鲁海岸鸟粪岛劳作的华工遭遇最为悲惨。他们长年在“毒瘴之区”劳作，“臭气郁蒸”，“以岁久干结，锄锹所及，飞尘四扬，其气恶

---

① 吴凤斌：《契约华工史》，268 页，南昌，江西人民出版社，1988。

② 沙丁等编著：《中国和拉丁美洲关系简史》，143 页，郑州，河南人民出版社，1985。

③ 参见秘鲁中华通惠总局编印：《秘鲁中华通惠总局与秘鲁华人》（纪念特刊），63 页，利马，1999。

④ 《晚清海外笔记选》，246 页，北京，海洋出版社，1983。

⑤ See Watt Stewart, *Chinese Bondage in Peru*, pp. 73-86, 189.

臭，又地气亢热"①。1853—1854 年，每年在钦查岛和瓜纳普（Guanape）岛开采和装载鸟粪的华工有 1 000～1 500 人；这里的华工寿命不超过 3 年，更换速度很快。

据推算，1849—1874 年秘鲁华人鸟粪工不下 1 万人。② 鸟粪场的生存条件恶劣，医疗条件缺乏，监工管理严酷，"他们住的像猪一样，忍饥挨饿，常遭鞭挞，折磨致死，毫无生还希望"，"在那里工作两三个月就会产生一种类似坏血病的疾病"③。华工一周工作七天，每天每人被驱使挖 4～5 吨鸟粪，或向船舱装运 100 小车鸟粪，完不成工作量不允许休息，还要受到惩罚。1874 年清政府派出容闳使团到钦查岛调查华工受虐情况，华工控诉十分凄惨，"做工有定限"，"如不完，即将两手两脚趾用绳扎，吊打。每日不准多饮水，若在饮水处停一两秒钟，即要鞭打"。许多华工不堪其辱，走投无路，甚至自行了断，"在鸟粪岛高处投海死。又有挖鸟粪自埋死。大凡投海，俱系约定一百余人同时尽命"④。

进入种植园劳作的华工也逃脱不掉被虐待的厄运。他们被打上烙印，像奴隶一样完全没有人身自由。简陋的工棚、单薄的衣物、粗劣的饭食、严酷的刑罚和繁重的体力劳动，让华工不堪重负，不胜其辱。若逃跑被抓回，还要遭受毒打，戴上脚镣，手段十分残忍。在秘鲁种植园里，仅有 1/3 的华工可以熬到合同期满。⑤

移民秘鲁的华人苦力很多在合同到期前就已被折磨致死。在劫后余生的华工中，只有极少一部分回到了祖国；大多数因无法支付回家路费，不得已续签了新的合同。秘鲁华工从未停止过争取自身权益的抗争，从怠工、逃跑到此起彼伏的华工起义，华工的苦情呈词还通过

---

① 《郭嵩焘日记》，见陈翰笙主编：《华工出国史料汇编》，第四辑，634 页。

② See George Washington Peck, *Melbourne and the Chincha Islands, with Sketches of Lima and Voyage round the World*, New York: Charles Scribner, 1854, pp. 170, 206; Thomas Joseph Hutchinson, *Two years in Peru, with Exploration of Its Antiquities*, Vol. 2, London: S. Low, Marston, Low and Searle, 1873, p. 130, Quoted in Arnold J. Meagher, *The Introduction of Chinese Laborers to Latin America*, pp. 241-242.

③ Watt Stewart, *Chinese Bondage in Peru*, p. 13.

④ 容闳：《询访客居秘鲁官民人等目睹华工各情形及面询华工供词》，转引自杨艳琼：《从秘鲁华工案看晚清海外华人政策的演变》，载《浙江史学论丛》，第一辑，2004，173～189 页。

⑤ 参见卜君哲：《秘鲁华人社团的形成与发展》，载《八桂侨刊》，2003（1），54 页。

美国公使辗转上达清廷。由于华工起义引发的秘鲁民众恐慌情绪、国际舆论的压力以及清廷保护华工的外交措施，19 世纪 70 年代初秘鲁政府不得已给予契约期满的华工以人身自由和留居秘鲁的权利。获得自由的华工大多移居人口稠密的城市，大部分选择了定居利马，1870 年有人数可观的华人作为自由移民来到利马；也有些华人选择在帕卡斯马约（Pacasmayo）和特鲁希略（Trujillo）等农业城镇开零售商店或充当家佣。①

4.1.1.3　英、法、荷属加勒比海国家

1850 年初英国政府允许并资助英属加勒比海群岛殖民地国家引进华工。1853 年，第一批华工 647 人抵达牙买加。在苦力贸易期间，18 000 名华工输入英属圭亚那和其他英属西印度群岛，大多数被运往英属圭亚那。（参见第 6 章 6.2.2.1 有关论述）在合同期满后，他们中只有少数人回到了祖国，很多人再移民到牙买加和其他英属加勒比海群岛国家。② 值得注意的是，1854、1856、1857 三年，英属圭亚那政府三次请求英国女王陛下批准引进华人女子，获得批准。1859—1866 年，西印度群岛引进华工 14 666 人，其中华人女子 2 455 人，他们被运往英属圭亚那、特立尼达和洪都拉斯三国。③ 1866 年清政府委派恭亲王奕䜣与英、法两国在北京签署的条约中规定，任何英、法殖民地的华工在五年合同期满后都有权返回中国，并由雇主支付旅费。英属加勒比海国家顾虑重重，基本停止了引进华工。经过 7 年多的协商，最终协商为：英属殖民地国家每年支付广东人口代理商1 600英镑，作为华工旅费。④

在牙买加，1854 年 4 月，埃普索姆（Epsom）号轮船满载着契约华工，从香港起航，最终有 267 人到达了目的地，并被安置在金斯敦附近的卡曼纳斯（Caymanas）庄园。不久，吸血鬼（Vampire）号和特雷莎·简（Theresa Jane）号轮船又从巴拿马转运来了 205 名契约华工。⑤

---

① See Watt Stewart, *Chinese Bondage in Peru*, p. 124.

② See Ching Chieh Chang, *The Chinese in Latin America*, p. 21.

③ See Cecil Clementí, *The Chinese in British Guiana*, p. 452.

④ See Arnold J. Meagher, *The Introduction of Chinese Laborers to Latin America*, p. 276.

⑤ See Walton Look Lai, *Indentured Labor, Caribbean Sugar*, p. 89.

这是最早到达牙买加的华人，中华会馆的创立人陈八（Robert Jackson）也在此列。也有不少学者认为，第一批牙买加华人移民是来自巴拿马的再移民。据英国议会文件记载，华人王德昌用体格健康的牙买加人交换同等数量的巴拿马华工。1854年11月这批华工抵达金斯敦。① 此后，英属圭亚那和特立尼达的契约华工或自由移民也来到牙买加。1884年7月12日，680名契约华工来到牙买加。陈亚维和陈平彰分别担任翻译和医生。这次航行比较顺利，只有1人死亡，还有3个婴儿在船上诞生。这是牙买加殖民政府时隔30年后再一次引进契约华工，他们也是最后一批抵达西印度群岛的契约华工。他们中间只有20个人来自四邑，其余的都是来自东莞、惠阳和宝安的客家人。② 这些移民成为牙买加华人移民的核心成员、后续华人移民的先遣军，此后以宗亲关系为纽带，携亲引戚，更多的华人移民来到牙买加。

在英属西印度群岛国家，虽然华工不必像古巴和秘鲁的同胞一样被送进人口市场，当场拍卖，但是华工的境遇依然没有多大的改善。英属圭亚那、特立尼达和牙买加都颁布法律强迫契约华工在蔗糖种植园劳作5年，任何没有契约、逃离种植园或者被解雇的华工都要遭受严厉的惩罚，关入监狱。种植园主也制定酷律，私设法庭。③

荷属苏里南的种植园主大多是英国人，19世纪50年代开始他们效仿英属圭亚那种植园主买入契约华工，但不同的是，由种植园主私人而不是政府主导招工活动。华工不仅来自中国，还来自葡萄牙的马德拉（Madeira）岛、巴巴多斯（Barbados）和爪哇（Java）等。到19世纪60年代，苏里南种植园主累计引进华工2 000多人。（参见本章4.1.1.4有关

---

① See Lucy M. Cohen, "The Chinese of the Panama Railroad," pp. 309－320; Lok Siu, *Memories of A Future Home: Diasporic Citizenship of Chinese in Panama*, Stanford: Stanford University Press, 2005, p. 39. ［美］陈匡民：《美洲华侨通鉴》，696页。

② See Walton Look Lai, *Indentured Labor, Caribbean Sugar*, p. 104; Alexandra Lee, "They Never Looked Back: The Role of the Hakka Women in Establishing the Chinese as A New Minority Group in Jamaica" (Paper presented at Hakka Conference, December 2000, York University, Toronto), Quoted in Li Anshan, "Survival, Adaptation and Integration," p. 44.

③ See Arnold J. Meagher, *The Introduction of Chinese Laborers to Latin America*, pp. 279－280.

论述）1870 年英国与荷兰签署协议，荷兰从印度引进劳工，取代了华工。①

法属加勒比海岛国也少量引入契约华工作为劳动力。根据特立尼达和多巴哥总理埃里克·威廉斯（Eric Williams）的《加勒比地区史（1492—1969）》记载，1854—1887 年 500 名华工到达瓜德罗普（Guadeloupe），1859 年 500 名华工到达马提尼克（Martinique）。② 1859 年法属圭亚那从上海买入 355 名华工，24 人途中死亡，331 人登岸。③

4.1.1.4　其他拉美国家

与古巴和秘鲁不同，巴拿马、哥斯达黎加、墨西哥、委内瑞拉和萨尔瓦多等拉美其他国家引进契约华工的行为只是在 19 世纪后半期短暂地存在过，在此之后大批进入这些国家的是作为自由移民的华工和商人。主要原因是这些国家的国内劳动力价格本身就很低廉，如墨西哥和萨尔瓦多，或者可以从其他周边国家获得廉价劳动力。

1850—1856 年，为了修建连通大西洋和太平洋的巴拿马地峡铁路（从科隆到巴拿马城），美资巴拿马铁路公司急需劳动力。根据英国政府史料记载和巴拿马当地报纸报道，有三批华工参与了铁路的修建工作。（参见表 12）根据巴拿马铁路公司统计，567 名中国劳工死于铁路修建过程中，剩下 700 多人移居秘鲁、古巴或者美国加利福尼亚。④ 而根据清季游历巴拿马的官员记载，"帕那马（巴拿马）之地"，"闻昔修建铁路时，因其水土恶劣，天气炎熵"，"所贩'猪仔'粤人两万余执其役，乃听其穴居野处，餐生饮冷，逼以苦工，而疾困死者殆尽，狠哉！"⑤

---

① See J. F. Snelleman, "Chineesche Immigranten in Suriname," *De West-Indische Gids*, 1920 (2), p. 225.

② 参见埃里克·威廉斯：《加勒比地区史（1492—1969）》，97 页，沈阳，辽宁人民出版社，1976。

③ See Paul Guiral, *L'Immiration Réglementée aux Antilles Francaises et á la Reunion*, Paris: Jouve et Cle, 1911, p. 86.

④ 参见管彦忠：《中国人移居巴拿马的历史进程》，载《拉丁美洲研究》，2002 (2)，32 页。

⑤ 《晚清海外笔记选》，216 页。

表 12　　赴巴拿马华工人数统计（1850—1906）

年份	华工人数	说明
1852	300（72 人途中死亡）	修建巴拿马地峡铁路。
1853	425（96 人途中死亡）	修建巴拿马地峡铁路。
1854	705（4 人途中残废）	华工来自广东汕头，修建巴拿马地峡铁路。
1880—1881	近千人	法国驻广州领事克勒（Kole）经两广总督刘坤一允许设立招工馆，招募华工开凿巴拿马运河。
1887—1888	651	巴拿马运河公司与广东海关盛宣怀谈妥条件，诱人去巴拿马开河。
1889—1890	四五千人	巴拿马运河公司从中国口岸、香港和加勒比海地区的英属特立尼达、圭亚那等地招募华工开挖运河。
1904 年后	不详	美国、古巴、牙买加、圭亚那等地华工到达巴拿马运河工地工作。
1906 年前后	2 000 余人	美国商人从福州、厦门等地暗中招工，华工从香港乘船抵达美国东部纽约，再换船赴巴拿马开凿运河。

资料来源：管彦忠：《中国人移居巴拿马的历史进程》，载《拉丁美洲研究》，2002（2），32～35 页；任继愈：《美洲华侨史话》，61～66 页。

1864 年，美国商人承建墨西哥中央（the National Central）铁路，从美国引进华工，“由美国之巴梳入墨国周省呵利市（Mexicalí）以南一带，此批华工为最先向墨西哥移植者”①。1865 年，葡萄牙商人获得墨西哥政府特许，引进亚洲移民。② 苦力贸易期间，墨西哥引进华工约 4 500 人。③

关于厄瓜多尔华工的记录只有一条：1851 年，悬挂厄瓜多尔国旗的罗萨里托（Rosarita）号载着人数不明的乘客驶往南美。还有一些从秘鲁逃跑的华工来到了厄瓜多尔。④ 智利华工的来源主要有两个渠道：一个是

① ［美］陈匡民：《美洲华侨通鉴》，268 页。

② See Iyo Iimura Kunimoto, *Japan and Mexico, 1888-1917*, PhD Dissertation, Austin: University of Texas at Austin, 1975, p. 123.

③ See Joseph Bucklin Bishop, *The Panama Gateway*, New York: Charles Scribner's Sons, 1913, p. 48.

④ See Arnold J. Meagher, *The Introduction of Chinese Laborers to Latin America*, pp. 241-242.

1884 年智利军队战胜秘鲁，太平洋战争（The War of Pacific）中加入智利军队的数百名华人军官和雇佣军随军到达利马；另一个是 19 世纪 50 年代往返于智利和中国之间的商船，从智利运出铜矿和白银，从中国运回劳工、茶叶和丝绸。[①] 大多数智利华工集中在太平洋战争中智利夺取的安托法加斯塔和塔拉布卡两省。有资料表明，曾经有 4 000 名劳工受雇在伊基克附近参与鸟粪贸易，其中大部分是华工。[②]

在苦力贸易时期，拉美其他国家也有来自中国的契约华工入境，由于人数较少，这些契约华工并没有引起太多的社会关注。(参见表 13)。

表 13　　拉美少量引进华工国家不完全统计（1852—1874）

巴西

年份	船只数	登岸人数
1855	2	671
1866	1	512

英属洪都拉斯

年份	船只数	登船人数	登岸人数
1865	1	480	474

荷属苏里南

年份	船只数	登船人数	登岸人数
1858	2	500	不详
1865	1	493	不详
1866	2	825	404（有一艘船登陆人数不详）
1867	1	291	不详
1868	1	252	不详
1869	2	500	不详
1875	1	不详	100

---

① See Marcelo Segall, "Esclavitud y Tráfico Culíes en Chile," *Journal of Inter-American Studies*, 1968 (2), pp. 120, 126-128.

② See Juan Brüggen, "Geología de las Guaneras en Chile," *Revista Chilena de Historia y Geografía*, 1938-07/12, p. 189.

哥斯达黎加

年份	船只数	登船人数	登岸人数
1872	1	685	650

资料来源：Arnold Meagher，*The Introduction of Chinese Laborers to Latin America*，pp. 398-432。

4.1.2 从"契约"奴隶向商人转变（1875—1917）

1874年澳门苦力贸易关闭以后，被绑架和胁迫来到拉美的华工依然存在，大部分仍然集中在古巴、秘鲁两国，英属圭亚那也有一些。此时，通过劳动契约或者同乡介绍的方式，自愿移民拉美的华人增多，古巴和秘鲁仍然是最多的，墨西哥、巴拿马、牙买加也开始大量接收华人。拉美内部的华人再移民活动增多，如厄瓜多尔、玻利维亚和智利的第一批华人来自秘鲁；哥伦比亚和其他中美国家的华人移民来自巴拿马、墨西哥和古巴。

值得注意的是，拉美各国并不限制华商在拉美的投资活动，因此移居拉美的华商增多。在这一时期，契约期满获得自由的华人，也在居住国做起自己的小生意。拉美华人社会地位和职业形象由"契约华工"逐渐向商人（特别是零售业商人）转变。19世纪末20世纪初，华商的经营活动已经遍及拉美100多个城市。①

但是好景不长，1882年美国通过了"排华法案"（the Chinese Exclusion），受其影响，拉美国家也在19世纪末20世纪初期开始排华，1921年以后，华人移居拉美的数量逐年减少，大部分是非法入境。②

4.1.2.1 苦力贸易以后的华工

在美西战争之后，美国政府控制着古巴独裁军政府。他们将美国的"排华法案"简化为"古巴司令部第155号法令"（Order No. 155 of the Headquarters Division of Cuba）。根据这项法令，除外交人员、学生、观光客和商人以外，包括华工在内的华人不得入境。古巴独立后，1902

① 参见林被甸：《跨越太平洋：中国与拉丁美洲的文化交流》，见《中国拉美史研究会济南年会论文》，2007，307页。

② See Ching Chieh Chang，*The Chinese in Latin America*，p. 22.

年 8 月 11 日通过的“第 237 号总统法令”（Presidential Decree No. 237）确认了前者的有效性。但是，法令没有严格贯彻执行，每年仍然有华工入境。①

1874 年 7 月 26 日，在秘鲁政府的倡导下，清政府与秘鲁政府签署了《中秘友好通商通航条约》（又称《中秘移民通商条约十九款》，*Tratoto de Paz，Navegacion y Amistad*），旨在促进华人移居秘鲁。此后，在清政府官船的运输下，移居秘鲁华人数量增多。但是好景不长，1909 年 5 月 14 日秘鲁颁布法令，禁止现金持有量低于 500 比索的华人入境。同年，又颁布了限制华工的法令。清政府向秘鲁政府提出抗议，指出，1909 年 5 月 14 日的法令有悖于 1874 年中秘条约。经过交涉，1909 年 8 月 28 日，清政府代表伍廷芳和秘鲁波拉斯（Belisalio Porras Balahona）政府代表，达成了清政府抑制华工前往秘鲁的协议。虽然协议中存在很多漏洞，但是由此至 19 世纪 30 年代，赴秘华工人数越来越少。②

事实上，1874 年苦力贸易结束之后的古巴和秘鲁对廉价劳动力的需求依然旺盛，于是种植园主和政府当局绞尽脑汁、软硬兼施地强迫和诱骗华工延长劳动期限，把华工继续留在种植园中。1872 年，古巴政府推出了 1860 条例（Reglamento of 1860），规定第一个 8 年合同期结束的华工必须续约，或者自费离开古巴，只有契约于 1861 年之前到期的华工除外。而一贫如洗的华工是根本无法支付回国旅费的。1873 年 10 月的古巴殖民公报（Boletín de Colonización）显示，当时古巴有华工 58 400 人，其中 14 046 人已经契约到期获得自由，可是还是有 10 044 人与种植园主续约，继续在种植园劳动。③ 直到 19 世纪最后几年，获得自由的华工开始进入城市寻找工作。他们大多数白手起家，靠出卖体力、打短工为生。1899 年古巴政府对华人的职业调查显示，华人在城市从事的职业有 36 种之多，但多是当地人不愿从事的、被人看不起的下等职业；华人从事的职业人数从多到少排列前几位是：短工（8 033 人）、商人（1 923 人）、家

---

① 参见［美］陈匡民：《美洲华侨通鉴》，626 页。

② See Luis Alberto Sanchez，“Los Chineros en la historia Peruan，” *Cuadernos Americanos*，1952-01/02，p. 204.

③ See Evelyn Hu-DeHart，“Latin America in Asia-Pacific Perspective，” p. 37.

仆（2 754人）、小贩（471 人）、二道商贩（301 人）、烧炭工（287 人）、泥瓦匠（127 人）、洗衣工（196 人）、木匠（104 人）。（参见图 2）

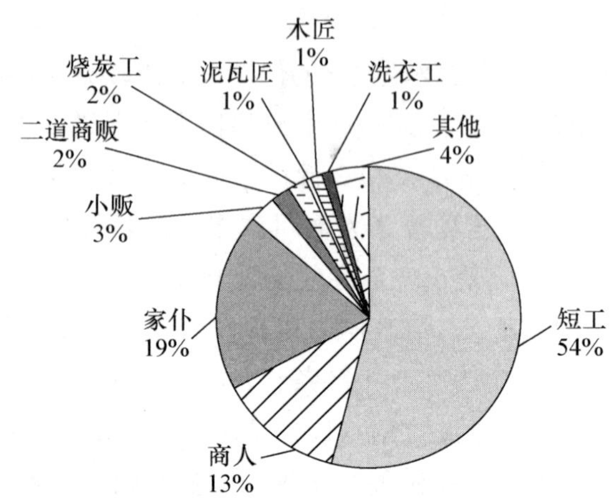

图 2　古巴华人职业分布比例图（1899）

资料来源：Duvon C. Corbitt，*A Study of the Chinese in Cuba*，*1847－1947*，pp. 92－94。

19 世纪 70 年代早期，秘鲁也面临华工到期的问题，虽然也有立法者提出强制华工续约的建议，但是没有被采纳。于是，狡猾的种植园主采用“延时工作”（sobretiempo）和“工时饶让”（yapa）的方法，诡称劳工契约规定做工必须满八年，如果因病误工或周日休息就需延期做工补偿；拖欠雇主的债务也要延时做工补偿。借款、预付金，甚至捕捉逃跑苦力的成本，都统统被计入债务之中。① 为了吸引华工续约，缓解种植园劳动力不足的困境，种植园主也给了华工一些相对优厚的条件，比如预付工资，最多可达一年工资；新契约期限最短 6 个月、最长不过一两年；可以多次续约；等等。② 加之，19 世纪中期，秘鲁城市建设尚不发达，城市手工业吸收华工能力有限，因此，留在种植园做自由劳工（Day Laborers）是华工积累经商资金的最有效的方式之一。

① See Humberto Rodríguez Pastor, *Hijos de Celeste Imperio en el Perú*（*1850－1900*）：*Migración*, *Agricultura*, *Mentalidad y Explotación*, Lima：Instituto de Apoyo Agrario，1988，p. 39；Watt Stewart, *Chinese Bondage in Peru*, pp. 117－123.

② 参见胡其瑜：《散居在拉丁美洲及加勒比地区的华人》，见张彬村主编：《中国海洋发展史》，635 页，台北，“中央”研究院，1993。

这样，秘鲁出现了自由华工（Chinos Libres）。比如，利马省的 20 个种植园全部依靠华工耕作，930 人（77%）是契约华工，117 人（10%）是续约华工，还有 160 人（13%）是生活和工作在种植园附近村镇（pueblos）的自由华工。秘鲁的一项官方调查显示，1887 年沿海省份有华人 8 503 人，6 245 人是契约期满的苦力，他们“像秘鲁农村的自由劳工一样”在种植园从事农业生产，领取工资和食物，还可以变换雇主。1 182 人与种植园主续约；838 人是与劳工经纪人签约的；40 人是租种土地的佃户；193 人是土地租赁者；5 人是商店或者旅店老板；甚至还有 1 名曾经是苦力的华人成了种植园主，雇用了八九十名华工。（参见图 3）19 世纪末，契约期满的秘鲁华工中约 30%从商，大多数仍是雇工或者务农。①

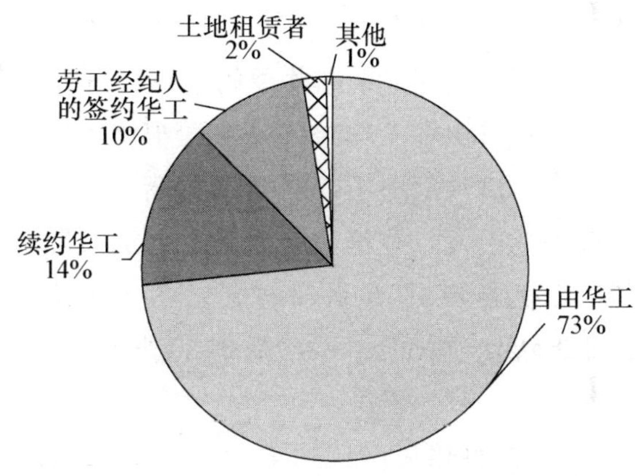

图 3　秘鲁沿海省份华人职业分布比例图（1887）

资料来源：Evelyn Hu-DeHart，“Latin America in Asia-Pacific Perspective，” pp. 38，40。

有些自由华工还参与了秘鲁偏远城镇的城市建设工作。比如，皮乌拉（Piura，俗称标拉）在投资建设大规模的水利和交通工程等基础设施时，很多自由华工都参与了建设工作。②

直到 19 世纪 90 年代以后，华工体力日衰，被新生力量所取代，退出了种植园的生产劳动。秘鲁种植园主用农村自由劳动力取代了华工；

① 参见秘鲁中华通惠总局编印：《秘鲁中华通惠总局与秘鲁华人》（纪念特刊），56 页。

② 参见杨安尧：《华工与秘鲁华人社会》，载《华侨华人历史研究》，2000（3），50 页。

而古巴则用非洲加那利群岛（Canary Islands）或者加利西亚（Gallegos）劳工取代华工，或者向独立的小农场转型，建立现代化的蔗糖加工厂。

墨西哥直到1867年波菲利奥·迪亚斯（Porfirio Díaz）发动军事政变上台，实施积极吸纳外资、加强基础设施建设、大力发展经济的政策以后，才开始大规模接纳华人移民。政府还特别鼓励到偏远的索诺拉、奇瓦瓦和下加利福尼亚北部移民开发。① 同一时期，古巴和美国的排华运动日益严重，逃难避祸的华工迁移到墨西哥。1871年被驱逐出古巴的华工入境墨西哥②，1900年以前已经有5 000名契约华工从美国移民到墨西哥，为政府或私人公司铺路，修建铁路，或在种植园从事农业劳动。1899年迪亚斯政府主动与清政府接触，中墨建立了正式外交关系，缔结建交条约。条约中规定，"工人出境一事，无论携家眷与否，皆可自由"，"两国人民皆得自由居住"③ 等。根据此条约，移民墨西哥的华工均是自愿、自由移民，在人身自由和工作条件等方面都比古巴和秘鲁的苦力和契约华工要自由得多。清政府还组织了几家轮船公司，协助华工移民墨西哥。移民轮船从香港出发，在洛杉矶登陆，再通过陆地交通，到达墨西哥的下加利福尼亚或者其他北部省份，太平洋沿岸的瓜伊马斯（Guayamas）和马萨特兰（Mazatlán）是华工进入墨西哥的两个主要港口。④

截至1910年，墨西哥华人已达到13 203人，主要聚集在墨西哥北部边境和加利福尼亚湾（the Gulf of California）沿岸人口稀少的九个州里，即下加利福尼亚、科阿韦拉、契亚帕斯、奇瓦瓦、新莱昂、锡那罗亚、塔毛利帕斯、韦拉克鲁斯（Veracruz）和尤卡坦（Yucatán），以及

---

① See José Jorge Gónez Izquierdo, *El Movimiento Antichino en México (1871－1934): Provlemas del Racism y del Nacionalismo Durante la Revolución Mexicana*, INAH: México, 1991, pp. 76－79.

② 美墨边境的华人也有一些是从美国驱逐出来的华工。参见 Raymond B. Craib, *Chinese Immigrants in Porfirian Mexico: Preliminary Study of Settlement, Economic Activity, and Anti-Chinese sentiment*, p. 8。

③ 何凤娇主编：《排华史料汇编：墨西哥》，3页。

④ See Ching Chieh Chang, *The Chinese in Latin America*, pp. 27, 48, 60.

墨西哥城中。华工们修建铁路，挖掘矿产，种植庄稼，为当地的基础设施建设和经济繁荣发展做出了极大的贡献。（参见表 14）墨西哥华工也不可避免地遭受着雇主经济上的剥削和肉体上的摧残。1899 年修建墨西哥中央铁路圣路易斯波托西—坦皮科（San Luís Potosí—Tampico）支线的华工向清政府驻美外交官申述：他们不但被雇佣公司转手“倒卖”，而且月工资只有可怜的 26 比索，还要支付 12 比索的饭费，8 比索的“衣服、靴子和鞋子”等制装费，偿还雇佣公司旅费 5 125 比索；“不论晴雨，都要辛苦劳作，忍受各种各样的困苦”，也不乏华工被殴致死。①

表 14　　墨西哥华工（1864—1920）

年份	州（市）名	来源地	人数	工作内容
1864	奇瓦瓦、科阿韦拉、新莱昂、锡那罗亚、索诺拉	美国	—	修建以华雷斯（Juaréz）为起点的中央铁路；在修建铁路期间，锡那罗亚和索诺拉是铁路沿线华人移民最多的州。
1880	下加利福尼亚	美国	—	开采金矿。
1896	科阿韦拉	—	800	挖掘圣菲利普（San Felipe）的煤矿，但不久大多数华工逃往蒙特雷（Monterrey）和其他城市。
1898	瓦哈卡（Oaxaca）	—	1 000	修建铁路，劳动合同到期后移居契亚帕斯。
1899	坦皮科	中国	500	修建墨西哥中央铁路的圣路易斯波托西—坦皮科支线。
1900	尤卡坦	中国	800	种植龙舌兰，以替代由于美西战争而供应中断的马尼拉大麻。

① See Kennett S. Cott，“Mexico Diplomacy and the Chinese Issue，1876-1910，” p. 171.

续前表

年份	州名	来源地	人数	工作内容
1900—1910	锡那罗亚	—	大批	修建从瓜伊马斯到马萨特兰的南太平洋铁路（the South Pacific Railroad）。
1900—1910	索诺拉	—	大批	开采铜矿。
1904	蒙特雷	—	400多	修建水库。
1900—1920	墨西卡利	—	1万	在棉田里做农业工人。
1910—1920	塔毛利帕斯	—	—	修建圣路易斯波托西—坦皮科铁路；开采石油。

资料来源：Ching Chieh Chang，*The Chinese in Latin America*，pp. 57-60；Kennett S. Cott，"Mexico Diplomacy and the Chinese Issue，1876-1910，" p. 171；James R. Crutis，"Mexicali's Chinatown，" *Goegraphical Review*，1989-03，p. 338。

从19世纪80年代到20世纪初，法国和美国先后成立公司开凿巴拿马运河。据不完全统计，巴拿马运河的开凿役使了9 000多华工。（参见表12）在法国开凿巴拿马运河期间（1881—1890），华工死亡约400人。① 张荫桓在光绪十四年（1888）十二月十二日的奏片中称："中阿墨利亚（美洲）、南阿墨利亚两州交界之处，曰巴拿马岛……其时广东客民赴役者二千人，不逾年而瘴殁几尽。"② 1903—1914年，美国承接巴拿马运河开凿工程后，华工依然是工地的主力军。为了缅怀死难华工，巴拿马人民在运河中段库莱布拉（Culebra）山山顶修建了"契约华工亭"，是典型的中国八角凉亭的风格。

在1874年以后，英属圭亚那和哥斯达黎加的契约华工移民基本停止。危地马拉和委内瑞拉分别在1880年和1885年引进数量很少的契约华工，这两个国家这一时期的华人自由移民也不多。

---

① 参见任继愈：《美洲华侨史话》，63页。

② 转引自李春辉：《拉丁美洲史稿》上册，345页，北京，商务印书馆，1983。

4.1.2.2　涉足商业的自由华人

19 世纪 70、80 年代古巴和秘鲁的种植园主与第一批契约到期华工续约的方式发生了改变，由原来的与苦力或契约华工个人签约，转变成与劳工签约者或经纪人（Enganchador、Contractistas）签约。劳工经纪人是一种独立的商业经营模式，以商品和劳工为经营对象，承担签约后的风险和损失。他们大都是契约到期的自由华工，在自由华工聚居的城镇招募劳工，组成劳工队（Cuadrillas）；代表劳工队协商用工条件，计时或计件；处理与劳工相关的一切事务，如保管预付工资，发放劳工工具，安排食宿，甚至管理、控制和监督劳工。充当劳工的自由华工还是以男性为主，他们中有些人开始与当地妇女交往，但一般是黑人、穆拉托人（Mulatas，黑白混血人）或来自秘鲁 Serranas 高原的本地妇女。1899 年，古巴人口统计显示，华人总计 15 000 人，妇女只有 20 人。其中，一半以上即 8 033 人是自由劳工，2 754 人是仆役（Servants）。值得注意的是，1 923 人是劳工经纪人，471 人是小商贩。[①] 种植园主还授权劳工经纪人在种植园旁边开华人商店，比如秘鲁阿斯皮亚格（Aspíllaga）家族的卡亚迪（Cayaltí）种植园就允许他的劳工经纪人在种植园旁边开商店，向劳工贩卖商品，每天收取 0.6 比索，不提供口粮。[②] 他们以此为业，积累了第一笔商业资本。[③] 而被雇佣的劳工则成为秘鲁“城市无产者”的前身和工薪劳工的雏形。[④] 随着华人转向其他行业，劳工经纪人用工制度退出了拉美的历史舞台，被自由劳工制和工薪劳工制所取代。

拉美有些富商就是从做劳工经纪人发家的，比如墨西哥富商黄宽焯，精通英语和西班牙语。1890 年，他在科阿韦拉州煤矿作管工，招募 400 多名华工。1896 年，他在埃尔曼特（Elmento）创办了“广东园”农场，随后与康有为等保皇派人在托雷翁创办了“华墨银行”，承包了墨西哥中

---

① See Duvon C. Corbitt, *A Study of the Chinese in Cuba*, *1847–1947*, pp. 92–93.

② See Michael J. Gonzales, *Plantation, Agriculture and Social Control in Northern Peru*, *1875–1933*, pp. 71, 93.

③ See Denise Helly, *Idéologie et ethnicité: les Chinois Macao à Cuba*, *1847–1886*, pp. 237–240.

④ See Humberto Rodríguez Pastor, *Hijos de celeste imperio en el Perú* (*1850–1900*), p. 121.

央铁路沿线的餐馆。①

自由华人积累原始资本、发家致富的另外一种商业模式是鸦片生意，苦力和契约华工体制中的鸦片生意催生了首批华人小企业。虽然种植园主和居住国政府是鸦片的进口者和垄断经营者，但是华人操控着鸦片零售生意。19世纪70年代以后，有些苦力或者契约期满的自由华工开始从事鸦片零售。

首先贩卖鸦片的是被种植园主当作“亲信”（Homber de confianza）的华人工头或者监工（Caporal），他们充当翻译和对华工施行社会控制，提供或者掐断鸦片供应。

比较常见的鸦片零售者是契约期满的自由苦力，他们在以前劳动的种植园里供应鸦片，或者附近经营小商店（在秘鲁称为tambo，在古巴称为puesto）和食品小卖部（在秘鲁称为fonda）。苦力或自由华工都过着贫穷的单身生活，这里就成了他们社会活动的主要场所。根据瓦特·斯图尔特的记叙，秘鲁比较有名的鸦片贩子Achull Coy和Agin Yap都是华人，后者曾经是一位厨师。② 古巴奴隶Estévan Montejo是这样叙述古巴的华人小商店的：

> 华人精于做生意。他们经营的小店货品琳琅满目，卖很多奇特的东西……Sagua镇的Tacon街上遍布华人小店，有裁缝店、糖果店和牙医诊所。中国人很喜欢吸食鸦片，我想他们不知道那是有害健康的。虽然那时从未有人迫害鸦片瘾君子，他们还是躲在小店里用长长的木质烟斗抽鸦片烟，这样白人和黑人是看不见他们的。③

年老体衰的华人苦力就躲在这些小店里吸食鸦片，以聊慰残生。一个华人商贩描述了这样的情形：

> 中午，我去商店买了一个面包，想就着水胡乱充饥。进店时，

---

① 参见刘文龙：《近代拉丁美洲华人商业活动初探》，载《拉丁美洲研究》，1996（5），45页。

② See Watt Stewart, *Chinese Bondage in Peru*, p. 125.

③ See Estévan Montejo, *The Autobiography of A Runaway Slave*, London: The Bodley Head, 1968, p. 94.

> 我看到二楼藤椅上躺着一个老年华人，在抽大烟袋。一侧是一盏油灯，他不时地点燃或者加热大烟，凑近猛吸一口。这位老人安静地躺着……满足地叹息着。我想，这东西会令人多么心情舒畅啊！我能看出来，吸完大烟，他心满意足。①

1887 年秘鲁对鸦片实行政府专卖，华人小商店是殖民政府查处非法买卖鸦片的重点对象。根据 1899 年秘鲁犯罪统计记载，1893 年 10 月，秘鲁政府专卖局（Estanco）官员向警察局告发，华人 Fuyan 的商店 Kwong Sing Chong 里发现“10 磅走私鸦片”。1899 年，在年轻华人 Akao 和 Acham 开在 San Juan de Díos 种植园的小店里也发现了走私鸦片；还有 56 岁的华人 Afun 在 Punta de Piedra 蔗糖加工厂里开的杂货店里，公然卖“烟草、火柴和鸦片”。直到 19 世纪结束以前，只要种植园或者蔗糖提炼厂里有华工工作，就有华人商贩在旁边兜售鸦片。事实上，贩卖和吸食鸦片都是合法的，只有绕过专卖局“走私”鸦片才违法。②

事实上，大多数自由华人是通过辛勤劳动积累商业资本的，比如秘鲁和古巴的华人在城市充当厨师、佣人、洗衣匠、面包师、小商贩等，积蓄开店的资本。古巴的华人还从事泥瓦匠、木匠、煤炭工、清洁工、养路工、码头工人、雪茄厂卷烟工等工作。19 世纪 60、70 年代，积累了些经商资本的古巴华人转向开杂货店和餐馆，经营鱼类、蛋糕、水果和蔬菜等日常食品。③

古巴哈瓦那华人最早的定居地是桑哈（Zanja，旧称省下街）街。桑哈街位于市中心西侧的城市边缘，原来是烂地臭水沟，无片瓦遮风挡雨，还毒蚊肆虐。华人辛勤劳动，填平了烂地，建造了小屋居住。1858 年，古巴华人钟令（音译，Chung Leng Liuz Peres）在桑哈街办了一家小饭铺，蓝四爷（音译，Lan Si Ye Avram Skoll）也在这里摆摊贩卖油炸小吃及水果。他们是日后哈瓦那唐人街（当地人称之为“Barrio Chino”）的先驱。唐人街华人依旧摆脱不了殖民政府的压榨，“他们如同中世纪的犹太

---

① Humberto Rodríguez Pastor，*Hijos de celeste imperio en el Perú*（*1850－1900*），p. 217.

② See Evelyn Hu-DeHart，“Opium and Social Control，” p. 180.

③ 参见刘文龙：《拉丁美洲华人商业活动初探》，载《拉丁美洲研究》，1996（5），43 页。

教徒一样”受到当地警察的侵扰和勒索。① 20 世纪初的哈瓦那唐人街除了餐馆、洗衣店、面包房、药店和照相馆等商业设施外，还有社会公益设施：1 家剧院、4 家报社、1 处墓地、2 所双语学校、1 家医院和 1 家养老院。

1866 年，华人商店已经遍及古巴西部比那尔德里奥（Pinar del Río）、瓜纳哈伊（Guanajay）和吉内斯（Guines）等地。1870 年，哈瓦那省、比那尔德里奥省、马坦萨斯省等古巴西部省份的各城镇都有华人开办的商店。1870—1876 年哈瓦那华人进口公司的资本已经达到 50 000～70 000 比索。1877 年古巴第一家华人银行开业。1879 年王安公司的年营业额达到了 300 万比索。1879 年三个华人买下了马坦萨斯的一家制糖厂，第二年蔗糖产量就达到 35 000 袋，四年后增长到 60 000 袋。② 除了产量较高的商业企业以外，还涌现出了知名的古巴华商，如经商致富的比那尔德里奥的帕斯托尔·毛里·孟（Pastor Moly Thu Meng）、圣胡立安德吉内斯（San Julian de Guines）的何塞·马尔菲亚·王（José M. Wong）等。还有瓜纳哈伊的何塞·阿尔曼·劭（José Shiu Man），乐善好施，不但“对自己的同胞异常慈善”，而且“对古巴人也是很慷慨的”③。

在秘鲁利马，浪迹城市的华工有的冒着严寒去兜售热水，有的赶着骡车在贫民区挨家挨户淘粪，有的拣烟蒂卖给制烟车间。④ 19 世纪 60 年代前后，第一批获得自由的华工开始可以做些小生意了，或摆摊设点或走街串巷兜售小商品。还有勇敢的华工进入秘鲁东部的亚马逊河流域，割胶、淘金、开荒，并与印第安人做生意，积累了原始商业资本。⑤ 还有华人把农产品运到橡胶园和淘金地贩卖，交换而来的橡胶和黄金运送到沿海城市销售，“一转手买卖，使他们积累了不少资本”。19 世纪末 20 世纪初，更多的秘鲁华人摆脱了“契约”枷锁，留下来寻找发财的机会。

---

① See James J. O'Kelly, *The Mambi-Land, or Adventures of A Herald Correspondent in Cuba*, London: Sampson Low, Marston and Company, 1874, p. 66.

② See Duvon C. Corbitt, *A Study of the Chinese in Cuba, 1847-1947*, pp. 90, 91.

③ 张铠：《十九世纪华工与华人对拉丁美洲的历史贡献》，载《近代史研究》，1984 (6)，181 页。

④ 参见陈翰笙主编：《华工出国史料汇编》，第六辑，252 页。

⑤ 参见卜君哲：《秘鲁华人社团的形成与发展》，载《八桂侨刊》，2003 (1)，55 页。

1909—1929 年，回国的华人仅 155 人。① 19 世纪 90 年代，华人开始在城市定居，利马和介休是华人定居较早的城市；新兴城市也吸引了华人商贩定居谋生，如皮乌拉市、圣拉蒙（San Ramon）镇。②

从 19 世纪下半叶开始，杂货店、餐馆、旅店等利马华商企业开始在卡庞（Capón）街、爱育（Ayacucho）街和巴鲁罗（Paruro）街一带集中，逐渐形成了利马唐人街，距离中心广场（the Plaza de Armas）、大基督教堂和总统官邸仅六七个街区之遥。1878 年还建立了中国剧院。③ 20 世纪初，这里已经有 3 000 多华人居住。唐人街内的建筑形式、居民生活都沿用中国传统，通行粤语。秘鲁主要华人社会组织中华通惠总局（Sociedad de Beneficiencia China）和八大会馆等也设于此。1874 年，美国驻秘鲁大使理查德·吉布斯（Richard Gibbs）在谈及利马的卡庞街时说："面对大市场或靠近大市场的那几条街上，华人杂货店、缝纫匠、鞋匠、面包师、屠户和其他商铺云集于此。沿着这条街漫步，看着这些商贩，他们的店铺和招牌，让人感觉仿佛置身于一座中国城市之中。"④

19 世纪末，秘鲁华人经营的零售商店转向经营食品和杂货为主，顾客也从华人扩大到了当地所有居民。勤恳、诚实的商业信誉让华人在小型杂货店行业取得了成功，很多新来的自由移民进入这些杂货店当伙计。1877 年当地报纸《商人》（*El Comercio*）是这样评价经营杂货店的秘鲁华人的：

> 他们这行做得十分出色，供应充足，品种丰富，琳琅满目，而且价格便宜，待客热情周到。

秘鲁中餐业起步时生意难做，"但随着时间的推移，他们的饮食受到利马广大公众的欢迎"⑤。秘鲁当地的报纸评价，中国人事实上已经成了

---

① 参见秘鲁中华通惠总局编印：《秘鲁中华通惠总局与秘鲁华人》（纪念特刊），61、74 页。

② 参见杨安尧：《华工与秘鲁华人社会》，载《华侨华人历史研究》，2000（3），50～51 页；张铠：《十九世纪华工与华人对拉丁美洲的历史贡献》，载《近代史研究》，1984（6），182 页。

③ See Watt Stewart, *Chinese Bondage in Peru*, p. 59.

④ ［英］潘琳著，陈定平译：《炎黄子孙——华人移民史》，75 页，上海，上海三联书店，1992。

⑤ Watt Stewart, *Chinese Bondage in Peru*, p. 67.

秘鲁“饭食的供应者”。①

秘鲁邻国智利华人不多，从19世纪70年代起华工陆续完成了劳动合同，做起了小生意。如北方沙漠区的塔拉布卡省，当地政府曾输入华工充当矿山的厨师、劳工和营地内的仆人。他们在积攒了小额资本以后，就开始在矿山的居民区做起各种各样的小本生意来。②

20世纪初，在华工的辛勤劳动下，墨西哥北方八州经济日渐繁荣，出现了梅里达、墨西卡利、坦皮科、蒙特雷等新兴城市中心。合同期满获得自由的华工移居到这些新兴城市中心经商，开杂货店、餐馆、洗衣店；手艺人则做起了木匠、泥瓦匠、修鞋匠、铁匠。1905—1907年，索诺拉州的87个城镇中，有华人商业活动的城镇是21个。③ 1900年尤卡坦州输入的800名华工，离开种植园后就落户已经城市化的梅里达经商。根据清政府驻美公使梁诚写给外务部的信函，1904年尤卡坦华人“有商店七八间，皆运中日杂货”，“洗衣间约十间，餐馆约十间”④。同年，根据清政府驻墨西哥参赞兼总领事梁洵的信函，墨西卡利“华侨人数，由两千五百以达三千。大商店七家，其三牟外利，其四牟华旅，其销路则茶丝磁绣俱有，而尤以爆竹为首屈”⑤。1909年开始，下加利福尼亚州引进大批华工种植棉田。合同期满后，他们也移居到刚刚兴起的墨西卡利经商，促使该市完成了由小村庄向大城市的转变。⑥

19世纪70年代末，在巴拿马修建地峡铁路的华人大多移居到巴拿马东部与哥伦比亚交接的达连（Darién）地区；1904—1914年开凿巴拿马运河后生存下来的华人则留居巴拿马，开商店或办其他的企业。1885年8月30日，清政府向哥伦比亚官方政府⑦递交照会，在巴拿马城和科隆

---

① See *El Comercio*, Lima, 1877-01-18.

② See Ching Chieh Chang, *The Chinese in Latin America*, p. 62.

③ 参见胡其瑜：《移民与发展中的社会——墨西哥北部的华人》，载《华侨华人历史研究》，1988（4），44页。

④ 陈翰笙主编：《华工出国史料汇编》，第1辑，1245页。

⑤ 同上书，1247页。

⑥ See Ching Chieh Chang, *The Chinese in Latin America*, pp. 57-58.

⑦ 当时的巴拿马归哥伦比亚政府管辖。1903年巴拿马在美国人的挑唆下脱离哥伦比亚独立。

建立领事馆，保护在此经营杂货店和燃料生意的华人。在巴拿马唐人街，店铺林立，十分繁华，“在巴国者，以巴京为最大，次则个唧埠（科隆），由巴京至个唧埠开河一带，火车路所经共一百四十余华里，华民店铺约三百家，零散处各埠者亦不下百十家，约共有三千余人”①。华人“投资颇巨，几握其全国商务权之半”②。这些成功的巴拿马华商吸引了更多的华人移居巴拿马。1903 年 9 月 3 日，巴拿马宣布独立，1904 年 3 月 11 日通过了限制华人入境法案，但是法案的实施并不严格，仍然有很多华人非法移居巴拿马。

在牙买加，19 世纪 80 年代契约期满的华人开始经营杂货店，做零售生意。牙买加华人大部分是客家人，他们“精于使用算盘”，深谙经商之道，很快就发展为成功商人。1908 年第一次牙买加官方调查表明，在杂货店零售行业，华人店铺只占 13%，黑人最多，占 78%，印度人和中东人占的比例分别是 7.1%和 1.4%。③ 而 1911 年牙买加官方调查表明，牙买加华人人口总量是 2 111 人，占全国人口总量的 0.3%，1/3 的牙买加华人做零售生意。他们在零售业领域如此高的执业率被当地零售商人视作威胁，曾引起公众敌对情绪。④

从这一时期拉美各国华人的职业发展轨迹看，离开种植园的华人大多在大城市的市中心开店设铺，相对集中的华人商业区和居住区是华人自发商业活动的结果。与之相映成趣的是，这一时期英属圭亚那的华人区“希望城”（Hopetown）是殖民政府总督下令特别划出的一块华人定居区。1865 年，皈依基督教的胡大金（Wu Tai-Kam）和 120 名华人开辟了德梅腊腊（Demerara）河支流上的沼泽地，建立了“到处洋溢着欢悦”、“一片欣欣向荣”的华人定居区。1874 年，“希望城”的华人已经达到 800 人，主要从事农业生产，“土地种得井井有条”。在“希望城”衰落后，大部分华人进城经营杂货店，“从事专门职业、商业”，“成功地经

---

① 外务部档案，宣统二年四月十五日驻巴拿马总领事欧阳庚奏折。

② 外务部档案，光绪二十八年十二月至宣统元年十一日驻美使臣伍廷芳等奏折。

③ See Gail Bouknight, *A Study of the Chinese Retail Grocery Trade and Its Impact on Chinese Ethnicity and Sion-Jamaican Relations*, Master Thesis, Brown Univercity, 1991, p. 152.

④ See Robert A. Pastor, *Migration and Development in the Caribbean*, p. 247.

营了乡村小店”，并且“形成了相当重要的商业阶级”①。比如，何阿受（Ho A-Shoo）、周陆湖（Chau LuK-Wd）以及何显（Ho Hin）等都是当地颇有资产的华商。② 1884—1897 年，何阿受先后在种植园、阿拉卡卡（Arakaka）等矿区开办商店，还在乔治敦购置了地产。20 世纪初“希望城”的华人聚居区逐渐萧条，最终消失了。英属圭亚那华人大多移居拉美其他国家。

4.1.2.3 寻找商机的华人商贾

这一时期，拉美各国虽然通过了限制华工输入拉美的法案，但是却不限制华商来拉美做生意。19 世纪 70 年代，为了寻找商机，大批华人商贾移居拉美创业。与华工创业不同，他们往往携带有较充裕的资金、具有较高的文化修养和较丰富的从商经验，有些人甚至在中国、美国和拉美其他国家建立起了跨国商业贸易网络。古巴华商“身着中国传统的丝绸服装，操标准的西方语言，经营来自中国的商品”，这是“新型华人的典型形象”③。

根据张荫桓《三洲日记》记载，“巴拿马、哥浪（哥伦比亚）两阜相接，华人营生于此者垂五千人，商多工少，故不为彼族所轻”。最先到达巴拿马的华商中有不少人是从美国和秘鲁辗转到巴拿马寻找商机的，“华人谋利无远弗届，由旧金山而秘鲁而巴拿马，愈拓愈广，亦不惮劳苦，其志可矜”。随着巴拿马地区的城市发展，华商的生意也日渐兴隆。到 1888 年，开庄最早的“永昌和”已经在此经商十余年。据创始人介绍，刚到巴拿马时，“草深没胫，街市泥淖，并乏马车，尚不及现在光景”④。到 19 世纪末以前，许多华人在巴拿马运河沿岸定居下来。其后裔大部分经营餐馆、洗衣店、杂货店、钟表店等，资金充足的富商则经营农场、超级市场、批发行、进出口贸易行等。⑤

---

① ［英］詹姆士·罗德韦：《英、荷、法属圭亚那》，194 页，长春，吉林人民出版社，1973。

② See Cecil Clementí, *The Chinese in British Guiana*, pp. 298, 334, 337, 345.

③ 刘文龙：《近代拉丁美洲华人商业活动初探》，载《拉丁美洲研究》，1996（5），46 页。

④ 张荫桓：《三洲日记》，见《晚清海外笔记选》，237 页。

⑤ 参见刘文龙：《近代拉丁美洲华人商业活动初探》，载《拉丁美洲研究》，1996（5），46 页。

从墨西哥华人移民肇始，华商就是其中重要的组成部分，既有来自美洲其他国家的再移民，也有直接来自中国的移民。1890 年第一批移居契亚帕斯州的华人就不是华工，而是来自巴拿马的华商。他们在塔帕丘拉（Tapachula）市经商，生意十分兴隆。到 20 世纪初，墨西哥华工成功地完成了向小商业主的转变。他们的成功吸引来更多的华商，特别是在北部和加利福尼亚湾沿岸的新兴城市，如梅里达、墨西卡利、坦皮科、契亚帕斯、蒙特雷、托雷翁等。在科阿韦拉州到处都有欣欣向荣的华商企业，在托雷翁市“华侨办有银行、街车（即有轨电车）等事业，规模颇大”①。在下加利福尼亚，80％以上的棉花生产投资都来自华人，他们或者是股东，或者是借贷者；墨西卡利零售业 90％也掌握在华人手中。奇瓦瓦、科阿韦拉、新莱昂、锡那罗亚、索诺拉等州的铁路沿线和矿山也为吃苦耐劳的华商提供了大好商机，他们的生意十分兴隆，华人移民也越来越多。②

墨西哥华商最初移民目的是以北部边境城市为跳板，去美国投资经商。但是，墨西哥迪亚斯政府的殖民计划和现代化规划刺激了墨西哥北部地区居民区的建立和人口的增长。加之，美国在墨西哥北部投入了巨额资金，随之而来的广阔市场空间，让这些华商留在了墨西哥，或者独资开店，或者与美国矿山和铁路公司合资经商。最典型的代表就是位于墨西哥西北部、与美国亚利桑那（Arizona）州接壤的索诺拉州的华商了。1875—1900 年，美国投资于该州的铁路建设、矿产开掘和农业种植等行业，使荒凉落后的地区变得逐渐繁华起来。该州华商抓住时机，在建筑工地、矿山和种植园为劳工阶层提供商业服务。他们的足迹遍布偏远的内陆村庄，既赚到了钱，又避免了与设在瓜伊马斯、埃莫西约（Hermosillo）等大城市内势力强大的欧洲商家产生竞争。在不到两代人的时间里，他们就成功地垄断了该州的小型商业行业。③

1911—1917 年的墨西哥革命（Mexican Revolution）不但没有阻碍华

① ［美］刘令编著：《华侨人物志》，164 页。

② See Ching Chieh Chang, *The Chinese in Latin America*, pp. 59, 105－106.

③ See Evelyn Hu-DeHart, “Latin America in Asia-Pacific Perspective,” p. 42.

人商业的发展，反而为华商巩固行业内垄断地位提供了千载难逢的良机。大多数墨西哥人都卷入内战，无心经商，延缓了墨西哥小型商业企业与华商竞争局面的出现。即使在动荡时期，矿山和铁路依然要运转，那里的人需要商品和商业服务。任何一派革命军队都需要补给，而华商是“外来户”，地位中立，无论哪支部队，都愿意与之做生意。革命队伍的将军“强行赊销”（forced loan）的事情也时有发生，华商也只得把这当作混乱时期做生意的成本。此时的欧洲各国也忙于第一次世界大战，无暇顾及墨西哥，导致墨西哥与欧洲国家的商业联系弱化，促成了美墨之间商业纽带的形成。这反过来又进一步强化了华商与美国利益之间的已经存在的共生关系。因此，当索诺拉华商企业遭受墨西哥人军队骚扰时，美国领事常会采取措施保护。

20 世纪头 10 年，墨西哥华人人口总量从 1900 年的 2 719 人猛增至 1910 年的 13 203 人，增长了近 3.9 倍，并且到 1921 年的 14 498 人、1927 年的 24 218 人和 1930 年的 17 865 人一直持续增长了 20 多年。华人人口总量最多、增长最快的州都集中在墨西哥北部地区。（参见图 4）

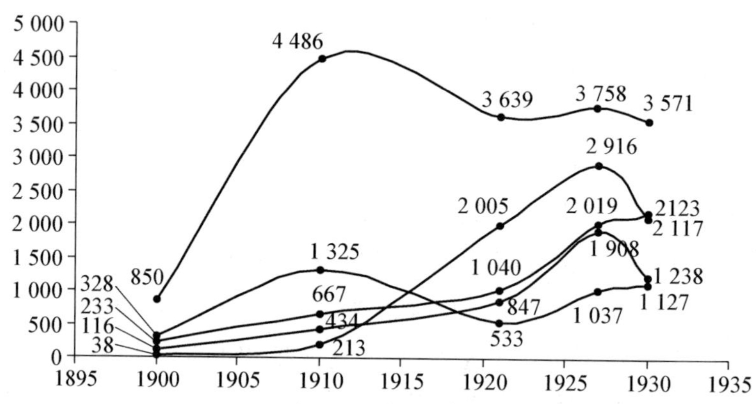

图 4　墨西哥五州华人人口增长趋势图（1900—1930）

图注：图左端由下至上，五条曲线分别代表的州是：塔毛利帕斯、韦拉克鲁斯、锡那罗亚、奇瓦瓦和索诺拉。各数据点分别表示的是 1900、1910、1921、1927、1930 年的五州华人人口总量。

资料来源：Mexican Censuses for 1900、1910、1921、1927、1930；*Archivo Histórico del Gobierno e Estado de Sonora*，Vol. 50，1930。

墨西哥华人人口不但总量有了突飞猛进的增长，而且占总人口的比例也一路飙升。比如，1890 年索诺拉总督 Ramón Corral 估计该州有华人 229 人，在外国人中仅次于美国移民；1895 年华人人口达到 300 人，占墨西哥华人总数的 1/3。① 根据 1910 年墨西哥部分地区的人口统计，索诺拉华人移民达到了 4 486 人，是墨西哥第二大华人聚居州墨西哥联邦州（the Distrito Federal）的 4 倍，超过了当地美国移民人数（3 164 人），占全州人口总量的 1.69%，一跃成为该州人口数量最多的外国移民。华人在墨西哥全国的分布范围不断扩大，除特拉斯卡拉（Tlaxcala）州以外，各州都有华人居住。

20 世纪初期，墨西哥华商在当地逐渐打开局面，为此后的大发展奠定了基础。1913 年索诺拉有华人企业 279 家，分布在 26 个城镇，大部分经营综合商品或杂货店生意，除此之外还有 40 家餐馆、4 家宾馆、2 家干货店、2 家服装厂、1 家鞋厂和 2 家中药店。②

那么，究竟是哪些因素促成了拉美华商企业的兴起呢？可以说，拉美华商企业的成功除了克勤克俭、待客热情、善于经营等主观因素以外，还有其他一些可遇不可求的历史机遇。

第一，广阔的市场空间、宽松的竞争环境和贸易投资环境。19 世纪末 20 世纪初，美国资本进入拉美国家，用于铁路建设、运河挖掘和矿产开发等基础设施建设，带来了人口增加、城市繁荣，但这些地区的商品流通和商业服务十分落后，这为华人商业体系的建立提供了巨大发展空间。墨西哥华商就是紧随着美资的基础设施建设投资而开店建厂的。1875 年以后进入墨西哥索诺拉州的华人，开始聚集在入境港口瓜伊马斯和州府埃莫西约，随后大批迁入北部铁路枢纽马格达莱纳（Magdalena）和阿里斯佩（Arizpe）地区。阿里斯佩有 1 016 名华人，其西北部紧邻美国的矿产重镇卡纳内阿（Cananea）就聚集了 800 人。而与之相对照的是，没有矿山和铁路的阿尔塔（Altar）、萨瓦里帕（Sahuaripa）和乌雷

① See José Jorge Gónez Izquierdo, *El movimiento antichino en México* (*1871–1934*), p. 58.

② See Evelyn Hu-DeHart, "Latin America in Asia-Pacific Perspective," p. 43; Ching Chieh Chang, *The Chinese in Latin America*, p. 59.

斯（Ures）等地区则鲜有华人。根据 1919 年当地华人组织向联邦劳动部提供的数据表明，索诺拉州共有华人 6 078 人，该州 62 座城镇中有 58 座都有华人居住。① 该州的其他美国人只对经营棉花种植园感兴趣，而当地人是没有实力与华人竞争的。

在巴拿马，进口商品免征关税，加之水陆交通便利，吸引了很多华商前往投资。"盖入口无税，又为南北花旗孔道，过往之客多购华物。近以浚河之役，工商稍集，故哥浪（哥伦比亚）至巴拿马沿车铁路，华人列肆，皆恃此营生。每逢发饷之期，内阜华人小酒店有日售千金者。惟半年一结账，以水土恶劣、支持不易之故。"②

在古巴，为了避免与西班牙商人的竞争，华商独辟蹊径，从家乡进口正宗中国货，在岛上贩卖。西班牙商人在澳门经济地位衰弱以后失去了从中国进口商品的渠道，因此，无力与中国商人竞争。19 世纪 70 年代，古巴有华人贸易公司 15 家，12 家开在哈瓦那，每家公司资本都超过 3 万比索（折合约 4 500 万旧法郎），销售网络遍布全岛，每家分公司的资本在 5 000～20 000 比索之间。③

第二，源源不断的劳动力供应。秘鲁、古巴和加勒比海其他国家的苦力或者华工契约期满获得自由以后涌入城市做自由工人或手工业者，成为当地华人店铺的劳动力来源。与此同时，通过同乡、同宗的帮带，华人在商铺充当学徒或伙计。他们大多是青年或中年人，年富力强，好学上进。1919 年，墨西哥华人中 21～50 岁的多达 91%，而且 41%的华人在墨西哥生活了 10～15 年，37%的人在墨西哥生活了 5～10 年。（参见下页图 5）

在巴拿马，虽然 1904 年颁布了禁止中国移民的法令，但是 1906 年的第 26 号法令允许华人到巴拿马开店经商。不久，又允许华人加入巴拿马国籍，巴拿马的华人移民大量增加，很多富商携妻带子移居巴拿马。1911 年巴拿马人口普查结果显示，华人有 2 003 人。人口统计公报中指

---

① See Evelyn Hu-DeHart, "Latin America in Asia-Pacific Perspective," p. 45.

② 张荫桓：《三洲日记》，见《晚清海外笔记选》，237 页。

③ See Denise Helly, *Idéologie et ethnicité: les Chinois Macao à Cuba, 1847–1886*, pp. 231–237.

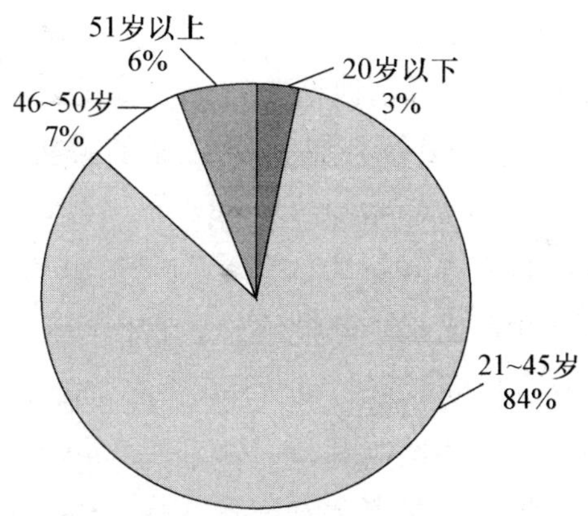

图 5　墨西哥华人年龄结构图（1919）

资料来源：Evelyn Hu-DeHart，“Latin America in Asia-Pacific Perspective，” p. 45。

出，很多华人没有在当地注册，官方估计巴拿马的华人移民约 3 000 人。实际上 1913 年华人到巴拿马官方注册数据表明，不包括妇女在内，巴拿马注册华人已有 7 297 人。①

有一个事例可以说明巴拿马华商在当地经济中已经占有重要地位。1913 年 11 月 18 日，华人决定关闭巴拿马城和科隆市的批发店、零售店、洗染店、蔬菜销售点等商业服务网点，以抗议巴拿马政府出台的强迫华人注册的法律。当地居民特别是低收入阶层无法到华人商店赊账购货，不法投机商又乘机哄抬物价，造成当地人民生活的极大不便。很多居民上街抗议，反对政府的华人注册法。

第三，相对充裕的资金供给及产业链的扩展与延伸。19 世纪 70 年代，加勒比海地区国家废除了奴隶制度，工人工资有所提高，商品消费市场进一步扩大，吸引了来自世界各地的华商携资创业。

根据古巴马坦萨斯省的档案记载，1872 年 89 名持美国、西班牙和墨西哥护照的华人移居古巴。1870—1880 年，古巴商业档案记载有华商再次来古巴经商，拥有资金数万比索。据不完全统计，19 世纪 70 年代，约有数千华人取道中美到达古巴，其中有香港大贸易集团的经纪人或特派

① 参见管彦忠：《中国人移居巴拿马的历史进程》，载《拉丁美洲研究》，2002（2），34 页。

代表、旧金山富商、珠江三角洲的富商之子，也有躲避美国种族迫害的加利福尼亚和美国南部的华工。他们为古巴华商的商业活动带来了充沛的资金支持，旧金山华人银行、加利福尼亚的香港资金都涌入古巴。1872 年开张的“永安昌”（Wing on Chong）贸易公司，资本多达 8 万比索；香港“永安号”的资本高达 10 万比索。到 19 世纪 90 年代，古巴华商投资总额超过 100 万比索。除此之外，古巴华商企业的网点数量迅速增多，涉及的产业也不断扩展。如 1880 年总部在香港的文安（Weng On）商行在卡德纳斯（Cárdenas）、科隆、西恩富戈斯、萨瓜（Sagua）等地都设有分行，营业额达到 300 万比索（约 40 亿旧法郎）。经营者多是广东高鹤人。它开设的精品店，经营丝绸、陶瓷器和象牙制品，古巴人十分喜欢。①

19 世纪 70 年代末，有华商携资到利马开办商号，由于商品物美价廉，服务周到，生意十分兴隆，奠定了华人经济在秘鲁的社会地位。1872 年，华人在利马的第一家公司“永安昌”成立，资金来自香港，因“受成于香港总核之人，层叠约束，条理精密，数万里外不能欺饰，故能持久”②。当地报纸称，“永安昌以商品丰富、名贵、花色繁多以及售价低廉和对顾客态度殷勤而负有盛誉”③。永安昌在智利、巴拿马等其他拉美国家也设有分公司，直到 1978 年才关闭。

有些资本更雄厚或者合股经营的华商开设批发杂货的商庄，经营粮食土产杂货，兼营欧洲、美国的商品和中国的丝绸、瓷器等。1888 年，第一家华人商庄“和昌”创立，总经理曾在香港受过教育，善于经商。资产更为雄厚的“宝隆”商庄除了批发杂货以外，还建立了船务公司，租赁土地，生产、销售和出口粮食、甘蔗、棉花等农产品。“宝隆”商庄的利马田庄“骑马巡视一周要费时数天，有 1 400 多名秘鲁工人……光绪末年，在秘鲁设立了中华航运公司，其规模相当可观”④。“宝隆”商庄

---

① 参见刘文龙：《近代拉丁美洲华人商业活动初探》，载《拉丁美洲研究》，1996（5），46～47 页。

② 《晚清海外笔记选》，239 页。

③ *El Comercio*，Lima，1877-08-27.

④ 李春辉：《拉丁美洲史稿》上册，234 页。

"当时在市政府登记注册的资本额已经是 160 万元，以那时来说实在是很了不起的"①。"合安荣"商庄，专经销从中国进口的各式商品，分店遍布全国；田庄里还种植棉花，收利颇丰。②

19 世纪 70 年代后，在墨西哥华人中最引人注目的是来自美国加利福尼亚和中国香港的小企业家。他们建立了制衣厂、制鞋厂，不但吸引了寻找商机的投资者，还为农村劳动力进入城市成为工薪阶层提供了机会。1890 年官方统计表明，229 名注册华人中，161 名是鞋匠、裁缝、铁匠，剩下的在矿山、农场和铁路充当劳工。

4.2　拉美华人社会的发展与繁荣（1918—1949）

1914—1918 年第一次世界大战期间，交战双方都需要拉美国家提供的战略物资，秘鲁、哥伦比亚、委内瑞拉、古巴和其他国家或增加矿产开采，或扩大农业原材料生产，从而出口收入提高。③ 拉美华人经济也趁机快速发展起来。虽然 1929—1933 年世界经济大萧条对拉美华人经济产生了冲击，但是经历危机洗礼的华人经济浴火重生，并朝多元化方向发展。其间，日本侵华战争又在政治上提高了华人的爱国觉悟，在组织上活跃了华人的沟通机制，在思想上凝聚了华人的精神力量，拉美华人社会获得了大发展、大繁荣。

4.2.1　自由移民接连不断

第一批移民拉美的华人多是契约华工，在劳动中很多被折磨致死。在第一次世界大战期间，拉美各国放松了限制或取消了限制华人移民的法令，新华人移民为拉美华人人口的壮大补充了新生力量。比如，这一时期的古巴、墨西哥、牙买加等华人人口总量较多的国家，虽然受 20 世纪 30 年代排华风潮的影响，新移民数量下降，但还是接连不断的。（参

① 秘鲁中华通惠总局编印：《秘鲁中华通惠总局与秘鲁华人》（纪念特刊），85 页。

② 参见杨安尧：《秘鲁华侨华人经济的变化和发展》，载《八桂侨史》，1994（1），44 页。

③ 参见袁颂安：《秘鲁华侨概况》，87 页，台北，正中书局，1988。

见图6）

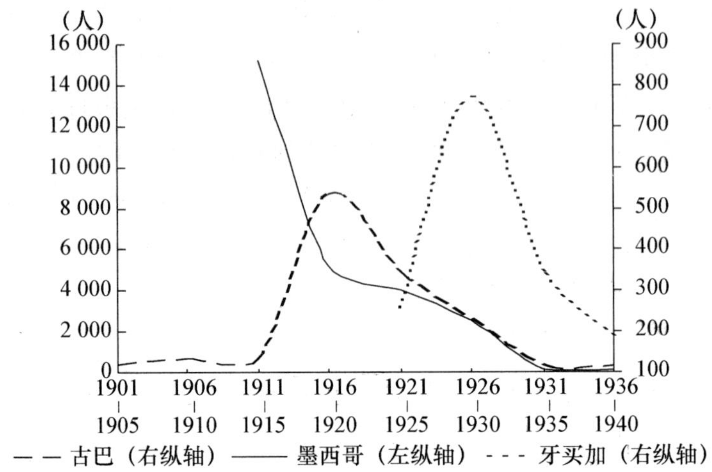

图6　古巴、墨西哥、牙买加华人移民迁入趋势图（1903—1940）

资料来源：Ching Chieh Chang，*The Chinese in Latin America*，pp. 25，29，37。

一战爆发以后，古巴的主要任务是向英、法、俄协约国（The Allies）军队供应蔗糖。甘蔗种植园主申诉如果没有契约劳工，特别是华工，根本无法完成任务。1917年8月3日，古巴总统签署了允许契约劳工入境的法令。直到1921年年底，限制华人入境的法律才重新出台。1917—1921年，12 537名华人入境古巴。① 他们构成了古巴华人人口的主体部分。1921年以后，入境人数骤减，大部分是非法入境者。

在秘鲁，入境华人的数量也有所增加。仅1909年一年，入境秘鲁的华人就多达1 000人。② 直到1936年，秘鲁对他国移民采取配额制限制，规定任何一国的移民人口不得超过该国留居人口总量的0.2%。根据1940年的统计，秘鲁华人10 915人，那么从1940年开始，秘鲁每年允许入境的华人不到20人。③

19世纪初，美墨交界的墨西卡利山谷大力发展棉花种植业，为华工

① See Imre Ferenczi，*International Migrations*，New York：Natioanal Bureau of Economic Research，1929，p. 527.

② 参见杨安尧：《秘鲁华侨华人经济的变化和发展》，载《八桂侨史》，1994（1），45页。

③ See Ching Chieh Chang，*The Chinese in Latin America*，p. 26.

进入墨西哥大开方便之门。1920年，有1万多华工在墨西卡利从事棉花种植。1930年前后，墨西哥华人人口达到2.5万的峰值。①

还有些国家比如牙买加，限制华人移民的法案执行得并不严格，华人移民数量继续增加。1920—1933年是牙买加华人移民的高峰期，根据1943年的人口统计，60%的华人移民都是在这一时期来到牙买加的。1940年以后，华人移民法开始严格实行，只有土生华人才允许在牙买加居留。

拉美华人与当地人通婚诞生的混血华人，也是这一时期拉美华人人口总量的增加因素。比如，1900—1901年，古巴政府登记的华人与古巴女子结婚的记录是29项，其中13项女方是白人，9项女方是混血，4项女方是黑人。②

19世纪70、80年代，秘鲁华人苦力合同期满后可以娶当地女子为妻。在安第斯山的某些村落，1877年有华人“与一起工作的女子通婚或同居；一些运气好的人，能够与当地望族的旁支家庭的女子结婚。许多人有了后代”③。关于“好运气”，在史料中有这样的记载：劳工经纪人到山里去为要结婚的华工找来同样数量的当地女子，她们也愿意与华工结婚。经纪人会得到一笔佣金。他让从山区来的妇女到一个屋子里，面壁而立；让那些华工进屋，站在对面，面对另一面墙。经纪人击掌，“新郎”和“新娘”同时转过身来，相对俩人结为夫妇。这虽然是靠“运气”结成的同居婚姻（free-union or common-law marriage），但不许反悔，终身相依为命。④ 在东部亚马逊河流域的伊基托斯（Iquitos），1889年当地有华工346人，大部分与土著人结婚成家。⑤ 华人婚配的对象大多是社会地位较低的白人或混血人种，华人“对白种人下等阶层、印欧混血种人

---

① See Robert B. Kent, “A Diaspora of Chinese Settlement in Latin America and the Caribbean,” p. 119.

② See Ching Chieh Chang, *The Chinese in Latin America*, p. 128.

③ 秘鲁中华通惠总局编印：《秘鲁中华通惠总局与秘鲁华人》(纪念特刊)，75页。

④ See Isabelle Lausent-Herrera, *Pequeña propiedad, poder y economia de mercado: Arcos, valle de Chancay*, Lima: Instituto de Estudios Peruanos y Instituto Frances de Estudios Andinos, 1983, p. 103.

⑤ 参见杨安尧：《华工与秘鲁华人社会》，载《华侨华人历史研究》，2000 (3)，51页。

以及印第安人和黑人十分可取，因为他们是好丈夫，勤俭持家而且疼爱女子”①。

4.2.2 华人社区颇具规模

经过半个多世纪的发展，华人在拉美各国大城市中定居下来，做小商品零售生意。华人租房开店，房屋出租者见华人生意好，就会故意抬高租金，旁边的同业者也有时故意排挤华人。因此，在攒足资本以后，华人大多会购买店铺、房产，并且“物以类聚，人以群分”，久而久之在华人人口相对较多的城市就形成了颇具规模的华人商业区和聚居区——唐人街。民国时期，拉美华人聚居区华埠或唐人街比以前有了进一步发展，规模比较大的有古巴的哈瓦那、牙买加的金斯顿、墨西哥的墨西哥城和墨西卡利市、秘鲁的利马、巴拿马的巴拿马城和科隆、巴西的圣保罗等。

4.2.2.1 古巴

1950年前后，古巴是华人最多的拉美国家，占拉美华人总数的30%。无论是城市还是乡村，人口超过1 000人的城市大都有华人居住，而人口5 000人以上的城市则全部有华人居住。华人大多聚居在大城市中，哈瓦那是拉美最大的华人聚居城市，拥有1万华人移民。在西半球，只有洛杉矶和纽约的华人人数多于哈瓦那。第二大城市圣地亚哥也是古巴第二大华人聚居城市，第三大城市卡马圭也是古巴第三大华人聚居城市，之后是谢戈德阿维拉、西恩富戈斯和关塔那摩。

随着哈瓦那城区规模的不断扩大，华人聚集的桑哈街逐渐成为市中心（El Centro）的一部分。20世纪40年代末哈瓦那居住着约6 000名华人。② 哈瓦那唐人街已经初具规模，北起桑哈街，南至沙鲁（Salud）街，东起加利亚诺（Galiano）街，西至Escobar街。唐人街里有不少华人开的食品店、洗衣店、杂货店、商店、酒楼、赌场，还有3家剧院（以上海剧院最为著名）、“有伤风败俗之嫌”的9家旅店、3家药店。社区公益

---

① Watt Stewart, *Chinese Bondage in Peru*, p. 192.

② See Walton Look Lai, *The Caribbean*, p. 250.

事业有：2 家小学、1 家基督教教堂和 2 家佛教寺庙。① 50 年代，华人零售杂货店 50%集中在哈瓦那唐人街，其余分散在全岛各个城镇之中。不仅在唐人街，哈瓦那每个人口集中的社区，甚至每隔一条街都能看到一个华人零售杂货店。此外，罅昂汝（Dragones）街、沙鲁街、黎右（Rayo）街、山汝个罅（San Nicolas）街、盲李忌（Manrigue）街上也华人店铺林立，游人如织。②

20 世纪 50 年代，哈瓦那的唐人街已经发展起来并且成为古巴华人的社会中心。唐人街占地面积扩大到 10 个街区。所有华人行业协会和社会组织的总部都在此设立常驻办事机构，还拥有自己的办公楼。这里也有华人店铺，但是主要服务于当地华人。规模较大的华商生意迁到了唐人街以外。

4.2.2.2　牙买加

与古巴不同，金斯顿唐人街在 20 世纪 50 年代前后发展成为当地华人的商业中心。20 世纪 40 年代，面积仅 11 平方公里的金斯顿城里，生活着 2 472 名华人，占牙买加华人总数的 35%，该城也是这一时期拉美第三大华人聚居城市。在金斯顿城郊，几乎每个村庄都生活着华人，都能看到一两家华人商铺。零售业是牙买加华人从事的主要行业。20 世纪 50 年代，位于 Halfway Tree 和 Cross Road 的唐人街生活着至少 3 500 名华人。金斯顿唐人街既是牙买加杂货店贸易的中心，也是各种华商大公司的总部所在地。1946 年，牙买加 14 个最大的批发供应商中，有 10 个是华商。1954 年，华人杂货店 1/3 聚集在金斯顿；46 个杂货店批发商中，有 38 个是华商，其中最大的也跻身其中。大型杂货店批发商不仅向零售杂货店供货，还向地方小型批发杂货店供货。几乎所有的华人批发业务公司都位于金斯顿唐人街。③

4.2.2.3　墨西哥

墨西哥拥有拉美这一时期最富活力、规划最好的唐人街。与大多拉美国家唐人街选址在首都不同，这个唐人街（当地人称之为“Chinesca”）

---

① See Julio A. León and René León, *Requiem por el Chinatown de la Habana*, US: [s. n], 1975, p. 7.

② 参见黄作湛：《古巴见闻录》，见《中华文史资料文库·华侨华人编》，843 页。

③ See Ching Chieh Chang, *The Chinese in Latin America*, pp. 64, 82-85.

位于墨西哥下加利福尼亚的墨西卡利。1919年墨西卡利华人达9 000人，被誉为“小广州”。① 20世纪20、30年代，墨西卡利唐人街建成并且日趋繁华，位于市中心的华雷斯街（Av. Juaréz），占地2个多街区。唐人街华人几乎都是男子，住在简易棚屋和土坯屋内，开店贩卖食品、干果，或者开餐馆、洗衣店。这里坐落着一些社会文化机构，包括2个中国剧院、1个洪门堂口、1座卫理教教堂、1家医院和20多家华人社会组织常设机构，其中最引人注目的是华人投资兴建的中华会馆。② 值得庆幸的是，20世纪30年代索诺拉排华事件和政府排外政策并没有对已经定居在这里的华人产生太大的影响。1940年，墨西卡利人口增长到了19 000人。在此期间，华人也没有坐失良机，控制了该市大部分的零售业。③ 在同一时期，墨西哥城也有一个华人出资兴建的、规模较小的唐人街，占地约2个街区，位于毗邻市中心（Alameda Central）的Calle Dolores街上。④

从20世纪初到50年代，墨西哥华人的分布格局没有太大改变，主要聚集在人口稀少的边境地区和墨西哥城。只是1930、1931年在锡那罗亚和索诺拉爆发的排华运动导致这两州人口迅速减少。1927—1929年有1 329名华人移居墨西哥，他们都无一例外地定居在墨西哥边境地区和墨西哥城中。50年代，75%的华人居住在下加利福尼亚、科阿韦拉、契亚帕斯、奇瓦瓦、新莱昂、锡那罗亚、塔毛利帕斯、韦拉克鲁斯和尤卡坦等州。在人口稠密的中心地域，只有墨西哥联邦州是唯一一个华人人口较多的州，其他10州的华人人口总和不到墨西哥华人人口总数的5%。⑤

4.2.2.4 秘鲁

20世纪20年代，华人在利马省的杂货店业占据统治地位。尤其是在利马的大都市区的杂货店零售业，华人更是让其他族裔难以望其项

---

① 参见张铠：《十九世纪华工与华人对拉丁美洲的历史贡献》，载《近代史研究》，1984（6），182页。

② See James R. Curtis, “Mexicali's Chinatown,” *Geographical Review*, 1995 (3), pp. 344-345.

③ See Ching Chieh Chang, *The Chinese in Latin America*, p. 58.

④ See Robert B. Kent, “A Diaspora of Chinese Settlement in Latin America and the Caribbean,” p. 134.

⑤ See Ching Chieh Chang, *The Chinese in Latin America*, pp. 56-57, 60-61.

背。华商在当地的重要作用就像当地杂志提到的那样："无论什么原因，如果华人的街边杂货店消失了，城市将遭受不可估量的损失。"①利马唐人街上的"永发"（Wing Fats）、"邝记"（Kwong）、"邓记"（Tung）、"郑记"（Tags）等店铺的生意十分兴隆，颇具资产。它们的主人虽然曾经是华工，但是这时都拥有了很高的社会地位。② 20 世纪 40、50 年代，华人依然牢固保持着唐人街上的统治地位。这时，中餐业也迅速发展起来了，除了最早的"海山楼"之外，还开设了"南京"、"东坡"、"明月"、"中国"等中餐馆。1949 年唐庄生开设的"国华酒家"，规模很大，店堂宽敞，装修华丽。③

秘鲁的主要华人聚居区大都分布在沿海省份，而不是人口稠密的高原地区，1940 年 10 915 名华人中仅有 507 人居住在高原地区。2/3 的华人聚居在利马省，而且大多集中在利马城中，使其成为拉美第二大华人聚居城市。从北部的皮乌拉到南部的阿雷基帕，华人移民聚居在海港城市之中，如皮乌拉、奇克拉约（Chiclayo）、特鲁希略、伊卡（Ica）和阿雷基帕。④

4.2.2.5　智利

1930 年，智利的华人人口是 1 605 人，其中 893 人居住在塔拉布卡，415 人居住在安托法加斯塔。在第二次世界大战中，华人向南移居到圣地亚哥（Santiago），当地华人人口从 1930 年的 130 人增至 1950 年的 300 人。但是，在气候干旱的塔拉布卡省的伊基克仍然有大批华人居住。20 世纪 50 年代，安托法加斯塔成为拉美第四大华人聚居城市。⑤

4.2.3　华人经济体系建立

由于拉美华人经济是从投资少、技术含量低的城市商业和服务业，

① "The Chinese Colony in Peru," *The West Coast Leaders*, 1928 (1), pp. 79-80.

② 参见张铠：《十九世纪华工与华人对拉丁美洲的历史贡献》，载《近代史研究》，1984 (6)，172 页；杜琳：《"无雨城"的中国味》，载《人民日报》(海外版)，2010-03-33。

③ 参见杨安尧：《秘鲁华侨华人经济的变化和发展》，载《八桂侨史》，1994 (1)，46 页。

④ Ching Chieh Chang, *The Chinese in Latin America*, pp. 61-62.

⑤ See Ching Chieh Chang, *The Chinese in Latin America*, p. 62.

如杂货店、餐饮服务业和手工业起步的，因此，拉美华人经济体系也是以杂货店等城市商业服务企业所需商品为主要的发展方向，延伸到农业、加工制造业、运输业等行业。到20世纪40、50年代，拉美华人经济体系已经建立完成，在有些国家，华人在杂货店行业甚至居于垄断地位。

4.2.3.1 牙买加

第一次世界大战时期牙买加物资短缺，这为华人杂货店生意的发展和繁荣提供了良机，增长势头一直延续到20世纪20年代。1925年，牙买加华人人口总量增加至3 696人，申办商业执照的数量同比增长28%；在杂货店行业，华人执业率高达50%。正如有的学者所说，“牙买加华人在杂货店行业中的垄断地位不是由于其绝对资产数量太多，而是与其他族裔相比，华人店主的数量太惊人了”，“而且十分成功”。从1926年开始，达到巅峰的牙买加华人杂货店因与同业低价竞争导致大批店铺破产倒闭。20世纪30年代经济大萧条使牙买加华商在1930—1938年处于最低谷，直到第二次世界大战再次拉动了经济增长。即使处于最低谷，华人依旧是杂货店生意的“统治者”，杂货店老板几乎成了当地华人的代名词。1936年牙买加颁发商业执照9 265个，其中1 543个是华人的。①

牙买加1954年官方统计数据表明，1 250家华人店铺中1 021家做杂货店生意，剩下的也大多从事与杂货店相关的行业。20世纪50年代中期，虽然华人杂货店只占当地杂货店总数的1/8，但是却拥有80%的市场份额。他们不但实实在在地垄断了全国杂货店生意的批发和零售业务，还控制着与杂货店生意相关的进口业务和制造业。②

与牙买加其他族裔相比，牙买加华人杂货店有以下四个方面的优势：

第一，牙买加华人的社会关系和家族关系更有利于经营杂货店。在

---

① See Jacqueline Levy, *The Economic Role of Chinese in Jamaica: The Grocery Retail Trade*, unpublished paper, Mona: Dept. of History Post Graduate Seminars, University of the West Indies, 1967, pp. 16, 18.

② See Gail Bouknight, "Chinese Economic Development and Ethnic Identity Formation in Jamaica," in Andrew R. Wilson, ed., *The Chinese in the Caribbean*, pp. 69-88.

起步时期，华人作为外侨社会经济关系简单，社会责任较少；而黑人作为牙买加公民“必须承担国家义务和社会责任”，为亲朋好友等社会关系所羁绊。[①] 在华人杂货店发展期，店主从家乡接来家人一起经营，住所与商店一处，节省了雇用伙计的成本。“随着人力资本需求增加，家人加入了经营活动；随着移民增加，父系纽带成为维系信誉的有效手段。”[②]

第二，牙买加华人起步较早，积累了更多的资本。一般，黑人店铺资本不超过 100 镑，可是华人店铺资本通常是 500～1 000 镑。因此，华人店铺的货色又多又好。

第三，华人杂货店营业时间长，从早上 6 点一直开到午夜；服务细心周到，可以为客户提供免费送货和赊账业务。这两点黑人店铺是做不到的。因此，几乎所有大的居民区都被华人店铺占领了，只有在那些偏远的小镇，黑人店铺才得以立足。

第四，华人还垄断了杂货店批发生意，使之成为零售生意的强大后盾。华人店铺可以更灵活地控制零售价格，使黑人店铺的利润空间十分有限。

除了杂货店批发行业以外，其他华人产业的支持力度也是不可小觑的。规模大、资金雄厚的杂货店批发商除了做好老本行以外，还会涉足食品进口代理业务和面包炉、饮料厂、雪糕厂、肥皂厂和黄油厂等加工制造业务。据当地报纸 *Spotlight* 报道，1950 年一个华人批发商控制了全岛 10%的食品进口业务。华人控制着牙买加的面包炉行业：1954 年，全岛有大大小小的面包炉厂 187 家，其中 141 家是华人的。在金斯顿 54 家面包炉厂中，华人拥有 40 家，设备先进，但是最大的两家不是华人经营的。比较有代表性的是陈学贤的“钻石面包店”（Diamond Bakery）和廖锡亲的“廖兄弟面包公司”（Lyew Brother's Baking Company）。[③] 在金

---

① See Adrew W. Lind, “Adjustment Patterns among the Jamaica Chinese,” *Social and Economic Studies*, 1958 (7), p. 154.

② Gail Bouknight, “Chinese Economic Development and Ethnic Identity Formation in Jamaica,” p. 80.

③ See Li Anshan, “Survival, Adaptation and Integration,” p. 60.

斯顿以外的地方，华人面包厂有的设在乡村，虽然规模较小，但完全掌握在华人手中。在每一个教区或乡村，华人或者拥有全部的面包炉厂，或者经营最大的一家面包炉厂；第二大城市西班牙城的5家面包炉厂都归华人所有；第三大城市蒙特哥贝的华人经营着最大的3家面包炉厂；圣伊丽莎白（St. Elisabeth）、波特兰（Portland）和圣玛丽（St. Mary）等三个城市最大的面包炉厂也属于华人，牙买加人的面包炉厂根本与之无法竞争。华人饮料厂虽然没有形成垄断地位，但是全岛50%的瓶装饮料都是在5家华人饮料厂灌装的，其中一家的生产规模全国排名第三。1954年，华人拥有3家雪糕厂，其中陈禄谦于1939年建立的“钦摩”雪糕厂（Cremo Ltd.）是牙买加设备最先进、规模最大的；一家华人肥皂厂是华人私人企业中规模最大的，也是全国最大的肥皂厂。①

4.2.3.2 古巴

第一次世界大战带来古巴移民的增加，古巴华人的经济实力有了显著的发展。在20世纪30年代的经济大萧条中，古巴政府1934年用工民族化法案（the 1934 Nationalization of Labor Decree）在工业、商业和农业中推行五十工例，即雇用古巴当地人的比例不得低于50%。古巴华人不但巧妙利用法律漏洞规避政策规定，还得到了国民党政府的资金支持。1936年，古巴有3 889家华人企业，总资产是3 924 677美元。其中，杂货店1 808家，果蔬店799家，洗衣店656家，餐馆312家。② 好景不长，1944年古巴总统圣马丁（Ramón Grau San Martín）采取严厉措施，推行五十工例，导致400～500名华人失业。③

20世纪50年代，古巴有3 500家华人商业企业，其中1 667家是零售杂货店，720家是果蔬店，591家是洗衣店，281家是餐馆，剩下的241家是各种其他企业。华人零售杂货店约占古巴19 000家零售杂货店总

---

① See Ching Chieh Chang, *The Chinese in Latin America*, pp. 86－88.

② See Duvon C. Corbitt, *A Study of the Chinese in Cuba, 1847－1947*, pp. 111－112.

③ See Kethleen López, "'One Brings Another': The Formation of Early-Twentieth-Century Chinese Migrant Communities in Cuba," in Andrew R. Wilson, ed., *The Chinese in the Caribbean*, p. 119.

数的 1/12。① 可见，华人杂货店生意在同行业中是占有重要地位，但是没有像牙买加华人那样掌控垄断权。一般来说，古巴的小型果蔬店是杂货店的前身。20 世纪 50 年代，古巴华人零售果蔬店有 700 多家，规模较大的拥有资本 1 000 多美元，经营各种各样的罐装食品。②

事实上，这一时期的古巴和牙买加都处于奴隶制度废除后期，经济背景差异不大：解放后的奴隶挣得工资，需要购置食品、衣物和其他生活必需品；他们的居住变得十分分散，需要零售渠道满足生活需要。③ 但是两国华人杂货店的经营规模存在着很大的差距，在居住国的经济、社会地位也大相径庭，其原因参见表 15。

表 15　　　　牙买加和古巴华人杂货店成败原因对照表

国别 成败原因	牙买加	古巴
竞争对手	牙买加华人没有竞争对手，尤其是在移民早期，更是如此。19 世纪 80 年代，在牙买加几乎没有杂货店零售业。华人是这一行业的先锋，把杂货店开到人们居住的每一个村镇。白人不屑于开小店、赚小钱，站在小店里等待自己以前呼来唤去的黑奴“光临”，更是奇耻大辱。他们或者在殖民政府中工作，或者管理大的种植园，或者做其他大生意，赚大钱。大多数黑人不懂如何开店，如何赚钱。他们长期在庄园中做奴隶，不具备做店主的基本素质：没有节约的习惯，不愿长时间地辛苦工作，也不懂怎么讨好主顾。即使成为自由人，他们短时间也学不会这些。华人恰好具备这些素质，很快在杂货店生意中站稳了脚跟，并且获得了垄断地位。	西班牙移民经营的杂货店数量多，资本充裕，是华商的强劲对手。西班牙移民垄断着古巴的杂货店行业。比如，古巴所有的批发杂货店都是西班牙裔的，并且附属于隆哈商业集团（Lonja del Comercio）。隆哈垄断了食品的批发和进口贸易。为数不多的华商注册登记为批发商和进口商，但是业务量远远不及隆哈。

① See Raymond S. D. Yoh, *Report from Cuba and Proposed Project for Promotion and Stabilization of Economic Welfare of Overseas Chinese in Cuba*, p. 4.

② See Ching Chieh Chang, *The Chinese in Latin America*, pp. 96-97.

③ See Jacqueline Levy, *The Economic Role of Chinese in Jamaica: The Grocery Retail Trade*, p. 18.

续前表

国别 成败原因	牙买加	古巴
关于下一代的教育	牙买加华人注重教育下一代。如果说他们的第一目标是赚钱，积累资本，那么他们的第二目标就是教育年轻一代。无论是小店主还是大批发商和进口商，或相关产业从业者，他们都尽可能供下一代接受最好的教育。若非如此，岛上华人经济的发展不可能超越零售业务阶段。事实上，要想管理一个大规模的批发进口企业或者经营一家工厂，只是勤劳和节俭是远远不够的。这样的大生意在牙买加大多数是由牙买加土生华人控制的，他们接受过中国、英国或者美国的教育。	古巴移民中女性很少，因此古巴土生华人数量也不多，华人的生意经很难代代相传。仅靠一代人的力量，生意是无法跨越零售业阶段的。大多数古巴华人是作为劳工被引进到蔗糖种植园的，在做生意方面缺少经验积累和教育积累。在西班牙裔同行的激烈竞争中，他们无法将生意进一步扩大。
居住国政策	在牙买加，从未限制过华人经商。华人，即使非入籍华人，在岛上可以享受完全国民待遇，做生意不受特殊限制。这在其他拉美国家是可遇不可求的。牙买加的宽松环境吸引了很多经验丰富的华商。他们的领导地位很快为当地小店主所接受，也为所有华商树立了学习的榜样。	由于官方对华人移民的限制，有能力的华商不愿移民古巴。1934 年出台的“五十工例”等限制外来移民的商业政策在 1944 年以后被严格执行，严重影响了古巴华人商业企业的发展。这一时期，古巴华人不愿入籍古巴，也无法在非华资企业找到工作，失业现象十分严重。

资料来源：Leonard Broom，“The Social Differentiation of Jamaica，” *American Sociological Review* 19，1954-04，pp. 115-125；Jacqueline Levy，*The Economic Role of Chinese in Jamaica：The Grocery Retail Trade*，pp. 12-14；Ching Chieh Chang，*The Chinese in Latin America*，pp. 88，96-97。

4.2.3.3 墨西哥

20 世纪 20 年代前后，随着新兴城市商业的繁荣和人口的迅速膨胀，墨西哥华人开始向大城市集中，职业仍以经商为主。1919 年，在墨西哥索诺

拉州从事坐商或者行商的华人达 4 258 人，占华人总数的 74%。（参见图 7）

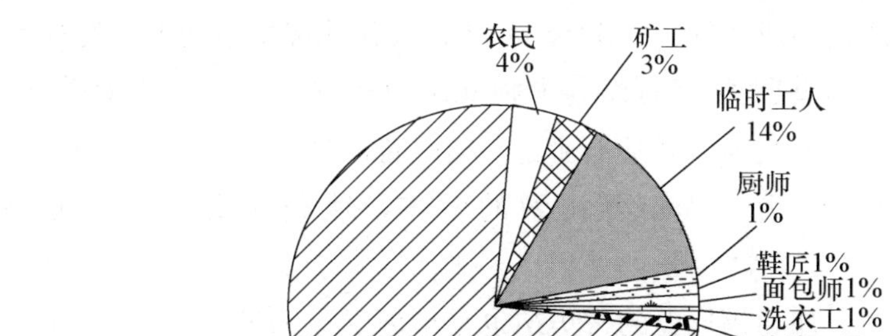

图 7　墨西哥索诺拉华人职业结构图（1919）

图注：因数量极少或不具有统计意义，如下数据没有在图中显示：8 名企业家、3 名珠宝工匠和木匠、100 名未成年人和 255 名无业游民。

资料来源：Departamento de Travajo, Sección de Conciliación, "Informe que rinde el Jefe de la Sección sovre la situación de las colonias asiáticas en las Costa Occidental de la República, 1919," in *Archivo General de la Nación/Trabajo*, México, D. F。

在 1925 年排华事件之前，索诺拉华人牢固地掌控着当地小型商业企业。只有乌雷斯、阿尔塔和萨瓦里帕等屈指可数的、商业落后的传统地区，没有华人商业企业。甚至阿提拉（Atil）、图武塔马（Tubutama）和库埃瓦（San Pedro de Cueva）等偏远地区的一两家商品分销点都是华人开的。在一些矿山城镇如卡纳内阿附近的纳科萨里-德加西亚（Nacozari de García），农业商品城镇如亚基（Yaqui）山谷的 Cócorit、梅奥（Mayo）山谷的埃乔霍阿（Etchojoa）和瓦塔万波（Huatabampo）等，当地商业企业无一例外的都是华人产业，仅 Cócorit 一地就有华商 42 家。①

墨西哥华人虽然经历了排华事件的重挫，但在某些地区，华人仍然掌握着当地某一行业的命脉。1911 年的排华事件之后，科阿韦拉的华人

① See "Estado de Sonora," "Sección de Estadística," "Año de 1925," "Censo Chino," all in *Achivo Histórico del Gobierno e Estado de Sonora*, Vol. 3741.

仍然经营杂货店生意。虽然1914、1920、1926年又有排华事件发生，但是他们的生意还是很成功的。20世纪50年代，仅北部城市托雷翁就有50多家华商公司，有些批发商的投资少则几十万美元，多则上百万美元。华人控制着这一时期当地杂货店行业。① 墨西哥城华人合资开办的餐馆，有的甚至拥有100万～150万比索的资本，纯利润更高达营业额的40%。②

这一时期，下加利福尼亚的蒂华纳也是华商云集的城市。"珍珠港事件"爆发以后，美国夜间俱乐部的营业时间缩短，很多美国人从圣迭哥（San Diego）过境来到16英里远的蒂华纳休闲娱乐。数百名墨西哥华人来此经营杂货店、夜总会、宾馆和餐厅，主要面向美国观光客。除了下加利福尼亚以外，塔毛利帕斯和契亚帕斯等州也是华人商业贡献较大的两个州。20世纪50年代，在契亚帕斯有200多家华人商业企业，大部分是杂货店，分布在23个城镇，最大的9家杂货店拥有250万美元资产。塔毛利帕斯华人的商业资本主要集中在大都市坦皮科，这里有300多家华人商业企业，1/3做杂货店生意，有7家是批发商，资本多达20万～50万美元；较杂货店生意次之的是稻米加工厂，有57家华人稻米加工厂。③

4.2.3.4 秘鲁

秘鲁是唯一一个华人投资农业的拉美国家，华人在当地农业，特别是棉花种植业中扮演着重要的角色。在墨西哥墨西卡利的棉花种植园，华人主要是充当劳动力，经营权和资本都是由美国公司控制着的。在秘鲁则不同，华人是投资者，只有极少数是劳工。第一次世界大战期间，秘鲁华商意识到棉花种植业将要大发展，于是投资购买和大力发展棉花产业。

20世纪20年代，10多家华人公司列席于秘鲁最重要的棉花种植园之中。华人经营的棉花种植园面积达52 000英亩，旗下农场多达600多家，多分布在利马省 the Rimac Valley 和华造（Huacho）周边。秘鲁大

---

① See Ching Chieh Chang, *The Chinese in Latin America*, p. 105.

② 参见任继愈：《美洲华侨史话》，96、138～139页。

③ See Ching Chieh Chang, *The Chinese in Latin America*, pp. 107-109.

部分棉花产品都来自华人棉田。1937 年，大型华人棉花种植园雇用秘鲁劳工 7 000 多人，年工资支出 600 万比索。在劳动力价格提高的背景下，20 世纪 30 年代，华人拥有的棉田只扩张到 63 000 英亩，可是秘鲁全国的棉田已经达到 415 000 英亩。在第二次世界大战之前，华人棉田的产量占秘鲁全国产量的 1/7。但是，到了 20 世纪 50 年代，秘鲁棉花种植面积扩大了一倍，华人棉田却只有小幅度增长。①

除了棉花种植以外，第一次世界大战也促使粮食、糖等农产品价格上涨，国际市场供不应求。帕卡斯马约和奇克拉约的华人农场获得了发展良机，通过农产品出口积累了大量资本。1922 年，秘鲁农业巨子刘金良创办了第一家华人农场，在秘鲁以北的帕卡斯马约开垦耕地 2 300 公顷，除种植棉花和稻米以外，并养牛数千头。② 此外，戴宗汉、古汉权、黄文雄、周剑平、梁福丁、潘鎏等都是开办农场的杰出华人农业企业家。

20 世纪 20 年代起，秘鲁华人商业经济随着当地城市化的发展和商品经济的繁荣而日益发展起来，主要表现如下：

第一，秘鲁华人的农业资本大量投入城市商业企业之中。20 世纪 50 年代，在利马和卡亚俄，有 20 家大型华人批发公司和进口公司，他们的资本都来自华人农场主，这些公司从香港进口大量中国货物销售。在华人农业产品的充足供给下，华人商业体系形成了进出口公司→批发店→零售店的商品供销网络；零售店数量持续增加，在秘鲁全国建起了稳定的分销渠道。有名的大商庄有：何寿康 1900 年创办的“正合”，古镜初 1910 年开办的“广福”，邓坤琪和邓均宽合资的“广合”等。“正合”位于利马市中心，出售中国丝绸、毛绒线、金银珠宝等高档商品，非常受秘鲁上流社会的青睐。

第二，华人经济实力明显提升，出现了华人富商。“秘鲁华商的实力也发展到与法兰西、德意志侨商不相上下的水平，仅次于英、美两国在秘鲁的侨商。”③ 其中最杰出的华商代表是八大秘鲁华人商庄，即“永安

---

① See Ching Chieh Chang, *The Chinese in Latin America*, pp. 110-111.

② 参见袁颂安：《秘鲁华侨概况》，108 页。

③ 李春辉、杨生茂主编：《美洲华侨华人史》，126 页，北京，东方出版社，1990。

昌”（Wing on Chong）、“宝隆”、“宝安”、“合安荣”、“广发隆”、“广福”、“广和”、“广合”。秘鲁总统曾为“永安昌”经营人谢宝山颁发最高荣誉勋章，以表彰他品德崇高、经商有道、乐善好施。

第三，一些新兴特色行业成为华人商业经济的重要补充。著名中医罗星甫开办了秘鲁第一家中药店“亚洲药房”；潘胜元及其子潘侣安开设中医诊所，政府官员也来求医问药；余才开开办了制鞋店，专门出售手工制鞋。①

第二次世界大战期间，世界各国对矿产资源的需求增加及其潜在的升值空间为秘鲁工商业活动的发展注入了动力，华人商业企业也分享到20世纪30年代经济大萧条后经济复苏的益处。曾是华人生意劲敌的日本人成为世界反法西斯同盟国家共同的敌人，在商界的影响力迅速减弱，为华人商业经济的发展提供了抢夺市场占有率的大好时机。加之，北美、欧洲和秘鲁富商专注于利润丰厚的工业和出口行业，无暇顾及商业领域，这为华人经商提供了行业发展空间。1940年人口调查数据表明，秘鲁生华裔70％经商，11.6％从事专业技术职业，8％从事农业种植，6％从事工业。② 20世纪40、50年代，华人涉足的行业都有了相当大的进步和发展：仅次于欧洲和北美商人，华人是掌握秘鲁商业行业控制权的重要族裔之一；在粮食土产杂货店、文具玩具、餐饮和手工制鞋等行业华人占据了垄断地位；在战后纺织业和家畜饲养、捕鱼与鱼类加工等新兴行业中，华人起步最早并迅速崭露头角；华人最早利用利马废弃的机场建起带有中式或日式花园的观光餐厅。（参见表16）

表16　　秘鲁华人经济地位（20世纪40、50年代）

行业	地位	表现
粮食土产杂货	行业优势	在发展高峰期，利马有23家华人粮食土产杂货批发店，占全城粮食土产杂货批发量的60％～70％。

① 参见杨安尧：《秘鲁华侨华人经济的变化和发展》，载《八桂侨史》，1994（1），45页。

② See Bernard Wong, “A Comparative Study of the Assimilation of the Chinese in New York City and Lima, Peru,” *Comparative Studies in Society and History*, Vol. 20, No. 3, 1978-07, p. 352.

续前表

行业	地位	表现
文具玩具	行业优势	在利马，华人文具店的销量占 65%，玩具占 60%～70%。
中餐馆	行业垄断	1949 年规模最大的“国华酒家”开业。在利马，20 世纪 60 年代时有 400 余家中餐馆、酒馆，资本达 1 200 余万美元，占该市餐饮行业总资本的 40%。其中最著名的有曹万芳开的“龙凤酒家”，李光明开的“光明酒家”，蔡伦开的“万国酒家”。其中，“龙凤酒家”是拉美最大的中餐馆，拥有资本 70 万美元。
制鞋业	行业优势	分布广泛，遍布各大城市，以利马、介休、观花（Miraflores，又译“米拉弗洛雷斯”）为最多。利马的鞋店一条街有 90%的店铺是华人开的；介休有 19 家华人店铺，占当地鞋店总数的 80%。秘鲁下至平民百姓上至总统夫人都到华人鞋店订制皮鞋。
养鸡业	竞争劣势	华人养鸡场数量多，但规模小。较大的养鸡场有：利马市黄世华开办的养鸡场，杜禧育（Trujillo，现称特鲁希略）市苏理经营的养鸡场。
养猪场	份额较低	养猪场虽不多，但规模较大。第一个在华拉（Huaras）市开设大型养猪场的华人是郑宗江。存栏生猪四五千头，还实现了半自动化饲养。
种菜业	规模很小	仍然是家庭式生产，种植面积小，多为自产自销。蔬菜质量好，多供给中餐馆。
捕鱼业和鱼类加工业	从业人数多	欧阳基成就最大，拥有 2 家鱼粉厂，4 艘渔船。
农业	总量增长	1942—1965 年，秘鲁北部、南部风调雨顺，农业有很大增长。

资料来源：秘鲁中华通惠总局编印：《秘鲁中华通惠总局与秘鲁华人》（纪念特刊）；杨安尧：《秘鲁华侨华人经济的变化和发展》，载《八桂侨史》，1994（1），46～47 页；沙丁等编著：《中国和拉丁美洲关系简史》，331 页。

4.2.3.5　拉美其他国家

第一次世界大战之后，危地马拉的华人经济基础得以建立。虽然华人企业资本金有限，但是全国已经有 400 多家华人商业企业。20 世纪 50 年代，危地马拉有 300 家华人商店，总资本将近 250 万美元。华人企业 90%资本不足 5 000 美元，全部是杂货店生意或者普通零售业。在委内瑞拉的加拉加斯，1938 年前华人在酒店经营方面独具实力。在厄瓜多尔，

20世纪初，华商生意兴隆一时，而且颇受当地人尊重。20世纪50年代，全国有300家华人商业企业，主要集中于瓜亚基尔，做干果和杂货店生意。大部分华人商业企业资本都不多，全国投资只有200万美元之少。①

20世纪40年代巴拿马华人人口将近3 000人，大都居住于市中心。他们在杂货店零售业中居于统治地位，甚至当地人一说“要去华人商店”，就意味着“要去杂货店”。②

除了上述三点内容以外，这一时期拉美华人社会组织的活动也异常频繁。在居住国，各种华人组织兴办报刊作为自己的宣传喉舌，创办华文学校，修建华人墓地、养老院和医院等公益设施，联合起来反抗居住国的排华运动和种族歧视，但社会组织之间的明争暗斗也十分激烈，甚至会酿成流血事件。

4.3 拉美华人社会的转型与衰弱（1950—1970）

1949年新中国成立，国民党政权偏居一隅，两岸敌对，政治局势扑朔迷离。海外华人无所适从，与两岸政治势力渐行渐远。二战以后，拉美地区各国民族独立运动兴起并取得成功，致力于建设统一的多民族、多种族国家，拉美华人和华裔也义不容辞地融入民族、民主主义国家建设的洪流之中。拉美华人社会的独立性和封闭性被社会制度的变革所打破，经济上的行业垄断和社会活动中的特立独行为被摒弃。拉美华人社会不断转型、同化，融入居住国主流社会中去。

基于以上历史背景，拉美华人的社会身份都在发生着转变，从寄居屋檐下的“过客”向登堂入室的“主人”转变，参与当地的政治、经济和社会活动越来越多。相对地，华人社会本身或是人口凋零，日趋衰落，为当地社会同化；或身份转变，逐渐转型，成为当地社会重要的少数族裔之一。由于各国华人社会的社会结构、经济条件和历史背景大相径庭，

---

① See Ching Chieh Chang, *The Chinese in Latin America*, pp. 117－120.

② See John Biesanz and Mavis Biesanz, *The People of Panama*, New York: Columbia University Press, 1955, p. 102.

拉美各国华人社会的演变路径和演变结果也存在着一些差异。

4.3.1　制约人口增长因素增多

从 20 世纪 50 年代起，拉美华人社会的影响力和重要性呈现下降的趋势。虽然二战以后，包括古巴在内的拉美国家取消了限制华人移民的法律。全国解放战争结束以后，有些国民党官员和富商逃离大陆，取道香港到拉美国家投资经商。有据可查的是 1949 年大量华人从上海逃到巴西圣保罗，定居经商①；也有大陆华人逃到古巴②。据统计，20 世纪 60 年代末拉美华侨总数约 16.5 万，比二战前增加了 3.8 万人。③ 在经历了短暂的移民高潮之后，20 世纪 60 年代开始制约拉美华人人口总量增长的因素越来越多。

4.3.1.1　政治因素

政治因素（政治独立、革命运动和民族主义政府等）是制约拉美华人人口总量增加的首要因素。经过 20 世纪 20—40 年代的经济大发展，拉美主要国家的华人都已跻身于居住国中产阶层，成为仇富、排外分子宣泄不满的主要目标。这在圭亚那、特立尼达和多巴哥、苏里南、牙买加和古巴等拉美五国表现得最为明显。

牙买加华人控制着杂货店零售行业，也是行政服务业和专业技术行业的佼佼者。20 世纪 60 年代初，他们是牙买加最有教养、最富有的阶层之一。1962 年牙买加独立，种族和阶级之间的矛盾冲突迅速升级，牙买加华人的经济和社会地位让他们担心会因此遭到迫害。资产较多的牙买加华人移民加拿大和美国，资产也随之转移。20 世纪 90 年代末，牙买加华人下降至约 5 000 人。④ 类似的情形也发生在特立尼达和多巴哥。20 世纪 70 年代初，当地华人只占全国人口的 1%，却拥有 10%的社会财富。

---

① See Maria A. Benavides, *Chinese Immigrants in Brazil*.

② See Kethleen López, " 'One Brings Another'," p. 126.

③ 参见徐世澄：《华人与拉丁美洲》，http://blog.china.com.cn/xushicheng/art/83528.html。

④ See Russell Lee, "The Chinese Retail Grocery Trade in Jamaica," in Wang Lingchi and Wang Gengwu, *The Chinese Diaspora: Selected Essays*, Vol. 2, Singapore: Times Academic Press, p. 113.

他们还是联邦俱乐部（the Union Club）、游艇俱乐部（the Yacht Club）、乡村俱乐部（the Country Club）等富人社会俱乐部的成员。黑人种族主义者把华人和白人及浅色人种（off-white）一起视为统治社会的精英阶层而加以仇视。为了保住财产，一些华人放弃该国国籍，移民加拿大和美国。当地华人人口从1960年的8 300人，降至1970年的7 950人和1980年的5 300人。①

拉美民族独立运动也使南美的圭亚那华人人口从1960年的4 100人，下降到1970年的3 400人，再到1980年的1 800人。② 1975年荷属苏里南独立，当地华人大多加入荷兰国籍。20世纪90年代，苏里南华人约8 000人，到20世纪末只有3 000人了。③

当1959年菲德尔·卡斯特罗（Fidel Castro）社会主义革命取得胜利的时候，华人已经成为成功的"地位较低的中产阶层"（a lower middle class sector），掌握着杂货店、餐厅、洗衣店和果蔬店等3 500家小型零售店。政府推行私有资产国有化政策迫使古巴华人移居美国佛罗里达和纽约等州的大都市。20世纪50年代末，古巴华人降至20 000～30 000人，90年代时只有5 000～6 000人。

秘鲁军政府统治期间（1968—1980）颁布了针对华人的侵犯性卫生标准（health code），严格推行美元配额制，导致华人经商条件恶化，大批外迁至巴西、玻利维亚、加拿大等国家。20世纪80年代早期，当地报刊称利马唐人街已褪去繁华，"华人总部已经死掉了"。④

1949年新中国成立后走上了社会主义的道路，由于资本主义和社会主义两大阵营的对峙和冷战，拉美国家不会接收来自社会主义国家的移民。20世纪50年代，拉美一些国家仍然和台湾当局保持着"外交关系"，因此，从20世纪40年代末开始移居拉美的华人主要来自中国香港、台湾和东南亚，其中有商人、企业家和劳工，还有一批从中国大陆逃亡的资

---

① See Trevor M. Millett, *The Chinese in Trinidad*, pp. 56-57.

② See Marlene Kwok Crawford, *Scenes from the History of the Chinese in Guyana*, p. 235.

③ See Look Lai, *The Caribbean*, p. 252.

④ See Robert B. Kent, "A Diaspora of Chinese Settlement in Latin America and the Caribbean," pp. 126, 132.

本家和原国民党军政要员。新中国成立以后的 20 世纪 50 年代到 80 年代，中华人民共和国政府严格限制公民移居海外。秘鲁等拉美具有社会主义倾向的政府较早地承认了中华人民共和国的唯一合法地位，但也引起当地华人的不安情绪。秘鲁曾经是国民党拉美势力总部，很多华人唯恐引祸上身而移居他国。① 即使没有意识形态方面的分歧和差异，拉美各国的移民政策仍然是青睐欧洲移民的。

4.3.1.2　经济因素

二战以后，拉美国家政治运动影响了当地经济的发展，如秘鲁军政府实行的美元配额制，严重阻碍了国际贸易的自由发展，商业条件恶化。一旦其他国家或地区经济繁荣起来，拉美华人就会移居他国。

二战后，世界蔗糖价格下降，古巴来自新会县都莲的华人纷纷移居委内瑞拉，入行当地欣欣向荣的石油行业。后因当地政府反美外交政策，造成经济发展迟缓，委内瑞拉华人又移居美国。

有时政治活动带来的经济因素也会促进拉美华人人口的增长。如台湾当局在中美和南美国家推行的“金钱外交”。1997 年，台湾当局向中美洲银行（the Central American Bank）借贷 30 亿美元，以促进中美洲区域一体化；台商到厄瓜多尔和哥斯达黎加投资建高新科技企业等。② 但是，这些华人移民对当地华人人口总量没有明显影响。

4.3.1.3　社会结构因素

拉美华人中女子比例很低，随着时间的推移，华人年龄结构也以中老年为主。这种男多女少、老年多青年少的社会结构也成为制约人口增长的因素之一。20 世纪 50 年代以后，墨西哥北方七州（科阿韦拉、契亚帕斯、奇瓦瓦、新莱昂、塔毛利帕斯、韦拉克鲁斯和尤卡坦）华人人口呈现下降趋势，主要是新移民不足和华人女子比例低造成的。③

4.3.1.4　非法移民因素

拉美华人非法移民虽然曾经促进过当地华人人口的增长，但最终不

---

① See Bernard Wong, “A Comparative Study of the Assimilation of the Chinese in New York City and Lima, Peru,” p. 343.

② See “Taiwan Signs New Economic Accords with Central America,” in *Ecocentral: Central American Economy*, *Information Access Company*, 1997.

③ See Ching Chieh Chang, *The Chinese in Latin America*, p. 61.

是促进华人人口总量增长的因素。

这些非法移民先是在秘鲁和玻利维亚落脚，再向北迁移至巴拿马，再至墨西哥，最终目标是美国和加拿大。美国政府曾指责巴拿马政府以每个 15 000 美元的价格向伺机由墨西哥入美的华人出售签证。① 从 19 世纪 80 年代开始，墨西哥北部的下加利福尼亚的蒂华纳等地区就成为华人偷渡墨西哥的重要出口。②

4.3.2 种族融合方式越来越多

20 世纪 50 年代以后，大多数拉美华人与祖国关系日渐疏远，转而采取通婚、入教、入籍等方式融入了当地主流社会。但是，拉美各国华人社会对种族融合不同方式的接受程度，以及当地社会对华人种族融合的接纳程度，受各国华人社会的历史背景、经济实力、社会地位影响而往往相差甚远。

4.3.2.1 通婚

拉美华人绝大多数是男子，女子比例很低，因此，拉美华人与当地其他族裔女子婚配的情况比较普遍。拉美有些国家既没有限制华人与当地人通婚的政策，也没有歧视华人的种族观念，古巴、秘鲁等国华人与当地人通婚早于其他国家。

据推测，这一时期的古巴华人男子 50%娶妻古巴人，圣地亚哥（Santiago de Cuba）华人男子至少 40%娶妻古巴人；在卡马圭，这一比例更高。事实上，大多数华人男子与古巴女子只能算作同居，只有极少数正式结婚。无论同居婚姻还是正式结婚，华人通婚的对象有白人、混血人和黑人。

华人与当地人结婚时，是否进行合法的婚姻登记，华人结婚的对象是白人、混血还是黑人，主要取决于华人在当地的社会地位。如果华人在当地是受人尊敬的成功商人（但是还没有富裕到可以回家乡迎娶华人

---

① See Christopher Marquis and Glenn Garvin, "U. S. Accuses Panama of Running Visa Scam," *Akron Beacon Journal*, 1999-09-02, A15.

② See T. D. III. Proffitt, *Tihuana: The History of a Mexican Metropolis*, San Diego: San Diego State University, 1994, pp. 267-268.

新娘)，他会娶一个白人女子或混血女子。如果华人商场失利，或是小本经营水果店或洗衣店，那么他会选择与一个地位不高的白人女子、混血女子或者黑人女子同居，而不是大张旗鼓地举行结婚仪式和进行结婚登记。无论是否进行了结婚登记，华人男子与当地女子的“事实婚姻”关系使得混血华裔越来越多。古巴混血华裔可以自由地与其他族裔通婚。这样一两代以后，他们后代子孙在外表上已经与当地人没有太大差异了。①

古巴华人社区也非常乐于接受华人的古巴妻子和他们的混血后代，主要是古巴华人男子很少有机会娶到华人妻子，养育纯血统的后代。这些华人的古巴妻儿虽是混血，但与其他华人相比，其经济和社会地位是没有差别的，可以自由出席华人社团的各种活动。20 世纪 50 年代，“华侨与古巴女结婚者，随处有之。其妻室及儿女，颇能与华侨同化。一切社会活动，如刘关张赵四姓、国民党、民治党等团体，及嫁娶宴会等，均携男带女而往。即姓氏公所庆会，亦必参加。不以为羞”②。1953 年古巴华人为 11 826 人，到古巴革命后的 60、70 年代，华人仅剩几千人了。第一代多数年事已高，第二代华裔多数不懂汉语。③

20 世纪 50 年代，秘鲁华人男子 50%与当地女子结婚。70 年代，根据“华秘文化中心”估计，秘鲁混血华裔有 90 万～100 万人。有的秘鲁学者估计混血华人为 18 万；有的认为有 60 万，约占秘鲁人口总数的 2.5%。还有关于 20 世纪 70 年代利马华裔的统计数据：利马华人占秘鲁华人总数的 50%；混血华裔与纯血统华裔的人数分别是 9 万和 1.5 万，比例为6∶1。④ 把华工称为“乡亲”（Paisano）的墨西哥，20 世纪 50 年代华人男子与当地女子通婚的比例更高达到 90%以上。⑤（参见表 17）

---

① See Ching Chieh Chang, *The Chinese in Latin America*, p. 128.

② ［美］刘令编著：《华侨人物志》，178～179 页。

③ See José Boltar Rodrígues, *Los Chinos de Cuba*: *Apuntes etnográficos*, Habana: Fundación Fernando Ortiz, 1997, p. 93.

④ See Bernard Wong, “A Comparative Study of the Assimilation of the Chinese in New York and Lima, Peru,” p. 343.

⑤ 参见谢希傅：《墨西哥述略》，光绪年间刊本。

表 17　　墨西哥华人与当地女子婚配比例表（1950）

城市	华人人口总量	华人妻子		墨西哥人妻子	
		人数	比例（%）	人数	比例（%）
蒂华纳	48	4	8.3	44	91.7
华雷斯	64	5	7.8	59	92.2
坦皮科	179	7	3.9	172	96.1
蒙特雷	32	2	6.3	30	93.7

资料来源：Ching Chieh Chang，*The Chinese in Latin America*，p. 126。

但是，墨西哥华人很少与印度籍女子通婚。1930—1937 年，772 名与墨西哥女子通婚的华人中，261 名迎娶的是白人，只有 27 名迎娶了印度籍女子。在危地马拉、委内瑞拉、尼加拉瓜和哥伦比亚，大多数华人男子都与当地女子通婚。比如，1946—1952 年，在哥伦比亚有 19 次华人婚礼，其中 17 次是哥伦比亚新娘。1945—1952 年，尼加拉瓜有 17 次华人婚礼，12 次是尼加拉瓜新娘。在巴拿马、厄瓜多尔，华人与当地女子通婚的比例也非常高，这从华人与当地女子所生的混血儿人数上就可以推知。巴拿马华裔混血儿有 3 000 人，厄瓜多尔有 2 000 人。①

1941 年巴拿马禁止华人经商的法律出台，使得很多华人娶了巴拿马妻子，把商店等资产转移到妻子名下，以求保全，继续在当地经商。

拉美华人与当地女子通婚或者同居大大加速了华人融入当地社会的进程，“空间上的同化（生活、居住方面打成一片），为实质上的同化提供了机会”②。对于第一代华人而言，语言障碍是阻碍华人融入当地社会的重要因素之一，而迎娶当地人为妻或者入赘为婿，可以耳濡目染地习得当地语言。而第二代、第三代华裔则完全融入了当地社会的血缘关系和人际关系之中，这在秘鲁华人中间表现最为明显。“人种和风俗习惯的混合取得了意想不到的收获，现在已成为秘鲁民族重要的组成部分。”③“由于苦力贫困，他们只能与秘鲁混血阶层的贫困者结合，故其对一般文

---

① See Ching Chieh Chang，*The Chinese in Latin America*，pp. 125，127.

② ［美］周敏著，鲍霭斌译：《唐人街——深具社会经济潜质的华人社区》，259 页，北京，商务印书馆，1995。

③ ［秘］卢斯米拉·萨纳布里亚：《为纪念秘中建交 25 周年秘鲁驻华大使在（中国社会科学院）拉美所的讲话》，载《拉丁美洲研究》，1997（1），45 页。

化的影响在相当长的时期内，并不为人所觉察。然而随着时间的推移，这种'嫁接种'开始获得社会上和文化上的声望"，"混血华人学习勤奋，对事豁达及沉思默想等方面都是突出的"①。20 世纪 50 年代，秘鲁第二代、第三代的土生华裔在秘鲁华人中所占比例越来越高，他们的外表与当地人没有很大差别，也是白色、黑色、红色或混合色。他们之中有的已经是第四代、第五代混血华裔，面貌与中国人差异很大，有的甚至根本没有华人姓氏。② 美国学者瓦特·斯图尔特对于通婚带来的种族融合是这样评价的："'东方就是东方，西方就是西方'，但是东方和西方已经在秘鲁相汇了。"③

4.3.2.2　入教

在契约华工时期，有些华人出于切身利益的需要，或受到当地宗教感化，皈依了天主教或基督教。古巴和秘鲁的华工在获得人身自由以后，还保留着雇主起的西班牙语教名。英属圭亚那华人富商何阿受（Ho A-Shou，1852—1906）在种植园充当契约华工时，不但自己皈依了天主教，而且积极协助牧师向华工传教。牧师吉布斯（Gibbs）见证了秘鲁华人教徒的言行："他们大多数已皈依天主教，在信仰上他们极为虔诚，并对教堂礼仪极为重视。"④ 虽然当地人也怀疑华人信教是功利性的，"中国人不理解上帝，虽然他们看起来很懂得天主教堂形式上的礼拜仪式"⑤，但是华人入教至少表明在信仰体系和思想观念方面，华人已经在努力和当地社会趋同，尽力入乡随俗。

事实上，"入教认教父"（compadrazgo）的社会习俗在秘鲁华人和当地人之间广泛流行。这种社会习俗至少在形式上使华人增强了对当地社会的忠诚度，奠定了华人履行公民义务、参与政治和宗教活动的社会制度基础，也成为华人为当地中等或高等社会阶层所认同和所接受的重要

---

① Watt Stewart, *Chinese Bondage in Peru*, p. 197.

② 参见杨安尧：《秘鲁华裔佼佼者》，载《番禺侨讯》，1996（24）。

③ Watt Stewart, *Chinese Bondage in Peru*, p. 195.

④ Ibid., p. 191.

⑤ 中外关系史学会编：《中外关系史译丛》，第一辑，138 页，上海，上海译文出版社，1984。

社会手段。一方面，秘鲁是个天主教国家，教堂是举行结婚仪式的唯一合法机构，因此，很多华人在结婚之前接受洗礼，加入天主教。另一方面，这种社会习俗还为华人带来了一位甚至几位社会地位显赫的教父（padrinos）。比如，利马的华人教父作为教子的保护人，提供多方面的关照；利马华人对"教父"的需求也是多多益善，一般至少有洗礼（baptism）教父、结婚（marriage）教父、新生意人行（inauguration of a new business）教父等三位，甚至更多的教父。①

古巴唐人街一家天主教堂每周日下午三点的讲经采用粤语和西班牙语讲授，晚上还为华人儿童开设专门课堂，室内还供奉着大慈大悲观音像，是远近闻名的"华人教堂"（Chinese Church）。② 与秘鲁情况类似，入教受洗和认教父等宗教社会习俗加强了古巴华人与当地人之间的社会联系，加速了古巴华人向当地社会的融合。

巴拿马华人的宗教信仰主要是天主教、新教、佛教和中国民间宗教。在20世纪初之前到达巴拿马的华人，他们原本的宗教信仰大部分是佛教、道教、儒教和中国民间宗教的混合体，其后慢慢转变为天主教，但有的人也没有放弃原有的宗教信仰。20世纪中期以后的巴拿马华人后裔则全部信仰天主教了。这是因为天主教不仅是巴拿马主要宗教，更重要的是，入教是华人融入当地社会、获得丰富社会资源的重要途径。无论是与当地人通婚还是上天主教学校，华人都必须皈依天主教。这种由宗教产生的"亲缘"关系有助于华人扩大和巩固与巴拿马人的社会和经济联系，比如华商更容易同巴拿马人进行生意上的合作。天主教是巴拿马华人中信徒最多的宗教。1886年巴拿马第一个佛教寺院在博卡斯-德尔托罗（Bocas del Toro）建成，1990年毁于暴雨。现在只有科隆和巴拿马城才有寺庙，也只有来自中国大陆和台湾的第一代华人移民才信奉佛教。基督教只在来自台湾的几百名华人移民中流传，影响也不大。③

---

① See Bernard Wong, "A Comparative Study of the Assimilation of the Chinese in New York and Lima, Peru," p. 344.

② See Napoleón Seuc, *La Colonia China de Cuba*, *1930—1960*, Miami: non-published, 1998, pp. 46-52.

③ See Lok Siu, *Memories of A Future Home*, p. 48.

为了融入主流社会，牙买加华人精英纷纷加入罗马天主教（Roman Catholicism）或基督教圣公会（Anglicanism），与华人入教相关的神职人员和社会活动也不断出现。1957 年，祖籍河南、曾在中国台湾和东南亚传教的段卓贤（Rev. Father Francis）和段方济（Rev. Father Vincent）神父来到牙买加传教，他们“能说国语、粤语及英语”。1957 年他们来到牙买加，拜访了牙买加国民党支部的机关报《中山报》（*The Chung San News*）社以及当地商会组织，“相谈甚欢”，中华会馆还组织各侨团机构设鸡尾酒会招待。[①] 后来他们成为华人天主教社区的宗教领袖。在基督教方面，1954 年，曾任华侨公立学校校长的何儒俊积极组织社会活动，大力向华人宣传基督教教义，吸引了大批华人皈依基督教。在 1951 年内塔（Clifton Neita）编纂的《英属西印度牙买加名人录》（*Who's Who Jamaica, British West Indies*, 1951）记载的 27 位华人中，13 人入罗马天主教，8 人入基督教圣公会，2 人入新教（protestant）。[②]

4.3.2.3　入籍

拉美华人奠定了事业基础之后，深感在国外生存必须要参与居住国社会活动，推动华人与当地民众的沟通和交往工作。拉美各国都有限制外侨经营的法令，为了进一步拓展事业、推动华人社会的公益活动，必须与居住国政府处理好关系。因此，事业有成的华人全家入籍，作为当地社会的一分子积极地活跃在居住国经济建设之中，分享社会发展收益，获得了当地社会的认可和尊重。

20 世纪 50 年代拉美最大的中国货批发商、巴西商人毕务国，事业规模不断拓展，除了投资不动产外，还在圣保罗合资经营了法加利面粉厂、中国丝织厂、中国大酒店、中国大饭店、泛巴电子零件厂、大马路快餐店、圣保罗快餐店、汤餐之家、白河快餐店，独资经营了班克进出口批发公司、豪华家具工厂、黑河百货商店等企业。因巴西政府实施限制外侨措施，1960 年毕务国携全家入籍。入籍以后，毕务国顺理成章地开始

① 参见《华侨社团欢迎华人神父》，载《中山报》，1957-04-20，北京，国家图书馆藏；《侨社团欢迎段神父昆玉》，载《中山报》，1957-04-26；《侨团联合欢迎华人神父》，载《中山报》，1957-05-05。

② See Li Anshan, "Survival, Adaptation and Integration," pp. 55-56, 62.

参与主流社会的政治活动，1963年3月15日，应邀参加巴西总统占牛（Janio Quadro，又译“奎卓斯”）的就职典礼，是历年来唯一被邀请的华人。20世纪60年代，毕务国积极配合政府的亚马逊开发计划（1966）和马瑙斯（Manaus）自由港计划（1967），将投资从圣保罗转移到马瑙斯的不动产和工商企业上。他开办的东方企业集团旗下有东方建筑置业公司、东方百货公司、东方进口批发公司、东方农场、东方塑胶工厂、东方代理公司、东方西药批发公司、东方国际百货公司等。由于对当地经济发展做出的巨大贡献，毕务国赢得了当地政府的尊重，三度获得巴西中央政府颁发的十字勋章；经省政府及市政府提名，收入巴西名人录。①

这一时期，墨西哥墨西卡利唐人街虽然依然保持着鲜明的中国特色，但是华人居民中保留中国国籍的约2 500人，而墨西哥国籍约7 500人。20世纪80年代，唐人街从华人居住区向商业区转变：这里坐落着大型购物中心、20家餐馆及一些社会组织机构。受种族同化和人口由城市向乡村迁移的影响，大多数华人把住所迁入城市周边的中产阶层居住区，和墨西哥人一起居住，还把商业企业开到那里。②

4.3.3 华人行业垄断优势衰微

4.3.3.1 内部分流

拉美华人普遍都重视对下一代的教育，第二代和第三代华人后裔接受了良好的西方教育，不再心甘情愿地接手祖辈和父辈经营的零售店生意，而是根据自己的兴趣和爱好选择职业，就职方向朝多元化发展。上一时期华人占垄断地位的杂货店行业因后继无人，难以为继，逐渐丧失了行业垄断地位。比如，从20世纪40年代开始，巴拿马华人改变了送孩子回国接受教育的方式，转变为送孩子去美国大学留学。前者有助于华裔继承祖业，经营家族企业，而后者则有助于华裔进入巴拿马中产阶层，在巴拿马运河管理机构或者跨国公司中谋得差事。这种做法一方面扩大了华人就职范围，另一方面拉大了华人内部各阶层之间的收入差距，因

---

① 参见毕务国：《我在巴西》，见《中华文史资料文库·华侨华人编》，852～853页。

② James R. Curtis, “Mexicali's Chinatown,” pp. 346-347.

为在运河区域（the Canal Zone）工作的人可以获得美国水平的工资，而其他的只能拿到较低的巴拿马薪酬。教育方式的西化促使巴拿马华裔职业发生了重大变化。巴拿马土生华裔不再心甘情愿地做便利店、电器店、洗衣店和餐馆等家族小商店的店主，仅在从事农业、物流、批发、进出口等的华人圈里求生存，而是向工程师、医药、会计、司法、建筑设计等专业技术行业进军。他们大多成为大公司的“白领”，也有人开办诊所、工程设计所和建筑设计所等私人企业。①

20 世纪 50 年代末，牙买加“华侨土生子女，多数放弃父母之生意，转习其他高尚职业，或向大行业方面任职，其收入较为丰富”②。

秘鲁新一代华人更青睐公私企业职员和工程技术人员、政府公务员、医生等职业。20 世纪 50、60 年代，华人从商比例下降至 30%。从整体规模看，与拉美各国总体经济规模扩大相比，拉美华人商业经济总体实力和行业控制力相对变得薄弱了。比如，秘鲁华人经营的商业企业“70%～80%规模较小，20%～30%是中等生意”。资产在 1 000 万美元以上的华商只有 10 人。③ 在拉美各国中，20 世纪 50—70 年代的秘鲁一直保持着无歧视的种族政策和宽松的择业环境，在经济生活的各个领域也是各个族裔“百舸争流”的多样化发展态势，没有出现过某一族裔垄断全国经济的局面。在此环境之下，大批华人后裔开始离开商界④，而其他族裔也开始进入商界，这种人员的流入和流出稀释和弱化了秘鲁华人昔日在某些行业中的垄断地位。例如，20 世纪 40、50 年代华人在杂货店进出口和批零行业以及皮鞋制作行业中占垄断地位，到了 70 年代杂货店市场占有率下降到 40%，皮鞋制作业下降到 25%。⑤

---

① See Lok Siu, *Memories of A Future Home*, p. 50.

② 《中山报》，1957-02-23。

③ 参见李春辉、杨生茂主编：《美洲华侨华人史》，237、286 页；张兴汉等主编：《华侨华人大观》，308 页，厦门，暨南大学出版社，1990。

④ See Mario Vasques, “Immigration and Mestizaje in Nineteenth-century Peru,” in Magnus Morner, ed., *Race and Class in Latin America*, New York: Columbia University Press, 1960, pp. 73-99.

⑤ See Bernard Wong, “A Comparative Study of the Assimilation of the Chinese in New York City and Lima, Peru,” p. 352.

4.3.3.2 外部挤压

居住国经济政策和经济发展规划也使拉美华人在某些行业中丧失了原有的垄断地位。比如，华人的粮食土产杂货批发贸易曾在秘鲁利马兴盛一时，但是20世纪50年代末，秘鲁政府在利马的巴拉舍（Palacio）附近开设了一家粮食土产杂货批发市场，扶植当地杂货店批发。华人杂货店受其排挤，被迫转行。1969年6月，秘鲁政府的土地改革政策让曾经盛极一时的华人农业遭到毁灭性打击。秘鲁政府没收了大庄园主和外国公司的土地，分20～30年支付没收者补偿费。这些土地转让给大型集体农场、无地少地农民，兴办农业合作社。① 与此类似的还有1959年古巴社会主义革命后，政府国有化了华人杂货店、餐馆等。哈瓦那的唐人街也繁华不在，逐渐衰败消失。

虽然延续二战对经济的拉动效应，这一时期牙买加华人经济仍然保持着垄断地位，但是外部政策环境和政治环境恶化引发的华人经济衰落趋势，逐渐彰显。20世纪50年代中期，华人杂货店零售店铺占全国总量的1/8，70年代发展至90%，到了90年代，跌落至40%。20世纪50、60年代，牙买加华人商铺的繁荣影响了黑人店铺生意，从对华人生意成功的妒忌发展成为对华人社会的指责——“封闭”、“组织严密”、“内部抱团”等。无处不在的华人店铺更使其成为种族歧视和敌对情绪的宣泄对象。1965年，金斯顿唐人街一家面包店老板被控抽打黑人女雇员，进而引发了一场反华骚乱。这家面包店和其他华人商铺遭到攻击和洗劫。当地媒体 *Daily Gleanner* 是这样评价这场骚乱的：“华人经商有道，木秀于林，必然遭到妒忌；这种扭曲的妒忌心理导致埃德沃顿（Edwarton）村民糊里糊涂地相信他们的康斯特布尔·麦当娜（Constable McDonald）是被华人谋杀的。”牙买加政府对零售商品的价格管制导致华人杂货店利润低微：1包240磅白糖得毛利8.45先令；每百磅白米得毛利7先令1便士；1打京利果肥皂得毛利7便士；1桶黄鱼得毛利2先令；1桶鲛仔水鱼的销售额和成本一样，是12先令，还要额外支付运费和包装费，以

① 参见［苏］维·沃尔斯基主编，孙士明等译：《拉丁美洲概览》，346页，北京，中国社会科学出版社，1987。

及“重量短少”等损失。① 1972 年牙买加议会政府上台，向共产主义转型，导致资产较多的中高社会阶层移民美国或加拿大，其中华人也不在少数。②

居住国政府和民族主义分子、种族主义分子的外部挤压让华人被迫转行进入其他行业，华人丧失了在原有行业中的垄断地位；新的行业五花八门，进一步分散了华人的经济力量。比如，秘鲁华人转行开设轻工制造厂，加工制造塑料、玩具、皮鞋、皮革、纺织、雪糕、家具、木材、碾米、饮料、面粉、肉类、鱼粉、电器等。华人工厂大多规模较小，数量也不多。华人杂货店扩大了经营范围，谋划多种经营。比如，在秘鲁商场中首屈一指的华人公司物资公司除了大量批发粮食、土产杂货以外，还代理东芝、先锋（Pionner）等名牌音响器材及枧粉。叶启雄创办的叶氏公司除了经营土产百货批发以外，还代理日本著名品牌的汽车及家电，分店有 14 家之多。③

为了躲避拉美国家的经济排挤和限制措施，很多拉美国家的华人并不是一劳永逸地居住在一个国家，而是进行连续移民活动，寻找最合适的居住国。华裔学者肖女士（Lok Siu）曾经对四个巴拿马华人家族的连续移民活动进行了调查采访。（参见表 18）

表 18　　巴拿马华人家族移民史（1840—1970）

费尔南多（Fernando）家族
第一代：19 世纪初，祖父从中国移民至牙买加后，到达巴拿马科隆经营杂货店；祖母是牙买加黑人。外祖父葡萄牙人；外祖母带有华人和高加索人的血统，从英属圭亚那移民至巴拿马。 第二代：父亲送到牙买加完成高中学业后在科隆联合水果公司（the United Fruit Company）工作。 第三代：费尔南多在牙买加读完高中后，到美国芝加哥读大学。大学毕业后，他在巴拿马城工作。与有华人血统的妻子在巴拿马华人组织活动中认识，并结为伉俪，生下两儿一女。

① 参见《中山报》，1957-02-23。

② See Gai Gouknight, “Chinese Economic Development and Ethnic Identity Formation in Jamaica,” pp. 73-86.

③ 参见刘必权：《世界列国·南美》，197 页，台北，川流出版社，1988。

续前表

马可（Marco）家族
第一代：19世纪50年代曾祖父兄弟三人移居巴拿马。先在美国加利福尼亚淘金，失败后在巴拿马铁路工地工作，又短期移居秘鲁返回巴拿马。19世纪90年代，曾祖父在巴拿马城唐人街开办鞋店。1910年前后返乡娶妻，带回巴拿马，生子女七人。曾祖母与曾祖父离婚后，在科隆开酒吧为生。
第二代：祖父子承父业，经营鞋店。
第三代：伯父被送回中国读书，直到20世纪50年代才回巴拿马。父亲在巴拿马长大。两个叔叔在台湾和香港做海运生意。一个叔叔和一个姑姑在洛杉矶。
第四代：大哥娶墨西哥混血华人女子为妻，生子俩人；二哥娶多米尼加混血华人女子为妻。
佩德罗（Pedro）家族
第一代：因1922年洪水灾害，父亲移民巴拿马赚钱养家。他从沿街卖菜做起，积攒起本钱后就搬到唐人街开餐馆。1947—1950年在广东短暂经营纺织厂后，全家回到巴拿马重操旧业，经营餐馆。直到1969年政府关闭了周围的交通道路，居民减少，餐馆关门。此时，父亲还在危地马拉和墨西哥马萨特兰开办了虾产品加工厂。受1968年危地马拉风暴的影响，沙子一个月内吞噬了所有的捕虾船。
第二代：1957—1966年，佩德罗在加利福尼亚学习建筑。兄弟俩人曾经试图在尼加拉瓜另建虾产品加工厂，但受总统索摩查（Somoza）开办的国有加工厂（ALINSA）排挤，佩德罗家族撤资回巴拿马，专心照看唐人街的家族店铺。
维多利亚（Victoria）家族
第一代：1949年父母举家搬迁至巴拿马科隆，开自助餐厅为运河区和美军基地的工人提供早餐。
第二代：维多利亚就读巴拿马大学。后获得巴西使馆奖学金，留学巴西。由于巴西日本人的势力较强，她回巴拿马开了一家心理诊所。

资料来源：Lok Siu，*Memories of A Future Home*，pp. 91-108。

第 5 章　拉美华人社会组织

5.1　拉美华人社会组织的缘起及分类

5.1.1　缘起

拉美华人社会组织的产生与中国和拉美的政治、经济和社会环境因素都有密不可分的关系。华人社会组织移植和产生的历史既饱含着他们背井离乡的无奈和故土难舍的眷恋，也反映了他们“团结就是力量”的斗争智慧和“拳拳赤子之心”的爱国热情。同时，华人社会组织的缘起对组织目标、组织结构、管理方式和历史走向都有深远的影响。

5.1.1.1　国内起义失败的秘密会党

秘密会党是下层群众为了互济互助和自卫抗暴而自发结成的社会组织，它是以我国传统的歃血结盟、焚表结拜兄弟的方式组成，有与众不同的入会仪式和组织结构，有自成体系的隐语、暗号等联络工具和誓约与规则，有秘不示人的会簿和腰凭，是一种原始形式的民间秘密组织。①

清初以来，为了反抗清朝统治，各地出现了“反清复明”的异姓结拜兄弟组织，天地会是其中的代表。在鸦片战争以后，巨额赔款加重了人民税收负担，外国资本入侵加速了小农经济破产，经济凋敝，民不聊生，流民日众，反抗频仍。轰轰烈烈的太平天国运动沉重地打击了清王朝的统治和外国侵略者的嚣张气焰。②

在太平天国运动前，在湖南和两广出现了多起以秘密会党组织为主

---

① 参见秦宝琦：《洪门真史》，3 页，福州，福建人民出版社，1995。

② 参见秦宝琦、孟超：《秘密结社与清代社会》，5 页，天津，天津古籍出版社，2008。

体的武装反清活动，如广西全州的棒棒会（1847），湖南新宁、武冈一带的把子会（1849—1850），广西陈亚贵领导的天地会（1850），广西洵江、梧江上的艇军（1846—1850）。在太平天国运动期间，各地洪门天地会也纷纷举兵起义，如上海小刀会起义（1853—1854），闽南小刀会起义（1853—1854），闽中红钱会起义（1853），广西朱洪英、胡有禄建立升平天国政权（1854—1856），广东洪兵起义（1854）、陈金刚建立大洪国政权（1857—1860），广西陈开、李文茂建立大成国（1855—1861），广西平清王黄金亮（1856—1859）、建章王黄鼎凤（1854、1863）、延陵王吴凌云（1857—1869）等也建立了天地会政权。①

与太平天国同兴衰的天地会起义历时十余年，波及数省，最终被清政府和外国侵略者所镇压。为了躲避清政府的残酷杀戮②，起义失败后，两广、福建等地天地会及太平天国将士和同情天地会、太平天国的群众，或利用宗族、同乡等海外关系③，或铤而走险充当“猪仔”或者苦力，逃往海外避祸。华工出国潮在19世纪50年达到高潮，时间上也与此相契合。（参见表5）

从西方的一些文献中，可以看到有关这些离国避祸的秘密会党组织的记载：在英属加勒比海地区，华人移民多来自广东、福建，其中颇有些人是太平军的参加者或同情者，另有些则是清军镇压下的逋逃者。④ 在1868年爆发的古巴十年战争中，很多华工参加了起义军，成为战功卓越的军事将领。他们之中很多人曾经参加过太平天国运动，十分熟悉游击战术；也有以盗窃为生的游民。⑤ 古巴华人将军陈胜在被贩卖到古巴之前曾是太平天国将领，参加过古巴独立战争，在当地颇有名望。

从某些关于海外华人结盟仪式的记载中，也可以推断出拉美秘密会

---

① 参见秦宝琦：《洪门真史》，163～297页。

② 如在镇压广东洪兵起义后，两广总督叶名琛曾下令杀了10万之众，而毁灭村庄时，被杀害之数尚为此数之4倍，即他所屠杀之人达40万人以上。参见叶名琛、库克：《叶名琛浮海记》，载《大风》，第56～59期。

③ 如厦门小刀会的首倡人陈庆真即为出生在新加坡的英籍华人。

④ 参见莫顿·H·佛列德：《加勒比地区英国属地内的中国人》，见陈翰笙主编：《华工出国史料汇编》，第六辑，292页。

⑤ See Duvon C. Corbitt, *A Study of the Chinese in Cuba, 1847-1947*, p. 147.

党组织的存在。1880 年，帕特里西奥・林奇（Patricio Lynch）率领的智利远征军袭击秘鲁种植园，种植园华工积极响应。远征军把华工收编到作战部队，德拉・金塔纳（De La Quintana）就是其中的华工领袖。智利人称赞他为东方的斯巴达克斯、精力充沛和无畏的鼓动家。在他的鼓动下，有 1 500 名华工应招加入智利军队。

> 金塔纳在一尊大佛像前跪着，发誓忠于这些解放出来的群情激奋的人们，作为一种仪式他们杀了一只鸡，并喝了鸡血。后来这些华工积极、坚决地参加了战役——圣胡安（San Juan）和米拉弗洛雷斯（Miraflores）战役（1881 年 1 月）。①

虽然上文描述的金塔纳结盟仪式场所简陋、仪式简单，但是其中已经包含了清代天地会入会仪式的基本要素，现对金塔纳结盟仪式、清代天地会入会仪式和传说中的天地会入会仪式进行比较。（参见表 19）

表 19　金塔纳结盟仪式、清代天地会入会仪式及传说中的天地会入会仪式

	金塔纳结盟仪式	清代天地会入会仪式	传说中的天地会入会仪式
目的	鼓动华工加入智利军队，忠于这些解放出来的群情激奋的人们。	结拜为异姓兄弟，互济互助，自卫抗暴。	大家谈起马福仪这厮来，各个痛恶，人人诅咒，当时大家议决，以后加入洪门的人，必须经过一种手续，来表明他加入洪门的决心和对洪门的忠实。
参加人员	华工	社会底层群众、破产的无业游民或罪犯	被清政府追杀的反清复明志士
地点	一尊大佛像前	村外空场或无人之古庙	高溪庙
设备	鸡	香烛、鸡、酒	焚香点烛
仪式首领	金塔纳	共同推举的大哥	蔡德英

① 温贝托・罗德里格斯编：《秘鲁的苦力华工》，见陈翰笙主编：《华工出国史料汇编》，第六辑，242 页。

续前表

	金塔纳结盟仪式	清代天地会入会仪式	传说中的天地会入会仪式
祭拜对象	一尊大佛像	洪令牌位（广东双刀会、隆兴会） 关帝牌位（江西关爷会） 创始人洪二和尚牌位（江西三点会、边钱会）	先拜天地，次祭崇祯，再次祭洪英先生
结拜仪式	率众跪在一尊大佛像前盟誓	跪拜行礼	一个个轮流跪下盟誓
誓词	忠于这些解放出来的群情激奋的人们	有忠有义，无得欺兄骗弟。如有欺骗，立见消亡。此后总、散大哥有事呼唤，凡我约会，不许不至。（江西关帝会） 我既归洪，若有三心二意，或沟通马子，或私卖梁山，或不讲义气，日后愿死于刀剑之下，千刀万剐。（清晚期天地会）	同心协力，灭满兴汉，反清复明，挽国运于既倒，救苍生于涂炭。
杀鸡盟誓仪式	杀了一只鸡	誓毕，先生立于神像左侧，手执利刃，将公鸡宰杀，口称“不忠不义，有如此鸡”。（清晚期天地会） 宣誓遵守洪门的三十六誓。（广西天地会）	—
歃血为盟仪式	喝了鸡血	宰鸡滴血入酒分饮。（广东隆兴会、江西关爷会、广东尚弟会、江西边钱会） 歃血结盟。（广东双刀会、江西江湖会、广东斋公会、广西孝义会） 割指血盟（广东三合会） 以针刺臂血于酒，饮之而去。（福建红钱会） 横刀为门，下置歃血。（广西天地会） 取新入党的人的血，和在酒内，大家饮过。（辛亥革命前的三合会）	誓毕，各人腰里拔出一把明晃晃的刀来，向左臂上一刺。把血滴在预盛的酒中，大家饮干。
结果	后来这些华工积极、坚决地参加了战役。	结盟拜会，或暴动起义反清反洋，或遇事扶助，或恃众抢劫，或骗钱敛财。	表明了他加入洪门的决心和对洪门的忠实。从此，加入洪门有了歃血为盟的仪式。

资料来源：秦宝琦：《中国地下社会》，第二卷，98～119页，北京，学苑出版社，2005；刘联珂编著：《中国帮会三百年革命史》，60～62页，石家庄，河北人民出版社，1990年影印本。

从表 19 中可以看出，金塔纳结盟仪式与清前期秘密会党结盟仪式如出一辙，如结拜异姓兄弟、歃血为盟等，也与洪门传说中的歃血为盟的故事有诸多相似之处。由此可以推断，在智利华人军队中存在着洪门天地会组织或由其衍生的秘密会党组织。

秘密会党组织流落海外后仍然称为“洪门”，从 1850 年开始美洲就有了洪门组织。起初叫“三合会”，后改称“洪门致公堂”（Sociedad Masonica Chee Rung Tong）。开始时，洪门力量不大；太平天国运动失败后，一些首领和士兵逃亡海外，壮大了洪门的力量。他们仍然以“反清复明”为号召，遵循“忠诚救国、义气团结、义侠锄奸”等信条，沿用歃血为盟等入会仪式，在美洲积极发展会众。[①] 19 世纪末 20 世纪初，拉美华人面临着资本主义、殖民主义和帝国主义的迫害，阻碍了华人移民或定居拉美，“建立在兄弟名誉和信任基础之上的仪式是结成对天盟誓兄弟关系的重要纽带。这一时期的历史表明，地缘和血缘关系在这一纽带中的作用十分有限”[②]。

根据辛亥革命时期美洲洪门重要首领司徒美堂的回忆，美洲洪门致公堂一直沿用天地会的供奉仪式和入会仪式。堂内供奉“始祖”洪英，“五祖”蔡德英、方六成、马超英、胡帝德、李式开，“武宗”郑成功，“文宗”史可法，“军师”陈近南。香堂日夜灯火不绝，谓之点“长明灯”。称新入会人为“新丁”，须跪在先烈神位之前，歃血为盟，誓同生死（斩鸡头、饮血酒），考试三大信条（忠诚救国、义气团结、义侠锄奸）、三十六誓和七十二例，还要问“书仔”（帮会暗语）。仪式极其严肃紧张，通宵达旦，百问百答，记诵无误，认为合格，才由盟长吸收入堂。[③]

到辛亥革命前夕，在孙中山的倡导下，美洲致公堂与同盟会合并；后又“改堂为党”，在原有组织机构的基础上建立了致公党、“洪门致公

① 参见林煦：《司徒美堂先生生平事略》，见《中华文史资料文库·华侨华人编》，704 页。

② Khun Eng Kuah-Pearce and Evelyn Hu-DeHart, ed., *Voluntary Organizations in the Chinese Diaspora*, Hong Kong: Hong Kong University Press, 2006, p. 146.

③ 参见司徒丙鹤：《司徒美堂与美洲洪门致公党》，见《中华文史资料文库·华侨华人编》，714 页。

党”或“洪门民治党”。

5.1.1.2 谋求发展的政治组织

海外华人一方面由于受西方资本主义经济自由、政治民主思想的影响，反封建意识觉醒较早；另一方面由于受西方殖民主义的经济剥削、政治压迫，反抗斗志十分坚决。加之，海外华人一向勤俭节约、吃苦耐劳，多年经商积累了微薄资产，因此成为资产阶级各派政治力量争取的对象。

资产阶级维新派是最早在拉美建立分支机构的政治组织。1899 年 7 月 20 日，“戊戌变法”失败后，康有为流亡加拿大，在海外成立了保皇会，全称是“保救大清光绪皇帝会”或“保救大清皇帝公司”，也称中国维新会；还有的称“帝国改良会”(Chinese Empire Reform Association)。[①] 加拿大保皇会成立后，康有为分遣门生弟子徐勤、梁启田、陈继俨、欧榘甲等分赴南北美、南洋、澳洲等海外华人较多的 200 多个城市进行活动。截至 1903 年，美洲各地保皇会组织共 11 总会，103 支会。墨西哥以托雷翁为总会，所属有 9 支会；中美洲以巴拿马为总会，所属有 4 支会；南美洲以秘鲁为总会，所属有 3 支会。[②]

1906 年春，康有为在墨西哥托雷翁买卖土地获得厚利，随即在墨投资办企业，与当地华商合股创立了华墨银行(the Compañía Bancaria Chino y Méxica)，发展成为当地较大的金融机构之一。[③] 主要业务是：发售股票，购买和出售不动产，向墨西哥其他普通银行提供融资，为香港、纽约保皇会设立的商业机构提供资金等。墨西哥政府特许该银行建立了第一条电车(Streetcar)线路，并在那里建筑两幢房屋准备经营，以容纳来墨华人。到 1908 年，华墨银行的资产超过了 900 000 美元。[④]

---

① 参见[加拿大]魏安国等著，许步曾译：《从中国到加拿大》，109 页，上海，上海社会科学院出版社，1988。

② 参见上海市文物保管委员会编：《康有为与保皇会》，上海，上海人民出版社，1982。

③ See William K. Meyers, *Interest Group Conflict and Revolutionary Politics: A Social History of La Comarca Lagunera, México, 1880-1911*, Unpublished PhD Dissertation, Chicago: The University of Chicago, 1980, p. 186.

④ See Leo M. Dambourges Jacques, “The Chinese Massacre in Torreón (Coahuila),” in Roger Daniels, ed., *Anti-Chinese Violence in North America*, New York: Arno Press, 1978, p. 235.

华墨银行又在美洲、远东各地设银号，如在纽约设华益分号。总公司、银行和属下金融机构又投资于各种企业，如在芝加哥有琼彩楼，在新加坡及马来亚槟榔屿经营米业，在香港开办振华实业公司、香港华益公司，在国内广西开办天平山锡矿公司、上海设立广智书局等。另一些款项又拨入各报馆、学校、书局等。

这样，保皇会在海外各地建起了一个具有相当规模的跨国经济体系。但保皇会在海外创办的企业公司多因主持者不力，经营不善，遭受亏损，以失败而告终，因争夺利益导致内讧的事件时有发生；加之，海外华人深受自由、民主思想的熏陶，对保皇维新的思想嗤之以鼻，应者寥寥，保皇会的繁荣也只是昙花一现。1910 年，墨西哥发生驱逐外来资本的民族主义革命运动。革命军攻克托雷翁，屠杀华人 316 名，华人财产损失 310 万墨元，康有为保皇会的全部财产也被没收。①

以孙中山为代表的资产阶级革命派一开始就把海外作为募集革命资金、建立革命组织的重要阵地。早期同盟会在美国建立后，拉美各国进步团体也纷纷响应，建立或改组为美洲同盟会分会。（参见表 20）1912 年，孙中山领导的同盟会合并了其他政党，成立了中国国民党，同盟会在海外的分支机构也相应地转化为中国国民党的海外分支机构。

表 20　　**资产阶级革命派在拉美建立的组织**

国家	名称	时间	地点	领导人
古巴	三民阅书报社	—	哈瓦那	黄鼎之
	三民团体会	—	云丹（Guantánamo，现称关塔那摩）	—
	三民同志会	—	梨美料（Remedios，现称雷梅迪奥斯）	—
	古巴中国同盟会分会	—	—	黄鼎之
秘鲁	爱国社，后改组为同盟会	1911 年 4 月	—	—
墨西哥	知行阅书报社，同时成立了同盟会通讯处	1911 年	—	—

资料来源：任贵祥：《华侨与中国民族民主革命》，52 页。

① 参见任贵祥：《华侨与中国民族民主革命》，25 页，北京，中央编译出版社，2006。

5.1.1.3 本土移植的地缘和亲缘组织

在移居拉美之前，拉美华人世代过着乡村生活，“出入相友”的同乡观念和“手足互助”的宗族观念在意识里是根深蒂固的。同时，他们“身在异乡为异客”，是不受当地社会重视和保护的弱势群体，只能采用乡属制度下的道德观念来化解华人内部的矛盾和纠纷，维持华人社会的稳定与和谐。这些成为地缘或亲缘组织移植到拉美华人社会的思想基础。林语堂在《吾国与吾民》中是这样描述“乡属制度”社会功能的，“将同乡的人或同县的人或同省的人连结起来，使之共同负责维持地方上的公立学校，公共积谷仓，同业公会，孤儿院，和其他公共机关……倘遇发生争端，常请出年老者或族长来公断是非曲直，公断标准不是单纯根据理由而是依照‘人情公理’两者兼顾”①。

第一批拉美华人多来自广东省，之后他们招致的“连锁移民”又进一步扩大了同宗同乡移民的数量，同乡同族观念得以强化，为地缘和亲缘组织的建立奠定了群众基础。比如，1890—1929 年，在秘鲁华人同乡的帮助下，仅番禺县移居秘鲁的华人就不少于 7 000 人。② 再以牙买加华人的侨乡和姓氏为例，20 世纪 50 年代，牙买加华侨李谈仁曾编写《占美加华侨年鉴·1957 年》，其中记叙了很多牙买加华人的祖籍和入葬义山的华人姓名。（参见表 21、表 22）从中可以看出，牙买加华人的祖籍和姓氏都非常集中，同乡会和宗亲会的产生也是顺理成章的。拉美其他国家情况也大致如此。

表 21　　　　牙买加华人侨乡分布

侨乡	人数	侨乡	人数
东莞	169	香港	10
宝安	65	台山	6
惠阳	57	恩平	4
无记录	59	新会	1
牙买加生	33	鹤山	1

资料来源：Li Anshan，“Survival，Adaptation and Integration，” p. 46。

① 林语堂：《吾国与吾民》，206～207 页，北京，华龄出版社，1995。

② 参见番禺县侨办主编：《番禺华侨、港澳同胞志》，7 页，内部资料，1985。

表 22　牙买加华人义山华人姓氏记录（1957 年以前）

姓氏	人数	姓氏	人数	姓氏	人数
陈	303	刘	72	戴	32
李	182	何	69	罗	30
张	135	丘	48	邓	25
曾	84	凌	40	廖	22
郑	84	杨	32	吴	21
黄	76	沈	32	蒋	20

资料来源：Li Anshan, "Survival, Adaptation and Integration," p. 46。

建立地缘和亲缘组织还是拉美华人自身生存和发展的需要，原因有三：

第一，同乡会和宗亲会是拉美华人与侨乡沟通的唯一纽带。他们从侨乡可以获得诚信可靠的人力资源和资金，从而较快地扩大经营规模。拉美华人刚进入城市经商时，手头资金不够充裕，只能采用合资合伙方式，从经营杂货店、小手工业生产等小本生意起家，既当老板又当伙计。这时，同乡或宗亲就成了合伙经营的最佳人选。随着经营规模的扩大，通过地缘或亲缘组织从侨乡招募而来的学徒和伙计成为华人商业企业和服务企业最合适的员工。

第二，同乡会和宗亲会加强了拉美各行业华人的纵向联系，为建立长期、稳定的供销商业网络提供了组织条件。

第三，作为拉美当地社会的少数族裔、弱势群体，要想摆脱殖民主义和帝国主义的剥削和迫害，就必须团结互助，一致对外，以求得生存和发展的权利。

19 世纪末期，在拉美各国华人中间，同乡会、宗亲会等地缘和亲缘社会组织相继建立。到 1893 年，拉美几乎所有华人聚居区的主要城镇都建立了会馆和堂号。① 同乡会有：中山县的协和会馆、台山县的宁阳会馆、开平县的合和会馆、新会县的冈州会馆等。宗亲会有：李姓的陇西堂、黄姓的江夏堂、余姓的风采堂等。有的宗亲会甚至从祖国侨乡聘请秀才或举人等知识分子担任公所师爷，称为“先生”。

---

① 参见任继愈：《美洲华侨史话》，96 页。

5.1.1.4 官方建立的护侨机构

根据《中秘友好通商通航条约》的保护华工条款，清政府曾在秘鲁遣使设领。1882 年，郑藻如动身赴利马接任公使。当时秘鲁华工刚刚获得自由，进入城市充当小商贩或在种植园打工，以积攒经商本钱。他们社会地位低下，贫病而无处投奔，受欺压而无处申诉。郑藻如深感："非筹联络，无以资保卫、兴善良。"在他的倡导下，1886 年，秘鲁华人的第一个社会组织——中华通惠总局成立，并且得到清廷的官方认可，而秘鲁华人也"咸明大义，翕然乐从"①。

1884—1886 年，华侨捐助 300 万比索，遣送无依无靠老侨 300 名回国②；在卡亚俄开办了养济院，在广州设秘鲁华侨安集所，收容老侨，投资地产，维持日常开支③；在正领事刘福谦的协调下，购置爱育街 811 号为总局会所。

中华通惠总局的办局宗旨是办理全体秘鲁华侨的各种福利事务，具体分为以下九个方面：

> 第一，提倡教育事业，弘扬中华文化，培育人才。
>
> 第二，协助安置贫老无依无靠之华侨进驻老人院安度晚年。
>
> 第三，贫孤老侨愿意要求回国归根，总局在可能范围内资助其回国路
>
> 第四，协助属下各会馆社团办理公益慈善事业。
>
> 第五，参照法律，依法调解华侨中发生的纠纷事件。
>
> 第六，协助华侨向我使领馆申请发给回国护照所需一切证件。
>
> 第七，维护华侨享受侨居国一切正当权益。
>
> 第八，协助使领馆保护华侨之生命财产，及办理上述各项所需手续。
>
> 第九，提高华侨爱国爱乡精神，加强国民外交，增进友邦关系。④

---

① 秘鲁中华通惠总局编印：《秘鲁中华通惠总局与秘鲁华人》（纪念特刊），55 页。

② 参见卜君哲：《秘鲁华人社团的形成与发展》，载《八桂侨刊》，2003（1），58 页。

③ 参见《中华通惠总局在秘鲁侨界中的特殊历史地位》，载 http://www.peru168.com。

④ 《秘鲁中华通惠局》，http://www.gzqw.gov.cn/gzqb/zwgk/zwgk_View.jsp?ID=16738。

由于它的官方背景以及为全体华人谋福利、做慈善的办局宗旨，总局很快就奠定了在华人社会中的权威地位和在华人社会组织中的领导地位。即使在清政府被推翻以后，总局作为秘鲁华人统一对外的社会组织依然居于核心领导地位，成为秘鲁全体华人贡献当地社会的协调人和发言人。1921 年 7 月 28 日，在秘鲁独立百年大庆上，中华通惠总局募集华人捐款“计共得秘币十九万七千余元”[①]，在利马博览公园塑造了一座规模宏大的大理石雕刻喷水池。水池顶上塑有人物雕刻，象征秘鲁各族裔人民大团结；两旁有不同的雕像，每个塑像都有一个喷水管，水流入云石池中。每个池的边缘又有八个小孔，把水流到环绕整个喷水池的底层，最后两股水流汇合到一处。一股水象征亚马逊河之水，另一股象征广东珠江之水，汇合一处，象征中秘人民友谊万古长青。当时的秘鲁总统参加了揭幕仪式并讲话说，尽管广阔的太平洋把中秘两国隔开，但华人在秘鲁所作的贡献以及他们所赠送的礼物，把两国人民的友谊联结在一起。[②] 1925 年 4 月，利马建城 400 周年庆，中华通惠总局又发起华侨捐赠利马市政府大铜牛像、驮羊像各一尊，放在法院大厦前共和大道上，十分壮观。

总局初建时，采用董事制；1947 年改为理监事制，三年一个任期，由各大会馆推选或选举产生。总局的收入来自会所房屋出租的租金收入，每年约 100 万比索；除去日常活动开支和修缮房屋以外，主要用于华侨社会福利，比如支付贫苦华侨的医药费，捐助老年华侨入住老人院、开办华侨学校等。

5.1.1.5　华人自发的新生组织

第一代拉美华人多曾充当苦力或华工，处于社会的最底层；在获得自由以后，仍然遭受种族主义歧视和殖民迫害。此时的祖国也身处封建主义和帝国主义蹂躏之下，无力顾及拉美华人。为在夹缝中求生存、一致对外，拉美华人在各种社会组织的基础上建立了统一性的华人组织，对外代表全体华人利益与居住国政府沟通协调，对内建立、管理全体华

---

① 秘鲁中华通惠总局编印：《秘鲁中华通惠总局与秘鲁华人》（纪念特刊），272 页。

② 参见《一副残联，秘鲁华人融入当地的见证》，http://www.gdwh.com.cn/wwtd/2009/0828/article_2310.html。

人公共事业和福利事业。这类统一性的华侨组织一般称为“中华会馆”(Chinese Benevolent Association),但是各国因历史传统而异,有的是从其他社会组织转化而来的,如秘鲁的中华通惠总局;有的称呼不同,但组织功能是一样的,如委内瑞拉的民惠总局。

同业行会也是拉美华人自发建立的新生组织,除了与上述统一性华人社会组织一致的产生因素以外,还有以下三方面的因素也催生了华人同业行会的产生:

第一,拉美华人在获得自由以后,大部分“进军”城市做小本生意,而且趋向于在若干行业集中,如以杂货店为代表的小型商品服务企业和食品加工企业占很大比重,因此拉美华人有成立同业行会的人口基础和资金实力。以1891年特立尼达华人职业构成为例,可以看出城市化后的自由华人中,经商比例高达85%,其中商店老板的比例更高达34%。(参见表23)

表23　　特立尼达华人职业结构(1891)

官员		家佣	
翻译	1	随侍仆人	101(M92,F9)
郡副司法长官	1	马夫、园丁	6
城市服务业		农业	
卖炭人	6(M5,F1)	农业工人	41(M29,F12)
小贩、商贩	43(M34,F9)	农产品销售	2
劳工、码头工人	32(M26,F6)	监工	3
技师和手工业者	29(M27,F2)	农工经纪人	5(M4,F1)
宾馆保管人	6	农场主	7(M6,F1)
其他	5	无业	
商业		家庭妇女	38(F38)
书店老板、伙计	3	吃老本	29(M7,F22)
商人、代理人、交易人	23	无业游民	19(M8,F11)
销售人员,商店伙计、掌柜	259(M245,F14)	乞丐	6(M1,F5)
商店老板	341(M304,F37)		
总计	1 006		

说明:M代表男性;F代表女性。

资料来源:Census Report of Trinidad and Tobago, 1891, Quoted in Walton Look Lai, *Indentured Labor, Caribbean Sugar: Chinese and Indian Migrants to the British West Indies, 1838–1918*, p. 301。

第二,拉美华人企业规模小,资本少,一旦遭受不平等待遇,单枪匹马，势单力孤，联合起来才能引起社会重视。从 19 世纪末开始，拉美各国纷纷出台了排华、限华法案，其中很大一部分是针对华人商业企业的，如墨西哥和古巴限制华人企业中国籍雇员数量的八十工例和五十工例，要求华人企业雇用当地员工的比例不得低于 80%和 50%；墨西哥政府还提高了华人企业的营业税；还以卫生防疫为借口，对华人商业区实行戒严，导致华人店铺不得不撤资关门。

第三，业内人士更了解和熟悉行业标准和本行业的实际情况，对殖民政府和种族主义的反击更有力、更有针对性，与居住国民众的沟通也更有策略、更有说服力。

此外，根据不同的需要和个人兴趣爱好，拉美华人也成立了一些文娱体育组织，在丰富华人社会文化生活、与当地民众建立友好情谊等方面，也发挥了一定的作用。

这类新生的华人社会组织的组织结构和管理方式大多摆脱了封建家族制度和宗族观念的束缚，吸收了西方现代社会组织的构建模式，如设立董事会；由当地各华人社会组织推选代表担任理事；招聘专职的工作人员；以公司化的运营模式，管理全体华人共同财产。随着拉美华人社会的建立和发展，自发型的华人社会组织越来越多，组织结构的发展也日臻完善，社会活动变得十分活跃。

5.1.2　分类

按照华人社会组织的组织目标、服务对象和组织成员的社会身份，可以分为以下五类。

5.1.2.1　综合性组织

综合性社会组织是为全体华人服务的，最为普遍的称呼是中华会馆，但在有些国家有特别的称呼，如秘鲁是中华通惠总局。全体华人只要承认会馆的章程，缴纳入会手续费都可以成为会员。入会手续费多是象征性的，比如在牙买加华人只需缴纳 1 英镑入会费就可成为中华会馆会员。

综合性社会组织的管理机构是理事会，理事会成员是由居住国有影响力的华人社会组织举荐或者全体华人代表大会选举产生的。比如，秘鲁中华通惠总局的组织基础是利马和卡亚俄的十大会馆，分为两类：一类是同乡会，有中山会馆、古冈州会馆、同升会馆、番禺会馆、鹤山会馆、花邑会馆、南三顺会馆、观花埠秉正会、介休会馆；另一类是宗亲会，如龙冈亲义公所。总章程规定，十大会馆各选派一人作为当然理事；理事会其余的 15 个理事席位由十大会馆提出候选人，交由总局代表大会选举产生。一届理事会任期三年。①

在总会之下，往往还设有地方性会馆。比如截至 1986 年，中华通惠总局在利马共有番禺、古冈州、中山、同升、鹤山、南三顺、龙冈亲义公所、观花埠秉正会等 10 个主要属会；在秘鲁北部、南部和中部则有华拉、华造、华冷架（Huancavelica，又译"万卡维利卡"）、毡乍（Juliaca）、横佳玉（Huancayo）、皮乌拉中华会馆等 20 个属会。

5.1.2.2　同乡会、宗亲会

拉美华人多来自广东省，来自同一县的华人相约在一地工作，相互投靠，就组成了同乡会。如中山会馆、鹤山会馆、番禺会馆、花邑会馆等，为中山、鹤山、番禺、花县籍华人的同乡会。有的是几个县籍的华人共同组成的同乡会，如南三顺会馆是南海、三水、顺德三县籍华人的同乡会，古冈州会馆是台山、开平、惠平、新平、鹤山五县籍华人的同乡会，同升会馆是客家籍华人的同乡会。在秘鲁还有过福建同乡会，如福建会、福州会馆、华安会馆等。

拉美华人只要姓氏相同，就可以认为同宗，组成同姓华人社会组织，守望相助，贫病扶持，如陈姓的颖川堂、林姓的西河堂、李姓的陇西堂、余姓的风采堂等。也有一个姓氏而分属不同团体的，如朱姓的有沛国堂，又有紫阳堂。如果某一个姓氏人数较多还会建立单姓制公所，如黄姓的云山公所、李姓的敦宗公所、余姓的五溪公所等。有些姓氏人数较少，则会联合多个姓氏组成联姓制堂号或公所，如雷、方、邝的溯源堂；陈、胡、袁的至孝笃亲公所；陈、胡、袁的至德堂，后又扩大为至考笃亲公所；蔡、胡、周的至考堂，后又扩大为至德三德公所；刘、关、张、赵的龙冈亲义公所等。

值得一提的是，多姓氏宗亲会的建立多仿效中国历史上异姓兄弟结

① 参见卜君哲：《秘鲁华人社团的形成与发展》，载《八桂侨刊》，2003（1），56 页。

拜的形式。如秘鲁利马龙冈亲义公所是刘、关、张、赵四姓宗亲组织，会议厅中设有刘备、关羽、张飞、赵云四神像及神台，神位两侧悬挂对联："龙虎会风云，鸰原兄弟重桃园正统蜀国；冈港超日月，鱼水君臣忠扶汉室缔盟古城。"① 四姓兄弟每年轮流担任主席，致力于公所内部团结互助。

5.1.2.3　同业行会

同业行会是以职业为基础组成的华人社会组织，如秘鲁总商会、墨西哥中华商会、牙买加华侨零沽商会等，其会员一般为经商者，但有时也不严格限制。

拉美华人的同业行会组织十分发达，社会影响力也比较大。有时候，为了争取当地华人社会的共同利益，赢得更多、更广的社会关注，行业协会也会联合成立华人协会组织，比如，1944 年古巴华侨商会（Chamber of Commerce for Chinese Merchants in Cuba）、衣馆公会、杂货行工商联合会、生果行公会、农业劳资联合会及餐馆行公会等六个华人行业协会组成了旅古华侨职业团体联合会，以反对"五十工例"制度。

5.1.2.4　会党组织/政治团体

晚清的天地会组织成员流落海外以后，建立了洪门组织。虽然依然以"反清复明"作为奋斗目标，但是其互济互助、讲究义气的组织原则吸引了广大下层群众加入其中。拉美最主要的洪门组织是致公堂，而且大多是在美国洪门致公堂的帮助下建立起来的，因此美国洪门致公堂振臂一呼，在拉美应者云集。拉美洪门组织也成为影响国家最多、组织行动最协调一致的华人社会组织。

美洲洪门致公堂组织成立以后，古巴、墨西哥、秘鲁、牙买加的洪门致公堂积极响应美洲洪门致公堂组织的政治主张，参加"全美洲洪门致公堂恳亲大会"等政治活动，并在其中发挥了重要的作用。受孙中山革命思想和现代政党制度的影响，拉美洪门致公堂积极响应"改堂为党"的号召，在各国注册成立了现代政党组织，成为美洲总部的总支部或支部。由于洪门组织内部的分散性，拉美洪门致公堂"改堂为党"时，出

---

①　秘鲁中华通惠总局编印：《秘鲁中华通惠总局与秘鲁华人》（纪念特刊），229 页。

现了洪门民治党和洪门致公党两种称呼。在洪门组织建立较早的国家，如中美洲国家和秘鲁大多以政党称呼，如洪门民治党驻秘鲁总支部，古巴洪门民治党主席朱家兆还曾被推举为民治党美洲总部主席。在洪门组织建立较晚的国家，如巴拉圭和巴西等国，洪门组织多以协会称呼，如巴拉圭洪门协会、巴西洪门协会等。

为资产阶级政治活动服务的拉美华人政治团体还有：康有为在墨西哥、巴拿马、秘鲁建立的“保救大清光绪皇帝会”（保皇党）地区总会和各地分会，孙中山领导的同盟会等。前者没有得到拉美华人的支持，以失败而告终；后者则团结了洪门组织和爱国主义者，捐钱捐物，倾囊相赠，支持革命。

随着共产主义思想在拉美的传播和中国新民主主义革命走向胜利，古巴等国家的进步华侨相继成立了“工农革命大联盟”、“旅古华侨社会主义同盟”等共产主义政治团体。这些进步团体在反对古巴独裁统治、声援新中国等方面，做了不懈的努力，发挥了积极的作用。

八年抗战期间，拉美华人社会整合已有社会组织的力量，建立了“筹饷局”、“救国会”等临时性华人社会组织，为抗战的胜利作出了重要贡献。

5.1.2.5 文娱体育团体

文娱体育团体在拉美土生华裔中间十分活跃，如体育协会、戏剧协会、歌舞剧团、文学俱乐部、牌会、棋会等。拉美华人的文娱体育团体有时还肩负着某些政治使命。

牙买加华侨剧艺社于1956年11月24日成立，“注重华侨青年身心修养，与寻求正当而高尚之娱乐，进而协助中华会馆并其他各侨团为慈善公益而努力”。他们曾经排演了警世剧《爸爸的悔悟》；经常组织各种游艺会，“将所得之款，除化消（花销）外，一概捐献华侨公立学校、留医院及颐侨院”。①

牙买加中华体育会经常筹办游艺活动，既可以筹款维持会务，又可以为华人青年男女提供“锻炼身心之最好场所”。游艺活动的项目“五光

① 参见《侨联社一周年游艺盛况》，载《中山报》，1957-01-02；《侨联剧艺社一周年纪念游艺会敬告侨胞书》，载《中山报》，1957-12-21。

十色，琳琅满目”，有占美加（现称牙买加）中华小姐、占美加中华健男公选活动，“侨界中大家闺秀美丽小姐及体魄健壮之青年，参加竞选者极众”；还有儿童服装表演、跳舞等文艺表演或展览活动，以及“烧烟火、跑木马、杂货部、唐餐部、冻饮饼食部、抛圈、钓鱼、玩具等部”，集“为善行乐”于一体。①

牙买加中华体育会是郑定原于 1937 年 9 月 15 日创立的，为华人体育活动提供各种设施，还组织华人与当地人进行篮球、足球、乒乓球、网球、桥牌和麻将比赛，促进了华人与当地社会的融合。②

此外还有以性别、年龄、宗教等因素为依据组成的华人社会组织，比如妇女会、青年会和同源会（由华裔青年组织）等。牙买加天主教华人青年会曾举办舞会为段卓贤、段方济神父筹集路费。③

5.2　拉美华人社会组织的分布及概述

5.2.1　分布

拉美华人社会组织的分布受历史因素、政治因素和地理因素的影响，呈现出以下三个特点。

5.2.1.1　辐射分布

就整个美洲而言，美国是最早建立华人社会组织的国家，其次是加拿大，拉美则较晚。北美华人社会组织的建立和发展对拉美有着深刻的影响，如致公堂等拉美洪门组织就是以美国洪门组织为总堂的。拉美华人与美国华人移民来源也大致相同，多为广东、福建两省，因此以地缘和亲缘关系结成的同乡会、宗亲会也深受美国地缘和亲缘组织的影响。

因此，从总体来说，这两类从中国本土移植的华人社会组织在拉美

---

① 参见《中华体育会举行游艺》，载《中山报》，1957-11-13；《中华体育会所定期开幕，并举行游艺助兴，占美加华侨小姐选美揭晓》，载《中山报》，1954-11-20；《中华体育会游艺会志盛：邓小姐当选为占美加中华小姐》，载《中山报》，1955-11-22。

② See Li Anshan, “Survival, Adaptation and Integration,” p. 54.

③ 参见《段神父昆玉访侨团机关》，载《中山报》，1957-10-23；《华人青年会舞会筹款》，载《中山报》，1957-10-25。

的分布呈现以美国为端点，由北向南辐射分布的态势。与美国地理位置越近、历史渊源越深远的国家，这类华人社会组织就越发达，在当地的影响力就越大；反之，组织欠发达，影响力较小。影响力最大的是墨西哥、古巴；其次是秘鲁、牙买加、巴拿马；而其他国家由于华人人数较少、距离美国较远或属于西班牙和英国的殖民地，此类华人组织数量不多，影响力也小。

5.2.1.2 聚集分布

拉美华人多在城市充当小商贩或者小手工业者，因此行业协会在各国十分发达。华人人口总量较多或相对人口比例较高的国家（参见第 6 章 6.1.3.3 有关论述），行业协会等社会组织比较发达，社会影响力较大；反之，组织欠发达，影响力较小。如特立尼达、牙买加和古巴等国，华人行业协会在华人社会中威望很高，甚至与居住国的商会或商人联合，共同维护业内权益。

从地理分布格局来看，拉美华人行业协会是围绕苦力或华工贸易登陆港口国家聚集排布的，有登陆港口的国家，如古巴（哈瓦那）、特立尼达（西班牙港）、牙买加（金斯顿）等，数量就多；反之，就少。

5.2.1.3 散点分布

中拉关系史上发生的重大历史事件会催生一些官方或半官方性质的华人社会组织，之后随着中国政治权力的更迭，这类社会组织大部分会被新的政治权力所接管，或自生自灭。但是，个别的组织机构形式保存了下来，转型为民间组织，依然在华人社会中保持着较大的号召力和影响力。如在秘鲁华工案之后，1886 年春，清政府派驻秘鲁公使郑藻如请得光绪皇帝圣旨并“通商惠工”御笔亲题匾额，建立了秘鲁中华通惠总局，总理秘鲁华侨的慈善公益事业。虽后来清政府被推翻，但是作为当地规模最大、影响力最大的华人社会组织，秘鲁中华通惠总局依然是其他华人社会组织的领导核心。

虽然有些拉美国家与中国之间也发生过重大的外交事件，也建立过官方或半官方的华人组织，但是大部分已经被历史所湮灭。因此，这类与重大历史事件有密切关系的华人社会组织在拉美的地理分布呈不规则的散点状。

5.2.2　概述

在墨西哥、古巴、牙买加、巴拿马和秘鲁等华人人口总量较多、相对数量也较多的拉美国家，华人社会组织数量较多，规模较大，历史影响力也较深远，概述如下。

5.2.2.1　会党式的墨西哥华人组织

与拉美其他国家相比，墨西哥华人组织最大的特点是：中华会馆和地缘或亲缘社会组织的社会影响力十分有限，歃血为盟的洪门组织却十分活跃，并与美洲和中国的洪门组织有着密切的联系。

建立时间最早、持续时间最长的墨西哥华人社会组织是兄弟会（Unión Fraternal），在其官方登记名称（Asociacion China de la Republica Mexicana or delEstado de Sonora）中明确表明了华人社会组织的性质。它的分支机构遍布墨西哥全境，以“统一，互助，提高华人道德、物质和精神水平”为组织目标，代表华人与墨西哥政府当局交涉，帮助华人在充满敌视的环境下求生存、做生意。1904 年，卡纳内阿华商钟方（音译，Arturo Fong Chong）店铺遭劫，损失 3 316 美元，兄弟会代其向当地政府递交申诉书。1916 年，埃尔蒂格雷（El Tigre）矿山华工遭到墨西哥工人的侮辱，索诺拉兄弟会主席委派西班牙语秘书和法律顾问与矿山美国经理会谈，调查事情来龙去脉，保护华工，解决冲突。①

一般来说，兄弟会各分支机构包括两套机构：一个是由主席（President）、副主席（Vice-President）、会计员（Treasurer）和两位秘书长（the all-important secretaries，一位负责华人内部事务，一位处理西班牙语事务）构成的常设机构；一个是由年长或出资者构成的管理委员会（Mesa Directiva）。主席和副主席通常由华人社会地位最显耀、实力最强的商人担任，委员会成员（Vocales）也来自于同样的社会阶层。1916 年墨西哥兄弟会有会员 3 600 人，到 1919 年增加至 5 000 人，全部是男子。在索诺拉和锡那罗亚两州，兄弟会在诺加莱斯（Nogales）等边境城市设

---

① See “Unión Fraternal to Municipal President of Cananea,” 1904－10－08，in *Archivo Historico del Gobieno e Estado de Sonora*，T2139，3144，3813.

立总部；分部遍及索诺拉全州各大都市：州府埃莫西约（商业）、纳沃华（Navojoa，农业）、卡纳内阿（矿产）、瓜伊马斯（主要商业港口）、阿瓜普列塔（Agua Prieta，边境城市，矿产）、瓦塔万波（农业）、埃尔蒂格雷（矿产）、弗隆特拉斯（Fronteras，矿产）、阿里斯佩（农业）、科罗拉多（La Colorado，矿产）、昆帕斯（Cumpas，矿产）、考考利特（Cocorit，农业）、埃乔霍阿（农业）、纳科萨里-德加西亚（矿产）和马格达莱纳（铁路）。1917—1918年，兄弟会收入20 402美元，主要来源有：特许费，1 200美元；月酬金，15 600美元；捐款，3 600美元。这些收入都用于组织运营，而不是华人社会的慈善事业。事实上，1919年兄弟会对华人社会进行的问卷调查结果显示，会员对华人社会组织最重要的诉求是"对来自地方、州立、联邦政府以及个人、政党团体的迫害和歧视采取快速、审慎、有力、集体性的回应"，而不是建立学校、医院和墓地等华人慈善机构。兄弟会建立了一家图书馆和一家法律咨询办公室。①

兄弟会的精英化发展路线让一些会员感觉它已经脱离了底层华人穷苦大众和劳工阶层。1915年，这些人脱离兄弟会，先后在下加利福尼亚、索诺拉、锡那罗亚等州创建致公堂。到20世纪20年代，致公堂已成为兄弟会在华人社会民心、金钱、忠诚、信赖等方面的致命竞争对手，它广泛地吸纳华人会员，包括"贫穷的、富裕的，知识分子、文盲，忠诚者、骗子，海盗和流浪汉"②。此时，有一部分致公堂会员受孙中山"改堂为党"思想的影响，分化出去成立了国民党墨西哥支部。索诺拉和锡那罗亚两州的致公堂总部设在埃莫西约，很少设立分支机构，完全靠总部操控。致公堂组织结构与兄弟会无异，只是管理委员会成员的产生与兄弟会不同：来自于地位卑微的普通劳动者，如洗衣工、厨师、面点师、制糖工、鞋匠、制梳匠、蔬菜种植工以及小店主等。20世纪20年代，因与国民党组织发生流血冲突，致公堂名噪一时。国民党在墨西哥政府正式登记的名称是墨西哥共和国中国国民党（Partido Nacionalista China de la

---

① See Khun Eng Kuah-Pearce and Evelyn Hu-DeHart, ed., *Voluntary Organizations in the Chinese Diaspora*, pp. 148-149.

② Carl Glick and Hong Sheng-Hwa, *Swords of Silence: Chinese Secret Societies Past and Present*, New York: McGraw Hill, 1947, p. 85.

Republica Mexicana)，国民党索诺拉总部设在边境城市诺加莱斯；组织结构比较简单，由秘书长（Secretary General）和发言人（Narciso Yillen)，以及墨西哥律师组成。①

20 世纪初到 20 年代，墨西哥又出现了一个华人组织——龙兴会(Lung Shing，the Asociacion Mutualista China de la Republica Mexicana)，组织结构与兄弟会类似。事实上，1919 年索诺拉龙兴会一成立就与兄弟会形成了联盟，会员交叉，同地设点。如 1925 年，两家共用一个西班牙语秘书——Enrique Chao，Benjamin Ungson 是兄弟会的发言人也是龙兴会的会计员。② 国民党也与兄弟会有政治联盟关系，1916 年长期担任兄弟会主席的弗朗西斯·阮（Francisco Yuen）加入了国民党。1925 年 6 月，他被两名致公堂枪手打死在火车站台上，起因是 20 世纪 20 年代国民党和致公堂在权力争夺方面的矛盾激化。③

康有为曾经在墨西哥埃莫西约建立过保皇党支会（注册名称为：Sociedad Mutua Cooperativa Reforma Constituyente China)。墨西哥索诺拉和北部其他各州的几个城镇中也设有中华商会（Cámara de Comercío China)，但是影响力不大。一是兄弟会、致公堂和龙兴会等互助组织已经吸纳了大部分华人，二是声名显赫的华商更愿意加入墨西哥商会。1924 年 12 月公布的 77 位墨西哥索诺拉和锡那罗亚商会（the Revista Comercial de Sonora y Sinaloa）地方会员（socios de la localidad）名单中有 12 位是华商，其中 3 位华商更是名列前茅：Juan Lung Tain 拥有 5 家连锁店，瓜亚马斯的 Fupau Hermanos 是墨西哥城民族商会（Cámara Nacional de Comercio of Mexico City）成员，Wong Juan Tuck 是卡纳内阿民族商会(Cámara Nacional de Comercio of Cananea）会员。④

20 世纪 20 年代前后，墨西卡利唐人街建成，很快进入繁盛时期。这

---

① See Khun Eng Kuah-Pearce and Evelyn Hu-DeHart, ed. , *Voluntary Organizations in the Chinese Diaspora*, pp. 150-151.

② See "Slates of UF and LS Officers and Vocales Submitted to the Secretario de Industria, Comercia y Trabajo," 1925-10, in *Archivo General de la Nacion/Trabajo*, v917, Caja6.

③ See *Archivo Historico del Gobieno e Estado de Sonora*, T3138.

④ See Aurelio de Vivanco y Villegas, *Baja California al dia* (*Lower California Up-To-Date*), Los Angeles: non-publication, 1924, pp. 214, 360.

时，中华会馆大楼已在市中心华雷斯街落成，周围还坐落着龙冈亲义公所、（黄姓）江夏堂、云山公所、南平公所、陇西公所、至孝笃亲公所、三邑会馆、（梁姓）忠孝堂、海晏公所、昭伦公所、（林姓）西河堂、（马姓）金紫堂、（余姓）风采堂、（朱姓）沛国堂、伍胥山公所、邻德堂、致德堂、悦群公所、溯源堂等近20个华人社会组织。中国国民党与洪门民治党也在此设立支部。除此之外，（黄姓）江夏堂在托雷翁和塔毛利帕斯等地也设立过堂口。

5.2.2.2 英雄辈出的古巴华人组织

根据相关史料推测，苦力贸易期间输入古巴的华人苦力很早就建立了洪门组织。但由于华人苦力没有人身自由，这些洪门组织都处于秘密状态。直到19世纪60、70年代，华人苦力逐渐获得了人身自由。到了1899年，古巴华人17%进入城市，成为商人，还有42名农场主。① 随着华人获得人身自由、移居城市，古巴华人社会组织也逐渐公开。1867年，钟熙等在哈瓦那成立的结义堂是拉美地区最早的华人社会组织。② 1868年初，恒义堂和客家人的义盛堂也相继成立。③

古巴其他城市华人也纷纷效仿，华人社会组织如雨后春笋般建立。有按照亲缘关系组成的宗亲组织，如黄姓的江夏堂，李姓的陇西堂，张姓的文公堂，陈、胡、袁姓的至德堂，蔡、胡、周姓的至孝堂，新会江姓的乐安堂等④；人数较多的姓氏还设有公所，如黄姓的云山公所、李姓的敦宗公所。有按照地缘关系组成的同乡会，广东南海、番禺和顺德三县的三邑会馆，台山、新会、开平和恩平四县的四邑会馆等。据驻古巴华人统计，1893年，华人创办的同乡会遍布古巴各地，“大小埠共计四十余处。而夏湾拿（哈瓦那旧称）一埠，共十处，马丹萨省之过郎（科隆旧称）埠，共计七处”⑤。此外，雷梅迪奥斯（1897）、普拉塞塔斯（Pla-

---

① 参见陆国俊：《美洲华侨史话》，65、67页，台北，商务印书馆，1994。

② 参见熊建成：《跨越三世纪古巴华人之研究》，8页。

③ 参见张铠：《十九世纪华工与华人对拉丁美洲的历史贡献》，载《近代史研究》，1984（6），183页。

④ See Howard Johnson, “The Anti-Chinese Riots of 1918,” *Immigrants and Minorities*, 1983-03, 2, pp. 50-63.

⑤ 余思治：《古巴节略》，见《小方壶斋舆地丛钞》补编，第十二帙。

cetas，1887)、大萨瓜（Sagua la Grande，1888)、卡德纳斯、马坦萨斯、卡马圭等地也相继建起了同乡会。[①] 1893 年 5 月 9 日，古巴中华总会馆（Casino Chung Wah）成立，开始时是辅助中国领事馆送华人返乡，后来专注于华人慈善、福利和教育事业。[②]

古巴人和华人长期饱受西班牙殖民者的剥削和蹂躏。在 1868—1878 年和 1895—1898 年两次革命战争中，华人和黑人奴隶、穆拉托人并肩作战，赶走了西班牙殖民者；刚刚获得独立不久，美、西之间的政治交易使古巴又沦为美国傀儡政府刀下的"鱼肉"，华人再次与古巴人民站在一起，推翻了独裁政府的统治。在此起彼伏的革命斗争中，华人与古巴人民结下了"烈火真金"的友谊。在古巴两次革命战争中，涌现出许多华人将领和战斗英雄[③]，"华工将士所获得的最高军衔是中校司令员，中下级军官不计其数"。第一次革命战争以后，哈瓦那唐人街上经常会看到胸前佩戴着金质或银质勋章的华人。他们利用华人社会组织的影响力，说服华人参加或者支援革命军。华人佛朗西斯科·莫雷诺（Francisco Moreno）上尉是众多华人革命战士中的普通一员，"年轻时就来到了古巴"，"非常善于说服动员他的同胞支援起义军部队"。[④]

1900 年，美国军事占领古巴结束的前几天，美军司令罗纳德·伍德（Ronald Wood）颁布了美国军政府第 155 号法令，"禁止中国人移民古巴；在禁令期间，任何一个华工，无论从外国某一港口或某一地方进入古巴都是不合法的"[⑤]。美国控制下的古巴政府处处仰美国鼻息行事，于 1922 年开始重新执行此排华法令。古巴西班牙资本家因忌恨华人在商业上的成功，借此时机，煽风点火，在当地报纸上鼓吹排华谬论，想借此挑起种族歧视。当时中国北洋政府驻古巴公使刁作谦，驻哈瓦那总领事章守霖，一味媚外，对此排华谬论熟视无睹。古巴华人社会组织发现以

---

① 参见刘文龙：《近代拉丁美洲华人商业活动初探》，载《拉丁美洲研究》，1996（5），46 页。

② See Kathleen López, " 'One Brings Another'," pp. 103-104.

③ 参见第 6 章相关内容。

④ 参见［古巴］梅赛德斯·克雷斯波·比利亚特著，刘真理译：《华人在蔗糖之国——古巴》，129、38 页，上海，复旦大学出版社，1998。

⑤ Ching Chieh Chang, *The Chinese in Latin America*, p. 147.

后，立即召开华侨代表大会，联合组成了华侨外交协会。曾在两次革命战争中立功的华人英雄们奔走呼号，向古巴政府及民众揭露西班牙资本家的排华阴谋，赢得了古巴民众的支持。古巴民众也加入了反对排华的运动中，反击西班牙人报纸的排华谬论。[①] 可见，当时古巴华人社会组织在当地的影响力是很大的。

直到 1942 年 11 月 12 日，中国驻古巴公使李迪俊与古巴外长马第尼斯（J. A. Martinez）签署了《中古友好条约》，第五条规定“两国人民享有出入对方领土的平等权利”，排华法令才宣告废除。1943 年古巴华人也增加到 15 822 人。[②] 古巴华人社会组织的力量进一步壮大。但是，美国控制下的古巴政府 1944 年推行限制华人经济的“五十工例”。在古巴华侨商会、衣馆公会、杂货行工商联合会、生果行公会、农业劳资联合会及餐馆行公会等六个行业协会联合努力下，“五十工例”最终没有真正实施。古巴华侨商会是古巴最早的行业协会，成立于 1897 年。1926 年 11 月，10 位种植和销售果蔬的华人在圣克拉拉（Santa Clara）街 157 号又建立了西恩富戈斯华人农业者协会（the Asociación Cienfueguera de Agricultores Chinos），致力于维护华人农业种植者的集体利益。[③]

古巴华人接受孙中山资产阶级革命思想和共产主义思想都比其他国家要早。辛亥革命前夕，就有黄鼎之等组建的三民阅书报社，并很快申请转为同盟会。1902 年，古巴洪门组织“洪门三合会”响应北美致公堂的号召，改名致公堂，1946 年改名洪门民治党。也有洪门会员加入同盟会，之后成立了中国国民党古巴支部。这样，洪门民治党和国民党在古巴都拥有为数众多的党员，而且实力旗鼓相当，导致哈瓦那中华会馆的控制权在 20 世纪 50—70 年代一直是由两个政治派别轮流坐庄的。

1928 年，共产主义思想传入古巴，华侨黄淘白等人建立了旅古华侨社会主义同盟，其前身是美洲华侨拥护工农革命大联盟（the Alianza Protectora de Obreros y Campesinos）。在 1930 年反对独裁政权斗争中，

---

① 参见黄作湛：《古巴见闻录》，见《中华文史资料文库·华侨华人编》，847 页。

② See José Boltar Rodrígues, *Los Chinos de Cuba: Apuntes Etnográficos*, p. 90.

③ See Kathleen López, “‘One Brings Another’,” p. 105.

黄淘白被杀害。古巴人民追认他为革命烈士。

1959 年古巴革命胜利以后，华人富商大量外逃。国民党控制的洪门民治党等组织失去了政治意义，转变成为华人联谊组织。“古巴—中国社会主义联盟”和宗亲会成为其后主要的华人社会组织。

5.2.2.3　勤勉守法的牙买加华人组织

1884 年，杨亚壬、万迈、李宝记、林丙（James Solomon）等人在金斯敦正式成立了牙买加致公堂。这是牙买加最早的正式华人组织，其成员多为契约期满的华工。致公堂订立了自己的组织三原则：清除叛徒；忠诚爱国；对兄弟讲义气，团结一致。致公堂成立以后，修建并创立了华侨学校，为老人捐赠善款，购置中华会馆会址，为牙买加华人社会的建立和建设做了不少贡献。①

随着越来越多华人在金斯敦等地聚集、定居，像致公堂一样的华人社会组织越来越多。有些华人社会组织，如宗亲会、同乡会，对组织成员有着较严格的身份要求或高昂的入会费，致公堂等有严格的入会仪式，规模都难以扩大。在对内为全体华人谋福祉、对外保护全体华人利益时，力量分散，任何一个华人社会组织都显得势单力薄。因此，1891 年为全体华人服务的中华会馆（Chinese Benevolence Society）在陈八、张胜、黄昌（Wong Sam）等开埠牙买加华人的倡导下创立。受到了华侨和华侨社团的广泛拥护，创立之初就有 500 多名华人入会。除此之外，同期有另外一个中华会馆并存，由陈亚维创立，后因侨胞不拥护，自行解散。②

契约华工在合同期满以后，大部分从事批发和零售业务，即开设“咸头店”，兴盛一时，在第二次世界大战期间，堪称“天之骄子”，“黄金满地，滚滚飞来。尤其大的行商更是坐地分金。只忧铁柜小，不怕钱不来”。那时的牙买加商业待兴，政府对华人商业没有太多限制。牙买加华人中有很多来自美洲其他国家的再移民，如在零售业的先驱中，陈八来自中国，黄昌来自英属圭亚那，林丙来自哥斯达黎加，丘亚嘉（Harris Carr）来自美国。③

① See Li Anshan, “Survival, Adaptation and Integration,” p. 52.

② Ibid., p. 47.

③ See Helen Chinsee, “A Chinese in Jamaica,” *Jamaica Journal* (*Quarterly of the Institute of Jamaica*), 1968-03, pp. 10-14.

难得的历史机遇加之华人吃苦耐劳的精神品质和点点滴滴的资本积累，以及相互支持、同气连枝的人脉网络，促使牙买加华人经济产业链逐渐向上延伸，涉足于散货行、汽水厂、面包炉、雪糕厂、铁行等小型工商业企业，逐步奠定了华人在当地的经济基础和社会地位。特别是第二次世界大战以后，与当地其他族裔的竞争日益激烈，牙买加华人事业向小型工商企业和服务性行业转移，如面包炉、汽水厂、雪糕厂、餐馆、洗衣馆、代理商、制造商、铁行、日用零卖品及农业等，华人都占有极其重要的市场份额和令人侧目的行业地位。

> 本埠华侨事业，自从陈八公等到埠以来，至今已有百余年之历史……
>
> 我侨初来本埠，由做蔗园工而进为咸头小店，再进而经营小批发行，此一阶级，大约经过50年之艰苦奋斗，乃逐渐奠定我侨事业之基础，所以以前侨胞到来本埠，无不以先学习店务工作为必经之阶梯，而商店亦为当时华侨之根木事业，后来因为商店之营业日渐扩充，我侨事业也随而扩大，其后散货行、汽水厂、面包炉、雪糕厂、铁行等，都随咸头店生意之扩展……凡咸头店所卖者，我侨界就有人经营此种行厂，此是一种适合时代之需求，也是进化之轨迹，无人可得此而考证也。
>
> 距今约30年前，埠上城市通衢，以及穷乡僻壤，都有我咸头店之设立，商业繁荣，而且独占。惟自世界第二次大战以后，山埠穷乡僻壤间，我侨商业之最前线之咸头店，既受土黑人商店之争夺，而形成步步退却之势。幸喜近10年来，我侨事业，在咸头堤岸方面退却，但在其他方面又有进展，如面包炉、汽水厂、雪糕厂、餐馆、洗衣馆、代理商、制造商、铁行、日用零卖品以及农业等，都有长足之进步，所谓失之东隅，收之桑榆，此华侨事业之改观，是时势之所需求，也是我侨善为因应之成效也。①

从上述资料可以看出，20世纪20年代中期以后，牙买加华侨经济规

① 李谈仁：《我侨失业的现状与其将来的趋势》，载《中山报》，1955-10-18。

模发展迅速，以零售业为中心，华人内部的社会分工进一步细化，产业化的趋势逐渐显现。牙买加华人社会内部代表各个经济利益群体的各类型商业行会和贸易协会应运而生，成为牙买加最具影响力的华人社会组织类型：咸头行商会（1938）、面包炉商会（1938，后改名面包业商会）、华侨零沽商会（1942）、雪糕餐馆商会（1943）、批发行商会等。① 这些商会成立的主要目的是保护华人商业利益和商业活动。如咸头行商会的章程中的第一条是“保护会员之利益，求商业之进步”，第二条是“交换知识与商情”。商业活动需要稳定的社会环境与和谐的人际关系网络，因此，牙买加华人商会在为自身争取利益时，多采用温和的方式协调内外矛盾，恪守法度，充当华人社会内部成员之间以及华人社团与殖民政府之间的“润滑剂”，从不采取激烈的政治斗争。牙买加华人商会一直保持着这种处理内外矛盾的方式。当然，在牙买加反华事件发生时，这种处理矛盾的方式也滋长了种族歧视分子的嚣张气焰。

面包商会召开特别会议

> 本岛面包炉商会于本月二十七日（星期二）下午一时，在该会办事处“曾昌公司写字楼”召开特别会议，商讨同业们在某区之业务竞争等要案。因有人将水钱提高，有人将重量减轻，种种不一，以争取生意，此等饮鸩止渴之倾销政策，将来一定互相倾轧，终会蔓延全岛。该业同仁知非再行联络，取得一致之步骤，则不可以挽救未来之危局，故召开此特别会议。经长时间讨论后，大家同意取决，自后水钱为百分之二十五不仙，重量则照政府统治局之规定，由商会负责与政府调查员合作，以免滋生弊端云。②

除华人社会商人阶层的内在经济需求外，20 世纪 30 年代还有两个重要外在原因催生了华人商业行会的产生，刺激了它们频繁的社会活动。一个是 1937 年卢沟桥事变日本开始全面侵略中国，全世界华人民族情绪高涨，团结一致，抵抗外辱，这样激发了牙买加华人强烈的民族意识。

---

① 此外还有中华体育会（1924）、侨联剧艺社和民治党等娱乐性和政治性华侨团体，号称“八大侨团”。

② 《中山报》，1954-07-30。

另一个是1933年牙买加殖民政府议会通过了《外侨限制法》（*Alien Restriction Law*）。这部法律代表牙买加商人的利益，排斥华商。1918年和1938年发生的排华骚乱使华商自我保护意识增强，注重寻求华人组织内部的互帮互助。①

1955年，《中山报》记者采访华侨零沽商会书记何锦麟时，他提醒华侨开设的百货商店，“常有成药视察员到店，借端骚扰，指责某种某种不能出售，并要将货搬去等情，或暗中鱼肉勒索”。他说，华侨零沽商会曾经与商会法律顾问商讨，认为“此等视察员超过其职权范围，必须惩治之，故凡我侨商如遇有此等事情发生时，须函达商会，以便搜集证据，控之于法，以儆效尤”②。

5.2.2.4 关注民生的巴拿马华人组织

19世纪70、80年代，地峡铁路修建时期移居而来的幸存华人分散到巴拿马各地，或从事甘蔗、茶树的种植，或在城市开店做生意，生活逐渐稳定下来。他们也吸引和招致了更多的自由移民。随着华人移民数量的增多，19世纪80年代，巴拿马两个较早的华人社会组织产生了。一个是中华商会（the Chinese Chamber of Commerce），组织目标是保护华人商贸利益。另一个是1882年成立的the Way On Association，1904年改组为“中国慈善社”，宗旨和任务是为巴拿马全体华人服务，举办华人联谊活动和帮助有困难的、年老体衰的侨胞；集资购买土地，兴建和管理华人公墓，把华人的遗骨或骨灰送回祖国；强调和为贵，重视兄弟情，调和、化解华人之间的矛盾。

随着移民的不断增加，地方性华人社会组织在19世纪90年代出现。除了来自台湾的华人以外，大部分华人祖籍都可追溯至广东省（参见表14），因此番禺、中山、鹤山等县的同乡会是巴拿马规模最大的地缘性华人社会组织。1926年，在广东中山同乡提议和支持下，香山公所成立，以联络侨情、协助公益、共同发展侨务、造福侨社为宗旨。第一任会长

---

① See Gail Bouknight, “Chinese Economic Development and Ethnic Identity Formation in Jamaica,” p. 84.

② 《中山报》，1955-11-29。

是华商陈吉润，建址巴京 13 号东街。不久，为缅怀孙中山先生，改名为中山公所。中山公所成立以后，一方面，致力于华人与当地社会的理解与沟通，促进华人融入当地主流社会，一直为巴拿马政府所重视；组织中青少年成立中山乒乓球队，在中南美各国之间进行友谊比赛。另一方面，心系祖国安危，倾力侨乡建设。抗战期间，中山公所把同乡募捐的会址购置费捐献出来，支援抗战。还组织世界中山同乡联谊大会，支援侨乡公益事业和教育事业。直到 20 世纪 80 年代，大多数的巴拿马华人仍是同乡会成员，以男性为主，在内部会议中使用各自方言。

第一代华人移民是同乡会的主要成员，但是巴拿马土生华人更倾向于参加包含中巴文化和中巴语言因素的社会组织。巴拿马土生华人建立的最大、最有影响力的华人社会组织是华裔巴拿马人专业人士协会（the Asociación de Profesionales China-Panameña），举办专业讲座，提供寻找工作或建立人际关系网的机会。此外还有：Agrupación，是一个社会文化组织，巴拿马华人社交舞会（Panamanian Chinese Debutantes' Ball）、联谊舞会（the Friendship Dance）、母亲节文化演出（Mother's Day Cultural Performance）等活动都是由它组织举办的；巴拿马青年协会（the Asociación de Jóvenes Chino），经常举办诸如野营、卡拉 OK、舞会等活动；为数较少的宗教组织，如管理佛教寺庙的 Yan Wo 协会、巴拿马华人天主教协会（the Asociación Católica China de Panamá）等。1896 年成立的童党（音译，Tung-Dong）也开展了不少社会活动。[①]

20 世纪 40 年代，总统阿里亚斯掀起的排华风潮使巴拿马华人组织意识到必须加强组织机构管理，推动华人与巴拿马当地人的融合进程，特别是强化华人在巴拿马的政治和文化归属感。在各大同乡会的推动下，巴拿马中华会馆（the Asociación China de Panamá）在阿里亚斯卸任总统之后成立，宗旨是建立更有效的决策机制和华人社会的发动机制。1949 年新中国成立，此前一向与国民党政权打交道的巴拿马华人更深感回乡无望，华人社会组织首领就完全专注于建立巴拿马华人社会凝聚力上。

① 参见管彦忠：《中国人移居巴拿马的历史进程》，载《拉丁美洲研究》，2002（2），33 页。

一方面在巴拿马政界中树立华人地位，另一方面在全美洲建立跨国的联系网络。20世纪60、70年代，一些区域性跨国华人组织成立。1964年第一个华裔被选为法庭仲裁委员（the Electoral Tribunal），从此华人开始任公职，入选政府机构或内阁。①

5.2.2.5 团结一心的秘鲁华人组织

19世纪80年代，获得人身自由的秘鲁华人开始自发地组建社会组织，多数是同乡会和宗亲会，如中山会馆、番禺会馆、鹤山会馆、龙冈亲义公所、同义堂、英义社等。仅首都利马就先后建立了古冈州会馆、南海会馆、番禺会馆、中山会馆、中华通惠总局等13个华人社会组织。②其中，古冈州会馆是秘鲁第一个华人社会组织。在地方，如介休、圣拉蒙、志忌拉育（Chiclayo，现称奇克拉约）、杜禧育等地，也相继建立了中华会馆。

中华通惠总局是秘鲁第一个组织机构最正规、组织形式最规范、规模最大、活动最频繁的华人社会组织，也是一个有官方背景的华人社会组织。因此，秘鲁所有华人社会组织都以中华通惠总局为统领，唯其马首是瞻。中华通惠总局创立于1886年，创始人为清廷驻秘鲁公使郑藻如，首任主席古德基，机构名称意在"通商惠工"。总局通过外交渠道获得秘鲁政府正式批准，注册为合法社会组织。从1882年开始筹备到1886年正式成立，总局募资筹建历时5年，筹集资金3万比索，1.7万用于购置会址。出资最多的大商号有永安昌、宝隆、高星楼、万和堂等。③总局为秘鲁华人兴办了大量慈善和福利事业，如遣送贫老华侨回国，创办中华学校，开设免费诊所为贫老华侨和华人服务，每年慰问老人院的老华侨，为新移居的华侨开办西班牙语补习班，举办医学讲座等。

总局会所第一次重建是在1889年。1957年总局举行全体华人代表大会，同意第二次重建总局，成立了以常务理事叶静宇为首的15人筹建委

---

① See Lok Siu, *Memories of A Future Home*, pp. 47-48.

② 参见李明欢：《当代海外华人社团研究》，34页，厦门，厦门大学出版社，1995。

③ 参见杨安尧：《华工与秘鲁华人社会》，载《华侨华人历史研究》，2000（3），50页。

员会。1959 年 10 月 10 日举行四层新会所大厦开幕典礼，秘鲁总统巴拉那到场亲自主持剪彩。可见，总局与秘鲁政府保持着良好的官方往来和外交关系。

在总局的影响和指导下，秘鲁华人社会组织的各地分支机构如雨后春笋般建立起来。1910 年前后，又增加了 10 多个华人会馆。20 世纪 20 年代，秘鲁华人社会组织活动达到了高潮，有 100 多个华人社会组织在秘鲁境内活动。根据中华通惠总局的统计，1920 年利马有各种华人社会组织 26 个，总局下属的各地中华会馆有 19 个。① 各地的中华会馆和宗亲会、同乡会的建立促进了华人社会的大团结。（参见表 24）

表 24　　　　秘鲁华人社会组织分布及活动

华拉埠中华会馆
曾用名：华兴会馆。
会员人数：创立之初几千人。
创建时间：20 世纪初。
会址：华拉市中心，会所及相邻建筑占地 2 200 平方米。
主要活动：管理当地华人墓地，2 700 平方米。
毡乍埠中华会馆
会员人数：20 世纪初，1 000 多人；30 年代，400 多人；80 年代中期，40 多人。
创建时间：19 世纪末。
宗旨：团结华侨，联络感情，互相帮助，为侨胞排忧解难。
主要活动：1962 年，主席李金河发动华人捐款建成秘鲁南部最辉煌的会馆。
标拉中华会馆
创建时间：20 世纪初。
宗旨：团结华侨，共同创业，互相帮助，共谋福利。
主要活动：1961 年筹款建成两层会所大楼，从事当地华人的福利事业，如管理坟场，收容孤老华人，为孤老华人养老、医疗和丧葬等支付费用。
鹤山会馆
创建时间：1928 年 8 月 30 日召开旅秘邑侨大会，秘鲁鹤山会馆正式成立。
发起人：钟玉堂、邓坤麟、李鹤人等人发起成立会馆筹委会，推举黄虚、雷镜腾等八人组成会馆章程起草委员会。
主要活动：1968 年由邓荦平、张胜长、钟博文发起筹款建立新会址，不足资金由邓荦平、邓炳光、李国璋等借垫。
古冈州会馆
创建时间：19 世纪 60 年代。

① 参见秘鲁中华通惠总局编印：《秘鲁中华通惠总局与秘鲁华人》（纪念特刊），55 页。

续前表

会址：利马。
宗旨：和衷共济、精诚团结；为远渡重洋到秘鲁的同胞提供栖身之所，并设法予以照顾；解决侨胞之间的争端，推行各项福利事业。
主要活动：积极为中国辛亥革命和抗日战争筹款支援。

同升会馆
曾用名：利马客籍会馆、秘鲁利马客籍华侨会馆。
会员人数：一度逾2 000人。
创建时间：1891年。
会址：利马湾大街174号。
宗旨：团结同胞，互襄互助，推展福利事业，为刚到秘鲁的华侨提供栖身之所，为善男信女提供烧香求签、祈求平安之所。
主要活动：供奉关帝、北帝，并设庙祝。

龙冈亲义公所
曾用名：务本堂。
创建时间：1910年。
宗旨：公所内部团结，互助合作，发展所务及秘鲁公益事业。
主要活动：1948年购置新址建四层大厦，1954年建成。

志忌拉育会馆
会员人数：20世纪30年代，达到四五百人，以广东省赤溪、鹤山人居多，次为中山、番禺人。
创建时间：1891年。
宗旨：联络华侨华人，加强团结，维护合法权益。
主要活动：1960年筹募重建会所基金，1962年新会所落成。

杜禧育中华会馆
创建人：贵叔，绰号“猪仔贵”。
创建时间：19世纪末。
宗旨：为华工提供聚会场所，联络感情，互相帮助，共谋福利。
主要活动：1896年李本立修建华人坟场；苏沂珠利用坟场作地兴建住宅出卖，充实会馆经费，取消征收商号月费，并修改会馆章程，确定会馆为慈善机构，免除政府税收；会所内曾设立汉民学校，先后聘请余剑鸣、曹清汉、李志坚等为校长和教师，不分种族和国籍，招收男女学生，教授华文和西文，弘扬中华文化，后被迫停办。1937—1945年中国全面抗战期间，该会先组织金菊剧社，由陈应、刘铨兴、钟国良等负责，后杨务生、江帜华等加入，组织扩大后，改名华侨剧社。在当地和附近地区义演筹款，侨胞们纷纷捐款，该会领导人陈嘉带头捐巨款，支援祖国抗战。1935年和1986年两次重建会馆。先后设立妇女会和青年会。妇女会经常组织会员到华人老人院和西人养老院服务、慰问或赠送红包、食品等礼物。青年会经常组织舞会、聚餐会、乒乓球赛，还组织晚间华文和西文班等。

华冷架中华会馆
创建时间：1894年5月31日，冯祥光以中华会馆名义购得土地创建会址。
宗旨：团结侨胞，联络感情，维护华侨利益，为侨胞谋福利。

续前表

主要活动：中国辛亥革命和抗日战争时期，发动华侨捐款捐物，支援祖国。1977 年 4 月，会所重建，1978 年 10 月 1 日新会所落成启用。新会所设备完善，可为侨胞提供更好的服务，为华裔侨生会提供娱乐中心和康乐场所，也为当地市政局和其他社团提供集会场所。为处理好与当地政府的关系，他们每年为秘鲁国庆日捐赠大型烟花，还捐地皮给消防局和警务处用于扩建。

资料来源：卜君哲：《秘鲁华人社团的形成与发展》，载《八桂侨刊》，2003（1），56～57 页。

其他性质的华人社会组织还有：秘鲁中国象棋协会和秘鲁华侨体育会等文体组织，利马华侨宣道会等宗教组织，利马爱国会等革命组织，秘鲁华侨妇女会（1965）、秘鲁土生会（又称秘鲁华裔俱乐部，1961）、秘鲁华侨青年联谊会等青年与妇女组织，华商会和医生会等行业协会，等等。

5.3　拉美华人社会组织之间的关系

5.3.1　同质社会组织之间的敌对与冲突

华人社会组织之间敌对与冲突的引发和实施主体多是基层华人组织——堂口，其表现形式就是“堂斗”（fighting tongs）。堂口以“义气团结，守望相助”为开堂宗旨，向上归会馆、公所等统辖。除最常见的致公堂之外，同乡会、宗亲会等也开设堂口。堂所内供奉关公、岳飞或洪门“五祖”。堂内兄弟，每月须供一两元的月费，或捐助神台上的“香油钱”。堂口还设有“标会”，吸纳大家的余钱作为储蓄，借贷给亟须回国或者开店做生意的华人，陆续还本付息。各堂设总理、书记、财政和外交。会友受人侵害时，由堂出头交涉解决。生老病死葬，堂的兄弟也出来救济。年老无法工作的，捐助船费，送回中国。①

“堂斗”的原因很复杂，有革命与反革命之争、爱国与卖国之争、进步与落后之争，再后来还有山头与山头之间的宗派之争。在国民党特务

① 参见司徒美堂：《旅居美国七十年》，见《中华文史资料文库·华侨华人编》，679～680 页。

和当地政府的挑拨离间、煽风点火、收买内奸等卑劣手段的影响下,"堂斗"的原因和背景有时候变得更加扑朔迷离。"堂斗"的武器有斧头、棍棒等冷兵器,后来又发展成为手枪和手榴弹,因此,"堂斗"结果往往是两败俱伤的流血惨案。20 世纪 20 年代,墨西哥和古巴致公堂与国民党组织之间的类似"堂斗"造成了一系列暗杀和枪战事件,社会影响十分恶劣,给墨西哥和古巴极端民族主义分子排华以口实。

5.3.1.1 墨西哥

1920 年前后,几乎所有的墨西哥华人都是兄弟会会员。埃莫西约兄弟会因不同意总部继续资助国民党革命活动的决定,脱离兄弟会,加入致公堂。① 表面上看,是不同的政治见解导致致公堂和国民党组织分裂、分道扬镳;中华民国政府派驻墨西哥的国民党官员"一边倒"的官方政治活动又导致了事态的进一步升级。国民党驻墨官员竭尽所能地向墨西哥当局陈述,国民党是热爱和平的互助组织,全身心致力于会员的富庶与健康,而致公堂则是"祸患之根源",其唯一目的是募集资金、建立武装、推翻运转良好的中国政府。②

1922 年 4 月,国民党攻击卡纳内阿致公堂,暗杀了埃莫西约等地的几名首领。很快,致公堂进行了反击,1925 年暗杀了兄弟会首领、国民党党员弗朗西斯·阮。接着,国民党和致公堂的核心首领都被对方的枪手暗杀。双方都向总统阿尔瓦多·奥布雷冈(Alvaro Obregon)指控对方为罪犯。由于无法分清责任,总统和索诺拉州长加野(Plutarco Elías Calles)下令逮捕了几百名国民党党员和致公堂会员,要驱逐出境。双方都聘请了墨西哥律师进行申诉,最后,几十名国民党党员和致公堂会员被驱逐,剩下的予以释放。在 1916 年排华失败后,排华势力以 1924 年"堂斗"事件为口实,贬低华人为"天生的罪犯",威胁社会安定。在国民党的挑唆下,排华势力称致公堂为黑手党(Mafia),从事的都是贩卖鸦片、赌博和"有伤风化"的事业;龙兴会也是鸦片贩子(traficante en

---

① See Jóse Jorge Gónez Izquierdo, *El movemiento antichino en Mexico* (*1871-1934*), p. 116.

② See Khun Eng Kuah-Pearce and Evelyn Hu-DeHart, ed., *Voluntary Organizations in the Chinese Diaspora*, p. 153.

opio)。“堂斗”给墨西哥华人社会造成了不可估量的损失：当地华人社会组织在墨西哥公众心目中的社会形象一落千丈，与危害社会安全的恐怖主义分子和黑社会组织无异；墨西哥警察掌握了华人社会组织的会员名单，驱逐大批华人出境。①

事实上，无论是致公堂还是国民党都涉足鸦片和赌博生意，这些生意在墨西哥也是合法的。任何一个华人社会组织都想掌控一本万利的鸦片和赌博生意，对经济利益的贪得无厌是造成流血冲突的根本原因。因此，“与其说双方是因为政治见解不同产生冲突，不如说是物质利益”。1929 年的索诺拉排华风潮再起，加野争取到了民族商会的支持，大批华人被驱逐出索诺拉。②

5.3.1.2　古巴

20 世纪 20 年代，为了争夺哈瓦那唐人街控制权，国民党与致公堂展开了明争暗斗。1926 年 5 月 7 日古巴当地媒体《国家报》（*El País*）报道，事情起因于中华总会馆董事会中的一个前国民党派别。该派别主张，将基金用于支援攻打北洋军阀政权的“革命军队”。可是董事会中非国民党成员表示反对，主张应该依照会馆章程用于资助华人，并申诉至哈瓦那省政府（the Provincial Government of Hawana）。省政府介入此事件，宣布前者为非法。③

1926 年 8 月 16 日，一个颇有争议的富有华商、国民党党员安德列斯·赵（Andrés Chiu Lión）和他的古巴妻子在哈瓦那宅邸前遭到一群华人枪击。临死前两天，赵某称罪犯是致公堂会员，致公堂主席也涉嫌其中。国民党指挥部要求古巴当局采取措施消除致公堂的威胁。古巴国内事务部（the Cuban Ministry of Interior）援引古巴社会团体法，因洪门组织行事诡秘和使用“秘密暗语”宣布其为“非法”。9 月 8 日一位致公

---

① See José Angel Espinoza, *El ejemplo de Sonora*, p. 277.

② See Khun Eng Kuah-Pearce and Evelyn Hu-DeHart, ed., *Voluntary Organizations in the Chinese Diaspora*, p. 155.

③ See Reporte del Periódico “El País” de 7 de Mayo de 1926, relativo a los problemas creados en el Casino “Chung Wag”, in *Archivo Nacional de Cuba*, *Secretaría de la Presidencia*, Legajo 25, Expediente 42.

堂人士写信辩护，“事实上，我们只是致力于会员间的互助互利”，与国民党“联俄、联共”不同，致公堂是反苏的。①

凶杀案之后，哈瓦那警察加强了对唐人街的警戒。9月23日省政府总督下令关闭洪门支部，取缔洪门组织。同时，一项针对华人社会组织的官方调查也在马坦萨斯、圣克拉拉、西恩富戈斯、谢戈德阿维拉、莫龙（Morón）、卡马圭、古埃德（Cueto）、圣地亚哥和关塔那摩等地展开。古巴媒体的负面评价接踵而来：国民党和致公堂的不正当商业竞争被曝光；洪门组织参与走私、赌博、鸦片和偷渡等黑道生意。古巴政府甚至认为唐人街为藏污纳垢之所，怀疑其存在的必要性。凶杀案发生后第二天，国民秘密警察局局长（the Chief of National Secret Police）交给卫生部（the Minister of Sanitation）一张唐人街草图，指出“亚洲人居住区人口过于稠密，缺乏防疫措施”。卫生部针对唐人街进行了一次大规模的检疫行动，25家商户因一间屋子居住8～10人而被处以罚款。9月11日，70多名哈瓦那华人被驱逐出境，主要罪名是贩卖毒品。②

5.3.2 同质社会组织的联合与共存

在同质社会组织的联合中，美洲洪门组织的地区性联合在拉美华人社会组织历史上发挥的作用最为重要。其中，司徒美堂领导的美洲致公堂成立最早，对中国革命支持也最大，坚持不懈地致力于“保护在南美和北美华人的合法权利以及改善他们的福利”③。关于美洲洪门组织的情况在第6章中将详细阐述，此处不再赘述。

5.3.2.1 行业协会联合反对雇员工例

1933年，古巴亲美分子圣马丁任总统，他针对华人企业于1934年颁布了“五十工例”。“五十工例”规定，凡旅古外侨经营工商农业的，必须雇用50%古巴人，企业岗位空缺的，先补用古巴人，需裁员时先裁减外侨。当时，该条例没有严格执行，及至1944年圣马丁再次上台，开始

---

① See Expediente mecanografiado y manuscrito en relación con la causa 1091 de 1926, in *Archivo Nacional de Cuba*, *Secretaría de la Presidencia*, Legajo 25, Expediente 52.

② See Kathleen López, “‘One Brings Another’,” pp. 112-113.

③ 司徒美堂：《我的生活经历》，见《中华文史资料文库·华侨华人编》，700页。

严格执行此例，并撇开美国企业不管，而专门苛责华人商业企业。古巴当地华人商业企业多是小本生意，三五人合资经营，既是股东又当伙计，根本无法雇用 50%的古巴人做伙计。古巴亲美分子组成“古巴前线”（Cuban Front）组织，借口华人不执行“五十工例”，寻衅滋事，趁火打劫。因此，“五十工例”推行后，古巴华人店铺被迫关门，失业增加，人人自危，损失惨重。

在古巴华人政治、经济利益惨遭荼毒之时，国民党政府外交部长宋子文却指示驻古巴公使李迪俊，要华侨遵守“五十工例”。国民党《民声报》总编辑顾任侠也亦步亦趋称“五十工例未可厚非”。中国政府软弱无能的外交表现让古巴华人转而依靠华人行会组织伸张正义。

古巴华侨商会、衣馆公会、杂货行工商联合会、生果行公会、农业劳资联合会及餐馆行公会等六个行业协会组织联合《华文商报》、《开明公报》和《光华周报》等三家报馆和中华会馆，成立了旅古华侨职业团体联合会，一致对外，争取华人企业权益。他们在《华文商报》上驳斥了顾任侠的谬论，向古巴政府和有关部门反映华人企业的经营情况和实际困难。经过不懈努力，古巴华人组织“面对面”（people to people）的陈情博得了古巴人民的同情。他们指出，华商的发展是可以惠及所有其他商人的。比如，1934 年从事进口业务的华商郭某（Cuon Chong Long）和宋某（Cong Gen Long）重建了西恩富戈斯和纽约之间的直航。① 当地报刊上出现了支持华人的评论，政府也不再强制执行“五十工例”。但古巴劳工部要求华人每月交纳 180 比索。六个行业协会联合承担了此款项，时间长达两年。②

无独有偶，1921 年，墨西哥下加利福尼亚的墨西卡利市政府在华人商铺中推行“五十工例”和“八十工例”，要求必须雇用 50%或 80%墨西哥人，导致华人失业人数骤增，华人商店难以为继。经当地中华商会多次交涉，司法部最终废止了此条例。③

① See Kethleen López, “ ‘One Brings Another’,” pp. 119－120.

② 参见黄作湛：《古巴见闻录》，见《中华文史资料文库・华侨华人编》，847 页。

③ 参见朱东芹：《墨西哥排华初探》，载《八桂侨刊》，2002 (2)，25 页。

5.3.2.2 中美洲和巴拿马华人协会联盟

20世纪60年代以后，巴拿马华人社会组织开始发展跨国华人联络活动。巴拿马、哥斯达黎加、尼加拉瓜、洪都拉斯、危地马拉和厄瓜多尔等国家的华人协会主席经过若干次联席会议，于1965年一致同意成立中美洲和巴拿马华人协会联盟（the Federación de Asociaciones Chinas de Centroamérica y Panamá），总部设于巴拿马城。不久，该组织与台湾当局建立了联系，并依靠台湾当局的支持，每年召开一次年会，成为该地区华人与台湾当局联系的重要纽带。此后不久，在台湾当局的支持和资助下，美洲华人协会联盟（the Federation of Chinese Association）和全球广东人协会（the Global Association of Cantonese）相继建立，扩大了华人联盟的地域范围。

中美洲国家政局动荡，长期饱受歧视的经历使华人认识到，只有成立跨国性地域联盟才能保证他们生命财产的安全。因此，中美洲和巴拿马华人协会联盟成立的主要目的是"为散居拉美的华人提供超越居住国国境的资源和支持"。比如，在尼加拉瓜桑迪诺民族解放阵线（Sandinista）革命期间，华人因支持索摩查政权而大量被捕、监禁。该联盟募集资金，贿赂政府官员保释被捕华人。此外，还组织过向自然灾害中的幸存者捐助资金、为贫困者提供奖学金等募捐活动。

从1971年开始，该联盟发起了选美比赛等社会联谊活动，越来越多的妇女和年轻人开始参与联盟年会。其主要目的是创造华裔青年见面和交往的机会，以实现华裔内部的通婚。华人父母认为，与异族通婚相比，华裔之间的通婚是最理想的：一方面双方可以用同一种语言沟通，另一方面双方有着共同的文化价值观，比如尊敬老人、诚实可信、工作勤奋、有家庭观念等。①

5.3.3 异质社会组织之间的互动与斗争

中华会馆是为全体华人服务的社会组织，对外统一代表全体华人利益，对内经营管理华人社会公共事业。其主要社会功能是，"仲裁会员之

---

① See Lok Siu, *Memories of A Future Home*, pp. 57-58.

间的纠纷；建立登记制度，掌握华人移民的人数和出入境、离境情况；聘请当地法律顾问与反华立法和迫害做斗争”，“消除因‘堂斗’引发的不良社会影响，这些暴力冲突的起因往往是争夺对毒品、赌博、卖淫或其他非法但一本万利的生意的控制权”①。因此，中华会馆成为不同起源、不同性质的华人社会组织影响和控制华人社会、实现自身政治和经济利益的重要组织机构，也是折射华人社会组织内部互动与斗争的大舞台，一时间“你方唱罢我登场”。

5.3.3.1　联合设立，共谋福祉

中华会馆是拉美各国全体华人的最高组织机构，其董事会成员、主席、书记等专职工作人员都是从各个华人社会组织的代表或领袖中选举产生的，也有的国家采用全体华人普选的办法。比如，古巴中华总会馆在抗日战争之前是由各侨团、各商号代表选举产生总理、书记等职员的，抗日战争时期才改为全体华人普选。再如，牙买加面包炉商会本身就是中华会馆的董事会成员之一。

中华会馆的购置费用和各项产业的日常运营经费，一般都来自各个华人社会组织动员和募集下的捐赠、会费和其他收入。比如，1893 年 5 月 9 日古巴中华总会馆在哈瓦那成立②，1903 年古巴各侨团募集 40 000 多美元购置了馆址，其后又募集 6 000 多美元购置了两栋楼房作为会馆的产业③。牙买加中华会馆馆址是致公堂购置的，日常开支和活动经费主要来自于华人定期捐赠和一些特别的收入，如向赌博行业征收保护费等。④牙买加中华会馆名下各产业的年度账目明细还刊登在《中山报》、《华侨公报》等华文报纸上，接受华人社会各界的监督。

“众人拾柴火焰高”，在各个华人社会组织的支持和资助下，中华会馆得以顺利地在华人社会内部建立起较为完备的社会保障体系，募集捐

---

① Khun Eng Kuah-Pearce & Evelyn Hu-DeHart, ed., *Voluntary Organizations in the Chinese Diaspora*, p. 147.

② 参见熊建成：《跨越三世纪古巴华人之研究》，8 页；孙光英：《华人在古巴》，载《炎黄春秋》，2004 (10)，71 页。

③ 参见黄作湛：《古巴见闻录》，见《中华文史资料文库·华侨华人编》，848 页。

④ See Li Anshan, “Survival, Adaptation and Integration,” p. 47.

款，经营和管理华人社区的养老、丧葬、医疗、教育等公益事业，并接受各个华人社会组织代表的监督。古巴和牙买加的中华会馆都设立了颐侨院、中华总义山和中华学校。

古巴颐侨院成立于1915年，收容60岁以上贫苦无依的老侨，成立当年收容老侨170名。1935—1936年古巴设立中华学校，教育华人子弟。1960年古巴与新中国建交后，中华总会馆增加了向国内亲属侨汇的工作，并开设了“中华药店”。①

在牙买加，中华会馆最早接管经营的机构就是华侨颐老院，又称老人房、颐侨院，为贫弱年老的华侨提供栖身之所。根据华侨颐老院的规定，凡年满60岁、丧失工作能力且无家可归者，均可申请生活补贴并且居住在颐老院里。1877年，颐老院在金斯敦成立之初，只有房屋两所，后又购买了相邻的两所房屋，加上如意堂捐助的一所房屋，共有房屋五所。老人的赡养费主要来自当地华人的捐款。牙买加中华会馆经营的中华义山（即华人公墓）是1904年4月由华人领袖陈连高和张胜等人建立的。墓地位于金斯敦的心平·阿西里路（Heart's Ease Ashley Rd.，现在的 Waltham Park Road），占地12英亩。在1907年的大地震中，华人社区的店铺和房屋遭到严重破坏。经过艰难谈判，英国殖民政府补偿华人社区500英镑。这笔钱全部用于修建华人公墓。②

古巴中华总义山开始是寄存运往中国的华人尸骨的地方。八年抗战期间，中国与海外华人社会之间交通中断，中华总义山也开始埋葬古巴华人死者。③

华侨留医院（即华侨医院）也是牙买加中华会馆创办的华人福利机构。1921年在陈琼光、李天培、戴丁贵、陈云标、陈昌朋、陈泽生、郑永康、叶俊万、陈禄荣、郑锡荣、刘绍岐、李启桐、邱冠培、黄华勋等人的发起下，筹集了4 000英镑，于1923年5月正式开始运营。医院24

① 参见孙光英：《华人在古巴》，载《炎黄春秋》，2004（10），71页。

② See Li Anshan, “Survival, Adaptation and Integration,” pp. 50-51.

③ See Kathleen López, “ ‘One Brings Another’,” p. 105.

小时营业，为当地华人提供便利的医疗服务。病房免费，不设驻院医生，病人须自己找医生，承担相关医疗费。①

在促进华人与当地社会相互理解和相互沟通、维护华商政治和经济利益方面，中华会馆扮演着重要的角色。1922 年，300 多名华人乘船从香港抵达金斯顿，可是牙买加当局禁止华人登岸。经过长时间的谈判，中华会馆与牙买加当局达成协议：每个中国移民支付 30 英镑的保证金后即可登岸。此时的中华会馆无力支付巨额保证金，于是向华商和致公堂等华人社团募集了 3 000 英镑，最终危机得以化解。②

在下述的郑丁才悬赏案中，中华会馆为伸张正义，积极募集捐款，督促当地警局缉拿凶手，终将凶手绳之以法。

郑案悬红赏格已缴警局

《高塔》（*Pogoda*）英文半月刊前任主编郑丁才先生于 1953 年 10 月杪，在渠住宅遭匪谋杀。噩耗传出，全埠中西人士咸表震悼，当年会馆当局召特别会议，并悬赏格五百镑（当时会得警局之同情）分贴大埠各通衢，并警局门外，以期加紧缉凶，归案正法。直至去年始将凶手“罗顿”归案审讯，经过三次开庭，卒于今年春季法庭判处绞刑，于六月间执行。但当年会馆只出诸口头，虽其时有执委彭朝章先生慷慨捐一百镑，但以后并未有进行筹募赏格金额，处事殊属儿戏。兹者凶手已归案正法，今年会馆为维持会馆信誉，并实现诺言，特分途出捐款，共捐得三百三十七镑六司令，惟因年晚迫近，商场突行忙碌，一是难以筹足，颇得借款一百六十二镑十四司令凑足五百镑，以缴交警察总长，请为发派破案有功之警员云。③

由此可见，中华会馆内引外联，内外兼顾，对外是拉美华人社会的集体代言人，对内是拉美华人社会公益行动的组织者。正如牙买加中华会馆章程所说，中华会馆的活动内容就是“组织集体行动，保护华人社

---

① 参见［美］李谈仁：《占美加华侨年鉴·1957 年》，132 页，转引自 Li Anshan，“Survival，Adaptation and Integration，” p. 50。

② 参见［美］陈匡民：《美洲华侨通鉴》，698 页。

③ 《中山报》，1955-12-24。

区利益；发布相关法律法规和中国新闻；互济互助；敬老养老；协调不同利益集团之间的矛盾”。

5.3.3.2 争权夺利，牟取私利

由于中华会馆可以号召整个华人社会的集体力量，因此某些华人社会组织的阴谋家居心叵测，企图利用中华会馆控制华人社会，伺机敛财。加之，中华会馆本身是各个华人社会组织联合组建的，内部帮派林立，为了牟取自己帮派的利益或达到某种政治目的，会馆内部各帮派之间会发生争夺中华会馆控制权的内部斗争。

抗日战争时期，国民党政府驻哈瓦那总领事利用贿选、冒名归国华侨或已故华侨投票等卑劣手段控制了中华总会馆。1940 年后，国民党人蒋赐福、余云权、林润三、蒋伟生等人连续当选中华总会馆主席之职。由于贿选费高达数千美元，因此一旦任职他们就用尽各种伎俩，掘地三尺。蒋赐福借中华总会馆主席之名，还联合李迪俊等国民党人把持了“全美助华联合总会”古巴分会，贪污大笔爱国募捐。①

蒋赐福曾两次担任中华总会馆主席之职，千方百计损公肥私，中饱私囊，华人痛恨地称他为“蒋赐祸”和“蒋皇帝”。1946 年在任期间，他要求每年华侨登记注册，收侨商 1 元、侨工 2 元登记费。他绞尽脑汁，以会馆改建、扩建为名，拆掉原址大楼，变卖两栋房产，携款回国，面见蒋介石为自己购得国民党中央委员头衔。原先宣扬的五层新楼化为泡影之后，他又发动华侨捐款建了三层半楼房，内部装修尚未有着落，蒋赐福又将新楼租与中国银行，预收租金数万。这还不够，他又以新楼为抵押，向古巴银行贷款几万。蒋赐福生财有道，也守财有方，却苦了颐侨院和中华总义山等中华总会馆的福利机构，因经费紧张而难以为继，甚至有老侨流落街头行乞。

蒋赐福把持中华总会馆期间，国民党政府也不失时机地利用中华总会馆压榨古巴华人，骗取钱财。1952—1954 年，台湾当局驻古巴“公使馆”及“领事馆”向蒋赐福征集经费。蒋赐福顺水推舟向古巴政府申请在华人社区开赌场并缴纳赌饷。赌场由国民党人蒋伟生承包，缴纳了古

---

① 参见黄作湛：《古巴见闻录》，见《中华文史资料文库·华侨华人编》，704 页。

巴彩票公司赌饷以后，赌场开张。从此，每月赌场都向台湾当局“公使馆”、“领事馆”以及蒋赐福供奉一笔款项。蒋赐福还向赌场收取保护费，称“尾注”，派出打手看场，赌客赢钱多的根本不让带出赌场；被诱进赌场的华人常被打死打伤，倾家荡产、投河上吊、服毒自杀的也不乏其人。

1955—1956 年，蒋赐福还利用台湾国民党中央委员的身份，从香港走私鸦片，荼毒古巴华人。他最后一次贩卖鸦片在美国事败，获刑 6 个月。①

牙买加中华会馆内部也曾经出现过分裂和斗争。1904—1910 年期间，来自哥斯达黎加的华人林丙窃取了会馆主席的职位。他雇用保镖，肆意妄为，欺侮华人社区同胞，打压不同政见者。为反对林丙暴行，1905 年，部分牙买加华人成立了如意堂，继续经营华人社区的公共事业。林丙死后，如意堂逐渐与中华会馆合并，1940 年最终关闭。②

5.4　拉美华人社会组织的社会角色及历史使命

5.4.1　拉美华人社会组织的社会角色

5.4.1.1　统治者“以华制华”的工具

在苦力贸易和契约华工时期，中国的帮会组织和海外洪门堂口为了牟取暴利，不惜充当人贩子的帮凶。他们或充当“掮客”与“拐匪”，采用欺骗、绑架等手段掠取华工；或充当经纪人与监管者，惨无人道地折磨“猪仔”或华工；或直接控制各地华工的销售及契约期满后的归程，无情地榨取华工的最后一点血汗；或组织打手从事非法活动，骗钱敛财，无恶不作。③ 19 世纪 40 年代中期，英国投机商德滴开办的大德记卖人行雇用了几百名这样的拐匪和歹徒，每骗来一名华工就付给人头钱一份。④其他来华招工机构也纷纷效仿，给充当华工代理商的帮会组织支付佣金或提成。如巴拿马铁路公司从广东华工代理商处购买一名男子劳工，支

① 参见黄作湛：《古巴见闻录》，见《中华文史资料文库·华侨华人编》，848 页。

② See Li Anshan, “Survival, Adaptation and Integration,” p. 200.

③ 参见秦宝琦：《中国地下社会》，第二卷，536～545 页。

④ 参见陈翰笙主编：《华工出国史料汇编》，第一辑，6～7 页。

付月工资 25 美元。华工代理商从中支取惊人的远洋旅费和食宿费，华工真正能拿到手的只有可怜的几美元。①

19 世纪 70、80 年代，在契约华工逐渐获得人身自由以后，古巴和秘鲁出现了劳工经纪人的职业。种植园主发现通过劳工经纪人不仅可以雇到自由华工组成的“劳工队”，还能督促、监督劳工工作，使之成为“以华制华”的工具，于是大喜过望，积极扶植。在金钱和利益的驱使下，华人劳工经纪人行业内出现了类似东南亚华人公司的华人社会组织。他们以榨取华工的血汗为生，为种植园主招募、管理种植园或矿山的劳工，充当劳工和种植园主、当地政府之间沟通的翻译和签订集体劳工契约的经纪人。这些华人公司出面与雇主谈工资、食物供应量和计价方式（计件还是计时）等；雇主支付“集体工资”（salario colectivo）。华人公司一般要抽取 10%左右代理费，剩下的再分配给工人。② 为了以低廉的价格招募到劳工，华人公司还招募“黑劳工”加入“劳工队”。1873 年 5 月 30 日古巴殖民公报显示：1872 年古巴有契约华工 34 408 人，7 036 人在逃，864 人逃跑被捕，684 人获罪，864 人被官方拍卖。古巴当地报纸的社论指出，这种“劳工队”是造成苦力逃跑率升高的主要原因，因为逃跑的苦力很容易混入“劳工队”；他们是“种植园工人们的坏榜样”。③ 但是，一出现劳动力紧缺，这种华人公司就主顾盈门。比如十年战争后 1879 年的古巴，劳动力短缺，劳工经纪人和华人公司又死灰复燃。④

在太平洋战争（1879—1883）期间，智利军队入侵秘鲁，赶走了秘鲁沿海的一些种植园主，解放了大批苦力。⑤ 劫后余生的种植园主为了弥补劳动力短缺，不得不和华人公司合作签约，雇用“自由工人”。“可以

① See Joseph L. Schott, *Rails across Panama*, Indianapolis, p. 177, Quoted in Lucy M. Cohen, “The Chinese of the Panama Railroad,” p. 312.

② See Evelyn Hu-DeHart, “Opium and Social Control,” pp. 179-180.

③ See Denise Helly, *Idéologie et ethnicité: les Chinois Macao à Cuba, 1847-1886*, pp. 231-237.

④ See Rebecca Scott, *Slave Emancipation in Cuba: The Transition to Free Labor, 1860-1899*, Princeton: Princeton University Press, 1985, pp. 99-100, 110, 120.

⑤ 参见［美］托马斯·E·斯基德莫尔著，江时学译：《现代拉丁美洲》，220～231 页，北京，世界知识出版社，1996。

毫不夸张地说，有那么一段不算太长的时期，大型蔗糖工场是依靠华人公司和受雇于它的华工来维持生产的，而这些人就是几年前他们像奴隶一样对待的苦力们。”①

5.4.1.2　黑道产业的经营者或保护伞

为了攫取巨额经济利润，拉美有些华人社会组织不惜坑害同胞，操纵和经营黄、赌、毒等黑道产业。值得注意的是，这些黑道产业在拉美大部分国家是合法的，甚至是当地政府重要的税收来源之一。如前所述，牙买加中华会馆一部分经费来自于赌场保护费；墨西哥国民党和致公堂都曾开办赌场，敲诈勒索当地华人。

秘鲁和古巴从事劳工中介的华人公司向华工贩卖鸦片以牟取暴利。他们在种植园旁边开商店，向华工兜售鸦片、酒和其他“必需品”。这样他们又榨走了雇工大部分的工资②，是名副其实的“吸血鬼”。1873 年，德国医生明登多夫（Middendorf）游历秘鲁时发现“大部分华人仍然是单身，单身生活导致他们满身恶习，而蔓延甚广的有害行为——吸食鸦片又是万恶之源”。他还一针见血地指出，利马市中心里华人店铺云集，这些店铺弥漫着“乌烟瘴气的鸦片味道”③。

19 世纪后期，墨西哥北部各州成了华人非法偷渡到美国南部边境城市埃尔帕索（El Paso）的“跳板”。特别是 1882 年美国排华法案通过后，偷渡华人入美成了当地一些华人社会组织一本万利的“大生意”。在墨西哥、美国和加勒比海国家，有组织的大规模偷渡华人的活动十分猖獗。美国领事称之为“是在（墨西哥）地方当局的默许和潜在合作下进行的有组织交易”。1890 年，美国领事在墨西哥的几个城市都发现了偷渡活动，人口走私贩子甚至精心设计了一套流程：哈瓦那华人一进“华人入墨的主要港口”——坦皮科，就相当于拿到了“进入埃尔帕索的通行证”。④ 美国埃尔

---

① Humberto Rodríguez Pastor, *Hijos de celeste imperio en el Perú*（*1850－1900*）, p. 108.

② See Evelyn Hu-DeHart, “Opium and Social Control,” p. 180.

③ E. W. Middendorf, *Perú*: *Observaciones y Studios del País y sus Habitantes durante una permancia de* 25 *años*, Lima: University Mayor de San Marcos, 1973, p. 174.

④ See U. S. Consul Warren P. Sutton to Assistant Secretary State William Wharton, *USCO Nuevo Laredo*, 1897－05－20, 1891－12－07.

帕索移民巡查员在1905年的报告中说，“在过去的一个财年里，486名苦力到达了墨西哥华雷斯”，“约320名苦力在埃尔帕索附近的边境线消失了，毫无疑问，他们成功地偷渡了”，“偷渡华人苦力几乎成了埃尔帕索1/3华人的职业”①。

5.4.1.3 新侨创业的孵化器和资助者

20世纪初，拉美各国华人人口总量达到高峰。与苦力贸易和契约华工时期的移民不同，此时的华人移民大多是自由、自愿的移民，而吸引他们来到大洋彼岸陌生国度的是他们同乡或宗亲讲述的发财致富经历，更重要的是拉美当地同乡会或宗亲会垫付旅费，给予资助。大部分新侨是年轻力壮的男子，不名一文，但身强力壮又吃苦耐劳，到拉美来实现“发财梦”。此时有些老侨在当地经营商业店铺或者手工工场，规模逐渐扩大；也有一些华人富商在拉美初期投资成功，需要进一步投资扩大事业规模。无论是资深老侨，还是巨富商贾，都需要增加人手扩大商业规模。同乡会和宗亲会不但是他们招募新侨、扩充人手的主要途径和手段，在此基础上形成的伙计或学徒制度还为新侨创业提供了技能培训和资金支持，为华人商业体系的扩大和发展奠定了制度基石。

20世纪初，早期到达墨西哥的华人富商已经在瓜伊马斯和埃莫西约等地建起了商城，并且开始在新兴城镇建立分店，如索诺拉铁路沿线的马格达莱纳和格林联合铜矿公司（Greene Consolidated Copper Company）所在的卡纳内阿等。在一些商店旁边，他们还建起了工厂，生产物美价廉的鞋帽。无论是店铺还是工厂，雇用的都是清一色的华人伙计，属于同一个宗亲会或者同乡会。经过一段时间的低工资甚至是免费的服务期，伙计们就积累了一些“生意经”。这时，店主或商家会向伙计们赊销商品，贩卖到偏远的矿山居民区，或者在那里开设小商铺。“伙计制度”使大大小小的华人店铺迅速遍布索诺拉州，掌握了全州的杂货店生意、干果生意和一般商品买卖等行业的经营权。②

---

① James Bronson Reynolds, *Enforcement of the Chinese Exclusion Law*, *In American Academy of Political and Social Science*, *Chinese and Japanese in America*, Philadephia: University Microfilms, 1969, p. 148.

② See Evelyn Hu-DeHart, “Latin America in Asia-Pacific Perspective,” p. 43.

在牙买加，华人杂货店采用学徒制度来扩大和发展商业规模，迅速建立起了行业垄断地位。如果一个华商的杂货店生意很好，那么他就会再增加批发业务。人手不够时，同乡会或宗亲会就会牵线搭桥，让华商资助国内的宗亲或同乡来牙买加做学徒。学徒期满后，华商还会资助学徒开一家零售杂货店，这样一个新的分销渠道的建设就大功告成了。①

由于同乡会或宗亲会的中介作用，拉美某些国家的华人职业还会出现同乡或宗亲的聚合效应。20 世纪古巴华人职业主要是进口商、杂货店商、屠夫和裁缝。其中来自南海九江的华人最擅长经商，处于较高的社会阶层，甚至掌握着哈瓦那中华商会。② 与此相对，台山和新会的华人所处的社会阶层较低，多从事价值较低商品的贩卖活动。根据古巴学者安东尼奥（Antonio Chuffat Latour）的调查，19 世纪古巴华人社区中，台山人的职业是贩卖水果和蔬菜，或在蔗糖种植园充当劳工；而新会人则在哈瓦那开商店或在其他地方做甜点师、厨师、鱼贩、肉贩，“担担上街兜售日常用品”。他还特别强调，新会华人的商店是绝不会卖香水、丝绸等高档奢侈品的。③

5.4.1.4　拥有和行使宗族权力的族长

事实上，各个华人社会组织的地位并不是完全平等的，而是有上下级之分的。最基层的华人社会组织是各地的堂口，它们有的是按照亲缘关系组成的宗亲组织，如古巴的江夏堂是黄姓的宗亲组织，陇西堂是李姓的宗亲组织，文公堂是张姓的宗亲组织，至德堂是陈、胡、袁姓的宗亲组织，至孝堂是蔡、胡、周姓的宗亲组织；有的是按照地缘关系组成的同乡会；还有的是致公堂等帮会组织在各地设置的分支机构。

这些基层华人社会组织一般是要向上归会馆、公所或者总堂等统辖的。有的上层华人社会组织是下层社会组织的创建者和指挥者，如以致公堂为代表的洪门组织；有的上层华人组织是由下层社会组织联合组建而成的，称为“会馆”或“公所”。如古巴黄姓的云山公所，李姓的敦

---

① See Ching Chieh Chang, *The Chinese in Latin America*, p. 84.

② See Antonio Chuffat, “Los Chinos y la diversidad de dialectos, carácter de cada provincia y regiones, los imperialistas y los republicanos,” *El comercio* (*Cienfuegos*), 1926-09-11.

③ See Kathleen López, “‘One Brings Another’,” p. 97.

宗公所，刘、关、张、赵姓的龙冈亲义公所，广东南海、番禺和顺德三县合组而成的三邑会馆，台山、新会、开平和恩平四县组成的四邑会馆等。

上层华人社会组织的社会角色相当于乡村群落中行使宗族权力的族长。一般由德高望重的华人主持“会馆”或“公所”，一旦堂口和堂口之间、或堂口成员之间发生冲突和矛盾，就会提交到会馆或者会所主持公道，要求父老帮助解决纠纷。父老先召开双方的陈情会，了解纠纷的来龙去脉。然后，正式开会，纠纷双方将有关情节及理由阐明后，与会父老根据问题的性质提出处理意见。最后，依据多数父老的意见，进行解决。若一方不听劝告，拒不执行，“会馆”或“公所”就会施加压力，强制执行。

拉美华人社会组织履行的另外一个宗族职能是征集捐款或者动用华人社会组织的产业收益，“周族之贫者、老废疾者、幼不能生者”，“丧不能葬者”，“延师养弟子于斯，旌节、劝孝、宾兴于斯”[①]。如秘鲁的利马同升会馆为新侨提供临时住所。标拉中华会馆内有专门收容无依无靠老侨的房间，并负担他们的医疗费用和丧葬费用；在郊外设坟场，每到清明节，组织会员献花祭扫。利马番禺会馆也设立了华侨养老所。杜禧育中华会馆 1896 年由李本立主持修建了华人坟场，让客死他乡的华人入土为安。古巴普拉塞塔斯的华人同乡会章程规定，建立同乡会的目的是使当地广东籍人有生病或急需帮助时能得到必要的关怀。[②] 这些社会福利活动展现出中华民族传统文化中“血浓于水”的宗族情感和人文关怀。

5.4.1.5 博大精深中华文化的传承人

拉美早期华人移民多是华工，文化水平不高，与祖国亲人联系十分不便，因此十分羡慕有学问的人，“望子成龙”；而且华人都以“炎黄子孙”自称，重视对下一代有关中国历史、文化和风俗习惯的教育。拉美

① 魏源：《庐江章氏义庄记》，见《魏源集》下册，502 页，北京，中华书局，1976。

② 参见刘文龙：《拉丁美洲华人商业活动初探》，载《拉丁美洲研究》，1996（5），46 页。

华人社会组织肩负起筹备、建立华文学校的历史责任，让中华文化在海外华人中间代代传承，生生不息。

华文学校的筹办经费来自收入较好的华人的捐助，包括校舍修建费用等。20 世纪初期，仿效美国致公堂在波士顿和纽约建立华文学校，古巴、墨西哥、巴拿马等国也相继建立了华文学校。①

1920 年，牙买加致公堂创办了华侨学校，但是两年之后停办。在吴挹光建立的“新民俱乐部”的资助下，1924 年学校在中华会馆馆址招生，命名为新民学校。1927 年开始，如意堂每月资助该学校 35 英镑。学校管理人员都是志愿者，学费每年每人 6 英镑，贫困生还可以申请免缴学费。1928 年，中华会馆正式接管了新民学校，改名为华侨公立学校，并筹资 2 300 英镑，购置了新的校址。②

在秘鲁，首都利马和地方各省都设立了中文学校。1925 年 4 月 15 日在秘鲁中华通惠总局局长谢宝山的倡导下设立中文学校。1926 年，学生增至 400 人。1935 年秘鲁国民党驻秘鲁总支部建立了三民学校。1962 年，国民党驻秘鲁总支部把三民学校与中华学校合并，扩大了校舍面积，达到 19 000 平方米，教学采用秘鲁政府设置的课程，加中文课一门。杜禧育埠也创办了汉民学校，进行中文教学。③

在拉美各国华人社会组织的管理和经营下，华人学校或其他社会组织还努力在拉美当地民众中间传播中国传统文化，丰富当地人民的文化生活。中华会馆开办的汉语学习班和武术比赛吸引了很多当地人来参加。每逢春节、端午等中国传统节日、重大事件或代表团来访等，中华会馆等华人社会组织都会举行舞龙舞狮、赛龙舟和武术表演等。比如，抗日战争胜利的消息传到古巴后，中华总会馆和其他侨团一道，举行盛大庆功游行活动，舞狮舞龙，鼓乐喧天，整个华人社区一片欢腾。④

20 世纪 50 年代以后，华人社会与当地社会融合和交流逐步加深，中

---

① 参见林煦：《司徒美堂先生生平事略》，见《中华文史资料文库·华侨华人编》，707～708 页。

② See Li Anshan, “Survival, Adaptation and Integration,” p. 48.

③ 参见卜君哲：《秘鲁华人社团的形成与发展》，载《八桂侨刊》，2003（1），58 页。

④ 参见孙光英：《华人在古巴》，载《炎黄春秋》，2004（10），71 页。

国戏剧也走入了普通民众的生活之中，深受当地民众喜爱。在古巴哈瓦那，“有剧团四间，其音乐家是来自祖国。惟剧员均是土生女，年龄由七八岁至十七八岁，不谙中国语。但受训练后，挂朱曳紫，居然大显身手于舞台。排演旧式戏剧，如水浸金山寺、仕林祭塔、三国故事等。非亲见之，殊难置信”①。

值得注意的是，20 世纪 50 年代，华人社会组织开始发生分化，其社会角色也相应地发生了转变。华人社会组织的这种分化包含以下两个方面的内容：

第一，华人社会组织吸纳非华裔会员。

拉美华人社会的种族融合和行业优势衰微导致华人社会组织也发生了变化。依然固守民族观念的华人社会组织日渐凋敝。20 世纪 50 年代末 60 年代初，牙买加中华会馆影响力日渐衰弱，年度选举大会和普通会员大会因出席人数少于法定人数而经常“流会”。而各类华人商业协会和体育、娱乐、教育类华侨组织扩大了会员范围，转型为全国或全地区性质的社会组织，如华侨零沽商会改名“占美加零沽商会”，吸纳“西人商店”作为会员。1955 年 1 月 16 日华侨零沽商会召开常年大会，与会代表讨论并决意通过了执委会提交的议案，改名为“占美加零沽商会有限公司”，以示普遍，适应当地环境。② 而其他娱乐性的社团组织备受新一代华人和当地年轻人的青睐，影响日益增大。

第二，华裔积极加入非华人社会组织。

这一时期，拉美各国土生华裔在接受了良好的西方教育后，参加到当地社会的经济建设之中。为了企业发展需要，加之当地社会的认可和推崇，华裔加入当地各种社会组织，甚至被推选为领头人。

巴西毕务国的四个子女被送到美国留学，学成后在家族的东方集团公司任职。长子崇俊，毕业于纽约圣约翰大学工商管理系，学成后负责工业部门，被推选为马瑙斯工业公会理事。次子崇仁，毕业于纽约哥洛尼奥大学工商管理系，掌管商业部门及外交工作，被推选为马瑙斯商业

---

① ［美］刘令编著：《华侨人物志》，179 页。

② 参见《中山报》，1955-01-18。

公会理事。三子崇义，毕业于圣保罗大学建筑系，主持农场及建筑、代理业务，被推选为马瑙斯农业公会理事。由此可见当地社会同业对他们的“器重膺选”，同时也表明华裔及华裔企业广为当地社会组织所认可，已经融入当地社会经济体系之中。①

5.4.2　拉美华人社会组织的历史使命

5.4.2.1　争取生存权益

华人社会组织从其产生之日起，就把争取华人的生存权益作为首要历史使命。在华人社会不同历史发展时期，华人社会组织争取生存权益的斗争方式是不同的；同时，华人居住国的政治和社会环境也对华人社会组织采取的斗争方式有着一定的影响。

第一，华工时期。19 世纪 40、50 年代大批华工进入拉美的同时，也把原有的同乡会、宗亲会、洪门等社会组织也带入了拉美。在殖民主义者和奴隶主的奴役下，华工大多食不果腹，衣不遮体，过劳而死。此时，华人社会组织的争取生存权益的方式是：组织华人与当地的种植园主和殖民统治者斗争，从怠工、罢工到逃跑、武装起义等暴力形式。如果正逢居住国也发生反对殖民主义和奴隶制度的革命运动，社会动荡，殖民政府统治风雨飘摇，那么，华工及华人社会组织则会成为革命队伍中重要的一支力量，如古巴的两次国内革命战争、秘鲁的涂面人起义等。在古巴和秘鲁，华人在武装斗争中的英勇表现，促使古巴和秘鲁政府颁布了解放华工的法令，华人摆脱了劳工的地位，获得了基本生存权。

第二，外侨时期。从 19 世纪 70 年代开始，获得自由的华工开始在拉美经商，同时也有到拉美投资的华商。在拉美华人中间，小商品经营者、小工场主、城市服务业和手工业从业人员的队伍不断壮大，形成了华人商会、商业团体和行业协会等社会组织。由于华人还大多保持着中国国籍，居住国政府和民众视华人为外侨，视华人经济为外侨经济。一旦民族主义情绪蔓延，华人经济就会遭受摧残。在墨西哥等民族主义泛滥时期，甚至多次发生屠杀华人的事件。此时，华人社会组织采用外交或法

---

①　参见毕务国：《我在巴西》，见《中华文史资料文库・华侨华人编》，853 页。

律等方式，维护华人和华人经济的生存地位。如1915年，墨西哥革命党攻陷托雷翁后，华人工商团体向英国银矿公司求助，在德国和英国领事的帮助下，大部分华人乘坐英国银矿公司的专车离开托雷翁。1920年，墨西卡利市政府向华人征收“人头税”，中华商会聘请律师诉至总统，最终全体华人支付15 000墨西哥元，废除“人头税”。①

第三，华人族裔时期。自二战后，拉美国家逐渐实现了民族独立，拉美华人社会组织与居住国的关系越来越紧密，并且逐渐融入了拉美当地社会，成为当地少数族裔的重要一支。华人社会组织争取生存权益的目标是：促使华人与当地社会相融合，争取更多的政治权益，促进居住国政府对华人的理解和认同。除了法律和社会舆论途径以外，华人社会组织开始建立公开、合法的政党，通过政治途径来宣传自己的主张，争取包括华人在内的少数族裔的生存权益，提高社会地位。在牙买加、秘鲁等华人相对人口数量较多的国家，华人、华裔政党活动十分活跃，社会影响力和号召力也相对较大。如秘鲁总统藤森在竞选总统时还宣称自己身上有华人血统，借以拉华人选票。

5.4.2.2 构建经济联盟

从19世纪70年代开始，拉美华人社会地位从劳工向小手工业者和小商业主转变。20世纪初补充的自由移民也大多进入了商业服务行业，资本充裕的商贾自己创业，身无分文的到华人杂货店充当伙计，迅速积累个人财富是他们共同的生活目标。此时，华人社会组织的历史使命就是，促使华人社会各阶层之间的经济联系更加紧密，商业和投资信息流通更为通畅，互通有无，从而推动华人行业间纵向的贸易关系和投资关系的建立，促进当地华人经济势力的巩固和经济联盟的形成。

特别是在商品经济落后的地区，华商初涉异国、生意刚刚起步之时，行业间的纵向合作是华商生意迅速做大、做强的助推器。这是因为，以同宗或同乡为基础和纽带，不同行业的华商之间可以迅速建立起顺畅、高效的商品供应体系和长期、可靠的商业信用体系。20世纪初期，以宗亲会（如四姓名义堂）、同乡会为纽带，墨西哥索诺拉州华商逐渐在华人

---

① 参见朱东芹：《墨西哥排华初探》，载《八桂侨刊》，2002（2），25页。

社会内部建成了产、供、销一体化的行业间纵向商业联盟，成为索诺拉州第一个有效的商品流通网络。这种商业联盟的基本制度支持一个是前文提及的伙计制度，另一个就是行业间纵向合作模式。租种土地的华人把水果、蔬菜等农产品运送到集市，卖给华人商店。华人手工业者或者小工场主也会向华人商家供应鞋帽、扫帚、餐桌等手工产品。这种纵向的供销关系和物流循环可以在华人社会封闭地完成。直到1931年，华人被驱逐出索诺拉，华人企业大部分被墨西哥人民族化，华人商品流通网络也陷入了瘫痪。①

在拉美，那些有华人经济社会组织存在的国家，各行业华人资本流动非常活跃，华人社会整体经济地位也高；反之，华人经济社会组织松散或者不存在的国家，华人社会经济难以形成气候，社会地位相对较低。墨西哥、牙买加和秘鲁的行会和商会组织在促进华人社会经济联盟形成方面都起到了重要的作用。

19世纪末20世纪初，华人经济在墨西哥刚刚起步的时候，华人社会组织在促进墨西哥华人与其他国家华人联系方面，起到了重要的作用。这样的华人社会组织有：1912年在奇瓦瓦成立的中华商业联合会（the Asociación de Comercio Chino），以及兄弟会的索诺拉全体华人联合会（Asociación China del Estado de Sonora），坐落于诺加莱斯。② 这些商业联合会组织促使华人在墨西哥、美国和中国的资本和信用建立起了紧密联系的网络系统，世界各地的华人投资流向墨西哥，成就了墨西哥华人在某些行业的突出地位。1890年，上海商人在索诺拉投资采矿；1889年美国洛杉矶华商投资328 000美元开采下加利福尼亚的矿山；墨西哥联邦州一家资产100万美元的金融机构拥有者是一些华商，在纽约和香港还设有分支机构。③ 索诺拉的全（Quan）、关（Gun）、郎（Lung）、蔡（Cía）四家华人企业与美国许多城市都有贸易往来，商品甚至远销德国汉堡。④

---

① See Evelyn Hu-DeHart, "Latin America in Asia-Pacific Perspective," p. 43.

② See José Jorge Gónez Izquierdo, *El movimiento antichino en México (1871–1934)*, p. 95.

③ See Kenneth Cott, "Mexican Diplomacy and the Chinese Issues, 1876–1910," p. 79.

④ See Evelyn Hu-DeHart, "Immigrants to A Developing Society: The Chinese in Northern México, 1875–1932," p. 281.

在牙买加华侨零沽商会的推动下，华人商业资本从零售业向批发业、进口业和食品加工制造业流动，并且在杂货店零售和批发行业中长期占据垄断地位。叶运生创办的华侨零沽商会代表牙买加华商积极与当地政府交涉、沟通，被华人盛赞为“华侨商务之一大堡垒”。① 如在华文报纸上刊登牙买加政府限价措施，提醒华商遵守当地法律。② 1955—1957 年，华侨零沽商会书记何锦麟就政府出台的雇员待遇规定与政府劳工部长、工商部长和警察总长写信沟通，陈情华人零售商店困境，赢得了各主管部长的理解。③ 对于华商个人遇到的困难，华侨零沽商会也不因善小而不为。1956 年 12 月 21 日，华商李瑞璋在《中山报》上刊载了致谢华侨零沽商会的公开函，称赞华侨零沽商会代其向金斯顿雪厂做数次交涉，使他得到良好的经济回报：每星期约节省 1 英镑购雪成本，每年可节省 52 英镑。④

在秘鲁，华人棉花种植业的资本也流向城市，向城市的商业资本转变。秘鲁大部分大型华人批发商和进口商的投资者都是华人棉花种植园主。这与秘鲁中华通惠总局的推动和组织有着密不可分的关系。

由此可见，在华人商业经济同盟形成的过程中，华人社会组织强化了华人的种族意识和团结精神；同时，随着华人社会组织活动的日益频繁，华人的商业地位日益巩固，影响力不断扩大。布鲁姆在《城市化和多元性社会》中关于牙买加华人社会组织的评论也同样适合拉美其他国家，华人“为他们自己争取到了适当的（经济）地位，并扩大了他们的社会活动范围”⑤。

---

① 参见《华侨零沽商会更换名目》，载《中山报》，1955-01-01；《勉华侨零沽商会各职员》，载《中山报》，1956-03-02；李锐璋：《零沽商会是吾侨商业之堡垒：为零沽商会十五周年纪念而写》，载《中山报》，1957-09-13。

② 参见《售药统治法有关于国药》，载《中山报》，1954-05-04；《统治局规定下列咸鱼价》，载《中山报》，1956-10-26；《统治局新定下列各货价格》，载《中山报》，1954-11-20，1955-03-11；《零沽商会进来交涉种种》，载《中山报》，1955-05-20；《零沽商会通告》，载《中山报》，1955-11-24；雁心：《零沽商人如何应对????》，载《中山报》，1956-05-22。

③ 参见《零沽商会致劳工部长函》，载《中山报》，1955-09-16；《华侨零沽商会致劳工部并总警长函》、《零沽商会关于雇员律通过告零沽商人注意!!!!》，载《中山报》，1955-09-02；《零沽商会致工商部长函》，载《中山报》，1955-09-23；《劳工部长致零沽商会函》，载《中山报》，1956-01-06；《零沽商会呈政府备忘录》，载《中山报》，1956-01-13；《政府复华侨零沽商会函》，载《中山报》，1956-03-02；《工商部长接见行商代表》，载《中山报》，1957-04-20。

④ 参见《李瑞璋君函谢零沽商会》，载《中山报》，1956-12-21。

⑤ 刘文龙：《近代拉丁美洲华人商业活动初探》，载《拉丁美洲研究》，1996（5），46 页。

5.4.2.3　谋求文化认同

拉美主流社会对中国文化最直观、最切身的认识就是吃中餐。比如，在秘鲁首都利马，20世纪20年代之前就有了第一家中餐馆“山海楼”，几十年的时间里餐馆数量增加至三四千家，在当地餐饮行业中占有30%的市场份额。华人以粤语“吃饭”（Chifa）命名中餐馆，专营传统正宗粤菜。中餐馆外部是中式回廊飞檐，内部关帝、财神、屏风、山水泼墨等中式装饰物俯首皆是，餐具是精美的中国瓷器和筷子，并辅以刀叉，服务生也身着旗袍或大衫，中国茶更是必不可少的佐餐饮料。[①] 中华餐饮文化已经潜移默化地成为当地文化的一部分，秘鲁当地人无论是总统政要，还是普通民众都十分喜爱中餐。

粤菜在秘鲁的推广和发扬光大与当地华人行业组织的推动有着极大的关系。秘鲁华侨中西餐同业会就是其中之一。它的成立加强了华侨中西餐馆之间的业务交流和信息沟通。技术培训是重要的业务活动之一，如培训中餐烹饪厨师，推介中餐菜谱等。在当地粤菜馆里也不乏当地人接受培训后掌勺当大厨的。当然，由于拉美各国华人餐饮业的规模和文化传统不同，有些国家的华人餐馆无法保持“特立独行”的地位，口味和风格与当地人相融合，形成了别具一格的特色。如智利的粤菜和闽菜餐馆就已经根据当地人的饮食习惯，对菜谱做了改良和调整。

华人的关帝信仰也传入了拉美信仰体系之中。契约华工在种植园里劳作的时候就建起了小型寺庙和宗祠，求神拜佛。[②] 为了迎合会员寻找精神寄托的需要，华人社会组织积极修建关帝庙，为华人提供烧香求签、祈求平安的场所。在秘鲁，“是以侨居之乡、工薮之邑，辄葺关庙无虑百十”[③]。利马同升会馆供奉关圣帝君、北帝，并设庙祝。秘鲁番禺会馆，设神台供关公，并以“忠、义、勇”作为会员座右铭。古冈州会馆本身就建成关帝庙的样式。

除了保佑平安之外，有时候“关圣人”甚至成为解决华人社会组织

---

① 参见杜琳：《“无雨城”的中国味》，载《人民日报》（海外版），2010-03-33。

② See Watt Stewart, *Chinese Bondage in Peru*, p. 88.

③ 《晚清海外笔记选》，247页。

之间矛盾、指神盟誓的重要神媒。在古巴，“夏季的几个月中是岛上各个城市的华人祭祀关公最频繁的时期。关公是古巴华人最崇敬的神灵之一，每一个华人同乡会的会馆里都供奉有关公的牌位，并且每当华裔之间发生冲突时，就要请出关公牌位。1881 年成立但次年就解散的一家华人商会，曾经力图协调规定统一的商品价格，但是由于大家意见分歧极大，无法达成一致，最后与会的商人不得不在关公的牌位前发誓，以便消除歧义”。除了“关帝”之外，古巴凯瓦连（Caibarién）市的华人还供奉观音菩萨，香火十分旺盛。①

由于华人社会组织广建关帝庙，对关帝的信仰和崇拜逐渐渗透进了当地其他族裔的生活之中，关帝的形象也融入了当地社会的信仰体系之中。比如，在古巴，关帝被称为“三番公”，商人敬奉他为“中国最神通广大的圣人”，三番公的神像左右还有刘备、张飞等神像相伴。中国宗教仪式中的烧香燃烛、供奉果品和求神许愿等宗教仪式也成为供奉三番公的仪式，在古巴其他宗教里也可以找到与此类似的仪式。②

5.4.2.4 支援侨乡建设

同乡会和宗亲会等传统社会基层组织横跨拉美与中国各大侨乡，公信力和影响力深入人心，是连接拉美华人与侨乡的重要纽带，也是拉美华人支援家乡建设的联络者、组织者和实施者。宗亲和同乡在拉美华人移民过程中的帮带作用，使得中国东南沿海某一地区或县市的华人移民大多集中投奔拉美某一国家的宗亲或同乡，而且这种地区聚集效应随着人数的增加有增强的趋势。20 世纪初，台山和新会的几个村庄大部分的拉美移民目的地是古巴，而不是美国或东南亚。1919—1930 年，新会县都莲镇有 700 名男子到古巴从事蔗糖生产和修筑铁路的工作。都莲镇家家户户几乎都有亲戚旅居古巴。③

这种先天的人口基础，决定了同乡会和宗亲会在服务拉美华人社会、

---

① See Denise Helly, *Idéologie et ethnicité: les Chinois Macao à Cuba, 1847－1886*, pp. 246, 248.

② 参见［古巴］梅赛德斯·克雷斯波·比利亚特著，刘真理译：《华人在蔗糖之国——古巴》，34～35 页。

③ See Kathleen López, "'One Brings Another'," p. 98.

建设侨乡中间必然会扮演重要角色，其中最重要的非侨汇莫属。比如，据20世纪20、30年代古巴侨汇的不完全统计，古巴侨汇大部分是通过大洋两岸同乡会和宗亲会等非官方渠道流入侨乡的。有的还开设了专门的汇兑钱庄，可以承兑上千的侨汇，比如金山庄。[①] 古巴华人遍布哈瓦那和各地方城市，同乡会和宗亲会的地方分支机构为侨汇提供了便利的组织基础。除了首都哈瓦那以外，马坦萨斯、卡德纳斯、霍韦亚诺斯（Jovellanos）、科隆、西恩富戈斯、圣克拉拉、雷梅迪奥斯、卡马圭、巴亚莫（Bayamo）、圣地亚哥（Santiago de Cuba）等古巴各地方城市都有大量侨汇流回侨乡。占古巴华人人口比例最高的广东"四邑"地区——台山、新会、恩平和开平的华人，几乎都利用同乡会或宗亲会的渠道邮寄侨汇。值得注意的是，南海县九江的古巴华人与大多数华人不同，他们的侨汇利用的是正式的官方邮政系统，而且总额远远高于"四邑"侨汇。[②] 其中原因，固然与南海同乡会、宗亲会的地方组织不够发达有关系，更重要的是古巴的九江华人城市化程度更高，积累的社会财富更多，单笔侨汇的数额也更为可观。

拉美华人的侨汇除了供给家庭生活以外，还通过东南沿海各侨乡的同乡会和宗亲会的协调和组织，用于建设广东当地社会的基础设施，如修建铁路、医院、学校、宗族祠堂，开办现代化的银行，开采矿山，开垦荒地，开辟轮船航线等等。20世纪初，古巴华人在新会县沙堆镇资助建设了很多两三层高的楼房。在建设之初，这些建筑物俯视全镇，带有浓厚的西洋异域风格。[③]

除了侨汇以外，同乡会和宗亲会等社会组织还通过家书、捎带物品等方式向广东侨乡传入了劳务信息，甚至是拉美产品。华裔学者凯瑟琳（Kathleen López）通过对都莲和梅格的古巴华人家信研究和实地采访发现：古巴华人的家信中经常谈及当地的商品信息、劳动力的

---

① See Madeline Y. Hsu, *Dreaming of Glod*, *Dreaming of Home*: *Transnationalism and Migration between the United States and South China*, *1882–1943*, Stanford: Standford University Press, 2000, pp. 31–40.

② See Kathleen López, "'One Brings Another'," p. 99.

③ Ibid., pp. 98–99.

工薪水平和社会治安状态等等；都莲当地人十分喜爱古巴亲属捎回的西装、背心和帽子等西式服装；20 世纪 20 年代，广东梅格的古巴华人多在甘蔗种植园和餐馆工作。随家书和侨汇，他们还托人捎回粗制的白糖。①

① See Kathleen López, "'One Brings Another'," pp. 99－100.

第6章　拉美华人社会与当地社会及其他移民社会的关系

如果单纯从数量上看，华人人口在拉美的比例是微不足道的，一直没有超过居住国人口总量的1%；而且分布非常不平衡，在大多数拉美国家几乎可以忽略不计。只有在少数几个华人人口集中的国家，他们才作为一支重要的少数族裔活跃在经济和社会舞台上。虽然在这些国家里，华人人口总量依然不超过1%，但是，华人投资和华人产业都相对集中于商品零售行业，因而相对优势的经济地位才得以凸显。

少数华人拥有的财富一旦超过了当地社会的平均水平，必然引起居住国极端民族主义分子的妒忌和仇视。正如“木秀于林，风必摧之”，况且华人经济还是一棵无根之树，更是禁不住来自国际上和居住国内部政治、经济上的风云变化。在墨西哥、巴拿马、古巴等国家和地区，华人经济遭到了当地极端民族主义分子和政府的无情迫害，甚至造成流血事件。在牙买加、特立尼达和秘鲁等国家，为了避免当地政府的迫害，华人努力在政治和经济等方面协调与居住国之间的关系，以求得当地政府和社会对华人少数族裔的认同和理解。

6.1　当地社会对华人社会的态度及影响

随着拉美各国不同时期国际、国内的政治、经济环境变化，居住国政府和民众对华人社会的态度也在发生变化。这些态度变化在居住国政府对华工和华人的移民政策以及当地媒体的报道中都有充分的体现和展示。虽然引进华人移民的时间存在前后差异，但综观拉美各国对华人社会的态度，大体可以分为三个阶段。

6.1.1 磨合期（19世纪40年代—20世纪初）

19世纪40年代，拉美各国的经济建设和社会发展亟须劳动力，在引进欧洲白人移民的梦想破灭以后，聪明能干、吃苦耐劳的华工受到矿山、工地和种植园的普遍欢迎。拉美各国政府积极移民拓殖。尽管某些国家出现过反对华工的言论，某些种植园发生过虐待华工和镇压华工起义的事件，但仅限于个别现象、个别事件。

6.1.1.1 积极推动

首先，从宏观层面的政府制度角度看，这一时期的拉美各国政府陆续通过了鼓励华工移民的政策和措施，积极推动华工移居拉美。

在拉美诸国中，古巴和秘鲁是较早以私人途径从中国引进华工的国家，但是这种私人行为受到了殖民政府的鼓励和资助。

在黑人奴隶制废除后，为了解决制糖业中的劳动力短缺问题，代表种植园主利益的实权机构“殖民发展委员会”（Real Junta de Fomento y de Colonización）派遣代理人到欧洲和亚洲寻找劳动力输出国。经过一番调查，1846年，该委员会主席、知名种植园主和国际贸易商人胡利安·祖莱塔与英国人口代理公司签约，从厦门输入华工。随后，第一批苦力570余人抵达古巴。

1847年7月，在古巴种植园主的强烈要求下，西班牙女王伊莎贝尔二世（Isabel II de Borbón）颁布谕旨，批准古巴从亚洲引进契约劳工。虽然1859年西班牙王室因宗教信仰问题曾禁止古巴引进苦力，但很快1860年古巴当局颁布法令，允许契约华工入境。在1864年《中西天津条约》生效后，古巴皇家农贸促进会认为，应该引进更多苦力：苦力聪明能干，对经济发展大有裨益。直到1868年反对西班牙统治的第一次独立战争爆发，华工英勇参战，令西班牙殖民当局胆战心惊，当局才颁布法令，驱逐华人。① 被驱逐的古巴华人经由韦拉克鲁斯或坦皮科非法入境墨西哥。有些人留在坦皮科进入石油服务行业，大部分人则北迁到就业机

① 参见［古巴］梅赛德斯·克雷斯波·比利亚特著，刘真理译：《华人在蔗糖之国——古巴》，61~63页。

会很多的美墨边境和尤卡坦半岛。

19 世纪初，秘鲁脱离西班牙统治获得独立，亟须劳动力种植棉花、蔗糖和挖鸟粪。因清政府规定“凡无约之国，一概不准设局招工”①，秘鲁当局就通过人贩子和劳工代理，采用绑架和诱骗等手段，拐卖华人到秘鲁做工。1839 年秘鲁国会为了鼓励劳工输入以替代奴隶，通过了移民奖励法案，以资助契约劳工的引进。该法案规定，对于劳工人数超过 50 人、劳工年龄 10～40 岁的华人移民项目，每个劳工政府向人口代理商资助 30 比索。1839—1851 年，移民资助项目支出约 450 000 比索，2/3 被用于种植园劳工的引进。② 移民奖励法案极大地激发了种植园主同澳门商人签订用工合同的积极性，促成契约华工大规模进入秘鲁。

1849 年 10 月，秘鲁种植园主、知名政治家多明哥·埃利亚斯（Domingo Elás）和胡安·罗德里格斯（Juan Rodríguez）成功地把 75 名华工引进秘鲁；11 月，政府通过了《移民法案》（又称《华人法》，*la Ley del Chino*），争取华工移居秘鲁；授予上述两位种植园主为期 4 年买卖苦力的独家权利，后又延期至 1854 年。五年间，共有 4 754 名苦力进入秘鲁。③ 迫于国际舆论压力，1856 年秘鲁政府废止了《华人法》，遭到大庄园主的强烈反对。1861 年 3 月，新《华人法》通过，入境秘鲁的华人苦力人数大增。1847—1874 年，共有 9 万华人苦力入境秘鲁。而根据有的学者估计，1849—1874 年秘鲁华人移民更高达 10 万，甚至 16 万之多。④

澳门苦力贸易的终止掐断了秘鲁通过人口贩子和劳工代理引进劳工的非官方的非法途径。为了在中国建立官方的合法招工机构，1872 年 11 月秘鲁政府派遣使团出使中国，希望与清政府签订在华招工条约。而清政府也从各种渠道了解到，秘鲁华工遭受到雇主奴隶般的虐待；并认识

---

① 陈翰笙主编：《华工出国史料汇编》，第一辑，969 页。

② See Michael J. Gonzales, *Plantation, Agriculture and Social Control in Northern Peru, 1875-1933*, p. 23.

③ See Humberto Rodríguez Pastor, *Hijos de celeste imperio en el Perú (1850-1900)*, p. 24.

④ 参见何名忠：《南美国家及华侨实业简介》，12 页；Alice Jo Kwong, “The Chinese in Peru,” in Morton Fried, ed., *Colloquium on Overseas Chinese*, New York: Institute of Pacific Relation, 1958, pp. 41-48。

到，这是一次伸张华工权益的良机。经过一波三折的外交斡旋，双方于1874年7月26日签订了《中秘友好通商通航条约》，秘鲁可以招募自愿出洋务工的华工，同时保护秘鲁华工权益，开启了华人自由移民、自愿务工的新阶段。

鸦片战争之后，英属西印度群岛殖民当局积极与宗主国英国国会沟通，争取从中国引进廉价劳工的权利。1843年，他们获得英国国会授权，可以从中国引进2 850名劳工，配额分别为：英属圭亚那2 150名，特立尼达300名，牙买加400名。① 但是，人口贩子认为风险太大，恐怕血本无归，加之自愿赴西印度群岛的华工寥寥无几，导致此次引进华工计划无疾而终。

1850—1851年，英属圭亚那和特立尼达地方立法机构通过了引进华工的立法。英属圭亚那的印度劳工代理商詹姆斯·怀特（James White）被派往中国调查情况。在1851年7月19日自香港发出的信中，他兴奋地写道：

> 我更加坚定了此前的信念，华工是西印度群岛无可挑剔的劳动力。他们强壮、积极、聪明，能劳作，能赚钱。这里今年的气候与西印度群岛相似，在新的环境里他们将身强力壮。他们在广东、福建两省低地精耕细作水稻和蔗糖，积累了丰富的经验，适合在特立尼达和德梅腊腊劳作。我相信，他们将是非常吃苦耐劳和勤奋努力的。②

为了改变华工价格高于印度劳工、供应不稳定等状况，英、法两国与清政府代表恭亲王奕䜣签订了1866年协议，将英属西印度群岛华工价格强制定为每人35～37英镑。1853、1854年，英属西印度群岛国家向运输华工的船只提供补贴，每名华工100美元。③

1854年5月英国土地与移民委员会（the Committee of Land and Mi-

---

① See Walton Look Lai, *Indentured Labor, Caribbean Sugar: Chinese and Indian Migrants to the British West Indies, 1838-1918*, p. 87.

② Ibid., p. 88.

③ Ibid., pp. 88-89.

gration）的官方通信充分肯定了西印度群岛华工优秀的工作表现："中国人在东方各地已经公认为是造成繁荣的因素。他们无论走到哪里，都以他们的不懈劳动促成那个地方的繁荣富足。在西印度，从每一个方面传来的报道都证明中国移民对西印度的主要支柱——种植园事业的良好作用。如果没有来自东方各地的移民，那里的种植园早已无法维持了。"① 圭亚那第一批华工合约期满后，种植园主对大多数华工的工作表现非常满意。于是，圭亚那政府奖励每个续约华工 50 美元。1856—1870 年，有 6 359 名圭亚那华工续约。英属洪都拉斯副总督奥斯丁（J. Gardiner Austin）本身就是劳工代理商，1860—1862 年在中国做劳工生意。为了满足当地用工需求，他促成了 1865 年 6 月 12 日"岁月之光"（Light of the Age）号满载 474 名华工抵达洪都拉斯，他们全被分配到伐木工场工作。②

在大规模引进华工的拉美国家中，墨西哥是起步较晚的。主要原因是 1867—1910 年掌权的波菲利奥·迪亚斯政府在初期希冀采用种族同化的办法统一墨西哥民族，形成统一的民族意识，实现经济发展，巩固强权统治，即推行建立在共同亲族关系、文化、历史、种族和语言基础上的集体组织和同根同种的身份认同基础上的移民政策。此时，迪亚斯痴迷于推进欧洲人移民墨西哥的进程，实现种族和文化的"白人化"。墨西哥学者、教育学家谢拉（Justo Sierra）断言，墨西哥需要欧洲白人移民，"以此来改变本土种族的血统，只有欧洲血统才能保持文明进化，而不倒退"③。然而，吸引欧洲移民的策略还是以失败而告终。发展部（Development Ministry）部长比森特·丽娃·帕拉西奥（Vicente Riva Palacio）1876—1877 年提交墨西哥国会的报告把移民失败归结于资金短缺、基础建设薄弱和民众文明化程度低等因素。她强调，欧洲移民"是不会接受墨西哥劳工生活的。他们希望在人口聚集的中心城市安家，这与吸引移民的初衷完全背道而驰"。迪亚斯政府的发展规划需要的是愿意在恶劣环

---

① 陈翰笙主编：《华工出国史料汇编》，第二辑，63 页。

② See Walton Look Lai, *Indentured Labor*, *Caribbean Sugar*, pp. 102, 105.

③ Raymond B. Craib, *Chinese Immigrants in Porfirian Mexico*: *Preliminary Study of Settlement*, *Economic Activity*, *and Anti-Chinese Sentiment*, p. 4.

境下工作的廉价劳动力，他们必须背井离乡。因此，尽管华人血统远不符合墨西哥民族精英化的发展目标，“是古董民族，而且文明程度很低”①，“但是，精英们的经济利益驱使他们寻找廉价而温驯的劳动力，没有比体格强健、吃苦耐劳的华人更合适的了”②。

1880年，迪亚斯政府试图与中国建立通商关系，引进华工从事交通设施建设和铜矿开掘。墨西哥发展部写信给墨西哥外交部部长伊格纳西奥·马里斯卡尔（Ignacio Mariscal）称：“我们认同（华工）在太平洋铁路修建过程中表现的能力，我部相信是时候与中国和日本建立通商关系了。”③ 墨西哥当地一家报纸发表社论极力支持引进华工，断言他们“技术熟练，而且在建设铁路方面有专长”④。1884年，发展部秘书处建立了墨西哥太平洋航运公司（Compañía Mexicana de Navegación del Pacífico），主要业务是运输亚洲劳工，每次运输1 000人左右。华工大多被送往铁路工地、矿山和种植园工作。仅1885年，该公司就把约2 500名亚洲劳工输送到了特万特佩克地区（Ferrocarril de Tehuántepec）。⑤ 每次航行和每一名亚洲劳工，墨西哥政府都给予补贴，以调动公司运输亚洲劳工的积极性。

与秘鲁情况类似，由于此时中墨之间没有建立正式的外交关系，墨西哥公司运输华工的行为遭到了清政府的明令禁止。从1884年起，墨西哥政府指派罗梅罗（Matías Romero）先后同清廷驻美大使或大臣郑藻如、张荫桓、伍廷芳、杨儒等斡旋建立正式外交关系事宜。但清总理衙门认为“该国土人，亦厌恶华人之甚，恐将来仍蹈美、西故辙”⑥，先后予以婉拒。1894年，墨西哥政府邀请清廷新任驻美使臣杨儒考察墨西哥，呈报总理衙门墨国华人对“通商一事，盼望綦殷”，而岌岌可危的清政府

---

① *El Siglo* XIX，1871-10-24.

② José Jorge Gónez Izquierdo，*El movimiento antichino en México*（*1871-1934*），p. 61.

③ Kenneth Cott，“Mexican Diplomacy and the Chinese Issues，1876-1910，” p. 67.

④ Raymond B. Craib，*Chinese Immigrants in Porfirian Mexico*，p. 6.

⑤ See José Jorge Gónez Izquierdo，*El Movimiento Antichino en México*（*1871-1934*），pp. 56-57.

⑥ 《出使美、日、秘国大臣张荫桓咨呈总署告以墨西哥欲订约而意在招工函》，见陈翰笙主编：《华工出国史料汇编》，第一辑，1239页。

也认识到，华工移民墨西哥可以“疏通华民去路”，“广开利源，隐消患黎”。[①] 1896 年，伍廷芳与罗梅罗经过谈判，拟定了条约文本。因罗梅罗病故，直到 1899 年，墨西哥新任驻美公使阿斯皮罗斯（Aspiros）与伍廷芳会商并正式签署了《中墨通商条约》，建立了正式外交关系。1902 年，中国茂利公司、中华公司都开通了中国至墨西哥的直航航线，为华人移民墨西哥提供了交通便利。自此，墨西哥华工和华商日益增多。1895 年，旅墨华人总数不到 1 000 人；1904 年增至 8 000 多人；在 1902 年 3 月至 1921 年中墨商约的有效期内，入境墨西哥华人不下四五万人。[②]

从微观层面的雇主反馈角度看，无论是种植园主、工场主还是劳务公司都十分满意华工的工作表现，对华工的勤劳和智慧大加赞赏。

19 世纪后半期在黑人奴隶制废除和机器生产引入以后，古巴制糖工业迫切需要价格低廉而且聪明好学的劳工。古巴最具实力的种植园主之一阿尔达马（Aldama）曾对他的朋友说：“现在很多庄园主都亟须劳动力，无论是从哪里，我们都必须弄到劳工，即使是从西伯利亚。”当古巴政府还在为引进欧洲契约劳工失败而怅然若失的时候，古巴种植园主、奴隶贩子和商人早已将攫取劳动力的目光转向了鸦片战争后国门洞开的中国，成为推动华工引入古巴的主导力量。1853—1874 年，华工和非法输入的奴隶成为推动古巴蔗糖经济发展的中流砥柱。[③]

古巴华工组织内部实行学徒制，种植园主惊喜地发现华工总体工作表现是非常令人满意的。当代表西班牙皇室利益的古巴发展委员会向种植园主询问是否可以增加华工人数时，种植园主的回答是肯定的。有些人肯定了华工的工作能力，“他们可以圆满地完成任何我们以前交给奴隶们的工作”。丹尼斯（N. B. Dennis）在 1862 年圣豪尔赫（San Jorge）旅行日记中提到：“巴列（Bari）先生（烟草加工厂厂主）雇用了很多契约

---

① 参见《中墨通商条约》、《出使美、日、秘国大臣伍廷芳奏墨西哥约款已妥订情形折》，见陈翰笙主编：《华工出国史料汇编》，第一辑，1241～1242 页。

② 参见李春辉、杨生茂主编：《美洲华侨华人史》，628 页；[美] 陈匡民：《美洲华侨通鉴》，490 页。

③ See Mary Turner, “Chinese Cotract Labour in Cuba, 1847－1874,” *Caribbean Studies*, Vol. 14, No. 2, 1974-07, pp. 71-72.

华工，他们刻苦耐劳，心灵手巧，很快在烟草行业中成了熟练工人。”①

有的种植园主认为华工纪律性强，易于管理，“我们需要能协同一致工作的劳工，只有那些在棍棒统治下生活的国民可以做到，华工身上就有这种特质”。种植园主管理华工的手段还不止棍棒。因为语言的障碍，华工很容易被隔离和管制，是“心灵手巧的，可以做任何工作”的工具。古巴发展委员会称，华工“不仅非常好用，而且是必不可少的，这已经引起了委员会和政府的特别关注”②。

1853—1854年，英属圭亚那华工被分配到10个种植庄园，每个60～100人；特立尼达华工被分配到46个种植园，每个16～33人。一位种植园主满意地赞赏华工的工作热情：“我可以毫不犹豫地断言，不久我们的华工将成为最高效的劳工。他们好像对分配他们的所有工作都干劲儿十足，目前他们对任何指派的工作都勇于尝试。一声招呼，他们马上就跑过来，愉快而兴奋地开始工作。这让我看到了一所学校的缩影。”英属圭亚那总督巴克利（Barkly）举例说，某种植园的40名华工周日也要求工作，每周支付7天工资。乘坐澳大利亚（Australia）号的特立尼达华工被盛赞为“迄今为止最好的移民”。这些华工都来自汕头附近，曾经从事过蔗糖种植工作，被当地人描述为“虽顽固但本性善良”，“他们肌肉发达，胜过任何一批移民……甚至不输给任何欧洲或亚洲移民”。克拉伦登（Clarendon）号的广东华工一部分运送到特立尼达，一部分转乘埃普索姆（Epsom）号送往牙买加。种植园主称赞他们“聪明，有教养”，但“比较难控制”。1859—1866年西印度群岛华工人数大幅度增加，占19世纪西印度群岛华人总量的80%。虽然有不尽如人意之处，但是仍然有很多种植园主称赞华工的工作表现令人满意。圭亚那种植园主称1862年埃尔玛·布鲁斯（Elma Bruce）号的汕头和厦门华工“无一例外地体魄强健”，他们中间有十几个人还皈依了基督教。③

加勒比海地区种植园主称赞华人是“行家里手，干活儿干净漂亮”，

---

① ［古巴］梅赛德斯·克雷斯波·比利亚特著，刘真理译：《华人在蔗糖之国——古巴》，20页。

② Mary Turner, “Chinese Contract Labour in Cuba, 1847-1874,” pp. 73-74.

③ See Walton Look Lai, *Indentured Labor, Caribbean Sugar*, pp. 90-91, 95.

是殖民地最好的种植工人。1871 年英属圭亚那移民委员会（the Committee of Immigration）的报告是这样描述华工的：

> 华工比印度人和黑人劳工更聪明，能更快地学会如何使用机器。无论在田地还是室内，他们工作十分细心，井井有条。他们比苦力有更多的人身自由，不容易被心怀叵测的人煽动，也极少毫无意义地抱怨。……对于切身利益，他们保持着敏锐的正义感，因此，任何不公正的做法，都会引起他们强烈的愤怒。

经过认真研究华工气质，种植园主认为他们是有价值的田地种植工人，但不适合做工匠。然而，圭亚那华工成功地发明了真空锅制糖工艺，这要归功于他们的心灵手巧。① 这项技术工艺促使德梅腊腊的蔗糖产量猛增。无独有偶，秘鲁糖厂也广泛采用了真空锅技术，并且“煮糖、管机重要之工亦华人也。大约华人心智较灵，每习一技，容易见长，但使工价稍优，决不避就；嗜好较细人为多而不饮酒，故西商每喜招置之”②。

1865 年乘蒙特罗斯（Montrose）号和帕利亚（Paria）号抵达特立尼达的广东籍华工受到种植园主好评。在华工到达后一年，移民总代理在其年度报告中称，这批移民有男子 380 人，女子 205 人，没有一个从种植园逃跑。一个雇用了大部分帕利亚号华工的种植园主在一篇新闻报道中叙述了华工高涨的工作热情：

> 他们到达目的地后做的第一件事是洗澡、洗衣服，之后是彻底洗刷他们的房间。然后，男人要他们的锄头，表示他们想立即开始工作。星期六晚上，在男人们拿着一周的工资回家后，女人们也表示要到田里工作。当然，很快她们也被安排到田里工作了。③

据殖民当局报告称，英属洪都拉斯华工到达的第二年（1869），有些华工的工资就超过了黑人劳工，他们工作勤奋，身体健康，精神状态良好。④

---

① See Walton Look Lai, *Indentured Labor*, *Caribbean Sugar*, pp. 95–96.

② 张荫桓：《三洲日记》，见《晚清海外笔记选》，246 页。

③ Walton Look Lai, *Indentured Labor*, *Caribbean Sugar*, p. 96.

④ Ibid., pp. 105–106.

墨西哥华工被誉为拓荒大军，他们开发了种植园和矿山，修建铁路。积极主张引进华工的罗梅罗认为，墨西哥的蛮荒之地劳动力短缺，制约了当地经济开发。1886 年墨西哥外交部部长伊格纳西奥·马里斯卡尔在回信中对他的观点表示赞同："华人移居之地是洪荒一片，恶劣的生存环境使那里一直人迹罕至，即使印第安人也不曾居住。"① 种植园主积极招揽华工到种植园拓荒。1904 年，尤卡坦州总督莫利纳（Olegario Molina）发现"种植园主自己组织了一个公司，目的是招 2 万名华工"②。

6.1.1.2 消极评价

在积极吸纳华工、肯定华工的聪明才智的同时，在拉美各国也普遍存在着贬低华人的言论和对华工的消极评价。欧洲白人一直是拉美各国青睐的移民对象，所谓的精英极力鼓吹"人种白人化"、"移民文明改善血统"等言论，大肆散布华人等亚洲人种是劣等种族，会带来"文化倒退"和"意识形态断裂"。此类种族歧视的谬论常常见诸报端。1887 年 3 月墨西哥报纸《公共警言》（*El Monitor Repubicano*）发表社论，反对华人移民墨西哥，因为他们是"低贱的种族，恶习难改，丑陋无比"③。

开往德梅腊腊的撒母耳·道丁顿（Samuel Dodington）号的外科医生毫不掩饰对华人的偏见，在日志上写道："船上大部分人都非常野蛮，很多人在从澳门出发前就没见过欧洲人。他们没有任何是非观念，就像徘徊在美洲荒野里的野人。他们凶猛、狡猾、恶毒、伪善、睚眦必报，简直就是一群猿猴。我们根本无法维持任何秩序。"④ 古巴学者罗伯特·吉布斯（Robert W. Gibbes）是这样描述华工的："华工……给这个来自不同国家民族聚居的社会带来了极大的危险性。这些人既不在乎自己的生命，也无视别人的生命，又没有宗教和道德的约束，各种各样的犯罪行为必然会随之增加，而其中绝大部分都发生于华工中间。"⑤ 1870 年英属

---

① Kenneth Cott, "Mexican Diplomacy and the Chinese Issues, 1876-1910," p. 73.

② Raymond B. Craib, *Chinese Immigrants in Porfirian Mexico*, p. 7.

③ Luz María & Araceli Reynoso Medina Martínez Montiel, "Inmigración europea y asiática," in siglos XIX y XX, In Guillermo Bonfil Batalla ed., *Simbiosis de culturas*, México: Fondo de Cultura Economica, 1993, p. 399.

④ Walton Look Lai, *Indentured Labor*, *Caribbean Sugar*, p. 90.

⑤ Robert W. Gibbes, *Cuba for Invalids*, New York: Townsend, 1860, p. 17.

圭亚那治安官威廉·德辅（William Des Voeux）卸任后给殖民当局写信，称华工“沉默、机警、任性，一不留神就会上吊或逃跑，而他们这样做的理由在欧洲人看来都是极其荒谬的”①。在这种谬论的渲染下，拉美各国政府从未公开承认过华工是本国民族或本地居民的一员，而是外来移民，甚至仅仅是劳工。它们认为，劳工任劳任怨、努力工作是理所当然的，而无力劳动或者劳动状态不佳都是不可接受、不可容忍的。

在牙买加和特立尼达，经常会发生华工逃匿事件。1889 年 2 月的牙买加官方统计显示，种植园有 647 名契约华工，但事实上 287 名已经逃走，另有 129 名也已经获得“赎身”。② 1865—1866 年入境特立尼达华工 1 190 名，到 1870 年官方在册的仅 476 人；1871 年移民总公司调查又显示，还在种植园工作的仅 303 人，175 人已经逃跑③；有的华工通过与种植园主交涉、劳动合约到期或逃匿等方式离开种植园，获得了自由。

在英属西印度群岛的圭亚那和特立尼达，种植园主与华工之间摩擦频繁。种植园主认为，有的华工是故意装病休息，还索要全额工资；有的不肯用工资冲抵预支款，靠种植园主额外补偿；有的是大烟鬼和酒鬼，根本不能劳动；华工之间派系争斗激烈，动辄伤及人命。

1859—1866 年有 5 艘轮船的华工到达特立尼达。种植园主和移民公司对其中 3 艘轮船的华工非常失望。1862 年沃纳塔（Wanata）号承载的 467 名华工来自广东珠三角、汕头和福建厦门三个地区。航行途中，他们之间就争斗不断。抵达特立尼达的幸存华工被分配到二十三四个地点工作。仅一年半的时间，就有 200 名华工逃离了工作地点。雇主发现来自不同地区的劳工适应工作环境的能力是不同的，来自厦门的多是农民，而来自广东的多是匠人和破落户。到达工作地点以后，劳工发现报酬比预想的要低（有些工作地点的日均工资是 6 分，有些是 20 分）。为了不偿还预支的 10 英镑，他们开始成群结队地逃跑，还发生了至少 4 起自杀事

---

① Walton Look Lai, *Indentured Labor*, *Caribbean Sugar*, pp. 100-101.

② See Jacqueline Levy, “Chinese Indentured Immigration to Jamaica during the Latter Part of the Nineteenth Century,” Paper presented at the Fourth Conference of Carribbean Historians, Mona, 1972, p. 59.

③ See Walton Look Lai, *Indentured Labor*, *Caribbean Sugar*, p. 103.

件。1863年移民报告显示，326名华工总计预支了900英镑，只有2名家佣偿还了10英镑的预支款。①

特立尼达劳工雇主认为，1866年乘坐达德布鲁克（Dudbrook）号和小红帽（Red Riding Hood）号的597名厦门籍华工简直就是一场人祸。他们无一例外地来自城市，不会做农活儿，反抗性还很强。很快，他们就开始从工作地点逃跑，逃跑率高达40%。1866年移民报告记载：

> 他们介于流浪汉和贼之间，经常被关押到公共监狱，出狱后就又进了医院，监狱的保释费和医院的医疗费都要由雇主支付。这些都是家常便饭。他们晚上不时跑到田里搞破坏，白天胡作非为，经常和同一庄园或者与其他庄园的人斗殴谋杀。这种行为也带坏了那些安分守己的华工。②
>
> 一个庄园每年要为这些无赖支付800英镑的住院费，而且永远不要指望回报：那些男子只要一出院就宁愿再次被当作流浪汉抓进监狱，吃喝公共开支，也不愿工作养活自己。③

特立尼达库瓦（Couva）Perseverance庄园的庄园主接收过两批华工，他发现1865年华工是农民，而1866年华工则是“城市闲散人员”。他抱怨后者简直是白花钱。另外一个庄园主这样抱怨道：

> 这些华人非常不愿意老老实实地工作，身强力壮的男子不做任何工作，连除草这样的活儿还是羸弱的女人做的。一大早他们就躲进甘蔗地或相邻的庄园，晚上跑出来抢夺那些勤奋劳工的家禽和食物，或者诱拐他们的一些朋友，一起销声匿迹。
>
> 仁慈和法律对他们都无可奈何。最近，在某些场合表现出的仁慈使他们更难以控制了，更多的人开始逃跑。他们不仅不可理喻，有时还非常暴力。一个月内，我三次送他们面见治安官，两次是袭击副总经理，一次是袭击工头，而这两个人对他们都没有任何挑衅

① See Walton Look Lai, *Indentured Labor*, *Caribbean Sugar*, p. 98.

② Ibid., p. 96.

③ Ibid., p. 98.

行为。①

同样的情况在 1866 年到达的英属圭亚那华工中间也有发生。1871—1872 年英属圭亚那华工调查报告显示，种植园主对华工表现的评价是各执一词，“有人认为他们是优秀的劳工、好伙计，而有人认为他们百无一用，欲除之而后快”。华人流浪汉 20～50 人聚为一群，手持长柄大刀，村民或监工丧生刀下的事件时有发生。有 25 年工作经历的英属圭亚那治安官亨利·柯克（Henry Kirke）称他们为“身强力壮的流氓，手持锋利的双刃大刀，拒捕时从不手软”，“威胁着所有奉公守法的公民”②。1862、1865 年英属圭亚那通过了鞭刑法令，以惩戒偷盗大蕉和其他农产品的行为，获罪者将被鞭笞 39 下，但是华人流浪汉常结伙作案，如何逮捕他们是个难题。③ 有些逃跑华工靠非法手段维持生计：走私酒类，私自酿酒，开设赌场和妓院。他们藏匿在德梅腊腊河畔的华人定居区内，“不会有一个警察愿意跑到那里去执法”④。19 世纪 70 年代以后，英属西印度群岛华人盗窃和其他非法行径逐渐减少并消失，主要原因是华人适应了新的社会环境，开始从事正当职业，赚钱糊口。

吸食鸦片成瘾、“瘾君子”人数众多是华工饱受诟病的又一个重要原因。1870—1871 年英属圭亚那委员会报告称，“有人鸦片烟瘾很深，十分消瘦的华人举目皆是。他们离开鸦片就没法儿工作”，“那些大烟鬼可怜的外貌让人不禁感叹，雇用他们对种植园主和移民当局是何等不公啊!”吸食鸦片过量常常导致华工死亡，劳动力严重减员。1865—1879 年，圭亚那华工自杀事件中至少有 29 起可以归咎于鸦片吸食过量。1863 年特立尼达年度移民报告显示，截至 1864 年，华工死亡原因可“间接归咎于滥用鸦片导致的痢疾病毒感染”。种植园主抱怨的华工缺点还有滥赌成性。1869 年英属洪都拉斯某工场报告称，华工表现差强人意，主要归咎于

---

① Walton Look Lai, *Indentured Labor*, *Caribbean Sugar*, pp. 98–99.

② Henry Kirke, *Twenty-five Years in British Guiana*, *1872–1897*, London: Sampson Low, Marson & Co., 1898, p. 154.

③ See Walton Look Lai, *Indentured Labor*, *Caribbean Sugar*, p. 99.

④ Henry Kirke, *Twenty-five Years in British Guiana*, *1872–1897*, p. 160.

"赌博的嗜好，他们到邻近的印第安村落卖掉了自己的衣服和食物，以换取赌资"①。

6.1.1.3　肉体折磨

华工自杀、吸毒、赌博、怠工、逃跑、流浪、罢工和暴力行为真的是华工的劣根性使然吗？其实，这些都是走投无路的华工为争取自身权益或脱离苦海而采取的消极的或积极的斗争方式。究其根本，唯利是图、欺骗华工的奴隶贩子和残酷压榨、无情盘剥华工的雇主才是这些事件的始作俑者。种植园主和工场主把苦力和契约华工看作自己的私人财产和赚钱工具，完全不顾他们的死活，虐待和杀害华工的现象时有发生。正如墨西哥历史学家阿兰·奈特（Alan Knight）所说，"历史学家在追溯那些外国人不为人知的迫害经历时，看到的是成堆的西班牙人和华人的尸骨"②。

在殖民当局的官方报告中华工受虐、遭受体罚的记录比比皆是。1860年英属圭亚那的一个华工被强行捆绑起来，工头命令剪掉他的辫子，以恐吓其他华工。1871年英属圭亚那移民报告记载了两起华工受虐致死事件。一起是1868年5月"甘蔗渣堆放工"华人罗阿四（Low-a-Si）被杀案，凶手安嫩代尔（Annandale）种植园的监工和司机分别被判处过失杀人罪和无罪释放。另外一起是华工王廷发（Wong-Ting-Fat）遭受监工毒打而死。③

诸如此类的惨剧时常见诸拉美报端。特立尼达《西班牙港报》（*Port-of-Spain Gazette*）报道，1865年塞德罗斯（Cedros）Lochmaben工场监工约翰斯顿（Johnston）被捕。他因残忍地毒打讨要拖欠了数周工资的华工而遭到起诉，"华工已倒地昏迷，可是他又连击数次"，"华工的鼻梁骨被打断，生命岌岌可危"④。

---

① Brian Moore, "The Settlement of Chinese in Guyana in the Nineteenth Century," *Immigrants and Minorities*, Vol. 7, No. 1, 1988, p. 44.

② Alan Knight, "Peasant and Caudillo in Revolutionary México, 1910−1917, in D. A. Brading ed., *Peasant and Caudillo in the Mexican Revolution*, London: Cambridge Unversity Press, 1980, p. 152.

③ See Walton Look Lai, *Indentured Labor*, *Caribbean Suga*, p. 101.

④ *Port-of-Spain Gazette*, 1865−07−15.

拉美殖民当局极力维护种植园主的利益，用监禁等法律手段惩处"不服管教"的华工。1866 年，一家圭亚那当地报纸报道，华工被监禁在乔治敦监狱的比例之高，已经令人十分担忧。① 然而，大部分华工宁愿接受审判、入狱也不愿意遭受种植园主的私刑审判，可见，种植园主管理方式之严酷是令人发指的。第一批英属圭亚那华工 811 人，6 年后 234 人死亡，死亡率接近 30%。②

英属洪都拉斯殖民当局官方统计显示，华工到达后一年的 1866 年，474 人中就有 100 人逃匿到圣克鲁斯（Santa Cruz）的印第安人聚居区。不久，又有 55 名华工加入了他们的行列。华工逃跑主要原因是：伐木工作条件恶劣，工场管理人员凶狠残暴，无故克扣工钱，拒不预支工钱，食物难以下咽。③

在黑人奴隶制度根深蒂固的古巴和秘鲁，华工的境遇更为悲惨。种植园主和工场主把华工当作黑人奴隶的替代劳动力和资本投资，是"理想的、廉价的付酬奴隶"和"租来的马"④，任意驱使，完全剥夺了基本人权。1854 年 3 月 22 日，西班牙皇家谕旨核准古巴政府 1853 年 12 月 23 日草拟的《古巴引进与管理华工条例》（*Regulation on Chinese Labor Immigration and Management in Cuba*），其中第 19 款规定："华工与中介者签约时，便得放弃与其工作性质相左的基本人权。"⑤ 同治十三年（1874）清政府派驻美官员陈兰彬赴古巴哈瓦那调查华工状况，搜集和记录了许多华工呈词，无一不是控诉雇主惨无人道的虐待和摧残。有的华工描述道：

> 发卖时脱尽衣服，周身摩验，同乡间买牛一样。
>
> 糖寮林立，四望蔗田纵横千里，监房不下数千间，脚镣不止数

---

① See Brian Moore, "The Settlement of Chinese in Guyana in the Nineteenth Century," p. 43.

② See Cecil Clementí, *The Chinese in British Guiana*, p. 325.

③ See Walton Look Lai, *Indentured Labor*, *Caribbean Sugar*, p. 105.

④ Julia Ward Howe, *A Trip to Cuba*, New York: Negro University Press, 1969, p. 19.

⑤ ［古巴］梅赛德斯·克雷斯波·比利亚特著，刘真理译：《华人在蔗糖之国——古巴》，104～105 页。

万付。内中被虐工人呼冤受痛之声，皮开肉裂之行，刎颈悬梁吞烟投水之事，不一而足。

寮主向总管要得糖多，总管向管工要得工多。唯利是图，罔惜人命。华工之劳逸不问，饥饱不问，生死亦不问也。一日两餐，发生蕉四条准作华工一餐者以为能，发三条准作一餐者更以为能矣！勒华工每日做工二十点钟者以为能，勒至做二十一点钟者更以为能矣！鞭挞频仍，监锁任意；报病者挨打受饿，行慢者嗾狗追咬……处处监房，时时鞭棍；折手、烂脚、皮裂、血流者无日不见，悬梁、跳井、割颈、食烟丸者无日不闻。①

当地殖民政府官员中很多本身就是大庄园主，"官商勾连"沆瀣一气，甚至"官商一体"，勾结起来榨干华工最后血汗。古巴和秘鲁华工月薪仅4比索，合同期限8年，每年2套换洗衣服。根据胡其瑜研究，华工契约明文规定：食物是米饭、肉或鱼、甘薯或蔬菜，还有1件外衣和1条毯子；新年休息3天，周日休息。但种植园主从未兑现过。② 为了加强华工管理和弥补华工契约中没有肉体惩罚的不足，1849年4月古巴当局颁布了《印第安人及亚洲人管理与待遇条例》（*Regualtion on Indian and Asian Labor Management and Treatment*），其中第19款专为管理华工而定，想尽办法使华工"服从和守纪，否则对农业生产有害无益"。该条例规定，如果不服从管理打12鞭；如果顽固不驯，打18鞭，反抗者带脚镣监禁；逃跑者根据情形，施以2个月、4个月或6个月的监禁。③ 即便契约到期，雇主也会逼迫华工续约，"满八年如不再订合同必要打死"，或不给华工满工执照（俗称"满身纸"，证明是自由人）。"工满无纸送工所"，给殖民当局白做"官工"，"成群逐队与监狱犯人一样出入，掘土抬石头"④。若干年"官工"后，还要做"绑身工"，即由官方将华工出租，每月工资90%上交，华工只得10%，生活难以为继。简直是苦海无边，

① 陈兰彬：《古巴华工呈词节录》，66页。

② See Evelyn Hu-DeHart, "Opium and Social Control," p. 171.

③ See Mary Turner, "Chinese Contract Labour in Cuba, 1847-1874," pp. 71-72.

④ 陈兰彬：《古巴华工呈词节录》，转引自窦昌荣：《一页华侨的血泪史：读清抄本〈古巴华工呈词节录〉》，载《学术月刊》，1960（8）。

如堕地狱!

20世纪初，有些华工挣脱古巴种植园主奴隶统治，移民墨西哥尤卡坦种植园。和他们一起工作的还有远走他乡、谋求生计的中国移民。然而，他们失望地发现墨西哥劳动条件也不比古巴有什么改善，仍要像奴隶一样劳作，饱受侮辱和虐待。

6.1.1.4 毒品控制

除了肉体折磨，殖民者还利用毒品对华工施行控制，阻止华人与当地其他族裔融合。1872年以后，古巴殖民政府接连出台法规，强迫契约到期的华工续约。更为恶毒的是古巴和秘鲁种植园主还以鸦片为手段，加强华工控制。他们允许甚至鼓励苦力或华工购买、交换和吸食鸦片。等他们上瘾后，他们就用提供或收缴鸦片的办法，奖励或惩罚苦力或华工，逼迫他们超时劳动，以此建立起契约劳工社会控制机制。而且一旦苦力或华工变成"大烟鬼"，就会意志消沉，丧失斗志，根本不会组织起来维护自身权益。事实上，19世纪40年代，鸦片就给中国带来严重问题，毒害华人；人口贩子在华工运输船上也装载鸦片，"苦力经受着极端恶劣天气、晕船、劣质食物和船员暴力的折磨，吸食鸦片以麻醉自己"①；进入种植园工作以后，他们无依无靠，思乡心切，压抑着正常人的欲望，饱受非人虐待，只有依靠吸食鸦片麻醉自己。

在秘鲁沿海卡亚迪，阿斯皮亚格家族不但拥有若干种植园和成千名华工，还拥有该省鸦片专营权。上游供应商主要是肯德尔(H. R. Kendall)和利物浦之子(Sons of Liverpool)等英国跨国企业，另外还有利马的中国商贸公司。他们进口鸦片，提供给苦力吸食，还提供多种结算方式。这里的苦力无一例外地死于吸食鸦片过量。②

根据秘鲁历史学家马塞拉(Pablo Macera)统计，1852—1879年英国卖给秘鲁767 401磅鸦片，大部分销售集中在19世纪70年代。19世

① Luis and Jesús Armando Cavero Carrasco Millones Santagadea, *La vida provincial de los chinos en el Perú: el caso de Casma (siglo XIX)*, Unpublished ms., 1977, p. 4.

② See Michael Gonzáles, "Resistance among Asian Plantation Workers in Peru, 1870-1920," in Mary Turner, ed., *From Chattel Slaves to Wage Slaves: The Dynamics of Labor Bargaining in the Americas*, Bloomington: Indiana University Press, 1995, pp. 201-223.

纪50年代秘鲁鸦片进口量是16 787磅，此时秘鲁华工很少；而1860—1864年鸦片进口量骤增至30 688磅，此时秘鲁入境华工是24 899人；1865年以后的5年鸦片进口量是30 574磅，此时秘鲁入境华工是19 850人。在苦力贸易的最后五年1870—1874年，鸦片进口量高达270 802磅，此时秘鲁入境华工是43 116人；1875—1879年鸦片进口量更是惊人的415 691磅，而这个时候正是契约期满的苦力决定是否续约之时。（参见图8）

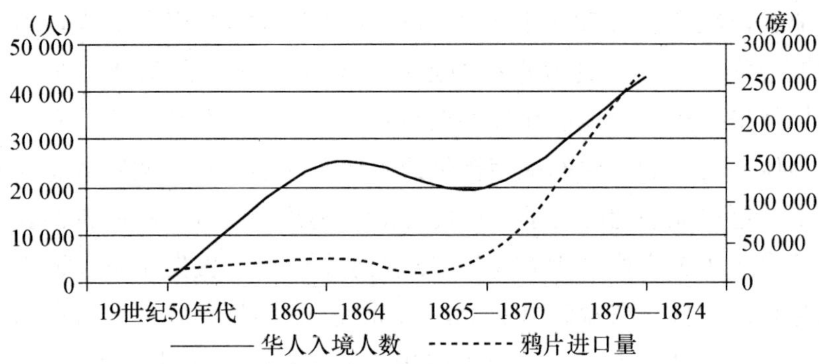

图8　秘鲁鸦片进口量与华人入境人数变化趋势图（1850—1874）

资料来源：Michael J. Gonzáles, "Resistance among Asian Plantation Workers in Peru, 1870-1920," pp. 186-187, 219; Michael J. Gonzáles, "Plantation Workers and Social Conflict in Peru in the Late Nineteenth Century," *Journal of Latin American Studies*, Vol. 21, No. 3, 1989-10, p. 391。

吸食鸦片让苦力或华工深陷种植园主的债务圈套之中，不能自拔。为了无限期地让华工做工，种植园主引诱华工向他们借钱或者用生活必需品交换，吸食鸦片。用这种办法，阿斯皮亚格家族的种植园主收回了他们支付的大部分工资，甚至是维持苦力生存的基本生活资料。Fitz-Roy Cole到秘鲁种植园参观时发现，苦力们“领到2磅脱壳大米和1磅羊肉，最后还是去换成了鸦片”①。秘鲁殖民当局很快意识到，鸦片惊人消费量后面的巨额利润。于是，1887年鸦片进口国家垄断机构（Estanoco de Opio）设立，以从中渔利。

他们这种灭绝人性的做法反过来也会引火烧身，吸食鸦片会导致苦

① Watt Stewart, *Chinese Bondage in Peru*, p. 100.

力身体羸弱，无法工作，从而生产力降低，劳动成本提高，自食苦果。19 世纪 80 年代后期，阿斯皮亚格家族和其他种植园主不得不转而雇用秘鲁 Serranos 高原农民、印加帝国的后裔从事沿海农业生产。① 绝望的苦力还会吞食鸦片自杀，或者为弄到鸦片而不惜铤而走险，杀人、抢劫等犯罪行为屡屡发生。根据古巴历史学家胡安（Juan Pérez de la Riva）统计，1860 年华人案件是 1 815 起，其中 900 起是自杀或者自杀未遂，203 起是抢劫，210 起是谋杀其他华人，418 起是谋杀白人、黑人或混血人，72 起是放火烧甘蔗地或房屋，只有 12 起是起义或集体维权事件。② 秘鲁阿斯皮亚格家族的巴尔多（Palto）工场工头阿陈（Achen）在种植园边上开了家小店，吃住也在里面，贩卖鸦片和其他生活用品。他对华工们软硬兼施、威逼利诱，渐渐地华工们对他由害怕转为愤恨。终于有一天，人们发现他被人暗杀店中，而凶手一直逍遥法外。③ 携带现金贩卖鸦片的华人经常成为抢劫目标，圣何塞（San José）种植园的华人鸦片贩子阿蔡（Valerio Achay）被华工抢走 60 比索后杀掉。④

可见，把华工和苦力推向堕落甚至犯罪深渊的不是所谓华人自身的“劣根性”，而是殖民统治体制和契约劳工制度本身的罪恶。1877 年，古巴社会观察家维拉努埃瓦（Manuel Villanueva）精辟地归纳了华工的悲惨遭遇：

> 他们被天花乱坠的谎言所欺骗远离故土，上岸不久就知道那些许诺永远无法兑现；他们背井离乡，远渡重洋，贪婪的船工剥削他们，强迫他们做陌生的工作，服从与奴隶无异的种植园管理规定。从一个骗局到另一个骗局，他们无法指望所签订的契约被忠实地履行。他们没有家庭生活，因为找不到中国女人。为白人藐视，为黑人憎恨。他们没有主人的怜悯，在合约期内，他们的境遇还不如奴

---

① See Evelyn Hu-DeHart, “Opium and Social Control,” p. 178.

② See Watt Stewart, *Chinese Bondage in Peru*, p. 318.

③ See Humberto Rodríguez Pastor, *Hijos de celeste imperio en el Perú (1850－1900)*, pp. 196－203.

④ See Watt Stewart, *Chinese Bondage in Peru*, p. 125.

隶，甚至比奴隶更为悲惨，为古巴社会所遗弃。在这种境遇下，又怎能苛责他们会去犯罪或者养成什么恶习?[①]

6.1.2 排华期 (20 世纪初—20 世纪 50 年代)

20 世纪初，拉美华人的社会角色成功地转型为城市小商人，但是各国排华暗流日渐汹涌，有的国家还爆发了民间排华骚动和暴乱，政府有组织的排华运动和迫害活动也随之发生。在美国排华法案影响达到顶峰时，20 世纪初的拉美各国也纷纷出台法案，严厉控制亚洲特别是华人移民入境。

6.1.2.1 排华事件

拉美“黄祸论”源自美国。1863 年开工的美国太平洋铁路西段，由于工作条件艰苦，白人工人不愿意前往做工。从 1867 年开始前来美国西部筑路的华工保持在 10 000～11 000 人的规模。[②] 华工的血汗和生命大大缩短了筑路工期，由预期的 14 年缩短至 7 年。中央太平洋铁路公司总裁利兰·斯坦福 (Amasa Leland Stanford) 在回忆录中写道：“没有华工，这条重要国家交通干线的西段，就不能在国会法案要求的时限以内完工。……(他们) 安静、温顺、节俭——乐于而且容易学会铁路建筑工程所需的各种不同工作。事实上，他们是筑路工头梦寐以求的理想工人。”[③] 但是，铁路一完工，美国各地就借口失业华工扰乱社会秩序，屠杀、焚烧、驱逐和侮辱华工，继而澳大利亚、加拿大、夏威夷等地都有类似事件发生。[④] 作为美国后院的拉美亦开始盛行排华事件。

牙买加和古巴等国虽然发生过排华事件，但是对当地华人的经济地位和社会生活影响不大，而且排华事件只是个别性、偶发性事件。(参见表 25)

---

① Duvon C. Corbitt, *A Study of the Chinese in Cuba*, *1847-1947*, pp. 81-82.

② 参见任继愈：《美洲华侨史话》，53 页。

③ 陈翰笙主编：《华工出国史料汇编》，第七辑，296 页。

④ 参见陈翰笙主编：《华工出国史料汇编》，第六辑，11 页。

表 25　　　　　　　　牙买加和古巴排华事件（1918—1950）

1918 年牙买加排华暴乱 原因：华人生意的成功让当地人十分妒忌，并且编造了华人靠坑蒙拐骗致富的流言。加之，第一次世界大战结束后生活物资匮乏，更使之升级为打、砸、抢事件。 经过：一名牙买加黑人警察在咒骂了华人店主后，失踪了两天。以圣玛丽和圣凯瑟琳（St. Catherine）教区为主的牙买加黑人抢劫和捣毁了很多华人杂货店。
1938 年牙买加排华暴乱 原因：20 世纪 20、30 年代，牙买加经济遭受重创，物价飞涨。然而，华人店铺依然生意兴隆，成为牙买加黑人仇视的目标。 经过：1938 年 12 月，牙买加发生了波及全岛的抢劫华人店铺的骚乱。
1944 年古巴排华骚乱 原因：1944 年古巴总统圣马丁上台，严格执行"五十工例"，导致 400～500 华人失业。 经过：1944 年 8—9 月，"古巴前线"组织到华人店铺寻衅滋事，要求华人用工平等，立即雇用古巴人。他们手持标语，聚集在华人餐馆、服装店、鞋店、水果店等处，大喊大叫，造成混乱。

资料来源：Howard Johnson, "The Anti-Chinese Riots of 1918," pp. 50－63; R. A. Silin, *Survey of Selected Aspects of the Chinese in Jamaica*, Unpublished honors thesis, Harvard University, 1962, pp. 64－78; Kathleen López, "'One Brings Another'," pp. 119－120。

与牙买加和古巴相比，墨西哥和巴拿马的情况则大相径庭。排华事件发展成为群体性、破坏性、连续性事件，导致以城市零售商业为主的当地华人经济严重衰退，相对强势的行业地位遭到毁灭性打击。委内瑞拉则介于上述两种情形之间。

墨西哥群体性排华事件最早可以上溯到 1886 年马萨特兰和墨西哥城袭击华人社区的暴乱。1890 年索诺拉爆发反华抗议活动，反对雇用低工资华工取代墨西哥铁路工人。① 1891 年，诺加莱斯伐木场雇用华工引发了一场群情激愤的大罢工。鉴于此，1905 年下加利福尼亚百利隆（Boleo）铜矿宣布不雇用亚裔工人。② 由此，排华事件从零星的、个别的、地方性事件逐渐蔓延至墨西哥全国各地。

从 1893 年开始，美国经济持续低迷。大批墨西哥工人返乡寻找工

① See Moisés González Navarro, *El Porfiriato: La vida social: En historia moderna de México, por Daniel Cosió Villegas*, México: Editorial Hermes, 1957, p. 168.

② See Kenneth Cott, "Mexican Diplomatcy and the Chinese Issues, 1876－1910," p. 82.

作，与华人发生就业竞争。1900年以后，农业、工业工人的实际工资下降，大量工人失业，劳动力市场供大于求，工资水平进一步下降，排华情绪也随之逐步升级。1905年，墨西哥自由党（Partido Liberal Mexicano）倡导政府实施限制华人移民的法令。这个倡议在1906年该党提案的第16条中表述为"禁止华人移民"，后又阐释为此项限制令旨在减少墨西哥工人与那些"愿意接受低薪"的华工竞争。①

那时，很多美国矿主雇用华人或者与华人合资经营地方商店，强迫墨西哥工人购买商品。这些与美资企业有千丝万缕联系的华人企业由此被认为是美国人剥削墨西哥人的"帮凶"，最早遭到排华分子迫害。1906年，卡纳内阿联合铜矿公司（Cananea Consolitated Copper Company）工人罢工，袭击了当地两家华人商店。6月，华人商店店主邝某（Quong Sang Lung）和方某（Fong Fo Qui）分别向当地政府索赔损失1 500美元和300美元，遭到了总督办公室无理拒绝。②

1905年，墨西哥货币体系开始实行金本位制。1907—1908年，美国华尔街发生金融危机，大批墨西哥劳工返回墨西哥北部各州，造成劳动力市场饱和。接着，矿产品和原材料市场价格暴跌，给北部各州以严重打击。祸不单行，1908—1909连续两年发生严重旱灾，拉古那（Laguna）等地粮食歉收。玉米和大豆等生活必需品的价格涨了三倍，仍供不应求。③ 那些种植和囤积粮食的华人常常被攻击为投机商和奸商。

经济危机也使由商人、专业技术人员、手工业者、矿工和地方政府职员等"小市民"构成的墨西哥中产阶层资产贬值，他们把自己的处境描述为"承担了所有社会成本，但地区经济发展让他们一无所获"④。他们支持墨西哥自由党的民族主义思想，认为迪亚斯专政和外来资本（包

---

① See Moisés González Navarro, *El Porfiriato*, p. 169.

② See Evelyn Hu De-Hart, "La comunidad China en el desarrollo de Sonora," in *Radding de Murieta*, *Historia General de Sonora*: *IV*, *Sonora Moderno*, *1880－1929*, p. 196.

③ See William K. Meyers, *Interest Group Conflict and Revolutionary Politics*: *A Social History of La Comarca Lagunera*, *México*, *1880－1911*, pp. 260－261.

④ Ibid., p. 189.

括华人资本）是他们经济成功的阻碍。[①] 为了搬开后者这块“绊脚石”，他们以卫生和防疫等非经济因素为借口，采取一系列反华、限华的措施：隔离华人，强制关入集中营，关闭华人店铺等。

一场发源于马萨特兰港口的鼠疫席卷了墨西哥西北各州。当地政府怀疑瘟疫源自运输美国旧金山华人劳工和货物的船只。虽然美国领事凯撒（Louis Kaiser）调查后称，“1901－1902 年，没有任何直接来自中国或日本的船只驶往该港”，但是仍然得出结论：“毫无疑问是旧金山唐人街的老鼠藏在蔬菜里进入该港口并引起鼠疫的。”[②] 瘟疫爆发以后，墨西哥政府和民族激进主义分子找到了冠冕堂皇的排华借口，1902 年设立了最高健康委员会（the Highest Committee of Health）对出入境华人和物品检查、观察和隔离。[③] 1903 年 10 月 10 日，新的华人移民法通过，在曼萨尼约（Manzanillo）港建立观察所（a Barracks of Observation），登陆华人移民必须接受卫生检查[④]，以限制华人入境数量。1916 年，墨西哥政府通过立法，建立华人集中营（ghettos），限制华人店铺经营范围。[⑤]

在 1910—1917 年墨西哥革命期间，华人店铺遭抢、店主被杀等事件屡屡发生，生命朝不保夕。1911 年 5 月 4 日，墨西哥弗朗西斯·马德罗（Francisco Madero）革命军攻陷科阿韦拉州北部城市托雷翁。第二天早上，城乡群众和士兵约 4 000 人开始在城区抢劫，华人成了劫掠的主要对象。当天，303 名华人和 5 名日本人被杀，华人经济损失超过 100 万美元。[⑥] 事后，经当地华侨和国民政府官员交涉，墨西哥政府承诺赔偿 310 万比索，但 1917 年 2 月总统马德罗被暗杀，赔偿款一直未兑现。1915 年，墨西哥革命党第二次起义，托雷翁再度失陷，华人又遭屠杀。12 名

① See Barry Carr, “Las peculiaridades del norte mexicano, 1880 - 1927: Ensayo de interpreción,” *Historia Mexicana*, Vol. XXII, No. 3, 1973-03, p. 392.

② “Kaiser to Peirce,” *USCO Mazatlán*, 1903-01-27.

③ 参见董经胜：《华工问题与中墨建交始末》，载《拉丁美洲研究》，2005（12），64 页。

④ See “Kaiser to Peirce,” *USCO Mazatlán*, 1904-03-17.

⑤ See Raymond B. Craib, *Chinese Immigrants in Porfirian Mexico*, p. 20.

⑥ See Leo M. Dambourges Jacques, “The Chinese Massacre in Torreón (Coahuila),” p. 239.

华人被害，财产损失巨大。华人大多逃往北部边境奇瓦瓦州华雷斯，无家可归者多达1 000余人。① 但厄运仍然没有结束，1916年奇瓦瓦州府又有22名华人被害，全州被害华人约200人，财产损失更是不计其数。1918年9月15日，时值墨西哥国庆日，索诺拉排华分子炸毁华人商店，数名华人受伤。他们还怂恿地痞流氓趁机敲诈勒索华人。科阿韦拉州也在1920、1926年爆发了排华风潮。

从墨西哥革命直至1920年，埃莫西约、瓜伊马斯、卡纳内阿、纳科萨里-德加西亚和其他北部各州城市，均有华人被杀或遭迫害、店铺遭抢、社区遭劫等事件发生。1929年，国民政府派至墨西哥索诺拉州的冯祥光经过调查取证，了解到墨西哥革命期间"军队向侨商借款、赊货、勒索多端，甚至逞凶抢劫，形同盗匪"，华人"受损甚巨"，受损商户达287家，损失金额总计253 840.22比索。②

墨西哥革命以后，中产阶层掌握了政权，他们在各州制定了排华法案。1915年，下加利福尼亚向华人强制征收人口税，锡那罗亚州马萨特兰政府把华人强制关入集中营。1917年，加野统治下的索诺拉州把华人隔离到一个特别区域内，"以降低华人人群的影响范围"。③ 1928年墨西卡利政府出台限制措施，要求华商企业中墨西哥雇员不得低于80%。限制措施实施不久，就导致大量华人雇员失业，华人店铺关门，墨西卡利的很多华人不得不放弃生意回国。④

1929—1933年爆发了世界性经济大萧条（the Depression），1929—1931年美国加利福尼亚州爆发了迫害华人的社会运动。在美谋生的墨西哥人失业，回乡谋生，给索诺拉和锡那罗亚两州政府造成了很大就业压力。此时的华商已经牢牢控制了这两州杂货店行业的命脉，成为失业墨西哥人最大的竞争对手。他们对美国反华运动耳濡目染，加上现实生活压力，就产生了针对华人的恨富、仇富心理。两州政府就利用这种反华

---

① 参见［美］陈匡民：《美洲华侨通鉴》，525页。

② 参见何凤娇主编：《排华史料汇编：墨西哥》，19～50页。

③ See Charles C. Cumberland, "The Sonoran Chinese and the Mexican Revolution," pp. 195-196.

④ See Ching Chieh Chang, *The Chinese in Latin America*, p. 107.

情绪，转移群众视线，减轻就业压力。禁止华人与墨西哥人结婚、限制华人移民、要求华人企业雇用墨西哥工人（雇用80%墨西哥工人工例，the 80 percent law）等排华、限华法令相继出台。1930、1931年爆发动乱，华人被驱逐出这两州。

锡那罗亚和索诺拉排华事件以后，很多华商纷纷离开了墨西哥。有的偷渡到美国，有的返回中国，还有些人迁往墨西哥其他排华情绪不严重的地区，如下加利福尼亚北部。从此，虽然墨西哥华商依然是下加利福尼亚州最具实力的商业力量之一，但锡那罗亚和索诺拉两州华人城市零售业的繁华盛世一去不复返，经济实力倒退数年。20世纪30年代的世界性经济危机导致棉花需求量锐减，墨西卡利经济持续低迷，华商放弃了在当地的生意。1931年以后，华人移民墨西哥几乎停止了，墨西卡利的华人移民数量持续减少，当地人口总量却上升很快。华人在当地人口的比例越来越小。1919年，墨西卡利当地人口是3万，其中华人多达7 000人；到了20世纪50年代，人口总量增长至14万人，而华人只有2 000人。①

与此类似的还有1941年巴拿马爆发的排华运动，造成1 000多名华商被迫关闭生意回国，华人移民巴拿马停滞了相当长的时间。

巴拿马排华根源可以上溯到哥伦比亚统治时期。契约期满的华工在巴拿马做生意赚了钱，引发了当地穷人的仇富情绪，甚至公开举行反对华人的示威活动。1890年8月8日，巴拿马当地人申请建立反华社团，遭到哥伦比亚政府拒绝。1903年巴拿马脱离哥伦比亚独立，相继出台了多个排华法案。在19、20世纪之交，巴拿马排华团体（the Sociedad Anti-China）成立，成员大部分是城市专业技术者、民族主义者、种族主义者和排外主义者。

1941年，巴拿马总统阿里亚斯颁布了所谓的“商业民族化”法案，巴拿马排华运动登峰造极。根据该法案，华人禁止从事零售业，只准经营东方商品的零售。接着，用工法案也出台了，规定餐馆和洗衣房以外的商业企业禁止雇用华人。这既是对华人的侮辱，也是对当地华人经济

---

① See Ching Chieh Chang, *The Chinese in Latin America*, pp. 102, 107.

的致命一击。以巴拿马城市长为代表的地方政府官员粗暴而严厉地实施这两项法案，滥用职权，没收华人财产。当时中国驻巴拿马外交官称：

> 市长采取的措施极其野蛮，除了数年前墨西哥北部某些省发生的排华运动以外，在西半球无出其右者。巴拿马民主主义者和保守主义者十分同情华人的遭遇，但是噤若寒蝉。之后，赴巴拿马的美国大使也非常同情深陷困境的华人，但是不干涉他国内政的外交政策也让他无法假以援手。①

这场风波导致 500 多家华人店铺被迫以很低的价格出兑，损失上百万美元；大批华人失业。万幸的是，在中国政府和巴拿马运河区美国政府的帮助下，1 000 多名失业华人在巴拿马运河区找到工作，有些人之后返回中国。②

留在巴拿马的华商或入籍巴拿马，或本身为巴拿马土生华人，或娶巴拿马妻子，使商店所有权转移在巴拿马籍人名下，以避免经济损失。③虽然华人的主业还是杂货店生意，但是 1941 年前的统治地位已不复存在了。在委内瑞拉加拉加斯，1938 年前华人在酒店经营方面独具实力。1938 年，委内瑞拉政府关闭了华人酒店。当地政府安排失业华人去农场工作。但是大部分华人还是继续经商，开水果店或咖啡屋，也有的经营杂货店、洗衣店和餐馆。20 世纪初委内瑞拉发现石油，经济大发展，华商也随之受益，是当时拉美华商中比较富裕的。④

6.1.2.2 排华法案

在 1878 年古巴第一次独立战争结束后，古巴的西班牙殖民政府很快出台了排华法令，是拉美最早出台排华法令的国家。1871 年 4 月 27 日殖民当局颁布法令，借口中国移民不遵誓约、违犯当地法律、破坏公共秩序、援助国家敌人等行为，给古巴带来巨大损失，造成极大伤害，因而取消引进华工，强令那些契约期已满的华工，要么离境，要么和原来雇

---

① C. Shing, "Central America and the Chinese," *Asia*, Vol. 43, 1943-04, pp. 209-210.

② See Ching Chieh Chang, *The Chinese in Latin America*, p. 27.

③ 参见管彦忠：《中国人移居巴拿马的历史进程》，载《拉丁美洲研究》，2002 (2)，34 页。

④ See Ching Chieh Chang, *The Chinese in Latin America*, pp. 116-117, 119-120.

主续签用工契约。①

为了躲避美国政府种族迫害、寻求自由贸易机会，从 19 世纪 70 年代起大批华人迁入拉美，这引起拉美殖民者的恐慌，1900 年前后各国相继出台了限制华人移民的法案。（参见表 26）此后 40 年间影响范围扩散到拉美主要华人聚居区，造成新华人移民骤减，在墨西哥甚至出现大批定居华人再移民至其他拉美国家的现象。

表 26　　拉美各国有关华人移民的法案（1847—1944）

时间	国家	法案内容
1847	古巴	古巴发展委员会签署引进华人契约劳工的法案。
1849	秘鲁	11 月 17 日《华人法》通过，秘鲁开始华人苦力移民。
1856	秘鲁	《华人法》废止，苦力贸易被禁止。
1861	秘鲁	新《华人法》通过，华人苦力贸易重新开始。
1871	古巴	西班牙皇室下令关闭苦力贸易。
1889	厄瓜多尔	9 月 14 日法令驱逐所有华人。
1890	乌拉圭	通过移民法案，排斥所有亚、非裔人种。
1896	危地马拉	1 月 25 日法案排斥华人居民。
1897	哥斯达黎加	5 月 22 日法案禁止中国籍人移民。
1897	危地马拉	总统令禁止中国继续向危地马拉移民。
1902	古巴	5 月，古巴政府下令，“在禁例期限内，中国工人从别国口岸或地方来古者为违法”，禁止中国移民入境；8 月 11 日 237 号法令确认执行古巴美国军政府 155 号法令，美国排华法令引入古巴。
1903	巴拉圭	9 月 30 日法案排斥黑人和黄种人。
1904	巴拿马	3 月 11 日巴拿马政府颁布 6 号法令，禁止“中国人、土耳其人和叙利亚人移居巴拿马”。但不禁止过去到过巴拿马的移民，允许所有中国侨民拥有自己的资产、牧场、商店和工厂及合法职业，但必须进行登记。
1906	巴拿马	巴拿马政府颁布 26 号法令，允许继承或接管巴拿马商店的中国人入境。之后，允许中国移民加入巴拿马国籍。

① 参见［古巴］梅赛德斯·克雷斯波·比利亚特著，刘真理译：《华人在蔗糖之国——古巴》，63 页。

续前表

时间	国家	法案内容
1907	危地马拉	凡居留危地马拉的华侨准其随时领取护照出境，出境后不得重新入境；新入境华人一经发现立即驱逐出境，如有协助其入境者，按法令治罪。
1909	秘鲁	秘鲁政府公然违背《中秘友好通商通航条约》，5月14日通过种族歧视性规定，对华人移民课以重税；在中国政府的外交抗议下，8月17日宣告无效。
1912	哥斯达黎加	2月15日法案确认1897年5月22日法案依然有效。
1913	巴拿马	3月2日波拉斯政府颁布50号法令，所有1904年以后进入巴拿马和没有合法证件的华人都必须注册，并说明其入境巴拿马的非法途径。对于违反法律的人将同那些鸦片吸食者、赌徒和罪犯一起被遣送回国。44号法案规定，只允许离境不超过2年且已经注册的华人入境巴拿马。
1917	古巴	8月3日通过法令，允许华工入境。
1917	巴拿马	通过8号法令，规定1913年50号法令中禁止入境的华人不包括已经入籍和非中国国籍的华人。
1918	委内瑞拉	6月26日通过移民法，规定只接纳欧洲移民。
1921	古巴	1902年法令再次生效，排斥华人。
1921	厄瓜多尔	10月18日通过法令，肯定1889年9月14日法令的有效性。
1923	秘鲁	禁止华人入境。
1924	危地马拉	9月15日通过法令，排斥所有华人及其他蒙古人种。
1924	巴拉圭	10月，排斥黄色人种的691号法令废止。
1926	巴拿马	10月23日通过13号法令，规定排华范围不包括国籍为泛美洲国家国籍的华人。
1926	古巴	4月27日通过570号法令，排斥来自中国的华人。
1928	巴拿马	颁布6号法令，规定可以入境华人每年不得超过10人。
1930	尼加拉瓜	5月5日通过排华法律。
1933	巴西	5月24日通过联邦宪法，确立了华人移民配额为2%的移民制度。
1934	洪都拉斯	根据移民法第14条，禁止华人移民。
1935	墨西哥	12月30日通过普通人口法（General Population Law），确立了移民配额制度。华人移民人数被限制为100人。
1936	秘鲁	建立了2%的华人移民配额制度。
1936	委内瑞拉	移民法案禁止白人以外的任何移民。
1937	尼加拉瓜	移民法第5条禁止华人移民。
1939	秘鲁	排斥所有华人，这违背两国政府签订的新条约。

续前表

时间	国家	法案内容
1941	巴拿马	阿里亚斯政府颁布新宪法，第二章关于外国国籍的第 23 条规定："对外国移民通过法律进行控制。禁止下列移民：操非本民族语言——卡斯特利亚语（即西班牙语）的黑种人、黄种人、印度族人、小亚细亚人和北非的移民。"
1943	古巴	4 月 10 日中古签订了新条约，排华法案废止。
1943	哥斯达黎加	12 月 28 日通过 51 号法案，取消强加于华人移民头上的民族和种族方面的限制。
1944	洪都拉斯	3 月 3 日通过 61 号法令，把华人从不受欢迎的移民中删除。
1944	危地马拉	6 月 2 日通过 3106 号法令，删除所有法律中关于因种族歧视或其他原因，把华人列为不受欢迎移民之列。
1944	萨尔瓦多	7 月 18 日通过法令，删去华人为不受欢迎移民的表达方式。
1944	厄瓜多尔	8 月 1 日通过 601 号法令，废除有关因国籍或种族原因限制、排斥华人的规定。
1944	尼加拉瓜	318 号法令颁布，废止 1930 年法律第 5 条中对华人公民的限制。

资料来源：管彦忠：《中国人移居巴拿马的历史进程》，载《拉丁美洲研究》，2002（2），33～34 页；任继愈：《美洲华侨史话》，110 页；Ching Chieh Chang，*The Chinese in Latin America*，pp. 146-149。

古巴、秘鲁、墨西哥、牙买加和巴拿马是拉美最主要的华人聚居区，除巴拿马以外，其余几国是最早积极招募契约华工的国家，也是在用工紧张问题解决后，首先出台限制华人移民法案的拉美国家。最具有代表性的是古巴。1898 年美国政府的排华法案传入古巴，1902 年古巴政府通过了排华法案。1917—1921 年排华法案停止实施五年，从 1921 年 12 月再次开始执行。1902—1917 年虽然限制移民的法案已经出台，但每年仍有上百名华人资助自己的宗亲或者同乡移民古巴。在排华法案暂停执行的五年间，超过 1 万的新华人移民来到古巴。1921 年以后，排华法案再次执行，古巴的新华人移民人数锐减。牙买加限制华人移民法令是在 1919 年实施的，开始执行的并不严格，但是随着时间推移，执法越来越严格，新华人移民的数量也随之变得越来越少。（参见第 4 章 4.2.1 有关论述）

秘鲁和墨西哥的情形大致相同。虽然秘鲁没有制定限制华人移民的法案，但是早在 1909 年就开始采取措施限制华人移民，新华人移民人数大幅度减少。1929—1933 年世界经济大萧条期间，秘鲁水旱灾害频仍，农作物歉收，导致很多华人农场倒闭。1923—1944 年，秘鲁政府对华人移民和再入境实行严格限制。如 1930 年，秘鲁政府下令限制华人入境，还规定旅秘华侨离境以后，也不准入境；华人商店雇用店员必须有半数秘鲁人，否则取缔。根据国民党政府驻秘鲁领事馆统计，1937 年，旅秘华侨减少到 7 030 人。① 因为市场状况低迷，很多华人转行，缩减店铺规模，甚至关门。失业华人沦为乞丐，走投无路，甚至自杀。

19 世纪末 20 年代初墨西哥改变了移民政策：1921 年禁止华工移民，只有 1921 年前入境华人的妻儿和非劳工（如商人）可以入境。此后，入境华人减少。在 1921 年以前长达 10 年之久，一共有 2 万多华人移民墨西哥，但是之后的 10 年仅有 6 500 名华人移民墨西哥。② 据墨西哥官方统计数据表明，1931—1940 年仅有 166 名华人入境。相对地，在此期间迁出墨西哥的华人数量大幅度攀升，在排华运动席卷墨西哥的 1931—1935 年甚至达到了 6 000 人左右。（参见图 9）

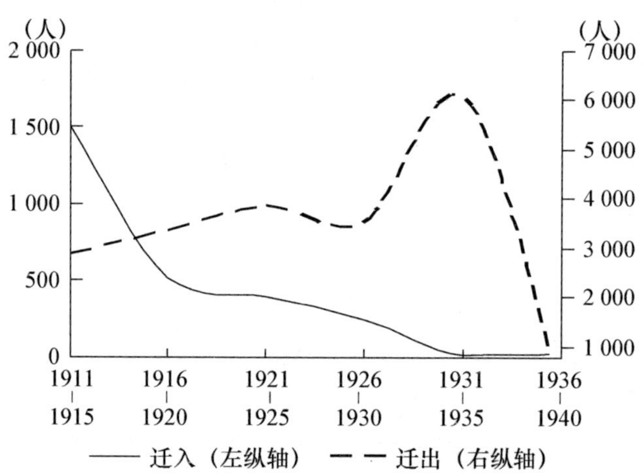

图 9　墨西哥华人移民迁入、迁出人数变化趋势图（1911—1940）

资料来源：Ching Chieh Chang，*The Chinese in Latin America*，p. 29。

虽然缺乏人口统计数据显示限制华人移民法案使巴拿马新华人移民减少，但是在 1904—1932 年短短不到 30 年间，巴拿马三次修改了限制华

① 参见袁颂安：《秘鲁华侨概况》，34 页。

② See *New York Times*，1931-09-05.

人移民法案，以堵塞其中的漏洞。1904 年的法案规定，华人禁止移民巴拿马，但是法案颁布前已经移民巴拿马且离境时间不超过一年的，允许入境。此外，华人的妻儿入境不受此限制。① 接着，1913 年新的限制华人移民法规定，离境不超过一年的华人也禁止入境，但是法案颁布之前已经移民的，允许继续居留。居留华人需要登记，“登记华人”（Registor de Chino）离境不满两年的华人允许入境。② 1928 年颁布的法案又对入境的华人妻儿的人数进行总量限制，每年不得超过 10 人。虽然巴拿马政府一而再、再而三地严格限制华人移民，新华人移民的人数仍然是有增无减，在 20 世纪 30 年代一度达到 3 800 人。③

1913 年巴拿马的华人注册法遭到了华人的强烈反对，他们聘请法律顾问申诉对华人的歧视。中国驻巴拿马总领事也介入此事，结果被巴拿马政府取消了总领事许可，由美国领事馆暂时照管中国侨民事务。这在巴拿马历史上是没有先例的。之后，巴拿马城和科隆华商罢市以示抗议，还引发了群众性抗议活动。但是，12 月 2 日，巴拿马政府还是说服华人去指定地点注册。④

有些拉美国家的排华法案对华人移民数量的影响是十分有限的。比如，厄瓜多尔、委内瑞拉、萨尔瓦多、尼加拉瓜、洪都拉斯、哥斯达黎加、危地马拉和多米尼加等国家，虽然从未引进过华工或只在早期有过小规模的引进，但是地理位置毗邻秘鲁、古巴和墨西哥等拉美华人聚居国家，所以会有少数华人再移民至此，并以他们为核心，吸引更多的中国本土移民。因为这些国家华人吸引而来的同族或同乡数量有限，而且华人移民拉美的主要目的国不是这些国家，因此从整个拉美地区来看，这些国家限制华人移民法案的影响有限，并没有大规模减少拉美华人移民总量。从来没有引进华工的智利既没有推行限制华人移民法案，在 20

---

① See Regulacion de la Immigracion de los Nacionlidad China, March 11, 1904, Quoted in Ching Chieh Chang, *The Chinese in Latin America*, pp. 37－38.

② See Disposiciones Legales vigentes en la Repulica de Panama con respect a immigracion china, Siria, y Eurca, 1917, Quoted in Ching Chieh Chang, *The Chinese in Latin America*, p. 38.

③ 参见［美］陈匡民：《美洲华侨通鉴》，743 页。

④ 参见管彦忠：《中国人移居巴拿马的历史进程》，载《拉丁美洲研究》，2002（2），34 页。

世纪50年代之前当地华人人口也从未超过3 000人。

还有一些拉美国家，排华法案对华人移民数量几乎没有影响。比如，巴西、阿根廷、玻利维亚、巴拉圭、乌拉圭等国家既没有引进过华工，也远离拉美华人聚集国家，因此，玻利维亚、巴拉圭和乌拉圭虽然出台了限制华人法案，但对本国乃至拉美华人移民数量都毫无影响。阿根廷从未出台限制华人法案，但是20世纪50年代之前该国华人人口总量一直不过几百人。1903年巴拉圭出台了限制华人的法案，但是20年后，他们发现这个法案形同虚设，于是1924年废止了该法案。①

6.1.2.3 形成原因

拉美华人早期卑微低下的职业生涯和穷困交迫的经济地位给拉美各国"精英分子"以排华口实。19世纪末，完成了契约合同的华工流入城市谋求生路。有些华工在奴隶制度下丧失劳动力，只得沿街乞讨，靠博取路人同情度日。在古巴，"瞽目残疾华人乞食者甚众"②；在秘鲁，"琐尾流离，存亡参半，甚至非癃即盲"③。殖民统治者借此攻击和诋毁华人，古巴统治者认为他们"安于懒惰，干尽各种坏事"，秘鲁统治者视华人为"民族灾难"④。1903年，中国驻美公使梁诚致外务部信函中反映了墨西哥人对华人"恶习"的厌恶情绪："其最著者，如开设烟馆，华洋男女群聚吸食，一也。开设赌场，日夕喧嚣，显干巡警禁例，二也。私立堂号，每因小嫌，辄行械斗，三也。卫生不讲，疾病丛生，衣服饮食，安于秽恶，四也。不检细行，败俗伤风，五也。"⑤

加之对华人吸食鸦片、赌博、偷渡等方面的消极评价以及当地商人与华商之间价格竞争劣势，使得20世纪前半期拉美各国"黄祸论"盛行一时。西方殖民者极力渲染华人的"危险性"，华人明明是他们掠夺来的，却变成了"希腊人的礼物"，即打入敌人内部的特洛伊木马。英国殖

---

① See Immigration Law of 1903, Article 14; Act No. 691, Quoted in Ching Chieh Chang, *The Chinese in Latin America*, p. 40.

② 《晚清海外笔记选》，223页。

③ 同上书，246页。

④ Watt Stewart, *Chinese Bondage in Peru*, pp. 126, 229.

⑤ 《使美梁诚为墨西哥弛禁华人登岸事致外务部函》，见陈翰笙主编：《华工出国史料汇编》，第一辑，1243页。

民者还叫嚣拉美的华人和黑人将凌驾于西班牙后裔、印第安人和混血种族之上，一条黑黄色的腰带缠绕起来，“繁殖区域会永无休止地扩张”①。1922 年 4 月古巴西恩富戈斯当地报纸报道，华盛顿要求古巴政府采取措施阻止华人和“不怀好意”的欧洲移民（也就是共产主义分子和布尔什维克），他们入境古巴的目的就是偷渡美国。1926 年 8 月 19 日古巴《阳光日报》（*El Sol*）发表社论称：“华人除了桀骜不驯和生性虚伪之外，还与商人们争夺商业资本，与劳工们争夺工作机会。他们几百人群居一处，就着米饭吃老鼠、四脚蛇、狗、鲨鱼鳍，享之如珍馐美味。他们的消费如此之低，是当地商人和古巴、西班牙工人的致命竞争对手。”1913 年《哈瓦那日报》（*Habana Daily*）称：“古巴需要定居下来的公民，效忠本国法律、习俗和常规，而那些华人只是来此工作，得到工资后溜之大吉。”② 毋庸置疑，殖民主义者散布“黄祸论”的主要目的就是掩盖愈演愈烈的阶级矛盾，转移广大人民群众的斗争视线，维护摇摇欲坠的殖民主义统治机器。

拉美华人流落海外，倒悬之苦无人可解。他们大部分仍然保持着中国国籍，所以在当地人看来，华人不是当地社会少数族裔的一支，而是一个异国侨居群体。适逢中国内乱，政府统治风雨飘摇，国际影响力微弱，国际地位更无从谈起，致使海外华人缺少来自祖国的保护。

诚然，20 世纪 30 年代，拉美华人社会存在着诸多不尽如人意之处，在拉美各国都不同程度地流行着“黄祸论”，在有些国家还演变成为群体性排华事件，特别是 1931 年前后墨西哥排华事件持续时间长、影响范围广。那么，究竟是什么样的社会因素和历史因素促成了墨西哥排华事件的产生呢？同一时期侨居墨西哥的其他族裔为什么遭受的人身和财产冲击要小得多呢？究其主要原因，是墨西哥民族激进主义分子的心理错觉、认知偏差和种族歧视造成的。

第一，华人被当作侨居者和掠夺者看待，在排外情绪高涨之时，很难化解当地人敌意，常常沦为宣泄民族仇恨的牺牲品。

---

① ［英］海因茨·哥尔维策尔：《黄祸论》，132 页，北京，商务印书馆，1964。

② Quoted in Kathleen López, "'One Brings Another'," p. 117.

墨西哥历史学家雅克（Leo M. Dambourges Jacques）曾经说："美国人是做大生意的，华人是做小生意的，而我们墨西哥人控制着政府，喊着万岁！"① 1867—1910年，迪亚斯政府推行的依靠外资发展经济的政策，把矿产业、制造业、市场销售和运输业等资本密集型"大生意"的垄断权拱手交给了欧洲和北美资本家。法国人掌握着80%的纺织厂，铁路由北美商人独霸，北美和英国商人还垄断了矿产和石油开采业。1908年，驻墨西哥英国官员发现，所有的矿产公司都归英国、墨西哥、北美或法国商人拥有；一位英国外交官员曾经估算，在墨西哥矿产业和非矿产业（如制造业、电信业和运输业等）中，外国资本总量是墨西哥本国的2倍。到1910年，北美资本在墨西哥外资中所占比例最高。② 外资企业通常会聘请本国人担任工头、技师等重要岗位，工资高于墨西哥工人。在美资工厂、矿山和铁路，工头、技师和管理人员都清一色是美国人。在托雷翁的美国公司，美国工人拿的工资是最多的。③ 墨西哥工人不满外国工人的高薪待遇，20世纪初他们组织了工会，抗议外国工人的特权，要求同工同酬。虽然工会活动主要指向美国企业，但是华人也常成为他们宣泄民族情绪的"替罪羊"。

第二，激进民族主义分子妒忌、仇恨华人生意的成功表现，把华商企业视作最强大的竞争对手，认为社会财富都被华人席卷一空，华人经济的成功对墨西哥国家经济安全是一种威胁。

墨西哥当地报刊是散布排华舆论的"先锋"，大肆渲染华人是地方经济的竞争对手。1879年，墨西哥联邦州的《自由之报》（*La Libertad*）发表反华言论，指出华人不是当地经济的消费者，他们几乎不花什么钱，都攒下来寄回中国了。他们还抢走了墨西哥人的工作。1891年，《梅里达述评》（*La Revista de Mérida*）指责华人是在与墨西哥商人竞争，因为他

---

① Leo M. Dambourges Jacques, "Have Quick More Money than Mandarins," *The Journal of Arizona History*, Vol. 17, 1976-03, p. 205.

② See Walter Goldfrank, "World System, State Structure, and the Onset of the Mexican Revolution," *politics and society*, Vol. 5, No. 4, 1975, pp. 431-433.

③ See William K. Meyers, *Interest Group Conflict and Revolutionary Politics: A Social History of La Comerca Lagunera, México, 1880-1911*, p. 180.

们不愿意在田里劳动，更愿意去城市贩卖水果和食物。索诺拉的《交通报》（*El Tráfico*）在商人中有着广泛的读者，也十分关注劳工的利益和权利。1899 年，该报发表了一系列有关中墨建交、引进华工利与弊的社论，指出虽然商人和企业家可以获得新的劳动力，但是对华商经济上的成功一定要警惕。[①] 1900 年《国家日报》（*El País*）称华人是堕落种族，并断言他们的竞争将毁掉墨西哥工人、企业家和商人。[②]

那么，华人的生意真的像墨西哥激进民族主义分子渲染的那么“成功”吗？或者说，华人真的掌握了墨西哥地方经济命脉，抢走了墨西哥人的“饭碗”吗？事实上，并非完全如此。

1897 年墨西哥索诺拉州商业调查显示，该州零售商和批发商中占显赫地位的是德国、美国、法国和墨西哥商行，矿业则为北美人所垄断。而华人从事的是“低水平的不值一提的沿街叫卖的小商业、杂货、缝纫、洗衣、厨师”[③] 等职业。

在索诺拉排华运动如火如荼之时，1925 年墨西哥政府对索诺拉华人工商企业情况做了一次调查，并与墨西哥本土企业做了对比。（参见表 27）从调查结果可以看出，索诺拉地方经济牢牢地掌握在墨西哥本土大型工商企业手中，而大部分华人工商企业拥有的资本数量仅在 1 200～2 500 比索之间，根本无法与之竞争。此外，华人企业分布非常分散，517 家华人企业分布在 65 个城市中，而 61 家墨西哥企业分布在 14 个城市中，没有任何一个城市中的华人企业有实力与墨西哥企业争夺地方经济控制权。

表 27　　墨西哥索诺拉华人工商企业与墨西哥本土企业比较

企业规模（比索）	华人企业数量	墨西哥本土企业数量
1 200～2 500	大多数	—

① See Humberto Monteón González & José Luís Trueba Lara, *Chino y anti-Chinos en México*: *Documento para su estudio*, Guadalajara: Unidad Editorial, 1988, p. 39.

② See Leo M. Dambourges Jacques, “The Chinese Massacre in Torreón (Coahuila),” p. 237.

③ 胡其瑜：《移民与发展中的社会——墨西哥北部的华人》，载《华侨华人历史研究》，1988 (4)，44 页。

续前表

企业规模（比索）	华人企业数量	墨西哥本土企业数量
5 000 以下	绝大部分	1
5 000～10 900	41	27
11 000～99 000	4	28
100 000 以上	1	5
总计	517	61

资料来源：Noticia de estadística comparative de los giros comerciales e industriales con específicaciones de su capital invertido，de Nacionales y Chinos establecidos en el Estado de Sonora，2 junio 1925，Archivo Histórico del Gobierno e Estado de Sonora，Vol. 3758。

但是，以上统计数据也从另外一个角度反映出为数众多、分布广泛的华人工商企业确实在小型零售行业占据着行业垄断地位。当然，墨西哥大资本家视华人工商企业活动如蚍蜉撼树，无关痛痒；只有墨西哥中产阶层和劳工阶层才对华人工商企业的"成功"充满羡慕和嫉妒，视作眼中钉、肉中刺，欲取而代之。一方面，在墨西哥革命中，这些中产阶层和劳工阶层曾为"社会正义"而战。革命胜利后，他们发现自己的经济状况还不如当地华人，因此，强烈要求提高经济水平和社会地位。另一方面，墨西哥人日常生活中华人商铺林林总总，在他们眼中华人在实实在在地控制着服装零售、干货批发、蔬菜和洗衣业等许多行业，华人"让墨西哥人失业，抢走了妇女洗衣的工作，收成不好时囤积居奇，剥削墨西哥劳苦大众"①。无处不在的华人店铺还时时提醒他们，外国人曾经怎样操控着他们的命运，必须为实现"墨西哥人的墨西哥"而斗争。因此，工人、失去土地的农民及其亲属成为墨西哥排华势力的中坚力量。

第三，民族激进主义分子认为，华人社会组织结构封闭，是无法被同化的。在墨西哥人看来，他们安于某种商业职业，"垄断"着洗衣店、杂货店和当铺等行业，生活在唐人街一隅，只和墨西哥或其他国家华人保持密切的商业往来，是在"剥削"墨西哥人民和民族。

事实上，墨西哥华人已经在很多方面融入了当地社会，甚至比其他外来种族更像墨西哥公民。首先，他们都给自己和自己的公司取了西班

---

① Raymond B. Craib，*Chinese Immigrants in Porfirian Mexico*，p. 12.

牙语名字。通过对1906—1933年部分墨西哥华人信件的调查统计，超过50%的华商都有西班牙语名字，大部分华人公司都有西班牙语名字。① 其次，因为华人女子极少，因此华人男子都希望与当地女子结婚。墨西哥人普遍认为，华人与墨西哥人结合的后代体质会很差。因此，虽无明文规定，但墨西哥政府是不支持墨西哥女子与华人结婚的；如果与华人结婚，墨西哥女子就要加入中国国籍。1910年墨西哥革命爆发，政府出台了哈里斯科计划（Plan de Jalisco），禁止墨西哥人与华人（以及非洲人）通婚。② 可见，并不是墨西哥华人奉行孤立主义，而是墨西哥民族主义分子的意识里满是欧洲白色人种"文明论"和"先进论"，从未把华人当成墨西哥公民，而只是永远地被当作"外国人"，施以种族歧视和种族隔离。

6.1.3 接纳期（20世纪50年代—20世纪70年代）

进入20世纪50年代以后，新华人移民入境数量减少，拉美第一代华人移民的后裔成长起来。他们中的大部分拥有了拉美当地国的国籍，接受当地的教育，有的也拥有较高的社会地位，或者本身也有其他族裔的血统。民族独立以后的拉美各国主流社会顺其自然地接纳了华人后裔，并把华裔当作多民族大家庭的重要成员之一。

6.1.3.1 空间上的"非种族隔离"

从20世纪40年代开始，在拉美大部分国家的政治层面上没有对华人的种族隔离政策和措施。无论是住所、职业还是社会组织，华人并没有受到任何形式的隔离和限制。只有一个例外，1941年巴拿马总统法令规定，华人只能从事餐饮业或者与东方商品相关的商业活动。但即使是这样，这种职业隔离政策也不是严格按照种族来推行的，因为它只针对保持中国国籍的华人，而巴拿马籍或其他国籍的华人则可以自由从事任何职业。③

在利马、哈瓦那和金斯顿等拉美大城市中心，都有唐人街。但是，

---

① See Raymond B. Craib, *Chinese Immigrants in Porfirian Mexico*, p. 21.

② See Moisés González Navarro, *Población y Sociedad en México (1871-1934): Problemas del Racismo y del Nacionalismo Durante la Revolución Mexicana*, México: INAH, 1911, p. 59.

③ See Ching Chieh Chang, *The Chinese in Latin America*, p. 132.

这一时期的唐人街已经完全商业化，没有任何种族隔离的作用，完全不同于德国法西斯设立的“集中营”(Ghettos)。唐人街的服务对象不仅限于华人，还有喜爱中华餐饮和商品的任何人。华人生意和住所也不必局限于唐人街。事实上，随着城市规模的扩大，这一时期哈瓦那和金斯顿的华人生意和居住区大部分已迁至唐人街以外城市周边的高档社区。金斯顿唐人街除了华人店铺以外，也有白人和黑人经营的店铺。唐人街上华人生意相对多，也只是“物以类聚”的商业效应而已：大城市某个行业中实力最强的企业都会相对集中于某一区域内。金斯顿大部分杂货店批发商都集中在唐人街，就是这种商业规律在起作用。又由于大部分金斯顿杂货店批发商是华人，因此，唐人街上的华人店铺数量多于非华人店铺数量。利马唐人街的情形也大致如此：“所谓利马唐人街不是一个华人居住区，而只是坐落着华人公司的两条不长的街道。这些华人在其他地方也有自己的店铺。”①

哈瓦那唐人街的发展得益于城市建设的发展。19 世纪初，苦力合约期满的华人获得了人身自由。不名一文的华人只能在当时还是郊区的火车站周围落脚，并不是因古巴政府实施的种族隔离措施。进入 20 世纪，哈瓦那城区面积不断扩大，唐人街也被划入城市圈，分享到城市发展带来的商业繁荣。即使火车站重建之后，唐人街依然保持着昔日华人店铺林立的风格。这一时期，所有华人社会组织都位于此，每个社会组织都有自己的办公大楼。有些大楼装修豪华，耗资达几十万美元。起初，古巴和牙买加的华人大部分都住在自己的店铺里，没有单独的住处。20 世纪 50 年代以后，特别是第二次世界大战之后，越来越多的华人把宅邸与商业房产剥离开来。华人在住宅区安家落户时，从来没有遭到过邻居的反对和歧视。哈瓦那华人宅邸有的甚至在 Vedado 等高档社区，而有的在老城区内的中档社区。金斯顿都市圈内的任何地方都能看到华人宅邸。在城市北部的高档住宅区里，有些最漂亮的房子是属于华人的。②

---

① Bernard Wong, “A Comparative Study of the Assimilation of the Chinese in New York City and Lima, Peru,” p. 351.

② See Ching Chieh Chang, *The Chinese in Latin America*, pp. 132-134.

在选择职业和加入社会组织等方面，这一时期的拉美国家也没有针对华人的隔离政策。华人后裔可以选择任何他们想去的学校读书。教堂和其他社会组织都开放地接受华人，没有任何限制措施。如前所述，古巴华人某些行业集中于某一地区，以及牙买加华人大多做杂货店生意，都不是种族隔离的结果，而是由于自愿集中产生的社会现象。事实上，华人可以从事任何他们喜欢的职业。20世纪50年代以后，第二代和第三代华人厌烦了父辈们的旧行当，而开始从事各种各样的技术性职业，如医生、律师等。当他们进入这些职业领域的时候，从未遭到过同业者的歧视。

20世纪50年代初，9岁的巴拿马华人维多利亚（Victoria）随家人到科隆，以躲避中国大陆的社会主义革命。高中时的维多利亚成绩优秀，但因家庭贫困，高中毕业后被迫辍学。巴拿马老师和朋友收留了她和姐姐安娜（Ana），像家人一样住在一起，接济她们的生活，鼓励她们继续深造。在老师的帮助下，维多利亚获得了就读圣玛丽大学（the University of Santa María Antigua）的奖学金。由于决心从医，她又顺利地转学到巴拿马大学（the University of Panama）。20世纪70年代，她获得了巴西驻巴拿马使馆的奖学金到巴西留学。其间与第一任巴拿马丈夫结婚，生了一男一女两个孩子。回到巴拿马后，在巴拿马老师和朋友的帮助下，抚养两个孩子长大成人，并且与其他几位心理学家共同开设了一个诊所。关于朋友圈和社交圈，维多利亚是这样评价的："我不参加华人社会活动，因为我没有和华人结婚。我的孩子们也是混血，我也不讲汉语。这些都是为长者所不容的。但有的时候，我会参加同乡会组织的聚餐派对，但也不是场场必到。"① 类似维多利亚情形的拉美华人或华裔不在少数，与华人社会相比，他们似乎更容易为当地社会所接纳。

秘鲁华人与当地人通婚较早，各个族裔经济和社会发展机会均等的国家政策，使受到良好教育的华裔可以很容易地进入他们喜欢的职业领域，获得较高的社会地位和积累较多的社会财富，甚至加入颇有名望的当地社会俱乐部或社会组织。以志忌拉育市为例，20世纪70年代有华裔

① See Lik Siu, *Memories of A Future Home*, pp. 103-108.

600多人，都是若干代华人的后裔。他们拥有85家商店和企业，还有不少人在市政府任公职：市政府文化部和慈善机构领导人都是由华裔担任的。[①] 事实上，秘鲁第一代华人择业更多受到技能和财力的影响，而不是种族政策。他们的职业范围虽然集中在商业和手工业，但是形式多种多样：食品生意、进出口生意，以及各行各业的零售和批发生意，如制鞋、皮革、衣帽、日用品、家具、肉类、水果、蔬菜、电器、建筑、不动产、旅游代理、剧院、宾馆、印刷厂、餐馆等。第二代、第三代混血华裔或秘鲁土生华人由于具备了一定的经济积累，开始进入建筑师、会计、医生、工程师、教授和城市公务员等各种专业技术行业。也有些华人抓住了商机，事业发展非常成功：有的投资不动产，成为房地产商，为墨西哥中产阶层修建起现代化的公寓；有的经营娱乐设施、高档夜总会和电影院，满足墨西哥富有阶层的需要；有的抓住秘鲁"旅游热"的时机，修建了旅游宾馆；有的抓住大量外地人到利马谋生的时机，改造贫民区，建起了廉价的电影院，以满足低收入阶层的娱乐需要，收到了良好的经济效益。[②]

6.1.3.2 心理上的自我隔离

在这一时期，虽然拉美社会普遍接受华人作为当地社会重要的一支少数族裔，但是正如巴拿马华人社会学家所说，华人仍然会与当地社会出现"各种各样的'断裂'，其中暴露的是当地社会规则与跨种族因素之间的紧张关系，显然华人在拉美社会的地位仍然是海外散居者"[③]。其中所述的"断裂"不是源自政治、经济和社会等外界力量的空间隔离或阻隔，而是源自华人自我认知、身份认同等精神力量的心理疏远或隔阂。当然，因各个国家的历史渊源、政治立法环境、社会和经济条件不同，华人与当地社会的心理隔离程度是存在差异的，表现也各不相同。比如，在华人同化和融入程度较高的秘鲁，华人对自身秘鲁公民的身份认同程度就比较高。利马华人企业非常愿意雇用对工资要求不高又会说西班牙

---

① 参见秘鲁中华通惠总局编印：《秘鲁中华通惠总局与秘鲁华人》（纪念特刊），84页。

② See Bernard Wong, "A Comparative Study of the Assimilation of the Chinese in New York City and Lima, Peru," pp. 352-353.

③ Lok Siu, *Memories of A Future Home*, p. 52.

语的秘鲁人。

以华人社会实力较强的古巴和牙买加为例，在这一时期，两国都没有针对华人的种族隔离政策，但华人与当地社会的联系仍十分有限。牙买加华人与当地社会仅限于生意上往来，都是功利性的、公事公办的，不涉及私人关系。一旦生意往来结束了，他们与客户之间的社会联系就随之停止。华人的朋友圈和社交圈大多限于华人社会内部。即便与其他族裔的女子通婚，华人与其私人关系也只限于家庭之内，而很少与其亲属发生密切联系。当然，华人社会组织与当地社会组织或个人之间的联系是十分频繁的。比如，牙买加华人球队经常与当地球队比赛，或邀请当地人或其他族裔参加牙买加华侨零沽商会年度大会等等。然而，这种邀请多是以社会组织的名义发出的，从不以私人关系为名发出此类邀请。[①] 华人这种心理上的自我隔离主要体现在婚姻关系选择权和家庭教育控制权两个方面。

从形成伊始，拉美华人社会男女比例严重不平衡，甚至可以称之为"单身汉社会"（bachelor societies)。但是，大部分华人还是选择回乡探亲时以娶华人为妻。19 世纪末 20 世纪初回乡娶亲的华人男子返回居住国时，大多数是会把妻子留在家乡的。有些学者称之为"家事割裂的家庭"(split-household families)，即丈夫在拉美工作，通过汇款提供家庭经济开支，通过回乡探亲维持家庭存续；妻子留守家乡，从事田间劳动、饲养家畜、织布纺纱，以及教育子女等等。[②] 高昂的旅费、以男子为主的招工模式、拉美的官僚体制和限制华人入境的立法体制导致虽然很多华人在家乡娶亲，却事实上仍然过着"单身"生活。[③] 除此以外，由于照顾老人、不熟悉拉美国家和不会讲西班牙语等原因，家乡的妻子有时会拒绝与丈夫移居拉美。于是，华人男子就会与拉美当地社会的女子结成不稳定的"同居关系"（unoffficial union)。比如，古巴新会籍华人吕凡（音译，Lv Fan，Francisco Luis）早年移居古巴，在西恩富戈斯贩卖水果和

---

① See Ching Chieh Chang, *The Chinese in Latin America*, pp. 137-138.

② See Kathleen López, "'One Brings Another'," p. 100.

③ See Suncheng Chan, *Asian Americas: An Interpretive History*, New York: Twayne Publishers, 1991, pp. 103-107.

蔬菜。当1928年第二次回乡探亲时，他娶妻并在第一个女儿出生前返回古巴；1932年第三次探亲时，第二个女儿出生。在第三次返回古巴以后不久，他与古巴女子同居，并养了两个女儿；三年后，古巴妻子遗弃了他和两个女儿，两个女儿是由他一手带大的，还取了中国名字。吕凡经常以古巴女儿们的口气给家乡的女儿们写信、寄照片等，称古巴女儿为她们的"三妹"和"四妹"。① 由此可见，虽然当地女子与华人多是同居关系，没有正式的妻子名分，但是拉美华人与当地女子同居所生的后代也被华人父亲赋予了充分的家族地位。华人父亲是同居家庭主要的经济来源，他们在子女教育中居于主导地位，这是一种"父子（女）关系"主导型的家庭结构。

在华人经济条件较好、移民限制不严格的拉美国家，回乡娶妻、带回拉美共同工作生活是拉美华人婚姻模式的首选；如果拉美华人男子的经济状况不好，无力迎娶华人妻子，他会选择与当地女子保持同居关系。在1943年英属西印度群岛人口统计中，华人与黑人女子的后裔称为"有色华人"（Chinese coloured）；华人与黑人女子结婚一般都不举行合法的婚姻仪式，属于"事实婚姻妻子"（common-law wife）。从社会群体上看，"事实婚姻妻子"仍然归属黑人社会。华人只愿意接受一个黑人女子作为"事实婚姻妻子"，但是不愿与其正式结婚。20世纪50年代以后，对牙买加华人男子而言，结婚对象所属族裔甚至是经济地位高低的象征。一般来说，牙买加华人男子经济地位由高到低，所娶的妻子依次为纯血统华裔、混血华裔，几乎没有黑人；华人混血之间通婚、华人混血男子与黑人女子通婚的现象也比较常见，但华人混血女子很少与黑人男子通婚。②

在上述任何一种婚姻家庭模式中，华人家庭教育都是"父子（女）关系"主导型，华人父亲在子女自身的文化、身份认同以及社会活动关系网等方面，牢牢地打上了"中华烙印"，赋予了强烈的宗族特质。古巴华人拿破仑（Napoleón Seuc）回忆自己儿时的成长环境时说："我的童年

---

① See Kathleen López, "'One Brings Another'," pp. 102-103.

② See Ching Chieh Chang, *The Chinese in Latin America*, pp. 129-130.

是在华人家庭环境中度过的，不知滑冰和自行车为何物，也不知歌中唱到的‘东方三圣’是何许人也，从哪里来的。父母店铺的一位女顾客送给了我第一个玩具。”在这种环境下，他自然而然地学会了说汉语。[①] 20 世纪 70 年代事业有成的古巴华人很多都会被父亲送回香港或广州接受教育。当时，广州的广东基督教大学（Guangdong Christian College）设有分校，旨在教育那些在国外出生和长大的华人青年了解祖国，学习汉语和风俗习惯。[②]

20 世纪 70 年代以后，在秘鲁等华人同化程度较高的拉美国家，“父子（女）关系”主导型家庭结构逐渐转变为“夫妻关系”主导型。主要原因是，华人居住国妇女解放运动（Women's Liberation Movement）、工业化和城市化的发展，使妇女社会地位和经济地位得到了提高。她们不再心甘情愿地接受“事实婚姻关系”，做夫权的附庸。此外，资本和劳动力不再是制约家族企业发展的“瓶颈”、城市化后不再有适合大家庭居住的公寓等等社会变化，使“父子（女）关系”主导型的大家庭也失去了其存在必要性和物质基础。因此，华人家庭的兄弟姐妹们一旦结婚生子就会离开父母，自己成家立业。即使是这样，他们对居住地的选择仍然是父母家周边，并始终与之保持着社会、经济和心理上的联系：互相交流有关孩子、择校、健康的信息，与父母或兄弟姐妹建立合伙人关系，共同庆祝中国传统节日，参与家族仪式和家族公司的社会活动。[③] 这种社会、经济和心理上的联系是华人社会内部封闭性的活动，是不会向当地社会开放和共享的。

归根到底，华人这种心理上的自我隔离也是华人社会区别于当地社会和其他族裔社会的基础，它延缓和推迟了华人与当地社会之间的融合和同化过程，在相当长的时期内，拉美华人社会相对独立地存在于各国之中，聚合起独霸一方的经济势力，编织起特立独行的社会关系网络，形成了卓尔不群的文化特色。

---

① See Napoleón Seuc, *La Colonia China de Cuba*, *1930–1960*, pp. 1–3.

② See Kathleen López, "'One Brings Another'," pp. 121–122.

③ See Bernard Wong, "Family, Kinship, and Ethinic Identity of the Chinese in New York City, with Comparative Remarks on the Chinese in Lima, Peru and Manila, Philippnes," p. 247.

6.1.3.3 华人经济影响力

20世纪50年代以来，影响拉美华人经济地位的政治因素的作用逐渐减弱，华人社会自身的发展规模和发展态势成为决定其经济影响力的重要因素。一般来说，华人相对人口越多的国家，华人在当地经济中所发挥的作用就越大；反之，越小。所说的相对人口，是指华人在当地国家的总人口中所占的比例。（参见表28）比如，20世纪50年代前后，牙买加全国人口是1.2万，其中华人将近6 000人。他们占有牙买加全国杂货店生意最大的市场份额。同一时期，秘鲁华人人口是牙买加的2倍，但是秘鲁人口总量是800万，华人相对人口较牙买加少。因而秘鲁华人在当地杂货店生意中所占的市场份额和影响力都比牙买加华人小得多。

表28　　拉美各国华人相对人口统计表（1940—1950）

国家	年份	华人相对人口（每万当地人）	国家	年份	华人相对人口（每万当地人）
特立尼达	1946	89	洪都拉斯	1950	2.5
圭亚那	1946	84	多米尼加共和国	1950	2
牙买加	1945	48	智利	1950	2
古巴	1943	44	萨尔瓦多	1950	1.3
巴拿马	1950	33	哥伦比亚	1950	0.5
秘鲁	1940	14	乌拉圭	1950	0.3
哥斯达黎加	1950	10	阿根廷	1950	0.16
尼加拉瓜	1950	6.5	巴西	1950	0.13
墨西哥	1950	5	海地	1950	0.1
危地马拉	1950	4	巴拉圭	1950	0.07
厄瓜多尔	1950	3	玻利维亚	1950	0.07
委内瑞拉	1950	2.6			

资料来源：Ching Chieh Chang，*The Chinese in Latin America*，p. 81。

拉美华人在居住国经济地位的高低和经济影响力的大小，由高到低，由大到小，可以分为以下四个阵营：

第一阵营：秘鲁、牙买加和特立尼达，华人整体经济地位比较高，一直呈上升趋势，对居住国经济有着重要的影响力和决定力。

第二阵营：墨西哥、巴拿马和委内瑞拉，华人经济曾经盛极一时，但由于政治方面的原因，发展轨迹出现倒退和曲折，但仍然对居住国经济保持着一定的影响力。

第三阵营：古巴、智利，华人经济具有一定的数量和规模，但是发展呈缓慢爬升的趋势，总体经济地位不高，对居住国经济影响有限。

第四阵营：除巴拿马以外的中美其他四国（尼加拉瓜、萨尔瓦多、洪都拉斯、危地马拉）和南美的厄瓜多尔、阿根廷、玻利维亚、巴西、哥伦比亚、巴拉圭、乌拉圭、苏里南，以及加勒比海的海地和多米尼加共和国，虽然有个别的华人富商或某些行业华商经济繁荣一时，但是由于华人相对人口较少，对当地经济产生不了影响。

对于那些华人相对人口较多的国家来说，华人经济地位和经济影响力的形成是历史原因造成的，其中最主要的是居住国的外侨政策和移民政策，也与中国政府保侨、护侨政策有一定的关系。秘鲁和牙买加等拉美国家经商条件较好，没有严格限制华商的政策，没有或者较少发生排华事件。

这一时期，秘鲁华人的经济地位是拉美各国中最高的。1909年伍廷芳与秘鲁波拉斯政府签订条约申明，秘鲁政府必须保护华商的经商权益。[①] 直至20世纪70年代，秘鲁政府和当地社会对华人社会的态度是极其宽容的，秘鲁的经济和社会结构也是多元化的、多个族裔并存的局面。1958年秘鲁政府立法机构制定的移民法对各个族裔不偏不倚，华人移民配额与其他族裔一样都是150人。[②] 牙买加华人经商的政策环境也非常稳定和优越，但是从经济发展空间和华人数量上看，秘鲁远胜于牙买加。虽然牙买加的华人成功地控制了杂货店及其相关行业，并且向上延伸到加工制造业，但是秘鲁华人企业在资本数量和规模方面仍比牙买加华人企业略胜一筹。[③]

与之相比，古巴和委内瑞拉华商的经商条件就没有那么优越了。两国政府推行的“国有化”政策甚至没收了华商店铺和企业，迫使华人移居他国或者转行。而经历了20世纪30、40年代排华暴乱重创的墨西哥和

① 参见杨安尧：《华工与秘鲁华人社会》，载《华侨华人历史研究》，2000（3），48页。

② See Bernard Wong, “A Comparative Study of the Assimilation of the Chinese in New York City and Lima, Peru,” p. 343.

③ See Ching Chieh Chang, *The Chinese in Latin America*, pp. 113-114.

巴拿马华商在这一时期经济实力处于缓慢回升态势，总体实力恢复和增强还需要一段相当长的时间。

6.2 华人社会对当地社会的贡献

鸦片战争以后大规模移居拉美的华工填补了废除奴隶制度后各国劳动力空缺，他们坚韧不拔，筚路蓝缕，成为推动当地经济发展的主力军之一。之后，他们招致的同宗同乡等自由移民，进一步壮大了拉美华人社会的总体规模。拉美华人勤劳、勇敢、节俭、聪明等优秀品质为当地人民交口称赞，为当地社会政治、经济和文化发展做出了重要贡献，创造了巨大的物质财富和精神财富。

6.2.1 政治贡献

6.2.1.1 反对殖民主义

19世纪后半期，恶劣的工作条件和生活条件迫使拉美华工起义斗争此起彼伏，以反对殖民者残酷统治和种植园主无情压榨，争取更好的劳动条件和生活条件。

1866年3—4月间，特立尼达库瓦地区爆发华人起义，引发一系列社会动荡。殖民政府派出了荷枪实弹的警察到Perseverance庄园镇压起义，39名华工被捕，6名起义领袖入狱，其余华工被遣返回工场。① 亨利·柯克在回忆录中记叙了他在英属圭亚那亲眼目睹的起义华工："一名起义华工在埃塞圭（Essequibo）被判处绞刑，直到面罩套在头上、绳子缠在脖子上的最后一刻，他都在不停地用中国话咒骂殖民当局。"②

1884年7月12日，亚历山大王子（Prince Alexander）号满载680名乘客抵达牙买加，乘客是从5月份由香港开出的钻石（Diamond）号转运而来的。乘客中仅有20名移民来自广东四邑，其余大部分是来自广东北部东莞、宝安、惠阳的客家人，之前那里没有契约华工来西印度群岛

---

① See *Port-of-Spain Gazette*, 1866-03-31, 1866-04-04.

② Henry Kirke, *Twenty-five Years in British Guiana, 1872-1897*, p. 157.

做工。如下这段文字记叙了他们反抗殖民主义者的斗争方式：

> 他们被分配到蔗糖种植园。他们与其他西印度殖民地蔗糖种植园里的契约华工一样，采取各种方式争取合理的工作条件。两年后，179 人逃离种植园。文周柏（音译，Wen Choy Pai）就是其中之一，当时他年仅 9 岁，直到 50 年代他仍然健在。他回忆当时的情景称，1885 年 100 名华工被分配到圣汤姆斯（St. Thomas）某蔗糖种植园（Tuck and Field）。他们被强迫每天从上午六点工作到下午六点，华工采取静坐罢工的方式争取减少工时。种植园主征集了 60 名黑人和 100 名印度人强迫华工工作，在接下来发生的混战中，1 名黑人死亡，7 名华工受伤。经过交涉，工作时间减少到上午七点到下午四点。
>
> 华工逃跑变得越来越常见。1889 年 2 月官方统计中还有 647 名契约华工在种植园，但是 287 名已经逃走，另有 129 名也已经获得"赎身"。在华人离开种植园以后，他们很快开始做他们喜爱的传统职业，做小店主或者农场农民。1891 年之前，61%的牙买加华人居住在金斯敦和皇家港口（Port Royal）市中心。仅 8%的华人还留在 1884 年被分配的地方——圣汤姆斯（St. Thomas）和圣玛丽（St. Mary）……①

从上述契约华工与种植园主的斗争中可以看出，契约华工的斗争是有组织、有目的、有秩序的，事先进行了充分谋划。这主要得益于流亡牙买加的洪门等秘密会党组织发挥的领导、策划和指挥作用。② 广东素有结拜会党的传统，洪门等秘密会党的组织形式和互济互助的观念容易为广东籍客家契约华工所认同和接受。

秘鲁是华人苦力遭受剥削和压迫最严重的国家之一，忍无可忍的种植园华工常会揭竿而起，举行起义。秘鲁史学家称之为涂面人起义或者"黄脸暴动"。19 世纪 60 年代末，华工武力暴动令统治者闻风丧胆，秘鲁

---

① Walton Look Lai, *Indentured Labor*, *Caribbean Sugar*, pp. 104-105.

② 参见［美］陈匡民：《美洲华侨通鉴》，706 页；周南京主编：《华侨华人百科全书·历史卷》，322 页，北京，中国华侨出版社，2002。

种植园主中间“笼罩着一种不安全的感觉”，“种植园的每一住房都成了一所小小的军械库”①。1870 年 9 月 4 日，秘鲁历史上影响最大的华工起义在利马以北 200 公里的乌帕卡（Upaca）的卡纳德（Canard）种植园爆发了。华工们的英勇斗争和反抗精神，很快赢得了其他庄园华工的支持，1 200 多名华工加入了起义队伍。他们愤怒地杀死管家，捣毁庄园。殖民政府从利马派出 300 名警察镇压起义。几个小时之后，“黄脸暴动”被镇压了，但是震动了秘鲁种植园主阶层，使他们惶惶不可终日。②

华工起义沉重打击了拉美当局的殖民统治和种植园主的残酷剥削，动摇了拉美契约劳工制度的基础，推动了拉美社会制度的进步。在黑人奴隶制度废除以后，拉美各国开始推行的契约劳工制度，表面上看劳工是通过契约的形式与雇主结成雇佣关系，但实际上契约条款对肉体惩罚，甚至入狱监禁等都明令允许。因此，从本质上看，它仍然是奴隶制度下强制劳动的变种和延续，是极其落后、野蛮的社会劳动体制。

6.2.1.2　参与独立运动

19 世纪后半期华工反对殖民主义的斗争不仅是华工获得自身解放的重要途径和斗争手段，而且还是当地人民反对殖民主义剥削压迫的民族独立运动的重要组成部分。华工的命运与当地人民的命运就这样紧密地联系在了一起。当古巴十年战争爆发后，华工的“机敏很快使他明白了，这面旗帜还意味着自由，他们自发地参加到暴动者的行列中，然后机警灵活地深入各城市去招募同胞参战”，“他们踊跃参加，庄严宣誓，要为自由而战”③。华工与古巴人和黑人奴隶并肩作战，建立了不朽的战功。后来古巴又爆发了何塞·马蒂（José Martí）等民族英雄领导的第二次独立战争（1895—1898），华人又以赫赫战功彪炳史册。饱受压迫和奴役的华工成为各路革命军的重要组成部分，表现出非凡的战斗力。虽然很多人的中文名字已经为历史所湮灭，但是我们依然可以读到他们的英雄事迹。（参见表 29）

---

① 李春辉、杨生茂主编：《美洲华侨华人史》，528 页。

② See W. Stewart, *Chinese Bondage in Peru*, pp. 123–124.

③ Ramiro Guerra y Sanchez, *Historia de la Nación Cubana*, Tomo V, Habana: Libro Primero, 1962, p. 9.

表 29　　古巴华人革命军（1868—1898）

领导人	华人人数	战功	代表人物
卡斯蒂略（Castillo）将军		勇猛、坚毅。	维克托·阿罗查（Victor Arocha）
安东尼奥·马塞奥（Antonio Maceo）将军	400	充当警卫营士兵。	—
纳波莱昂·阿朗戈（Napoeón Arango）将军	400	—	—
马克西姆·戈麦斯（Maxime Gomez）将军	500	参加瓜斯马（Guasima）、西恩富格斯等重要战役。	赖华（José Tolón）上尉、胡德（José Bú）中校、何塞·佩德罗索（José Pedroso）中尉、安德列斯·曹龙（Andres Lung）中士、何塞·冯（José Fong）
托马斯·霍尔丹（Thomas Haldane）	400	华人组成的两个班在1870年1月的战役中特别英勇。	巴勃罗·希门尼斯（Pablo Jiménez）上尉、谢安少校
安德烈斯·利马（Andres Lima）上尉	170	在巴洛·普列托（Barlow Prieto）战斗中，充当先锋队，战功卓著。	—
卡利斯托·加西亚（Callisto Garcia）将军	200	—	—
莫德斯托·迪亚斯（Modesto Díaz）将军	—	精通草药，充当随军医生；在瓜伊马罗（Guaimaro）矿区等著名战役中屡建战功。	王森上尉副官（总统赞誉为“忠信爱国者之模范”）
恩利·雷维（Enri Halévy）	—	英勇杀敌，被俘后宁死不屈英勇就义。	皮奥·卡夫雷拉（Piao Cabrera）中尉、胡安·阿内莱（Juan Anele）
卡马圭（Camagüey）军团	500	在瓜斯马、瓜伊马罗和卡斯科罗（Cascorro）战役中，华人指挥有方，战功卓著。	关叶上尉、巴尔托洛·费尔南德斯（Bartholo Fernandes）上尉

续前表

领导人	华人人数	战功	代表人物
古巴中部的起义军	—	战斗中表现勇猛顽强。	胡安·迪亚斯上尉（Juan Díaz）被誉为“阿波罗”，安东尼奥·莫雷诺（Antonio Moreno）被称为“文武双全”的英雄。
塞西略·冈萨雷斯（Cecil Gonzalez）中校	—	在克鲁塞斯（Cruces）和马坦萨斯征战。	胡安·辛德拉（Juan Cyndra）中校
赫苏斯·索尔（Jesus Saul）	—	在亚瓜拉马斯（Yagualamas）、阿瓜达（Aguada）等地区起义，成为起义军的中坚骨干力量。	托马斯·王（Thomas Wong）、胡安·关（Juan Guan）、伊格纳西奥·佩雷斯（Ignacio Perez）
赫苏斯·克雷斯波（Jesus Crespo）	—	英勇善战，富有牺牲精神，和睦相处，服从命令。	—

资料来源：［古巴］梅赛德斯·克雷斯波·比利亚特著，刘真理译：《华人在蔗糖之国——古巴》，36～44 页；［美］刘令编著：《华侨人物志》，174～177 页；韩振华：《19 世纪古巴华侨苦力与反抗殖民主义的斗争》，69～70 页；任继愈：《美洲华侨史话》，69～75 页；陈翰笙主编：《华工出国史料汇编》，第六辑，117～146 页。

两次革命期间，在华人革命战士的感召下，后方华人积极捐钱、捐物，支援起义军和革命队伍。华人上尉弗朗西斯科·莫雷诺深入西班牙军队统治区发动华人为起义军筹集粮食、药品、衣物鞋帽等生活必需品。① 年老退伍的萧旦少校拿出家中所有粮食，倾囊相赠，支援何塞·马蒂的革命军。②

古巴华人中有很多人曾经参加过太平天国运动或天地会“反清复明”活动，有着丰富的实战经验和组织、发动群众的斗争经验，机智勇猛、骁勇善战，很快脱颖而出，身先士卒，担任起义军将领。（参见表 30）在

---

① 参见［古巴］梅赛德斯·克雷斯波·比利亚特著，刘真理译：《华人在蔗糖之国——古巴》，38 页。

② 参见梅景周：《古巴华侨史实》，转引自［美］刘令编著：《华侨人物志》，176～177 页。

1870 年 1 月 1 日著名的米纳斯·胡安·罗德里格斯（Minas Juan Rodrigues）战役中，华人少校谢安率部 548 人，以弱胜强，大胜四倍于己的西班牙将军普埃约（Pueyo）率领的 2 125 人纵队。在子弹耗尽以后，谢安指挥两个华人班与敌人展开肉搏战和白刃战。他们还"用枪托砸碎敌人的头颅作殊死的搏斗，这一天，他们为太平天国扬了名"①。

表 30　　　　　　古巴革命队伍中的华人将领

姓名	国内活动	古巴活动
陈胜	太平天国起义军中的将军	古巴起义军连长。
林福金	太平天国的勇士	精明善战，指挥才能出众，晋升为上尉。
马叙伦	曾参加反清革命	深入制糖华工内部动员、组织起义。
巴勃罗·希门尼斯（Pablo Jiménez）上尉	参加过太平天国运动	在 1870 年 1 月的战役中表现英勇。

资料来源：［古巴］梅赛德斯·克雷斯波·比利亚特著，刘真理译：《华人在蔗糖之国——古巴》，36～44 页；［美］刘令编著：《华侨人物志》，174～177 页；韩振华：《19 世纪古巴华侨苦力与反抗殖民主义的斗争》，69～70 页；任继愈：《美洲华侨史话》，69～75 页；陈翰笙主编：《华工出国史料汇编》，第六辑，117～146 页。

在两次古巴独立战争中，华人战斗英雄们英勇无畏、勇往直前、视死如归。他们的英勇善战和牺牲精神受到了古巴人民的认可与尊重。1901 年古巴宪法第 56 条规定："在独立战争中屡建军功的华人胡德（José Bú）和赖华（José Tolón）上尉可以竞选古巴总统。"② 位于哈瓦那市中心的旅古华侨协助古巴独立记功碑是 1931 年为表彰华人战士战功而建立的，上面镌刻的是贡萨洛·克萨达（Gonzalo Quesada）将军于 1892 年写下的褒奖之词："古巴的中国人，没有一个是叛徒，也没有一个是逃兵。"古巴华人的丰功伟绩为后人所敬仰。

两次革命战争赶走了西班牙殖民者，彻底废除了奴隶制度，也彻底解除了华人苦力的劳动契约。华人可以自由从事商业，或在甘蔗、果蔬

① Juan Jeménez Pastrana, *Los Chinos en las Luchas por la Liberación Cubana, 1847-1930*, p. 70.

② Napoleón Seuc, *La Colonia China de Cuba, 1930-1960*, p. XVIII.

等种植园内劳动。

美西战争之后，西班牙与美国签署合约，把古巴转给美国。美国采用军事管制、扶植傀儡政府等办法，极力维护美国在古巴的统治地位。英勇的古巴人民不屈不挠，坚持斗争，1933年推翻了美国傀儡政府——赫拉尔多·马查多（Gerardo Machado）政权，1959年推翻了巴蒂斯塔独裁政权，获得了全国解放，建立了社会主义国家。在这些斗争的过程中，在第一代和第二代华人中间英雄依然层出不穷。反马查多政权的古巴华人烈士、共产主义者黄淘白被捕入狱期间还“在定期的政治教育会上，把自己的知识和经验传授给大家，讲授祖国人民丰富的斗争经验”①。早年投身革命的华裔邵黄将军（General Moisés Sío Wong），在马埃斯特腊山区（Sierra Maestra）追随菲德尔·卡斯特罗打游击，在西罗雷东多第8纵队（“Ciro Redondo” 8 Column）听命于切·格瓦拉（Ernesto Che Guevara），在劳尔·卡斯特罗（Raul Castro）身边供职7年，成长为一名立志服务古巴人民和全人类的共产主义革命者；革命成功后，担任古巴国家储备局（the National Institute of State Reserves）局长的要职。②

6.2.1.3　在居住国参政

拉美华人经过几代的艰苦奋斗，在各国拥有了一定的政治、经济和社会地位。特别是华人后裔，完全接受了西方的自由民主思想，有些人走上政坛担任军政要职，为包括华人在内的全社会人民谋福祉，做贡献。如在特立尼达和多巴哥，华裔何才曾任总督，华裔何五曾任卫生部部长。在圭亚那，华裔阿瑟·钟（Arthur Chung）曾担任圭亚那总统。在牙买加，曾任财政部秘书长的毛鲁埃尔·邓（Mauroer Dong）、曾任电气管理航运局局长的卡尔·郭来（Karl Guolai）、工党议员何生都是华裔。在巴西，华裔甘迪蒂奥·桑柏霍（Ganditiao Sanbojo）被选为巴西民主运动党众议员。在秘鲁，华人担任了各级政府公职，上至部长会议主席（即总

① ［古巴］梅赛德斯·克雷斯波·比利亚特著，刘真理译：《华人在蔗糖之国——古巴》，59页。

② See Li Anshan, “Our History Is Still Being Written: The Story of Three Chinese-Cuban Generals in the Cuban Revolution,” *Journal of Chinese Overseas*, Vol. 2, No. 2, 2006－11, p. 318. 言西文：《邵黄：在卡斯特罗身边成长的华裔将军》，载《文史博览》，40～42页。

理)、政府部长，下到国会议员和司法执行人员都有华人，如鲁文·陈·加马拉（Ruben Ching Gamarra)、埃内斯托·刘·多哈斯（Ernesto Luis Dojas)、维克托·包丽·里斯科（Victor Bori Risco）和欧亨尼奥·陈·克鲁斯（Eugenio Ching Cruis）等都担任过国会议员。

巴拿马华人很早就开始参与当地政治活动。自 1964 年开始到 20 世纪 60、70 年代，至少有 9 名华人担任政府官员，职位有立法官、国会代表、政府机构和司法机构部长、科隆免税贸易区（the Colón Free Trade Zone）主管、公共事业部部长、海关关长、巴拿马城副市长、移民局局长、商业与产业部部长等。除此之外，巴拿马华人社会领袖还在各种场合担任政府高层官员的信息顾问。虽然中国籍华人在政界活动非常积极，但是巴拿马土生华裔在政界的作为更大，贡献也更突出。①

6.2.2　经济贡献

6.2.2.1　居住国经济大发展

19 世纪中后期，种植园的蔗糖生产是秘鲁、古巴和加勒比海其他国家最主要的经济生产形态。在苦力贸易时期及其后的契约华工时期，这些国家通过苦力或契约华工的引进解决了劳动力紧缺问题，为拉美当地社会带来了丰厚收益。拉美政府收入以“糖税为大宗，而糖寮出息，又以华工多寡为盈绌关键”②。古巴和秘鲁的蔗糖产量迅速增长，并且持续了近半个世纪。(参见表 31 和图 10、图 11)

表 31　　古巴、秘鲁的苦力、奴隶入境人数和蔗糖产量（1847—1877)

年份	秘鲁		古巴		
	苦力人数	蔗糖产量（吨)	奴隶人数	苦力人数	蔗糖产量（吨)
1847	—	—	—	571	—
1848	4 754	—	—	—	—
1853	—	—	12 500	4 307	391 247
1854	—	—	11 400	1 711	397 713

① See Lok Siu, *Memories of A Future Home*, p. 52.

② 《清季外交史料》，第 21 卷，1 页，台北，文海出版社，1985。

续前表

年份	秘鲁		古巴		
	苦力人数	蔗糖产量（吨）	奴隶人数	苦力人数	蔗糖产量（吨）
1855	2 355	—	6 408	2 985	462 968
1856	4 220	—	7 304	4 968	416 141
1857	405	—	10 436	8 547	436 030
1858	300	—	19 992	13 385	426 274
1859	321	—	30 473	7 204	469 263
1860	1 092	618	24 895	6 193	428 769
1861	2 116	885	23 964	6 973	533 800
1862	1 691	1 257	11 254	344	454 758
1863	1 620	1 615	7 507	952	445 693
1864	6 562	2 864	6 807	2 153	525 372
1865	5 943	1 463	145	6 400	547 364
1866	6 725	5 111	1 443	12 391	535 641
1867	3 360	3 431	—	14 263	585 814
1868	4 307	9 352	—	7 368	720 250
1869	2 861	12 479	—	5 660	718 745
1870	7 544	13 175	—	1 227	702 974
1871	11 812	13 141	—	1 448	609 660
1872	13 026	14 022	—	8 160	772 068
1873	6 571	21 696	—	5 093	742 843
1874	3 827	31 940	—	2 490	768 672
1875	—	56 102	—	—	750 062
1876	—	—	—	—	626 082
1877	—	—	—	—	516 268

资料来源：秘鲁苦力人数和蔗糖产量统计参见 Humberto Rodríguez Pastor，*Hijos de celeste imperio en el Perú（1850-1900）*，pp. 27，269，296。古巴奴隶人数、苦力人数和蔗糖产量统计参见 Rebecca Scott，*Slave Emancipation in Cuba*，pp. 10，29，36，240。

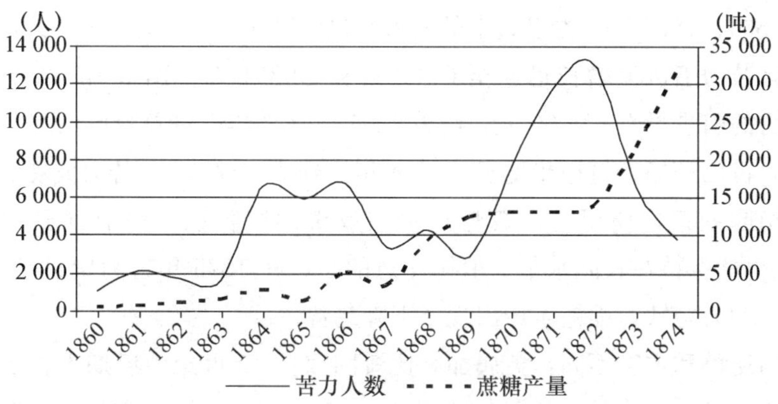

图10　秘鲁苦力人数和蔗糖产量对比图（1860—1874）

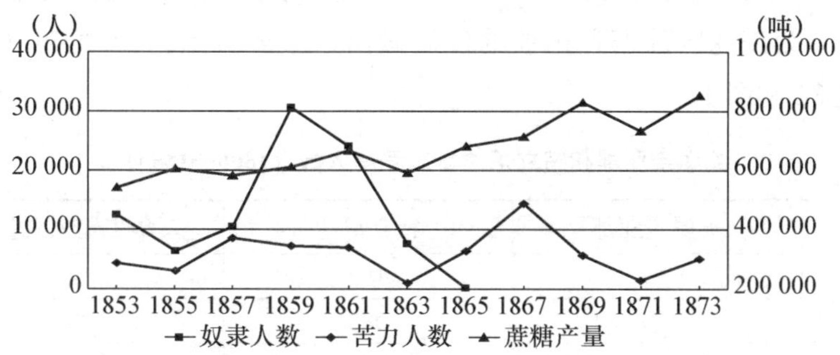

图11　古巴奴隶、苦力人数和蔗糖产量对比图（1853—1874）

从以上统计数据中可以看出，1870—1874年秘鲁苦力人数几乎占1847—1877年入境华工总人数的一半，稍逊1847—1869年苦力总人数。而正是在这期间，秘鲁蔗糖生产也迅速达到了顶峰，从1870年的13 175吨猛增到1874年的31 940吨。毋庸置疑，苦力劳动是秘鲁蔗糖生产迅猛增加的重要因素。正如秘鲁历史学家乔治·巴萨德雷（Jorge Basadre）所说："新生的沿海种植园政体，其强大的经济力量一部分是基于与政府建立的独立个人契约。他们靠鸟粪、股市投机、股息分红以及城市不动产发财致富。还有就是在经济发展突飞猛进的时代，众所周知他们的种植园主要是华人耕种的。"①

① Humberto Rodríguez Pastor, *Hijos de celeste imperio en el Perú (1850-1900)*, p. 32.

1865、1866年，古巴奴隶的输入数量骤减至145人和1 443人，与此同时，苦力引进量增长迅速至6 400人和12 391人。1865—1874年，古巴苦力的引进量是64 500人，约占1847—1877年引进总量的一半。在此期间，古巴蔗糖产量稳步增长，1874年达到768 672吨。苦力成功地替代了种植园奴隶，使得古巴蔗糖产量在奴隶制废除以后没有遇到“劳工荒”，仍然保持在较高水平。值得注意的是，在1875年苦力贸易结束后，由于劳动力短缺，蔗糖生产出现了下降趋势。

与秘鲁和古巴不同，英属加勒比海国家在19世纪中后期大批引进印度劳工。虽然华工数量不及印度劳工，1838—1886年入境英属加勒比海国家的华工总量只有印度劳工的7%，但是所有华工都投入蔗糖种植园生产之中，为该地区蔗糖种植业的发展做出了重要贡献。（参见表32、表33、表34和图12）

表32　　英属圭亚那和特立尼达华工登岸人数（1806—1884）

	英属圭亚那	特立尼达	华工输入总量
1806	—	192	192
1853	647	988	1 635
1859	699	—	699
1860	1 942	—	1 942
1861	3 371	—	3 371
1862	2 592	467	3 059
1863	396	—	396
1864	509	—	509
1865	1 691	593	2 284
1866	789	597	1 386
1874	388	—	388
1879	515	—	515
1884	680	—	680
总计	14 219	2 837	17 056

资料来源：Annual Reports of the Colonial Land and Emigration Commission，1853－1873；Great Britain，Colonial Office Records，Trinidad；Cecil Clementi，*The Chinese in British Guiana*，table 1。

表 33　　英属圭亚那和特立尼达蔗糖年均产量（1814—1916）　　单位：吨

	英属圭亚那	特立尼达	世界总产量
1814—1823	23 237	7 629	—
1824—1833	55 936	12 322	—
1834—1838	51 278	15 227	—
1839—1846	31 865	15 000	891 089
1847—1856	41 790	22 061	1 156 400
1857—1866	61 284	26 564	1 393 800
1867—1876	81 894	44 611	1 748 900
1877—1886	88 728	54 094	2 045 400
1887—1896	109 718	52 490	2 895 100
1897—1906	108 110	44 352	5 175 766
1907—1916	100 968	48 290	8 910 033

资料来源：Noel Deerr, *The History of Sugar*, Vol. 1, London: Chapman & Hall, 1949, pp. 193-203; Vol. 2, pp. 377, 490-491。

表 34　英属圭亚那和特立尼达华人人口、蔗糖出口量和蔗糖出口收入（1831—1911）

	英属圭亚那			特立尼达		
	华人人口	蔗糖出口量（吨）	蔗糖出口收入（英镑）	华人人口	蔗糖出口量（吨）	蔗糖出口收入（英镑）
1831	—	58 757	—	—	14 997	204 029
1841	—	30 657	953 113	—	13 103	409 416
1851	—	38 577	643 134	—	19 899	294 248
1861	2 629	64 854	1 121 378	461	30 147	376 865
1871	6 880	93 506	2 190 510	1 400	53 592	938 000
1881	5 234	91 942	2 019 257	1 266	43 608	668 153
1891	3 714	116 109	1 662 741	1 006	45 357	662 279
1901	—	105 695	1 038 163	832	45 254	453 304
1907	—	114 951	1 059 503	—	45 004	430 182
1911	2 622	—	—	1 113	—	—

资料来源：Census Report of Trinidad (Trinidad and Tobago after 1889); Census Report of Guiana; R. R. Kuczynski, *Demographic Survey of the British Colonial Empire*, Vol. 3, London: Oxford University Press, 1953; Great Britain, Parliamentary Papers 1910, XXVII, Report of the Committee on Emigration from Indian to the Crown Colonies and Protectorates (Sanderson Commission Report), p. 170。

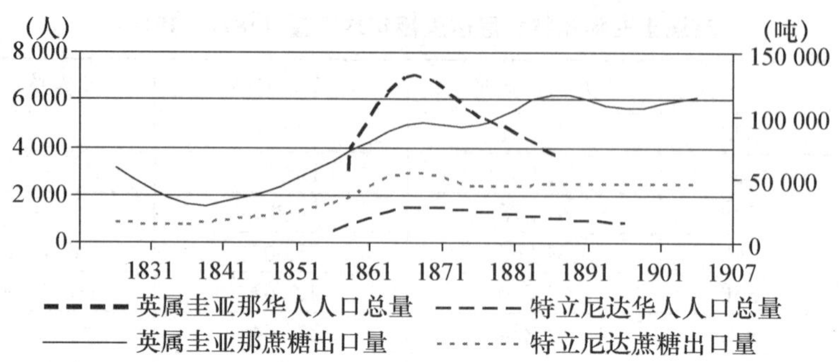

图 12 英属圭亚那和特立尼达华人人口与蔗糖出口量对比图（1831—1907）

从以上统计数据中可以看出，1853—1884 年英属圭亚那引进华工 14 219 人，而此间年均蔗糖产量从 1839—1846 年的 31 865 吨增长至 1857—1866 年的 61 284 吨、1887—1896 年的 109 718 吨和 1897—1906 年的 108 110 吨；1806—1884 年特立尼达引进华工 2 837 人，而此间年均蔗糖产量从 1839—1846 年的 15 000 吨增长至 1857—1866 年的 26 564 吨、1887—1896 年的 52 490 吨和 1897—1906 年的 44 352 吨。19 世纪 60 年代华工引进以后，英属圭亚那和特立尼达的蔗糖出口量都大幅增长，相应的出口收入也暴涨。1870 年前后，英属圭亚那庄园的地位比过去任何时候都高，出口总值同奴隶解放前相比增加了一倍，已经达到或优于大多数热带殖民地。① 华工的辛勤劳动为英属加勒比海地区种植园经济的发展、蔗糖出口贸易额的增长做出了贡献。

除了蔗糖以外，秘鲁华工为拉美另外一种出口商品——鸟粪的增长做出了贡献。鸟粪是 19 世纪中叶秘鲁出口收入最多的商品，在国际肥料市场上十分抢手。1840—1880 年，秘鲁开采鸟粪 1 200 万吨，价值 7.5 亿比索。② 秘鲁鸟粪场分布在中部和南部沿海一带，或者海岛上。19 世纪 60 年代，有几千名华工在那里工作：在以华工为鸟粪开采主力的 19 世纪 60、70 年代，秘鲁鸟粪年出口收入是 1 000 万～5 000 万比索，占国家财

① 参见［英］詹姆士·罗德韦：《英、荷、法属圭亚那》，119、129 页。

② See Heraclio Bonilla, *Guano y Burguesia en el Perú*, Lima: Instituto de Estudios Peruanos, 1974, p. 146. 转引自林被甸：《跨越太平洋：中国与拉丁美洲的文化交流》，见《中国拉美史研究会济南年会论文》，2007，303 页。

政收入的 80%左右。[①] 这一时期的鸟粪国际收入为维护秘鲁国内政局稳定、保持秘鲁政府国际收支平衡和偿还外债做出了巨大的贡献。鸟粪国际收入的 60%用于政府行政开支，其中的 24.5%用于军队开销，29%用于加强官僚机构；秘鲁政府还用鸟粪收入做抵押向法国公司预支货款。秘鲁棉花产量也与华工劳动密不可分。1865—1873 年，秘鲁年棉花产量从 8 937 英担增加至 99 492 英担，增长高达 10 余倍。[②] 19 世纪 70 年代，秘鲁蔗糖出口总量的 68%、棉花出口总量的 94%[③]都来自华工集中的北部和中部沿海地区。[④]

古巴和秘鲁华工还从事水稻种植。他们通过改进水稻种植技术，使两国水稻产量和品质有了大幅度的提高。1862 年，古巴可耕地面积已超过 100 万公顷，比 1827 年扩大了一倍。19 世纪 80 年代，秘鲁在蔗糖种植面积减少的情况下，改种水稻，"赖华工为之，岁仅一获，米却不恶"[⑤]。在秘鲁华人获得自由以后，很多人还继续从事农业种植，并且成为惠及一方的农业技术专家。比如秘鲁华人戴宗汉，先独资在万卡维利卡开了一家农场，后与戴贺廷合办农场（Cultambo）。农场占地 400 余公顷，雇用 200 多名农业工人。戴宗汉是一位农业专家，通过改良水稻品种，提高了水稻产量。1966 年，秘鲁国会通过议案，授予戴宗汉勋章，以表彰他为当地农业和教育所做出的杰出贡献。1968 年 9 月 26 日，秘鲁农业部部长在龙凤酒家主持了隆重的授勋仪式。[⑥]

华工还加入拉美各国基础设施建设和矿产资源开发等事业之中。19 世纪 70 年代，美国人亨利·梅格斯引进 8 000 名华工（占铁路劳工总数的一半）承包修建中央铁路，以海港卡亚俄为起点，穿过安第斯山，到达奥罗亚（Oroya）。施工要穿越崇山峻岭，十分艰苦和危险。这条铁路的建成大

① See Watt Stewart, *Chinese Bondage in Peru*, pp. 82, 96.

② Heraclio Bonilla, *Guano y Burguesia en el Perú*, pp. 82-88, 146, 153-154.

③ 14%来自皮乌拉，38%来自利马专区，42%来自皮斯科—伊卡（Pisco-Ica），这些地区都是华工最集中的地区。

④ 参见陈翰笙主编：《华工出国史料汇编》，第六辑，246 页。

⑤ 《晚清海外笔记选》，240 页。

⑥ 参见杨安尧：《秘鲁华侨华人经济的变化和发展》，载《八桂侨史》，1994（1），44～45 页。

大促进了秘鲁白银和其他矿藏及物资的开发和利用。1886—1895 年，奥罗亚地区白银产值高达 3 300 万美元。① 秘鲁人民称这一历史时期为“白银时代”，是继“鸟粪时代”之后的又一次经济大发展时期。华工还参与了秘鲁奥罗亚到水银产地万卡维利卡的铁路和卡亚俄港口的建设。②

即使在苦力贸易和契约华工时期以后，在拉美某些国家和地区，华工也在当地经济开发和生产发展中充当着“主力军”和“拓荒者”的角色。20 世纪初，华工来到墨西哥下加利福尼亚，开发肥沃的墨西卡利山谷。开始的时候，美国土地所有者和华人企业合作，整修整个山谷，大面积种植棉花。不久，美国人把土地租给下加利福尼亚华商和劳工经纪人，艰苦卓绝的拓荒工作就完全由华工承担了。1920 年，华人土地承租人和农业工人把墨西卡利的棉花产量提高了 80%。③

在迪亚斯政府统治期间，华工参与了墨西哥铁路的修建，把铁路从墨西哥城一直修建到北部边境城市，加快了这些地区经济开发、人口增长和城市化进程。1895—1910 年，索诺拉城市规模扩大了 40%。④ 城市化的发展促成教师、专业人员、商人、城市手工业者等墨西哥中产阶层队伍迅速壮大。当然，其中也有从劳工转业而来的华人小商品经营者。

19 世纪 60 年代以后，拉美华人在某些行业有着突出的经营表现。如在巴西，林训明的愉港植物油公司，其下属企业的豆油出口量居巴西首位，被誉为“黄豆大王”；魏书琪的薄荷油加工厂，主要面向台湾出口，出口量占巴西全国总出口量的 1/2 以上。⑤

广大华人移民对拉美乃至世界的经济贡献是十分巨大。正如张坚所说：“契约华工在太平洋地区筚路蓝缕，披荆斩棘，构筑了太平洋地区内部、该地区与世界其他地区之间经济交往的无形渠道（地区间因经济发

---

① 参见［美］B. 派克：《秘鲁近代史》，232、314 页，沈阳，辽宁人民出版社，1975。

② 参见林被甸：《跨越太平洋：中国与拉丁美洲的文化交流》，见《中国拉美史研究会济南年会论文》，2007，302 页。

③ See Evelyn Hu-DeHart, “The Chinese of Baja California Norte, 1910-1934,” *Baja California and the North Mexican Frontier*, Vol. 12, 1985, p. 112.

④ See Barry Carr, “Las peculiaridades del norte mexicano, 1880 - 1927: Ensayo de interpreción,” p. 328.

⑤ 参见徐世澄：《华人与拉丁美洲》，http://blog.china.com.cn/xushicheng/art/83528.html。

展而产生的贸易需求）和有形渠道（输送到西方世界的糖、棉花、橡胶等原料和交通线的修筑等）。这些有形与无形的渠道最终把浩瀚的太平洋织进了世界经济交往体系之中。可以说，一个更广阔、更完善的世界交往体系正是近代契约华工出洋所带来的一个逻辑结果。”①

6.2.2.2　杂货店商品大丰富

杂货店是华人小型零售商业企业最主要的形式之一。华人杂货店的服务网络覆盖广泛，经营方式灵活多样，既活跃了偏远地区的商品经济，促进了当地社会商业基础的建立，也满足了当地社会广大人民群众对商品和商业服务的需要。

19 世纪末 20 世纪初，墨西哥政府的投资和经济开发计划促成了北部地区的城市化和现代化，该地区迫切需要健全的商品流通和商业服务设施与之相适应。欧美和墨西哥人大多掌握着资本规模较大的工业企业，不屑涉足利润相对较低的商业；华人则抓住时机，填补了低端商品服务业的空白，经营杂货店、餐馆、洗衣店和当铺，为繁荣地方商品贸易和商业服务做出了贡献。华人杂货店经营的主要商品是食品、干货，数量品种非常之多。1920 年，美国领事约斯特（Yost）在报告中说 ：“索诺拉大部分的杂货店、干货和综合零售店贸易都掌握在华人手中。”②

墨西哥华人杂货店生意兴隆、商品丰富和他们与华人鞋帽加工厂的合作不无关系。早在 1873 年，华人就在索诺拉附近建起了 2 家制鞋厂和 1 家制衣厂。1892 年，一位年仅 27 岁的索诺拉华人就拥有了一家价值 7 000 美元的制鞋厂。③ 1910 年之前，10 家华人制鞋厂的年销售额就达 100 000 美元，将近当地所有制鞋厂年销售额的 1/4。1907—1910 年，索诺拉制衣厂除一家外，全部是华人开的；华人还开办了 37 家制鞋厂，占全州制鞋厂总数的 1/3。④ 1906 年，诺加莱斯边境巡查队查问一名来自美

① 张坚：《近代世界经济交往大潮中的契约华工》，载《八桂侨刊》，1998（4），41 页。

② Evelyn Hu-DeHart, “Immigrants to A Developing Society: The Chinese in Northern México, 1875-1932,” p. 276.

③ See “Vice-Consul J. Stone to Assistant Secretary of State William Wharton,” *USCO Nogales*, 1892-02-11.

④ See Leo M. Dambourges Jacques, *The Anti-Chinese Campaign in Sonora, México, 1900-1931*, pp. 50-51.

国亚利桑那图森（Tucson）市的华商时，了解到这名华商在图森已经居住25年，此行是要去瓜伊马斯购买鞋产品，回美国销售。华商还说："我已经多次去瓜伊马斯买便宜的鞋回美国卖了。"① 可以想见，华人制鞋厂供货给华人商店的价格低廉的鞋产品，是非常受当地人欢迎的。

秘鲁华人杂货店以分布广、小而全而闻名。除了食品外，杂货店还兼营铁器、皮革制品、衣服、首饰等各色商品，琳琅满目。这些食品和轻工产品的供货商主要是华人经营的小型轻工业工厂，如布匹和麻绳工厂、蜡烛厂、皮革厂、谷物加工厂、铁器工厂、家具厂等等。价廉物美，货源充足。美国驻秘鲁大使吉布斯（Gibbs）曾经指出："与其他国家商贩相比，华商贩卖的商品价廉物美。"秘鲁媒体这样评论华人杂货店的商业贡献："对于有效地改变秘鲁多种陈旧的技艺和降低多种消费品的价格，华人做出了贡献。"② 正如瓦特·斯图尔特所说，从社会文明和社会进步的角度看，秘鲁华人"以有效的方式，改变了不少古老的工业社会的习惯，并使得许许多多消费品的价格降低了"，"毫无疑问，中国人为秘鲁增添了大量财富"③。

19世纪70年代，古巴华人掌控着两条海上商道，源源不断地把东方商品输送到古巴和加勒比海其他地区，赋予有些华人商店浓厚的东方特色。一条是与英商共同掌控的、曾经运输过契约华工的航线：从香港、广州出发，经由巽他群岛（Sunda Islands）、好望角，直达古巴，然后再驶抵英国，由英国出发返回香港、广州。这条航线是东西方商品流通的主要航线，东方的食品、丝绸、陶瓷，古巴的蔗糖，安的列斯群岛（Antilles Islands）的蜂蜜，英国的工业产品等都在这条繁忙的国际航线上流通。巴拿马运河的开通开辟了另外一条中拉之间的商品流通航线：从中国沿海城市出发，经由日本、旧金山或温哥华，穿行巴拿马运河，抵达哈瓦那。事实上，对于这条新开辟的海上航线，华人拥有着独一无二的

① James R. Thomas, "Los Chinos en Arizona y el Norte de México, 1880-1937," in Mario Cuevas Arámburu, *Sonora: Textos de su historia*, México: Gobierno del Estado de Sonora, 1989, p. 38.

② Watt Stewart, *Chinese Bondage in Peru*, p. 228.

③ 转引自李春辉：《拉丁美洲史稿》上册，356页。

进出口掌控权。而古巴华人进口商是东方特产店的主要的和唯一的供应商。① 此外，20 世纪初，农业种植经验丰富的古巴华人在城市周边经营种植园和畜牧场。他们生产出的蔗糖、水果、杂粮和畜产品源源不断地供应给城镇杂货店，使华人杂货店货品极大丰富，满足了古巴人民日常生活的需求。

6.2.2.3　商业服务网大覆盖

拉美华人商业服务企业以经营项目多样、经营方式灵活、服务态度周到、服务辐射面广而受到了当地社会广大人民的欢迎和喜爱。

1911 年，墨西哥索诺拉的华人商业区十分繁华。华人商业区可以提供各式各样商业服务，从洗衣店、餐厅、中医到宾馆、银行，应有尽有。墨西哥城的华人钱庄拥有的资本多达 100 万比索，可以提供各种额度的信贷服务。1905、1907 年索诺拉民意调查显示，全州最重要的 96 家商业服务企业中有 52 家是华人企业。②

直到 20 世纪末，秘鲁华人在城市服务业中一直占有举足轻重的地位。无论是利马，还是地方的大小城镇，华人餐馆数不胜数，顾客盈门。久而久之，秘鲁人的日常食谱上也出现了萝卜、豆芽、绿豆、生姜、白菜、芋头等中式蔬菜，豆腐、云吞（馄饨）、虾饺、叉烧包、蛋卷、萝卜糕、煎堆、绿豆沙、寄生担茶、生鱼粥、凉粉、凉糕、马拉糕和五加皮酒等粤式点心和酒菜也非常受秘鲁人喜爱。③

古巴城镇居民生活所需蔬菜很长一段时期内是靠华人沿街叫卖供应的，“他们身着蓝色粗布上衣，裤腿肥大，脚穿平底拖鞋，头戴大草帽，肩挑扁担，扁担两头的大竹筐内各色杂货一应俱全”，“走街串巷”兜售货品。④ 1883 年古巴商业统计显示，8 640 名华人居住在哈瓦那，其中大部分是经商的；66 家商店经营古巴土生白人和华人合作生产的产品，14

---

① 参见刘文龙：《近代拉丁美洲华人商业活动初探》，载《拉丁美洲研究》，1996（5），47 页。

② See José Jorge Gónez Izquierdo, *El movimiento antichino en México (1871–1934)*, p. 92.

③ 参见张铠：《十九世纪华工与华人对拉丁美洲的历史贡献》，载《近代史研究》，1984（6），176 页。

④ See Duvon C. Corbitt, *A Study of the Chinese in Cuba, 1847–1947*, p. 90.

家专门贩卖中国或日本的舶来品，4家经营从中国进口的药材。在华人聚居的桑哈街上，华人经营2家咖啡馆、1家理发店、1家裁缝铺、1家中餐馆，还有5家其他商店。①

在古巴和秘鲁，中医在当地悬壶济世，救死扶伤，为广大下层民众解除病痛之苦，赢得了当地人民的爱戴和尊敬。1847年，古巴人孔斯塔（H. D. Consta）根据中医口述，整理出版了《中国医生：天朝医学概论》（*Los Medicos Chinos*：*Estado de las ciencias médicas en el Celeste Imperio*）一书，在哈瓦那正式出版发行，使当地民众对中医治疗方法有了进一步了解。② 根据《五邑县华人华侨史》记载，1858年广东台山籍华人陈黄阳在哈瓦那行医，远近闻名；新会籍华人李锦泉原在澳门行医，1873年被拐卖到古巴后，继续行医，并传授中医药知识给当地人民。③ 有同样遭遇的还有1852年被卖到哈瓦那的中医陈鼎贤。④ 在古巴文献中记载了著名中医詹伯弼（Chan Bam-bia）大医精诚、乐善好施的事迹。他原在马坦萨斯一带行医，1870年受邀至哈瓦那。他为穷困者治病从不收钱，还免费送药。他常说："如果你们有药钱，就给我；如果你们没有钱，就不要给。我这药是给穷人治病的。"⑤

古巴中医就地取材，研制出新的草药配方给当地人治病。赫利在《古巴的澳门中国人（1847—1886）》中记载，古巴华人中的一些"花草匠人"（指中医）常"用广东草药和当地草药配制新的药方"⑥。1910年，古巴第一家中药店在哈瓦那开张，中医中药服务业开始成为华人城市服务业的重要组成部分之一。

① See Denise Helly, *Idéologie et ethnicité*: *les Chinois Macao à Cuba*, *1847-1886*, p. 245.

② 参见李春辉、杨生茂主编：《美洲华侨华人史》，139、597页。

③ 参见梅韦强、张国雄主编：《五邑县华侨华人史》，载 http://www.jmnews.com.cn。

④ 参见陈兰彬：《古巴华工事务各节》，第四册，3页。

⑤ J. Pastvana, *Los Chinos en las luchas por la liberación Cubana*, *1847-1930*, Habana: Instituto de Historía, 1963, p. 80.

⑥ Denise Helly, *Idéologie et ethnicité*: *les Chinois Macao à Cuba*, *1847-1886*, pp. 177-178.

在秘鲁，“华医之术，颇行于彼”①。根据美国学者瓦特·斯图尔特在《秘鲁华工史》中的记载，中医熬制的草药“无论过去还是现在，一直被当作各种家庭常备药物使用”。秘鲁当地报刊也盛赞中医医术高超，用草药治好了秘鲁大夫不能治愈的病人。② 还有报道称“在华人医生中，仅凭看病和出售开给患者的药剂，医道最高明那位的收入已不下 80 000 比索”③。

中医中药服务业也传入拉美其他国家。华人名医不断创新，积极探索中西医结合治疗方法，为患者解除病痛之苦。在这方面，巴西华人医生周尔佳是杰出的代表。他有较好的西医学科背景，毕业于圣保罗国立联邦医学院。他将中医针灸学和中药学融入西医之中，中西医结合治愈许多病人。由于医术高超，1985 年周尔佳被推选为“中西医医学研究会会长”。④

6.2.3　文化贡献

6.2.3.1　亚马逊的拓荒者

拉美华人勇闯印第安人居住的山区，开垦了秘鲁亚马逊河流域荒无人烟的土地。他们坚韧不拔，开荒种粮，造房建厂，把现代文明带到了封闭落后的“蛮夷之地”。长期以来，在“欧洲文明中心论”的影响下，拉美各国一直认为，只有欧洲人才能使拉美文明、开化，因此对华人为当地社会文明发展所做出的贡献或视而不见，或含糊其辞。

秘鲁东部洛雷托（Loreto）省的省会伊基托斯位于亚马逊河流域，出产橡胶和黄金。19 世纪 70 年代，逃亡苦力和契约期满的自由华人加入了开发该地域的“先遣军”之中。甚至还有直接来自中国和美国加利福尼亚的华人，也都加入了亚马逊河流域的开发建设。他们披荆斩棘，穿越丛林，收割野生橡胶；他们不辞劳苦，夜以继日地冲洗金沙，为当地经

---

① 傅云龙：《游历秘鲁图经》，见《晚清海外笔记选》，247 页。

② See Watt Stewart, *Chinese Bondage in Peru*, p. 172.

③ *El Comercio*, Lima, 1873-10-21.

④ 参见杨万秀、邓汝邦等主编：《海外华侨华人概况》，243 页，广州，广东出版社，1989。

济发展做出了贡献。

19世纪末，非洲和亚洲还没有大规模地种植橡胶树。国际市场上的橡胶主要产自亚马逊河流域，因其十分珍贵而被誉为"黑色金子"。拉美华人培训当地土著人种植橡胶树的技术，把生产出的橡胶运到市场上销售。

1873年，华人社区迅速兴起。伊基托斯、瓦努科（Huánuco）、蝉茶马悠（Chanchamayo）和普卡尔帕（Pucallpa）等城镇都出现了上百人的华人社区。他们不但在这些亚马逊河流域的城镇种植水稻、豆类、甘蔗和其他农作物，建立小型工厂，还繁荣了当地商业。很多华人从事的职业是走街串巷的行商或经营店铺的坐商。他们既销售自己种植的农作物和衣服鞋帽等手工制品，也和山区、丛林地区的村民交换山货、手工艺品、农产品、橡胶和黄金等。

华人还有一个重要的社会角色：充当亚马逊河流域"未开化"印第安人和欧洲白人之间矛盾的调和者、社会交流的中介者和文化交融的催化剂。他们多次巧妙化解了该地域内的种族矛盾和种族冲突。到1899年，伊基托斯已经成为连接欧美、沟通巴西的国际化大都市；当地华人社区人数增至346人，成为当地人数最多、势力最强的外来族裔。①

6.2.3.2　中华文化传播者

虽然在19世纪末期的拉美土生白人社会中已经形成了欧洲文化和基督教文化杂糅的主流文化体系，但是开放而包容的拉美文化并不排斥东方文化在当地的传播。于是，东渡而来的华人把戏剧表演、民间习俗等中华文化传入拉美，并逐渐成为拉美广大人民群众喜闻乐见的艺术形式或当地民间习俗的组成部分之一。

在苦力时期，戏曲等艺术形式仅限于在华工圈内传播。华工借此排遣思乡之苦，获得精神慰藉。演出场地简陋，"就西人市集之上，联一公所，旁为剧场，局面不宏而甚整洁，晚徇乡人之约，一往观故乡声乐，聊抒旅怀"②。获得自由之后，华人组织了自己的剧团，并教授混血华裔

① See Evelyn Hu-DeHart, "Latin America in Asia-Pacific Perspective," pp. 31-32, 41.

② 张荫桓：《三洲日记》，见《晚清海外笔记选》，242页。

或当地人演唱中国戏剧。1875 年，古巴第一家中国戏院在哈瓦那开业；在莱亚尔塔（Reyarta）大街，来自旧金山的华人成立了剧团。马坦萨斯、西恩富戈斯、科隆、萨瓜等地也有华人剧团演出。不仅是华人，当地土生白人也对东方乐器独特的“又高又尖”的声音十分感兴趣，观众络绎不绝。① 1878 年，谭乾初随陈兰彬调查团来到古巴，看到“夏湾拿（现称哈瓦那）有华剧二班”，“忠孝廉节、喜怒哀乐亦足激发天良，各华人仍不忘中国面目也”②。1878 年，秘鲁华人剧场也颇受当地民众欢迎，“利马第二剧院已为华人公司承租四年，夜夜客满”③。

华人带来的明代字谜游戏也为古巴人民所喜爱，被称为 Chiffa a Cuba。1872 年起，哈瓦那街头出现了很多竞猜这种字谜的游乐场。④

华人与当地女子的结婚仪式也多采用华人传统礼仪形式，“华人与洋女结婚，咸愿至武圣前设誓成礼，不愿至教堂云。岛人争询故实，翻译谭培森以日文（即西班牙语）作《英圣传》，印于新闻纸传布之。前月夏湾拿省威拉麻连拿（现称哈瓦那省古伊拉德梅莱纳，Guira de Melena）小埠神诞，代理人及‘联胜堂’董事循例请领事临视。华人制金龙彩狮，一如粤中故事，先奉武圣出游，地方文武官随声附和，泄泄沓沓，见土客之相宜焉”⑤。

拉美华人依然沿袭中国传统习俗燃放烟花爆竹、舞狮舞龙来庆贺中国传统节日或纪念重大事件。19 世纪末 20 世纪初，古巴科隆华人庆祝节日的方式被当地人称为“最典型、最富有异国情调和充满刺激”的庆祝方式。华人“穿着色彩亮丽的节日盛装，在色彩缤纷的节日焰火下，挥舞着长龙和造型各异的动物模型进行庆祝”⑥。华人欢度新春佳节的传统得到了拉美当地社会的尊重，古巴政府官员也到中国使馆祝贺。比如 1889 年正月初一，古巴华人“爆竹竞放，声闻数里，绝域而有中华风

---

① 参见刘文龙：《华夏文化在近代拉丁美洲》，载《拉丁美洲研究》，1998（4），50 页。

② 谭乾初：《古巴杂记》，见陈翰笙主编：《华工出国史料汇编》，第六辑，120 页。

③ Watt Stewart, *Chinese Bondage in Peru*, p. 226.

④ 参见刘文龙：《华夏文化在近代拉丁美洲》，载《拉丁美洲研究》，1998（4），51 页。

⑤ 余思治：《古巴节略》，见《小方壶斋舆地丛钞》补编，第十二帙。

⑥ Denise Helly, *Idéologie et ethnicité: les Chinois Macao à Cuba, 1847-1886*, p. 245.

气”。古巴使馆“同人团拜后，诸华商来贺，并接见久谈。学堂华童来见，薄赏之。日岛[①]总督参赞官来，美总领事威林士差贺，循华例也”[②]。1880年，科隆华人为了祭奠显灵的“关圣人”，“举行了一次极其奢华的节日庆祝活动。在中国剧场里他们设场赌博，燃放了大量的焰火和爆竹。仅三天的庆祝活动就挥霍了大量的金钱”，“设酒席30桌，仅猪肉和家禽的价值就多达800比索”[③]。

由此可见，受华工文化素质较低所限，在拉美传播中国传统文化的同时，华人下层群众民间文化习俗中的糟粕也与精华一并流入，如迷信、滥赌等，难免引起当地主流社会对华人社会的误解和歧视。相比之下，华人学校则是系统而正规地向当地华裔传授了中国的语言、历史、地理等知识，其正面影响较多。1886年，清廷驻古巴总领事报告，古巴人都赞叹，华人学堂比当地学校的规模大、设施好。1889年正月十三，张荫桓赴古巴华人学校视察，“观课读，类能成诵而文义懵如。诸童皆生长于此，父则华人，母乃西产也，而其口音尚如中土，水源木本，固有得于天者”[④]。

6.2.3.3　现代文明传播者

随着拉美华人与当地社会融合进程的推进，拉美华人也广泛参与现代社会建设与现代社会文明开创的社会活动中。专家、教授、医生、工程师、律师、作家和艺术家等华人名人层出不穷。

在委内瑞拉，华侨陈其仪曾任总统高级经济顾问，后任天主教大学经济研究所所长、委内瑞拉经济学院院士；沈纯强受聘于委内瑞拉国立工艺大学，担任教授；维克托·李·卡里略（Victor Lee Carrillo）担任加拉加斯的西蒙·玻利瓦尔（Simón Bolívar）大学人文系主任。

在巴西，圣保罗航空学院有一位著名的华裔火箭专家。在秘鲁，佩德罗·S·宋岭（Pedro S. Songling）是知名哲学家；何塞·谭·马约尔

---

① 清代将“西班牙”译作“日色巴尼亚”，故将西班牙称为“日国”，称西班牙殖民统治下的古巴为“日岛”。参见《清史稿》。

② 张荫桓：《三洲日记》，见《晚清海外笔记选》，242页。

③ Denise Helly, *Idéologie et ethnicité: les Chinois Macao à Cuba, 1847-1886*, p. 249.

④ 张荫桓：《三洲日记》，见《晚清海外笔记选》，242页。

加（José Tan Mayorga）和西梅翁·朱·刘（Simeon Zhu Liu）是小有名气的画家；罗莎·冯·皮内达（Rosa Fong Pineda）是圣马科斯（San Marcos）大学考古学和人种学博物馆馆长；陈汉基（欧亨尼奥·陈·罗德里格斯，Eugenio Chen Rodríguez）曾任秘鲁圣马科斯大学教授、西班牙皇家西班牙语研究院通讯院士、美国西班牙语研究院院士，现任美国纽约市立大学昆士（Queens）学院教授，1987 年 10 月，秘鲁政府授予他秘鲁最高荣誉奖章——太阳勋章，以表彰他在语言学、文学评论和社会科学研究等方面的贡献。在古巴，维尔弗雷多·林（Vilfredo Lin）是拉美杰出的华裔画家；雷希诺·厄（Reginos Er）是古巴著名诗人。巴拿马诗人卡洛斯·弗朗西斯科·陈（Carlos Francisco Ching）也是华裔。①

牙买加华人胡竞先（Helen Chinsee）女士经营的金属工厂非常成功，当地媒体盛赞“陈旧的北部沿海城市法尔茅斯（Falmouth）的工业和就业面貌为之焕然一新”。20 世纪 50 年代，她在美国学成回到牙买加后，和丈夫陈英豪（Pupert Chinsee）准备开办铝制炊具生产工厂，得到了牙买加政府的支持。1960 年，牙买加工业发展公司帮助她在距法尔茅斯 2 英里的地方，建起了占地约 7 000 平方英尺的嘉立金属工厂（Caribe Metal Works）。经过不断技术研发和改革，工厂可以生产 70 多种品质上乘的托盘和彩色铝制品，资产超过 4 万英镑。牙买加总理曼雷（Manley）参观工厂时，十分赞赏他们的成功经验。②

6.3　华人社会与其他移民社会的关系

拉美漫长的殖民历史使之成为一块多个外来族裔繁衍生息的土地。除了印第安土著和欧洲白人殖民者以外，还有很多族裔是和华人一样最初作为劳工引进拉美的，如以印度和日本为代表的亚洲移民、非洲黑人移民等。在古巴华工引入的时候，“逐渐消亡”的非洲黑人奴隶依然存

① 参见徐世澄：《华人与拉丁美洲》，http://blog.china.com.cn/xushicheng/art/83528.html。

② See Li Anshan, “Survival, Adaptation and Integration,” p. 60.

在。他们和华工一起成为蔗糖种植园生产的主力军。在英属加勒比海国家，印度劳工是先于华工被引进蔗糖种植园劳动的。

6.3.1 冲突与竞争

6.3.1.1 遭受暴虐

19世纪70年代之前，印度人、华人等亚洲移民，以及黑人移民都在种植园或工场充当劳工，都受到种植园主的奴役与剥削。虽同为天涯沦落人，但有些印度人和黑人劳工因较早来到种植园或工场而开始充当监工和奴隶主“走狗”的角色。他们歧视和虐待华工的手段比雇主有过之而无不及。英属圭亚那治安官威廉·德辅在他的信中有如下关于华工受印度人和黑人监工虐待甚至毒打致死的描述：

> 一个华工被印度监工发现偷东西，遭受毒打，伤势未见好转就强制其出院，后因伤势过重死亡。1884年客家华工到达牙买加后被分配到蔗糖种植园，为争取合理工作时间，他们采取静坐罢工的方式要求减少工时。种植园主征集了60名黑人和100名印度人强迫华工工作，引发了一场混战，1名黑人死亡，7名华工受伤。经过交涉，工作时间缩短到了9个小时。①

这样的摩擦和矛盾有时候会升级为集体群殴事件，根据殖民当局官方文件记载，有两起劳工冲突事件与华工有关。一起是英属圭亚那布兰垦堡（Blankenburg）种植园华工与邻村登阿姆斯特尔（Den Amstel）的自由黑人发生了一场混战。冲突的结果是殖民当局把6个华人抓进了监狱。另一起是在特立尼达那帕里马（Naparima）的“友谊”（Friendship）工场，华工与黑人劳工发生了一场混战，2名华工和1名黑人劳工头部中棒死亡。冲突发生之后，当地治安官把这批华工转到了邻近的另外一个工场——威廉斯维尔（Williamsville）。②

6.3.1.2 经受排挤

20世纪初，拉美华人逐渐摆脱了被奴隶的劳工地位，开始在居住国

---

① Walton Look Lai, *Indentured Labor*, *Caribbean Suga*, pp. 101, 104-105.

② Ibid., p. 93.

开创自己的事业，杂货店生意是华人从业人数最多的行业。华人杂货店最大的商业竞争对手是日本移民。

与拉美华人“孤悬海外”形成鲜明对照的是，日本移民拉美是受到日本政府立法保护和严密监护的。20 世纪初期，第一批日本移民到达拉美的墨西哥和秘鲁，1908 年以后去巴西的日本移民也逐渐增多。20 世纪 20、30 年代是日本移民拉美的高峰期。到 1940 年，拉美有日本移民 234 574 人，大部分在巴西，约 200 000 人；秘鲁和墨西哥的日本移民人数也不少。① 日本移民多来自冲绳和琉球群岛。大部分日本移民最开始也是作为劳工引进拉美的，如在巴西种植咖啡、在秘鲁种植甘蔗和在玻利维亚种植橡胶树等。后来，他们也与华人一样，开始在秘鲁、古巴和墨西哥城市商业中心经营零售商店。由此，与当地华商产生了激烈的竞争关系。20 世纪 30 年代正是墨西哥排华激烈期，日本移民同华人移民之间的经济竞争演变成了日本移民勾结墨西哥排华团体对华人进行政治打压。特别是九一八事变以后，日本政府授意旅居墨西哥的日本商人煽风点火，排挤华商，积极支持墨西哥排华团体的反华暴行，助纣为虐，遂使墨西哥索诺拉等北部各州排华之风益发不可收拾。②

20 世纪 30 年代，秘鲁华人的小型零售店也面临来自日本移民的殊死竞争。这种商业竞争在华人移民和日本移民人数都很多的利马省表现得最为激烈。20 世纪 30 年代，日本人逐步取代了华人在零售业的地位，城区商业中心昌凯谷的商店大部分都由日本人经营。迫不得已，华人经营的小型商业企业由杂货店向普通零售店转型。资本较少的华商企业转型从 20 世纪 20 年代一直延续到 50 年代，持续了 30 年。及至 20 世纪 50 年代，利马城 370 家华人企业中，只有1/10还在做杂货店生意，1/3 做的是普通零售店生意。还有的华人企业干脆转行经营二手家具店、餐馆或者宾馆。不单是利马城如此，利马省其他城市华人为了躲避日本人的竞争，都开始转行，另谋生路。

---

① See James L. Tigner, “Japanese Immigration to Latin America: A Survey,” *Journal of Interamerican Studies and World Affairs* 23, No. 4, 1981-11, pp. 457-482.

② 参见吴熙文：《墨西哥排华之检讨》，载《中南情报》，1934 (6)，40 页。

在巴西，日本移民最早从事的行业是洗衣业。洗衣虽然是简单、粗笨的体力劳动，需要洗衣工上门收衣、洗涤、熨烫、修补和送衣，十分繁琐，但是不需要投入什么成本，也很容易积蓄资本。经过一两年的努力，就可以从家庭作坊式的洗衣工当上洗衣馆的经理。于是，巴西华人也开始进入洗衣业，扩张迅速。20 世纪 20 年代末，巴西有些城镇华人洗衣馆的数量甚至超过了日本人的，同行竞争不可避免。日本全面侵华期间，这种竞争甚至发展成为民族间的仇视。日本人到处散布三个月征服中国的言论，引起华人不满。①

在拉美各国，西印度群岛的特立尼达是 20 世纪 50 年代前后华人相对人口最多的国家，华人在当地的经济地位和经济影响力仅次于当时牙买加的华人。特立尼达全国人口不足 100 万，但是华人开设了 2 000 多家商业企业，其中 1/2 是做杂货店生意。规模较大的华人公司经营进出口业务，资本多达几十万美元。但是，华人也受到来自犹太商人和印度商人的商业挑战和商业竞争，失去了不少生意。②

6.3.2 联合与结盟

6.3.2.1 并肩作战

在反对殖民主义和反对霸权主义的斗争中，拉美华人和同样饱受歧视、身处水深火热的其他外来族裔一起，团结一致，并肩作战，涌现出不少革命先驱和革命英雄。

与拉美其他国家相比，古巴华人遭受的殖民压迫更深，反抗意识和斗争意志也更为坚决、彻底，屡屡经历革命洗礼，为古巴民族独立和社会主义革命胜利做出了突出贡献，赢得了当地政府和民众的拥护和爱戴。其中，阿曼都·蔡（Armando Choy）、戈斯达沃·徐（Gustavo Chui）、邵黄三位华裔将军的革命贡献最为突出。他们早年参加了反对美国傀儡政权——巴蒂斯塔独裁统治的起义军（Rebel Army），是古巴共产党

---

① 参见巴西美洲华报编印：《巴西华人耕耘录》，376～377 页，圣保罗，巴西美洲华报，1998。

② See Ching Chieh Chang, *The Chinese in Latin America*, pp. 111-112.

(the Communist Party of Cuba) 的创立人，革命成功后都在古巴政府担任要职。在革命斗争中，他们与其他外来族裔同仇敌忾，结成了亲密的革命同志关系。

阿曼都·蔡出生于1934年，父亲1918年自广东来到古巴，母亲是古巴白人。他是1953年卡斯特罗“七二六运动”(the July 26th Movement) 的重要策划者和组织者之一。1961年4月，美国中情局策动古巴反共流亡分子千余人强袭猪湾 (the guerrilla war)，意图推翻卡斯特罗政府。他时任营长，身先士卒，痛击流亡分子。因战功，1976年晋升为准将，后担任哈瓦那湾净化、储备和发展国家工作团 (the State Working Group for the Cleanup, Preservation, and Development of Habana Bay) 主席。

戈斯达沃·徐出生于1938年，母亲是古巴黑人。他16岁追随卡斯特罗参加游击队；在“七二六运动”中主要活跃在圣地亚哥附近的城市地区；在1961年猪湾战争中参战，1980年晋升为准将。他曾率古巴军队征战非洲安哥拉、埃塞俄比亚和莫桑比克，担任古巴驻安哥拉副参谋长，被曼德拉 (Nelson Mandela) 誉为“古巴国际主义者，为非洲的独立、自由和公正做出了贡献，他们的组织纪律性和无私精神是举世无双的”；后任古巴革命战士协会 (the Association of Combatants of the Cuban Revolution) 领导人，培训古巴飞行员。

邵黄祖籍广东增城，1895年父母移民古巴，1938年出生于古巴马坦萨斯省圣佩德罗镇 (San Pedro)。在“七二六运动”中，他是第一青年旅 (the first Youth Brigade) 首领，听命于托拉多·阿布鲁 (Gerardo Abreu)；后担任国家储备局局长。

正如古巴社会观察者所说，“革命消除了源自肤色的种族歧视”，“在这里 (指古巴)，歧视黑人、歧视华人、歧视妇女、歧视穷人的时代已经一去不复返了”①。

6.3.2.2　共谋福利

在某些特定的历史背景之下，华人社会也会与其他移民社会互相联

---

① Armando Choy, Gustavo Chui & Moisés Sío Wong, *Our History Is Still Being Written: The Story of Three Chinese-Cuban Generals in the Cuban Revolution*, New York, London Montreal, Sydney: Pathfinder, 2005, pp. 159.

合，互相依靠，共谋福利。

19 世纪 80 年代中期，巴拿马华人的商业活动已经非常活跃。在农业、日常用品零售业和批发业、丝绸业、餐饮业、烘焙业、洗衣业等城市服务行业，都有华人涉足。当然，最成功的还是杂货店零售，华人拥有举足轻重的地位。此时，在巴拿马运河两端的巴拿马城和科隆，以及博卡斯-德尔托罗联合水果公司周边，华人社区颇具规模。在某种意义上说，华人商业是随着美资的延伸而延伸的：华人小企业为美资项目的劳工提供物质供给。这种互惠互利的经济关系使巴拿马华人与美国投资者结成了牢固的社会政治联盟。整个 20 世纪，巴拿马华人和美国运河管理机构（U. S. Canal Administration）一直保持着极为友好的关系。甚至在 20 世纪初，应中国政府的请求，美国领事馆曾一度代理中国驻巴拿马华人领事事务。①

① See Lok Siu, *Memories of A Future Home*, p. 39.

第 7 章 拉美华人社会与祖国的关系

在华人社会自身和祖国的政治、经济、社会发展的不同阶段，两者之间的关系有着不同角度的侧重。当拉美华人被卖做苦力、契约华工之时，寻求中国政府的保护、争取基本人身权利是他们最迫切的愿望；当开店设厂小有资产之时，培养政治“代言人”、保护在侨乡的投资、合法参政是他们最重要的政治诉求；当故土饱受日寇蹂躏、亲人饱受摧残之时，上下一致、捐款捐物、奋起抗日是他们最主要的爱国行动；当国共对峙、两岸分隔之时，各抒政见，或支持一方或漠不关心是他们最无奈的政治选择。

7.1 惨遭迫害，寻求保护（1847—1910）

在 1860 年之前，清政府一直视出洋华人为“叛逆”，“盗寇之徒，任尔殄灭”，“天朝弃民，不惜背祖宗庐墓，出洋谋利，朝廷概不闻问”①。直到 1860 年与英、法签订《北京条约》，1868 年与美国签订《蒲安臣条约》，清政府对海外华人的态度从敌视、漠视转变为重视、保护。同时，卖国求安、极尽奢华的清政府也有意招募和吸引海外华人回国投资，以增加税赋，减少财政赤字。早期赴拉美的华工，寄人篱下，惨遭荼毒，也多次呈请清政府给予政治庇护和人身保护。此时，海外华人与清政府之间表现出的是“子民”与“天朝”的关系。

7.1.1 立法签约，维护权益

7.1.1.1 立法

在解决荷属印尼华侨问题的时候，清政府在与荷兰殖民政府交涉过

---

① 李长傅：《中国殖民史》，171 页，上海，商务印书馆，1937。

程中，常为华侨国籍的问题所困扰。为了海外护侨出师有名，1909 年清政府正式颁布了《大清国籍条例》，以法律的形式规定了清政府确定华侨国籍的三大原则："继有国籍中的妻从夫籍原则，原始国籍中的父系血统主义原则，继有国籍中的有限出籍原则"①。这部国籍法采用了血统主义的原则，最大限度地把海外华人都划归到中国国籍法的保护之下，为海外华人寻求清政府政治庇护和经济保护提供了法律依据。直到 1955 年，中华人民共和国才废止了血统主义国籍法。

1864 年刑部制定了专门条文打击非法招工的"人贩子"，规定："诱卖人口之内地人，查有诱卖实情，无论曾否威逼，是否拐骗，均照该督等所奏，为首者斩立决，为从者绞立决。若诱拐人口闭禁他处，以待汇上洋船，一经破获，其首次各犯，仍照此例办理，不得以未上船稍从末减。此等奸民丧心昧良，实属法所难宥，若被获之后敢借洋人为护符，不得不即行处决者，准该地方官权宜办理，将该犯先行正法。"② 刑部专门法条一出，沿海各省军民共同打击和制止非法拐卖华工行为，救出了不少被拐骗的华工。

7.1.1.2 签约

1860 年中英、中法《北京条约》签订。一方面清政府同意华工出洋，英、法在华招工被合法化；另一方面清政府也提出要调查各口岸华工出洋情况，制定章程，采取保护措施。③ 1865 年总理衙门提出了 22 条华工出洋保护措施，虽然英、法政府拒不接受，但是清政府仍依此办理，对禁绝罪恶的苦力贸易起到了一定的作用。

在与英、法、西等国家签署条约时，清政府要求把保护华工的内容写入条款之中。1864 年与西班牙签署《和好贸易条约》，其中有保全华工的条款。1866 年《续订招工章程条约》又规定，外方在华招工，如要民众自愿，必须通过中国官府，中外一起设局，不得外方私自设立。④ 同

---

① 袁丁：《光绪初年中荷关于华侨国籍的交涉》，载《华侨华人历史研究》，1988（3），71～72 页。

② 《大清会典事例》，见陈翰笙主编：《华工出国史料汇编》，第一辑，51～52 页。

③ 参见王铁崖编：《中外旧约章汇编》，第 1 册，144～148 页，北京，三联书店，1982。

④ 参见陈翰笙主编：《华工出国史料汇编》，第一辑，161 页。

时，条约还对华工的回国旅费、续约保证金、因病回国费用等方面都做了细致的规定。西印度群岛殖民者声称，这样一来，引进华工的成本是印度工人的两倍，决定放弃引进华工。①

在澳门苦力贸易终止以后，为了通过官方合法途径在中国合法招工，秘鲁于 1872 年 11 月派遣海军上校葛尔西耶（Y. Carcia）出使中国，急切地希望与清政府签订在华招工条约。清政府利用对方急于签约的心理，趁机提出了保护在秘华工的要求，即《查办华工专条》②，“中国可派员到秘查办有关事宜”，“华工可享受寓秘外国侨民的一切权利”，“秘鲁政府有责任督促雇主履行合同，合同期满，秘鲁政府需出资遣送华工回国”等。最终，1874 年 7 月 26 日中秘双方签订了《中秘会议专条》和《中秘友好通商通航条约》，成为中国历史上第一个保护华工的专门条约。条约规定，“大清国派总领事并领事、副领事、署领事等官前赴秘鲁各处有别国领事驻扎地方”，“秘鲁各府地方凡有华民居住之处，即在该处衙门内设一汉文翻译官，以便通晓华民语言，随时保护”。1875 年 8 月，清政府给各省官员密发《设法保护在秘华工严禁暗中在华招工》谕令。依据谕令，沿海各省官员加紧对秘鲁国籍船只勘察，以防非法诱拐华工出洋。

1909 年，清政府官员伍廷芳与秘鲁波拉斯政府签署条约。条约将保护对象扩展到华商，明确必须保护华商在秘鲁的经商权益。③

此外，清政府还于 1881、1889、1910 年分别与巴西、墨西哥和巴拿马建立了正式外交关系，对保护当地华人的人身和财产权利起到了一些作用。

7.1.2　派遣使团，调查情况

1868 年 12 月和 1871 年 6 月，饱受非人虐待的秘鲁华工通过美国驻秘鲁公使胡威将军（General A. P. Hoveny）向清政府总理衙门递交“陈情书”。然而，清政府的态度仅仅是同情，劝以容忍，建议秘鲁华工组团

---

① See Walton Look Lai, *The Chinese in the West Indies, 1806－1995*, p. 193.

② 条文详见陈翰笙主编：《华工出国史料汇编》，第一辑，1038～1039 页。

③ See Ching Chieh Chang, *The Chinese in Latin America*, pp. 113－114.

回国当面陈情，求得援助。直到“玛耶西”号事件，秘鲁苦力贩子虐待华工事情败露，解救华工的英国船只要求日本政府严惩入港避险的秘鲁船只“玛耶西”号。由此引发的秘鲁华工案升级成为一个外交事件。在整个事件中，清政府立场鲜明地反对苦力贸易，态度坚决保护华工。由此，秘鲁和古巴华人苦力的悲惨遭遇才真正引起清廷重视。根据与秘鲁和西班牙政府签订的条约，清政府派出使团，调查古巴和秘鲁华工状况。

7.1.2.1 陈兰彬赴古巴

19 世纪中期，美国与西班牙之间为争夺古巴殖民地，明争暗斗。美国借古巴苦力受虐一事大做文章，转呈古巴华工的陈情书，“美国使臣暨美国领事会同各国领事照会，均称该处（古巴夏拿湾）陵（凌）虐华工情形与新闻纸（美国人丁韪良主办的《中西见闻录》）所言大略相同”。[①]而西班牙殖民政府矢口否认。1873 年 10 月，清政府与西班牙政府订立协定，对古巴华工状况进行调查。同治帝批准总理衙门奏请，派太常寺少卿陈兰彬“前往日（西班牙）国古巴夏拿湾地方，查明该处华工是否实受凌虐”。

1874 年 3—5 月，陈兰彬与汉口英籍税务司马福臣、天津法籍税务司吴秉文赴古巴调查华工情况。他们走访了古巴各地的猪仔馆、甘蔗种植园、炼糖厂、监狱、烟厂，调查华工受虐状况。虽然接触陈兰彬代表团的华工都经过了殖民委员会的精心挑选，而且全副武装的监工监视整个调查过程，但是华工“毫不犹豫地露出身上的伤疤”。陈兰彬调查团搜集了 1 176 人的亲口供述，收集了 1 665 人签名的陈情书，整理成四册《古巴华工事务各节》，“历历如绘”地揭露了华工是如何被诱拐欺骗至古巴，遭受着怎样惨绝人寰的虐待和奴役，结论是：“所遭受者不如黑奴远甚!”

陈兰彬调查团虽“忠奋笃实，备历艰险”[②]，但是并不能拯救华工脱离苦海。古巴当地获得自由的华人对陈兰彬调查团的评价是：“陈氏之如何殷勤款待，获得古巴人之欢心，陈氏所能减轻华侨痛苦之成就，至属

---

① 详情参见《筹办夷务始末》（同治朝）卷九十一，27～29 页。

② 《总署奏请派员出使美日秘国保护华工折》，见《清季外交史料》，第 4 卷，17～19 页。

低微，然其后马德里条约原则开端于此，陈氏之行，亦未尝无功。”①

古巴调查归国之后，陈兰彬参与了中国和西班牙关于华工问题的谈判，中西双方于 1877 年签订了《北京条约》，其中加入了“会订古巴华工条款”。西班牙政府承诺在其领土上的华人将享有与其他国家的人相同的待遇。② 加之，华工与当地民众联合反抗殖民统治取得胜利，古巴华人处境开始好转。

7.1.2.2　容闳赴秘鲁

19 世纪中期，西班牙和葡萄牙掌控的苦力贸易改变了原有的国际贸易格局，侵蚀和挤占了英、美等老牌资本主义国家的商品市场。于是，秘鲁苦力贸易的罪恶被英、美等国迅速炒作为国际舆论的众矢之的。1874 年 9 月，容闳到达秘鲁后，在美国驻秘公使及其他美国人的帮助下，掌握了秘鲁殖民政府虐待华工的一手证据。他与幸存华工面谈，录下口供，带回了华工的呈状和陈情书，拍摄了华工“背部受笞、被烙斑斑之伤痕”③ 的照片 24 张。大量的物证表明，“秘鲁华工之工场，直一牲畜场。场中种种野蛮之举动，残暴无复人理”④。根据容闳调查，“自咸丰初年拐贩起，至今计存华工约 12 万有奇”⑤。

1875 年 7 月，清政府全权特使丁日昌在与秘鲁使臣爱勒谟尔（Elmore Juan Federico）换约时，当场出示了华工受虐照片，并要求秘鲁使臣以书面形式保证停止虐待华工，并做出相应的补救，否则不予签约。虽然在英、俄、德等国驻华公使施加压力下，条约原封不动地签署了。但是，8 月两国换约时，秘鲁照会答应，“将以前苛待华工弊端尽行革除”，“严令将华工身家资财皆得保护以昭信守，本国亦当或派钦差或派委员前往确查，凡遇有可以为华工保护除弊之处随时商同贵国全力襄助”⑥。

---

① 梅景周：《古巴华侨史实》，见［美］刘令编著：《华侨人物志》，175 页。

② 参见王铁崖编：《中外旧约章汇编》，第 1 册，353 页。

③ 容闳：《容闳自传：我在中国和美国的生活》，132 页，北京，团结出版社，2005。

④ 容闳：《西学东渐记》，110 页，北京，中国人民大学出版社，2011。

⑤ 陈翰笙主编：《华工出国史料汇编》，第一辑，1043 页。

⑥ 《谨将秘鲁换约添议照会照覆各稿照缮清单恭呈御览》，见《李文忠公全集·奏稿》卷二十五，33 页。

7.1.3　遣使设领，保护华侨

古巴和秘鲁华工的悲惨遭遇被揭露以后，清政府深感，如派遣使臣设立领馆，“则华工既有呼吁之门，自可暂免欺凌之弊”，“日国（西班牙）使臣虽允将有身家人及疾病伤残者送回中国”，“亦不可无中国官员在彼经管”。1875年12月11日，清政府任命陈兰彬、容闳为出使美、西、秘三国的正副使。① 在他们之后，出任美、秘、墨公使的伍廷芳，出使美、日（西班牙）、秘三国的郑藻如、张荫桓等都为改善古巴和秘鲁华工的悲惨境遇做出了不懈的努力。

7.1.3.1　古巴

1878年，中国驻古巴领事馆在哈瓦那工业街建立，第一任领事为刘亮沅，陈兰彬的侄子陈沈英任副领事。1880年2月正式开馆，同时在马坦萨斯设副领事馆，陈霭廷、司马善言为副领事。1882年12月，刘亮沅向古巴殖民政府提出建立中国人墓地。开始古巴当局以科隆墓地可以埋葬不信天主教的中国人为由，不肯批准。经过刘亮沅一再陈情坚持，获得了古巴当局、主教和牧师的同意。1893年，“华安公墓”在科隆墓地百米之遥的托雷斯庄园建成。②

刘亮沅到任以后，“按照条约，无论工期已满未满，概令到领事署报名注册”，发给通行证，以免出门时被抓入工所。领到通行证的华工“无不欢腾于色”，华工有了一些人身自由。其间，有2 000多人获得人身自由，发放通行证43 000多张，以前代领的通行证只有10 000余张。③

刘亮沅还利用外交签约为华工争取权益。在1879年冬，西班牙驻华公使伊巴里（Don Carlos Antonio）与刘亮沅商议“增拟招工条款”。借此机会，刘亮沅提出：“华工之不愿在古巴者，应照约资送回国；官工所须概行裁撤；为该使应偕同领事巡查外埠糖寮数处。”伊巴里一一应允。1880年7月，古巴总督宣告“官工所”所拘禁华工一律释放，以前所有苛待华人办

---

① 参见《清季外交史料》，第2卷，17～18页。

② 参见［古巴］梅赛德斯·克雷斯波·比利亚特著，刘真理译：《华人在蔗糖之国——古巴》，48～49页。

③ 参见谭乾初：《古巴杂记》，见陈翰笙主编：《华工出国史料汇编》，第六辑，117页。

法一律废除；华工享受与其他外侨同等权利。刘亮沅派人进山传讯，以便所有华工都能得知。① 1880 年，约 4.3 万名华工成为自由民，华工欢呼雀跃。“今一旦均得自主以谋生计，情形顿异，以前不准华人住大客寓，穿中国衣服，留辫发，坐大马车，赴官会，一切苛刻之例，概行删除，而且华人嗣后应与优待友睦之各大国人民一体看待，岛中华庶莫不欣然也。”②

据古巴《外交领事年鉴》统计，1902—1926 年，中国派驻古巴参赞或公使级官员有 12 人之多。③

7.1.3.2　秘鲁

陈兰彬虽是第一任驻秘公使，但是直到 1884 年其继任郑藻如才正式递交国书。使馆建立以后，清廷对外宣称，华工“倒悬顿解，工赀自得，食力者甘之矣”④。郑藻如到达秘鲁后，视察了华工生活状况和秘鲁、玻利维亚战争中华人财产损失状况。他还一手建立起了秘鲁中华通惠总局，后来发展成为秘鲁华人的慈善机构，影响至今。

檀香山是秘鲁华工回国返乡的中转站，地位十分重要。当时檀香山是独立的国家，尚未与中国建交。陈兰彬派随员朱和钧与当地官员订立华侨保护法。⑤ 1879 年 3 月，设立商董，执行领事职责。⑥

除了外交需要以外，清政府在秘鲁和古巴设立使领馆还有经济和政治方面的考虑。晚期的清政府，国库白银外流，入不敷出，革新变法，兴办洋务，加强军备，财政危机日益显现。此时，周游各国的洋务派发现，出洋谋生的华人身上可以搜刮，“每岁华民汇入中国之银，约合八百万两内外。虽该处工资较丰，而人数尚非最多，则推之古巴、秘鲁可知”，“然尚有可周转者，以华民出洋所获之利，足资补苴也”⑦。19 世纪末，古巴和秘鲁已有华人获得人身自由，成为城市小商人和手工业者，略有积蓄。

---

① 参见《西洋杂记》，3～34 页。

② 谭乾初：《古巴杂记》，见陈翰笙主编：《华工出国史料汇编》，第六辑，108 页。

③ 参见［古巴］梅赛德斯·克雷斯波·比利亚特著，刘真理译：《华人在蔗糖之国——古巴》，49～50 页。

④ 傅云龙：《游历秘鲁图经》卷三上，1 页。

⑤ 参见王铁崖编：《中外旧约章汇编》，第 1 册，359 页。

⑥ 参见《清季外交史料》，第 15 卷，7～8 页。

⑦ 《庸庵海外文编》，见《薛福成选集》，334 页，上海，上海人民出版社，1987。

遣使设领也是清政府掌握华人动向、控制华人社会的政治手段。通过遣使设领，一方面可以“窥彼腹心”，便于“弹压稽查”①；另一方面可以防止叛乱分子和革命分子潜回国内或争取海外华人支持，颠覆清王朝统治。除了古巴和秘鲁之外，1885年清政府在巴拿马的首府和科隆也设了领事馆。1899年中墨正式建立外交关系之前，中国驻美使馆接受了修筑墨西哥中央铁路的500名华工对自己悲惨境遇的申述。在《中墨友好通商行船条约》签订以后，1900年清政府派李经叙驻节墨西哥首都，对华工悲惨遭遇进行实地调查，并就此与墨西哥政府进行了长期交涉。如1905年墨西哥城的中国领事到尤卡坦半岛调查华工受虐情况；1910年，中国驻墨使馆就罗莎利亚·宝琉（Rosalia Polio）铜矿虐待、迫害华工案件展开调查和进行外交呼吁。②

7.2 入会结党，培养“代言人”(1911—1930)

19世纪70年代，拉美华工向城市小商业者和小手工业者转型，新移入的华商也壮大了海外华人的经济实力，拉美华人整体经济、社会地位有所提高。拉美华人的“侨汇”在侨乡转化为不动产，成为闽、粤侨乡发展的重要资金来源之一。这样中国的政治状况是关乎拉美华人的切身经济利益和身家性命的一件大事。因此，海外华人积极寻找自己在国内利益的“代言人”，成为支持中国革命的最坚决力量。同时，他们深感“国不强，则民受辱受耻”，决心推翻腐败的清朝皇帝，建设经济自由、政治民主的资产阶级民主共和国。孙中山在1916年《致海外同志革命书》中指出，“华侨是革命之母”。

7.2.1 组织建设与舆论宣传

7.2.1.1 打出革命大旗

为赢得洪门会党的支持，壮大资产阶级政党的力量，1904年孙中山

① 庄国土：《中国封建政府的华侨政策》，156页，厦门，厦门大学出版社，1989。

② 参见陈翰笙主编：《华工出国史料汇编》，第六辑，289页。

在檀香山加入洪门致公堂，担任“洪棍”之职。在他的推动之下，同盟会纲领被写入致公堂宗旨。自此，洪门组织成员踊跃加入同盟会，积极在海外华人中间宣传革命思想，为国内革命活动筹集经费。很快，在美洲华人中间也建立起了同盟会分支机构。1911 年 5 月，孙中山第三次赴美时，要求未加入同盟会的致公堂成员一律加入同盟会；同盟会成员也一律加入致公堂。美洲同盟会与致公堂的合并，进一步壮大了同盟会在南北美洲的组织规模和政治影响力。

最早接受孙中山“三民主义”革命思想的是古巴华人。黄鼎之等人发起建立的哈瓦那三民阅书报社、云丹三民团体会和梨美料三民同志会等都是早期古巴革命党团体。后根据革命形势的发展，古巴革命党人公开打出革命团体旗帜，将三民阅书报社改组为古巴中国同盟会。

黄鼎之曾致函旧金山美洲同盟会总会征询意见。美洲同盟会总会经研究予以批准，并热情复函：欢迎黄鼎之加入美洲同盟会，授予主盟权；同时寄去同盟会章程及盟书 20 张，指示黄鼎之发展会员。复函中说：“顷接来翰［函］，敬悉。弟即将足下尊意，商诸中山、魂苏二君，据云：‘公等热心革命，昭昭在人耳目，诚为可嘉。’故特命弟发出盟书付上，欢迎足下加盟本会，签名付来收存，以公认为本党党友兼授以主盟权，俾得随时收接同志入会，据欲设立同盟会于贵埠，极甚赞成，如有基础，依此而行可也。”①

黄鼎之收到指示信后，正式宣布三民阅书报社改组为古巴中国同盟会。黄鼎之担任会长，主持各同志加盟。接着他又将云丹三民团体会和梨美料三民同志会分别改组为同盟会。古巴中国同盟会成立后，在反清革命宣传、为国内革命捐款等方面做了不少工作。

1911 年 4 月，同情革命的秘鲁华人创立了进步团体爱国社，发展社员 40 多人。中华民国成立后不久，该团体改组为同盟会。1911 年，墨西哥华人主动与美洲同盟会总会取得联系，创立了知行阅书报社，同时成立了同盟会通讯处。②

---

① 蒋永敬编：《华侨开国革命史料》，206 页，台北，正中书局，1977。

② 参见任贵祥：《华侨与中国民族民主革命》，52 页。

1912年，洪门致公堂向新成立的中华民国临时政府要求在国内立案，"改堂为党"，注册组建为合法政团。美洲致公堂首领黄三德等人与孙中山面谈，被孙中山婉拒；又呈文广东都督胡汉民要求立案，但一拖再拖，无疾而终。事实上，孙中山、谭人凤等国民党人还是希望改组洪门组织，使之"逐渐归并"国民党。后因国内青帮、红帮、哥老会等帮会组织实施的恐吓、暗杀、攻击政府机关等扰乱社会秩序的行为引起民愤，社会舆论和各地方政府称之为"会匪"，并采取严厉措施予以镇压。致公堂等洪门组织也牵连其中。于是，孙中山领导的国民党与致公堂等洪门组织矛盾日益深化，美洲洪门致公堂转而谋求自建政党，代表海外华侨利益。①

7.2.1.2 宣传革命思想

拉美革命团体成立以后，积极宣传革命思想。古巴中国同盟会会长黄鼎之经常向洛杉矶《少年中国晨报》（*Young China Morning Post*）投稿宣传革命思想。1911年8月，清廷最大的军舰"海圻号"访问哈瓦那，古巴革命党人趁机宣传孙中山的革命思想，号召他们脱离清朝统治，加入革命队伍。返航不久，武昌起义爆发，舰上清朝官兵倒戈加入了反清的革命队伍之中。②英文报纸《哈瓦那每日邮报》（*Habana Daily Post*）等古巴当地媒体报道，这次"骚乱"是由支持革命的游行引起的。③

1912年中华民国成立以后，8月25日同盟会与统一共和党、国民共进会、共和实进会、国民公党等四个政党合并，共组国民党。同盟会在海外华人中的分支机构也随之更名为中国国民党各海外支部。拉美华人革命组织成立以后，创立了许多进步报刊，积极向当地华侨宣传资产阶级革命派"驱逐鞑虏，恢复中华，建立民国，平均地权"等思想，筹措革命经费。以这些革命报刊为启蒙先导，拉美华人积极关注祖国的政治形势和经济形势，关注华人社会内部的新闻和社会动态；同时也关注居

---

① 参见秦宝琦：《中国地下社会》，第三卷，111页；陈昌福：《辛亥革命时期社会政治思潮与洪门致公党的"改堂为党"：陈炯明、孙中山与中国致公党的建立》，http://www.lulong0335.com/thread-1202-1-1.html。

② 参见陆国俊：《美洲华侨史话》，121页。

③ See Kathleen López，"'One Brings Another'，" p.107.

住国政治、经济和社会情况，如移民限制、种族歧视、政府保护、人口统计、社区发展、教育、失业状况、经济困难等等。此外，政治和商务报刊与日俱增，加强了海外华人之间，以及海外华人同祖国之间的联系。（参见表 35）

表 35　　　　拉美华人华侨报刊（1902—1978）

创刊时间	创刊地点	创刊名称	简要介绍
1902-01-01	古巴	《华文日报》	由华侨易绮茜创办，是拉美最早的华文报。
1905	墨西哥	《墨西哥朝报》	油印通讯稿。
1911-03-07	秘鲁	《华商报》	
1911-03-10	秘鲁利马	《民醒日报》	宣传革命的油印周刊，民国成立后一度停刊。1915 年复刊，成为中国国民党秘鲁支部机关报。
1911	巴拿马	《共和报》	黎尚武等创办的油印周刊，以“宣传革命真谛”为宗旨。
1912	古巴	《民生报》	中国国民党古巴支部的机关报。
1914	古巴	《华文商报》	由《华文日报》改名而来。
1918	墨西哥	《国民日报》	油印华文通讯稿。
1919	古巴	《民声》周刊	—
1920-02-13	古巴哈瓦那	《开明公报》	由古巴致公堂主办。
1921	古巴哈瓦那	《民声日报》	中国国民党驻古巴总支部喉舌。
1922-05-03	古巴、牙买加	《古牙开明公报》	由古巴与牙买加洪门致公堂合资创办。
1923-06-01	墨西哥	《正言月刊》	—
1930	巴拿马	《共和报》	—
1930-10-18	牙买加	《中华商报》	1931 年创始人郑永康出售给李谈仁和郑维玉；1935 年中华会馆接收该报，改名为《华侨公报》。
1931-04-20	秘鲁利马	《东方月刊》	中文、西班牙文双语。
1937	古巴	《救国周报》	由《工农呼声》改名而来，后又改名为《光华报》。
1940	特立尼达和多巴哥	《侨声报》	由中国国民党支部所办。
1940-03-16	牙买加	《高塔》	郑丁才创办的英语周报。

续前表

创刊时间	创刊地点	创刊名称	简要介绍
1943-08	苏里南	《南风日报》	—
1948-04	墨西哥	《大中晚报》	油印小型华文报。
20世纪40年代	古巴哈瓦那	《光华报》	初为周刊，后改日报。由古巴共产党创办。
1950	牙买加	《民治周刊》	中国洪门民治党驻牙买加总支部刊物，以发扬党务、启发民智为宗旨。
1953-12-01	牙买加	《中山报》	中国国民党牙买加支部机关报纸。
1954-05	圭亚那乔治城	《华侨周报》	—
1956	危地马拉	《华侨周报》	—
1956	委内瑞拉	《中华会馆月刊》	—
1957-06-05	苏里南	《自由日报》	油印小报。
1958	巴西	《中巴新闻》	—
1958-12	牙买加金斯敦	《华侨公报》	爱国华侨主办。
1960-03-29	巴西圣保罗	《巴西侨报》	—
1969	巴西	《南美新闻》半月刊	由《中巴新闻》月刊易名。
20世纪60年代末	厄瓜多尔基多	《侨事半月刊》	
1972-03-07	苏里南帕拉马里博（Paramaribo）	《洵南日报》	—
1973-10-01	巴拿马	《新华报》	由《大公报》分裂而来。
1974-07-01	苏里南	《华新报》	—
1976-05-17	古巴	《光华报·开明公报联合刊》	《光华报》与《开明公报》合并改名，后又改为《光华报》半周刊。
1978	巴拉圭亚松森（Asunción）	《南美新闻天地》	—

资料来源：Kathleen López，“‘One Brings Another’，” pp. 109－110.《华侨华人新闻出版事业大事记》，见周南京主编：《华侨华人百科全书·新闻出版卷》，580～623页，北京，中国华侨出版社，1999。

同时，拉美华人社会也成为中国各革命党派争取资金和舆论支持的重要阵地。1915年中华民国参议院议长林森游历美国、加拿大和古巴等国各大城市，为新成立的政府寻求海外支持。随行的还有洛杉矶《少年中国晨报》编辑。[①] 同年 1 月，反袁世凯称帝的宣传使团访问西恩富戈斯和雷梅迪奥斯。哈瓦那致公堂主席西蒙·赵（Simeón Chiu）和秘书长克里斯汀·秀兰（Cristino Pérez Lani）在联邦酒店（Hotel Unión）设宴款待。宣传团还访问了哈瓦那两个华人社会组织。[②]

7.2.1.3　参加党务大会

拉美华人组织分支机构积极参与美洲华人组织总会活动，努力推动各国华人代表达成共识，起到了积极的作用。

1915 年 7 月 15 日，中华革命党在旧金山举行全美洲同志恳亲大会，200 多个城市和地区的党部委派代表参与大会，盛况空前。拉美的秘鲁、古巴、墨西哥都有代表参会。墨西哥代表表示要“上下一致，摧枯拉朽”，“与世界各国文明并驾齐驱，以谋求真正之共和”。恳亲大会之后，古巴华人又召开全古恳亲大会，决定组织捐款，购置党所，统一加强党组织。这使古巴华人党务“推进不少”。此后拉美各国，“党势异常发达”，“本党分部林立，党员繁庶”。[③]

1923 年 10 月，美洲致公堂第三次恳亲大会在美国旧金山召开。会上，黄三德提议在上海修建“五祖纪念祠”，得到很多美洲华人的响应。拉美的古巴、墨西哥等国洪门会员踊跃为建设五祖祠捐款。会上还讨论成立中国致公党的问题，决定成立中国致公党筹备委员会总会，具体筹划“改堂为党”。

1925 年 10 月 10 日，五洲洪门第四次恳亲大会暨中国致公党第一次代表大会在美国旧金山召开，拉美各国洪门分支机构参加了大会。会上，决定以洪门致公堂为基础，组织华侨政党，定名为中国致公党；通过了

---

① See Him Mark Lai, “The Kuomingdang in Chinese American Communities before World War II,” in Sucheng Chan, ed., *Entry Denied: Exclusion and the Chinese Communisty in America, 1882-1943*, Philadelphia: Temple University Press, 1991, pp. 170-121.

② See Pablo L. Rousseau & Pablo Díaz de Villegas, *Memoria Descriptiva, Histórica y Biográfica de Cienfuegos y las Fiestas del Primer Centenario de la Fundación de Esta Ciudad*, Habana: nonpublished, 1920, p. 339.

③ 参见《中华革命党史料》，见《革命文献》，第 45 辑，305～315 页，台北，“中央”文物供应社，1970。

《中国致公党党纲》，“美洲各地致公堂，一律改称致公党”①。

1945 年 3 月 12 日，美洲洪门恳亲大会在美国纽约举行。加拿大、美国、古巴、墨西哥、巴拿马、巴西、秘鲁、牙买加等 9 国致公党组织均派代表参加。会议结果，洪门致公堂改为“中国洪门致公党”，司徒美堂任全美总部主席，古巴的朱家兆、加拿大的陈宜显、墨西哥的甄显炽当选为副主席，设组织、宣传、联络、财务各部，通过了党纲和对时局的宣言，表示要“以华侨资本和人力参加复兴中国的建设”。洪门人士主持的报纸美国《五洲公报》，加拿大《大汉公报》、《洪钟时报》，古巴《开明公报》、《民声日报》，秘鲁《公言报》等联合其他华侨报纸，发出《十报宣言》，号召“结束国民党一党专政，还政于民，召开国民代表会议，成立民主政府”②。但是，这次“改堂为党”仍然不彻底，“中国洪门致公党”实质上仍然保持着党堂并存的格局。

1946 年 7 月，美洲致公党代表司徒美堂（美洲）、朱家兆（古巴）、甄显炽（墨西哥）、曹履孚（墨西哥）、朱金石（加拿大）、谢志如（加拿大）、吕叔然（美国）、杨天孚（美国）、蔡杰则（秘鲁）、吴克泮（巴拿马）等 10 人，回上海参加五洲洪门恳亲大会，谋划回国参政。国民党操纵和控制了 25 日召开的洪门恳亲大会，强行宣布成立中国洪门民治党。国民党乘机混入民治党担任要职，借以打入美洲华人内部，操纵洪门民治党海外分支机构，挖空心思欺骗、讹诈和迫害各国华侨，趁机敛财。③美洲致公党主席司徒美堂看到了国民党的险恶用心而没有参加这次大会。不久，为了澄清政治立场，司徒美堂在上海各大报纸上郑重发表“脱离民治党声明”：“本人对民治党年来所作所为，不表赞同，自即日起脱离民治党的一切职务，转赴香港，重返美国，致力于华侨福利工作。”④

---

① 《通告全体洪门人士书》，1925-08-21。

② 司徒丙鹤：《司徒美堂与美洲洪门致公党》，见《中华文史资料文库·华侨华人编》，717 页。

③ 参见中国致公党中央编写：《中国致公党简史》，13 页，北京，中国致公出版社，2003；司徒丙鹤：《司徒美堂与美洲洪门致公党》，见《中华文史资料文库·华侨华人编》，719～720 页。

④ 司徒丙鹤：《司徒美堂与美洲洪门》，见《河北文史资料》编辑部编：《近代中国帮会内幕》，170 页，北京，群众出版社，1992。

7.2.2　资金支持

7.2.2.1　支援反封建运动

20 世纪初，在美国洪门组织的影响下，拉美洪门组织也纷纷转型成为同盟会分会或者联络处，积极为辛亥革命筹集捐款。为了支援国内的辛亥革命，1911 年，在美国旧金山致公堂所在地成立了美洲洪门筹饷局（又称中华革命军筹饷局），对外称国民救济局，由致公堂和同盟会两个团体共 40 多人联合组建。美洲华人为革命捐款的行动发轫于美国和加拿大，迅速扩展到美洲其他国家，范围之广，规模之大，对革命贡献之巨前所未有，正如孙中山所说："其慷慨助饷，多为华侨。"①

根据美洲洪门筹饷局的指示，古巴华人成立了当地华人筹饷组织——代理筹饷处，委任同盟会负责人黄鼎之为古巴筹饷专员。在该组织的发动和领导下，古巴华人妇女用扦工编织成精细的刺绣工艺品，"举行义卖，筹集军饷"。在此期间，古巴代理筹饷处为国内孙中山的革命活动筹集军饷 1 万多美元。②

1911 年武昌起义爆发以后，秘鲁利马华侨爱国社 11 月 16 日举行集会，筹备成立了华侨筹饷局，动员华侨捐款，并"由银行电汇，以备孙逸仙君随时调用"。据英国驻秘鲁使馆人员呈送英国外交部的报告称，秘鲁华人"传布造成革命党之事甚多"，受雇于公使馆的华仆，也"将两月薪资捐助革命军"。据不完全统计，10 月 17 日至 20 日四天中，秘鲁华人捐款 12 535 元。③ 此外，智利、巴拿马等地的华人也积极为革命筹款。1911—1912 年，秘鲁和智利华人共捐助 10 万港币支援反清革命活动。④

中华民国成立以后，为了保护革命胜利果实，拉美华人积极声援孙中山国内革命活动，组织捐款。比如，1919 年古巴华侨通电声讨陈炯明，并为讨伐陈炯明、重建广东革命根据地捐款。墨西哥、古巴、秘鲁等国拉美

---

① 黄季陆主编：《总理全集》下册，40 页，成都，联友出版社，1944。

② See Kathleen López, "'One Brings Another'," p. 107.

③ 参见任继愈：《美洲华侨史话》，159 页。

④ 参见徐世澄：《华人与拉丁美洲》，http://blog.china.com.cn/xushicheng/art/83528.html。

华人为支持推翻北洋军阀统治的革命战争，成立了“北伐后援会”，为北伐捐献了大笔款项。墨西哥各地华人成立的“北伐后援会”，派人“沿门募捐军饷”，国民党员及各界华人为北伐“慷慨捐输”。古巴华人的“北伐后援会”，以“为北伐军捐助军饷，尽国民责任”为宗旨，在一个月内连续向国内汇款三次，每次汇款 2 000 多美元。在广东革命政府发表《北伐宣言》后，1926 年 7 月 2 日，华侨协会与国民党中央海外部联合成立了“华侨北伐后援会”。秘鲁华侨积极响应，也成立了“北伐后援会”，当日即募得 3 410 美元汇回国内，并附一封写给北伐将士的致敬电，声援和支持北伐。①

7.2.2.2　支援反帝运动

在海外饱受西方殖民主义和帝国主义压迫的拉美华人对祖国同胞遭受的苦难感同身受。为声讨帝国主义的残暴行为，积极支援国内反帝运动，他们多方筹措资金，援助反帝运动。

1925 年，以日、英、美驻军在上海和青岛制造的“五卅惨案”和“青岛事件”为导火索，中国国内爆发了声势浩大的反帝民族运动——五卅运动和省港大罢工。通过大规模群众性的罢工和示威游行，中国人民要求撤离外国驻军，废除“和约”，收回权益。拉美华人积极声援，墨西哥参迫古（即坦皮科）反帝国主义大同盟致电国内各报各团体表示：“工学遭杀，请奋斗，誓为后援。”②

古巴华人十分关心“五卅惨案”的受难同胞，多次汇款救济他们的生活。但因不明汇款地点，汇出的款项又无回音，而急于找一汇款的稳妥途径。正好国内即将召开国民党第二次全国代表大会，国民党驻古巴执行委员会特派周启刚、罗安、劳先鞭等三人回国调查收款机关及汇款下落，并带慰问信函一封：“上海、广州两处我最爱工友学生，愤外盗之摧残，为之抵死力争吾国人之自由平等，实深钦佩。吾人身居海外，恨未能共同抵抗，怅甚歉甚！对救国运动，凡属国民，当尽一份责任，敝局自当联合侨胞，捐助款项，为之接济。”③ 周启刚一行抵

① 参见任贵祥：《华侨与中国民族民主革命》，258～264 页。

② 《民国日报》，1925-06-14。

③ 《古巴华侨援助爱国运动》，载《民国日报》，1925-08-14。

达上海后，马上到上海总工会接洽，联络好接收汇款办法后，“该代表等遂即急电古巴华侨，速将已募集之 40 余万美金，即行汇沪救济罢工工人”①。

巴拿马华人得知祖国爆发“五卅运动”及省港大罢工的消息，激于义愤，“所恨殉国烈士之忠魂已杳，而帝国主义之凶徒犹在”，特组织“旅巴拿马华侨筹赈祖国失业工人妇孺慈善会”，随后捐款 3 000 美金，汇寄国内，接济有困难的罢工同胞家属。

拉美华人为国内工人罢工捐款、声援国内反帝运动的形式多种多样，赢得了广大爱国同胞的理解和支持。国民党秘鲁利马支部为捐款事召集特别会议，决定在同庆戏院聘请琼山玉戏班演戏筹款。1926 年 3 月 15 日晚，按计划演出以“五卅惨案”为题材的新编时事剧《罢工血泪潮》。当地华人踊跃购票观看，当晚收入门票款 1 万多比索，汇寄汪精卫转罢工委员会。3 月 26 日晚，当地华人乘兴捐助，再演《罢工血泪潮续编》，并将收入门票款 5 800 多比索汇回国内。国内罢工工人盛赞秘鲁华人义举：“秘鲁侨胞援助省港罢工之热忱”，“为向来所未有”，“令人感佩”②。

7.2.3　归国参政、议政

孙中山及中华民国临时政府积极欢迎华侨回国参政、议政，并且以中华民国法律的形式，确保华侨参政、议政的权利。经过华侨代表的多次努力争取，以及南京、北京临时参议院的多次会议讨论，1912 年 5 月 17 日北京临时参议院第八次会议表决通过了《审议华侨要求议权案报告》；8 月 11 日公布了《中华民国国会组织法》，正式通过在参议院中设华侨参议员。在随后颁布的《参议院议员选举法》中列有华侨专章，其中规定华侨参议员名额为 6 名，“由华侨选举会选出”，条件“以通晓汉语者为限”；华侨选举会则由“华侨侨居地所设各商会，各选出选举人一名组织之”；选举人所在商会需由“本国政府认可者为限”。③ 1912 年 11

① 《古巴华侨将汇巨款济工》，载《工人之路》，1925－09－01。

② 《秘鲁利马侨胞汇款接济罢工》，载《工人之路》1926－05－30。

③ 参见《民国初年之国民党史料》，见《革命文献》，第 41 辑，485、493 页。

月至12月，通过并公布了《参议院议员选举法华侨选举会实施法》和《参议院议员施行细则》，对华侨参议员的选举做出了具体规定。至此，华侨参议员议案终于得以通过和确立。

民国成立、革命成功之初，海外华侨怀着满腔热情，归国从政从商，保护革命成果。中华民国临时政府、临时大总统孙中山身边及民国下属各级政府均有大批归侨任职，有的还担任重要职务，其中不乏拉美归侨。护法期间追随孙中山的陈友仁为特立尼达和多巴哥华侨，武昌起义之前弃家回国，追随孙中山革命。他曾向孙中山建议，“国民党应该向俄国人寻求军事上和政治上的援助”，并为此做了大量实际工作。1924年1月20日至30日，墨西哥支部的余和鸿作为海外国民党组织代表，参加了在广州高等师范学校开幕的中国国民党第一次全国代表大会。

7.2.4 保侨、护侨措施

7.2.4.1 侨务立法

孙中山游走于海外筹集革命军饷时，广大华人积极响应，捐钱捐物，支持革命。同时，广大华人水深火热的处境也让孙中山决心改变华人孤立无援的“海外孤儿”地位。孙中山曾说：“凡我侨胞，直接间接所受政治上之痛苦，罔不洞知。每思专制推翻，民治发展之后，稍尽保护之责，借纾痛苦之情，耿耿此心，无时或息。”① 在辛亥革命取得胜利之后，他还表示，如今全体国民共享民权、民生之际，民国政府应尽快制定侨民法，务使海外中国人同享“自由、博爱、平等之义”。

中华民国临时政府建立以后，临时大总统孙中山于1912年3月19日颁布了《大总统令外交部妥筹禁绝贩卖猪仔及保护华侨办法》、《大总统令广东都督严行禁止贩卖猪仔文》、《令内务部编定禁卖人口暂行条例》及稍后通过的《审议华侨要求议权案报告》等法规法令。这些法规法令集中体现了中华民国临时政府的侨务政策和孙中山的侨务立法思想，如禁绝贩卖“猪仔”、苦力，确定中国公民出国的正当途径。

鸦片战争以来，西方列强通过一系列不平等条约，肆无忌惮地掠夺

① 转引自任贵祥：《华侨与中国民族民主革命》，110页。

我国沿海地区的廉价劳动力，输往世界各殖民地，进行惨绝人寰的奴役和赤裸裸的剥削。尤其是拉美的古巴和秘鲁两国的苦力华工，惨遭荼毒，大多数有去无回，留下的更是一段血泪斑斑的历史。虽清廷也向拉美诸国遣使设领，归根到底是以保护富商利益、敛取钱财为出发点的，下层劳工的利益无人问津。对此，孙中山明令厉行查办沿海等地拐卖人口的犯罪行为，保护海外华人的人身和财产权益。在《大总统令外交部妥筹禁绝贩卖猪仔及保护华侨办法》中，他指出："查海疆各省奸人，拐贩猪仔，陷人涂炭，曩在清朝，熟视无睹，致使被难同胞，穷而无告。今民国既成，亟应拯救，然含辛茹苦，挚爱宗邦。今民国人民，同享自由幸福，何忍侨民向隅，不为援手。除令广东都督严行禁止猪仔出口外，合亟令行该部妥筹款杜绝贩卖，及保护侨民办法。务使博爱、平等之义实力推行。"① 以后民国境内"严行禁止""贩卖猪仔"，"以重人道而崇国体"。立法还强调，中华民国将切实保护海外华侨的各种人身权利和生命、财产安全。

7.2.4.2　改组政党

1912 年，国民党中央海外部成立，开始向海外华人主要侨居地派出党务特派员，指导和参与当地国民党组织的建立和改组工作。从 1916 年袁世凯死去到 1927 年南京政府建立，中国是军阀割据的战乱时期，国内战火连天，民不聊生。此时，国民党特别加强了海外支部的建设工作。在美洲，国民党美国总支部（U. S. General Branch）设在洛杉矶，统辖美国、夏威夷、中南美洲国民党事务，拥有美洲党员约 15 000 人。② 20 世纪 20 年代，国民党在美洲独立设立支部，发展党员。在某些拉美城市的华人社区，如古巴的哈瓦那唐人街，国民党并非一党独大，保守商人团体和三合会等华人团体与之并存。支持这些团体的是当时直系军阀当权的北京洋政府。

1924 年国民党"一大"确定了"联俄、联共、扶助农工"的政策；

---

① 《临时政府公报第 42 号令》，见中国史学会主编：《中国近代史资料丛刊・辛亥革命》（八），28～29 页，上海，上海人民出版社，1957。

② See Kathleen López, "'One Brings Another'," p. 108.

国民党中央委员会设置专门机构领导海外支部活动。原来在美国总支部领导下的美洲各支部开始转而接受广东国民党总部的直接领导：1924 年是夏威夷和墨西哥支部，1925 年是古巴支部，1927 年是秘鲁支部。① 国民党中央海外部直接派遣蓝锡安、董方城分别到墨西哥和古巴开展党务工作。截至 1925 年国民党中央执行委员会第三次全体会议，拉美国民党组织已经改组和整顿完成的总支部是墨西哥，正在改组中的是古巴，尚未改组的是南美支部。

董方城特派员到达古巴后，发现古巴华人革命党组织在同盟会以后一直处于混乱状态。特别是古巴国民党组织，在右派分子把持之下，混乱涣散。他通过宣传孙中山的新“三民主义”和国民党“一大”精神，争取了很多当地华人，吸收了新生力量，肃清了右派分子的不良影响，为当地华人的组织和活动打开了局面。通过中文报纸和定期集会，古巴国民党各地支部建立起了有效的宣传和筹款机制。1926 年 3 月，古巴国民党总支部召开了全侨恳亲大会，这标志着古巴国民党组织改组工作基本完成。②

1927 年蒋介石叛变革命，对共产党及同情共产党的人士进行清党。其影响也波及海外国民党支部，大批左倾人士被排挤出国民党，蒋介石政府借此也加强了对海外华人财富、政治精英及其忠诚度的控制。不久，被排挤的美洲左倾人士成立了马克思主义政治团体。如 1927 年，古巴哈瓦那左倾人士组建了“工农革命大联盟”（the Alianza Protectora de Obreros y Campesions）。1928—1929 年，该组织的主要领导人陆续加入了古巴共产党。③

7.2.4.3　扩大建交

中华民国成立以后，历届政府都积极同拉美国家建立外交关系，以便与之交涉，保护华人在居住国的利益。除继续保持与清政府建交的拉

---

① See Him Mark Lai, “The Kuomingdang in Chinese American Communities before World War II,” pp. 180-188.

② 参见任贵祥：《华侨与中国民族民主革命》，219 页。

③ See José Baltar Rodríguez, *Los Chinos de Cuba*: *Apuntes etnográficos*, Habana: Fundación Fernando Ortiz, 1997, pp. 70-71.

美五国外交关系以外，北洋政府和南京政府先后同智利（1915）、玻利维亚（1919）、尼加拉瓜（1930）、危地马拉（1933）、多米尼加（1940）、哥斯达黎加（1944）、厄瓜多尔（1946）、阿根廷（1947）等 8 个拉美国家建交，建交国家增加至 13 个。另外，还与华人人数较多的古巴（1942）、巴西（1943）、墨西哥（1944）、厄瓜多尔（1946）和阿根廷（1947）等国签订友好条约，对华人待遇和华人移民等问题均做出了详细规定。

7.3　抗日救亡，保国保种（1931—1945）

1931 年九一八事变爆发，日本悍然入侵中国东北。1937 年全面抗战爆发，海外华人与祖国亲人的交通和通信隔绝，中华民族在日本侵略军的铁蹄之下惨遭蹂躏。“皮之不存，毛将焉附”，拉美逾 20 万华人身居异邦，心系家国，投入全部的人力、财力和物力支援抗战，拯救中华民族的危亡。

7.3.1　组织建设

抗战爆发后，海外华侨群情激愤，纷纷成立抗日救亡组织。据不完全统计，在美洲有抗日侨团 466 个，向祖国捐款达 6 915 万美元。① 在拉美有古巴、秘鲁、巴西、巴拿马、智利、阿根廷、委内瑞拉等美洲国家。在墨西哥有“抗日救国会”，在巴拿马有“华侨救国总会”，在古巴有“抗日救国总会”，在牙买加有“尖美加华侨航空救国运动委员会”（后改称“中国航空建设协会占美加直属支会”，简称“航建会”）② 等。

在中华民族最危难的时刻，“曾经在 1911 年辛亥革命中各执己见的”海外华人组织也摒弃了各自不同的政治主张和政治倾向，联合抗日。③ 七

---

① 参见李春辉、杨生茂主编：《美洲华侨华人史》，717 页。

② 参见李谈仁：《本埠航建会之沿革》，载《中山报》，1957-06-25、1957-06-28、1957-07-02、1957-07-05、1957-07-09、1957-07-12、1957-07-19。

③ See Yen Ching-Hwang, *Studies in Modern Overseas Chinese History*, Singapore: Times Academic Press, 1995, p. 144.

七事变之后仅一个多月，美洲两大政治倾向不同的华人社会组织——“美洲华侨拒日救国后援会”和“中华民国国民抗日救国总会”召开联合会议，决定成立“旅美华侨统一义捐救国总会”（简称“义捐救国总会”），各党派、各阶层、各界美洲华人争先入会。不久，在美洲各地建立了47个分会，其中美国最多，有29个，墨西哥15个，中南美洲3个，覆盖华人居住的大小城市300多座，是抗战前期美洲规模最大、支援祖国抗战成绩最显著、筹集抗战经费最多的侨团之一。

洪门致公堂组织遍布美洲各地，美国华侨近25万人，加入洪门者达20万人，在拉美国家也有洪门会员4万余人。① 抗日战火日渐猛烈，在民族大义的号召下，世界各地华人逐步走向团结。美洲各地的致公堂也日益觉醒，不甘人后。1939年6月15日，全美洲致公堂所属10余国的223处机关代表齐集墨西哥城召开恳亲大会。会议决定联络各救亡侨团，集全美10余万洪门侨胞的力量，拥护祖国抗战，把抗战坚持到底；力行洪门“忠诚救国，义气团体”的信条；重申“救国家保民族”，实施“民主政治”，“坚持其实现以复兴我国家，保存我民族，此亦即‘国家至上，民族至上’之本旨”。会议成立了“全美洲洪门总干部”，结束了美洲洪门组织堂号林立、堂斗激烈的局面，化解了“门户之见”，共同奔赴到挽救民族危亡的爱国运动洪流之中。②

此外，拉美其他国家华人也设立了各自的抗日组织或抗日机构。古巴成立了“古巴华人抗日捐助协会”（the Cuban Overseas Chinese Association for Aiding the Resistance against Japan），59个分支机构遍布古巴各个城镇，募集捐款，销售公债。③ 秘鲁中华通惠总局设立“抗日筹饷会”发动秘鲁和拉美其他国家的华人捐助抗日经费，并把一些经费直接寄给了中共抗日根据地，赢得周恩来的高度称赞。

7.3.2 资金支持

为了长期筹措和管理海外华人捐款，1932年2月美洲洪门致公堂成

---

① 参见司徒美堂：《旅居美国七十年》，见《中华文史资料文库·华侨华人编》，665页。

② 参见任贵祥：《华侨与中国民族民主革命》，211页。

③ See Kathleen López, "'One Brings Another'," p. 111.

立了筹饷局，管理各种名目的募捐款项，如月捐（又称额捐）、飞机捐、散捐、餐馆的自由捐、公债捐，还有以筹集军费、赈济难民、认购公债、汇款归国、救济伤兵等名目发起的捐款运动。美国、加拿大、古巴、巴拿马等国家的华人社会组织规定：18 岁以上的华侨，每人每月捐 3～5 美元。① 抗日时期，单月捐一项美洲华人就筹集资金达 1 400 万美元；1936—1946 年，美洲华人的抗日捐款、购买公债、汇寄家用等款项总计约 4.8 亿美元。粤籍古巴华人仅捐献购机款一项就多达 14 万美元。② 牙买加中华会馆从 1928 年 5 月 3 日日本制造"济南惨案"开始，就号召和组织华人捐款扶助伤兵、购买飞机。③

秘鲁华人成立了华侨抗日总会、航空建设委员会秘鲁分会等抗日募捐组织，采用各种方式筹集抗日经费。除了月捐、认购公债、自愿捐献以外，还有卖花、售旗等义卖活动，共筹集捐款近 105 万美元。中华白话剧社还组织义演和筹款宣传活动，筹集款项 5 万多美元。周恩来为秘鲁华人社会组织——中山隆镇隆善社第三次筹捐抗日军饷的义举题词："万里外六千侨胞，统筹债捐达二百万秘鲁币，是侨胞之模范，是抗战之光荣。"④

拉美各地华人组织多种多样的民众运动，募集抗日捐款，有义卖运动、节约运动、还债运动、救济运动、献金运动等等。1942 年，古巴华人发起了"一碗饭运动"募捐大会。因为古巴人很爱吃中国的扬州炒饭，因此这场募捐大会就是义卖扬州炒饭。虽然每盘饭标价最低 5 美元，茶水最低 1 美元，但是入场顾客的出价多则 100 美元，少则 10 美元。很多古巴人同情中国抗战，踊跃参加义卖活动。做进出口生意的外侨商贾也想趁机与华商结识，扩大生意。义卖三天，每张入场券 6 美元，6 万张入场券售罄，又赶制临时入场券。除去开支外，募得抗战捐款 4 万美元。⑤

---

① 参见任贵祥：《华侨与中国民族民主革命》，341 页。

② 参见连贯：《追求进步向往光明的司徒美堂老人》，见《中华文史资料文库·华侨华人编》，739 页。

③ See Li Anshan, "Survival, Adaptation and Integration," pp. 47-48.

④ 徐世澄：《华人与拉丁美洲》，http://blog.china.com.cn/xushicheng/art/83528.html。

⑤ 参见黄作湛：《古巴见闻录》，见《中华文史资料文库·华侨华人编》，713 页。

为了鼓舞抗日志士抵抗日本侵略军的斗志、防止国民政府从捐款中“揩油”，拉美各国华人将抗日捐款直接汇给抗日队伍或抗日将领。九一八事变爆发后，古巴华人特为东北义勇军汇去了 10 000 美元，后又为淞沪抗日部队汇去数十万美元。①

八年抗战期间，拉美各国华人共捐款 815.6 万美元，其中古巴华人捐款最多，达 240 万美元，墨西哥华人捐款是 200 万美元②，牙买加华人捐款是 200 544 英镑。③

7.3.3 舆论支持

美洲等地华人在得知日本向袁世凯提出“二十一条”无理要求及袁世凯竟然答应的消息后，纷纷通电袁世凯，表示坚决反对。墨西哥某地华侨致电外交部转正副总统袁世凯、黎元洪，要求“拒日贼，勿退让，宁战死，愿助饷”④。

当淞沪会战正激烈进行时，巴拿马华人致电上海总商会转蒋光鼐、蔡廷锴两将军，请求“继续作战，自当尽力筹饷”。蒋、蔡委托总商会回电：“日大举增援，胁我撤防，已严拒，沪军气奋，当不负侨胞期望。”⑤

抗日战争胜利后，拉美各国华人欢欣鼓舞，纷纷举行庆祝活动。当时，秘鲁有华人约 11 000 人，在得知日本无条件投降的消息后，抑制不住喜悦的心情。1945 年 8 月 14 日清晨，一些华人侨领、侨商纷纷到中国大使馆，向中国大使祝贺。16 日下午，5 000 多名秘鲁华人在中国大使馆花园举行祈祷庆祝大会，盛况空前。秘鲁总统代表海门（Himen）少校、国务总理及许多内阁官员也前来参加庆祝活动，总统府乐队专程奏乐助兴。许多秘鲁华人登台演讲，号声震天，燃放爆竹五万响。

① 参见任继愈：《美洲华侨史话》，164、165 页。

② 参见熊世澄：《拉丁美洲与华人》，见庄炎林主编：《世界华人精英传略·南美洲与加拿大卷》，311～325 页。

③ See Li Anshan, “Survival, Adaptation and Integration,” p. 48.

④ 任贵祥：《华侨与中国民族民主革命》，143 页。

⑤ 《巴拿马华侨请继续作战》，载《申报》，1932-02-20。

7.4 国共对峙，无所适从（1946—1970）

抗战取得胜利不久，中国又陷入了内战。由于政治倾向和革命斗争经验不同，拉美各国华人对中国国内的两大政治派别——中国共产党和中国国民党持有不同的政见，分成了三派，即以古巴共产主义团体为代表的社会主义阵营，支持新中国；牙买加、墨西哥以及中美国家则视台湾为“祖国”，支持台湾国民党政权；还有一些国家的华人走中间路线，对国内政治心灰意懒，不再关心，而专注于如何融入居住国主流社会。有些拉美华人社会组织内部也出现了派别分化。

7.4.1 大陆阵营

早在 1928 年，有共产主义觉悟的黄淘白等古巴华人就建立了旅古华侨社会主义同盟，其前身是“工农革命大联盟”，总部在哈瓦那，圣地亚哥（Santiago-de-Cuba）、曼萨尼约、巴亚莫、关塔那摩、西恩富戈斯、大哈圭（Jaguey Grande）等地都有分会。这是一个政治性的进步华人社会组织，先后创办了《工农呼声》、《求国报》和《光华报》等，宣传共产主义思想。1930 年 5 月 29 日，该同盟领导人黄淘白与古巴共产党几名领导人同时被捕，黄淘白于同年 8 月 12 日在狱中被赫拉尔多・马查多独裁政权的刽子手杀害。路易斯・李（Luis Lee）等其余 4 人在遣返中国途中，在日本脱险。

共产主义组织的建立和共产主义思想的传播使古巴华人中共产主义者和民族主义者逐渐增多，雇工及一部分小商人中的进步分子逐渐在古巴华人社会中占据了主导地位，而由少数大商人及从小商人中分裂出来的落后分子组成的支持国民党的保守派势力日渐衰落。[①] 由于受共产主义思想的熏陶，大多数古巴华人坚决拥护中国共产党的政治纲领和建国方略，反对美蒋勾结打内战。“古巴华侨援助民主中国联合会”曾在报上发

① See Juan Jeménez Pastrana, *Los Chinos en las Luchas por la Liberación Cubana, 1847 - 1930*, p. 55.

表声明，公开指责美国政府在抗战胜利后继续在军事上援助蒋介石的国民党政权。联合会代表古巴华人吁请古巴进步团体和各界人士，敦促杜鲁门总统撤退驻华美军。

另一个华人社会团体“古巴华侨拥护民主大同盟”也坚决支持中共的政治主张。其总干部执委会致电毛泽东，响应中共“五一”文告第五项号召，“与本盟奋斗宗旨，适相符合，特此用飞邮代电，表示热烈拥护，恳请先生刻即领衔召集新政治协商会议，负责过渡之民主政权，一俟解放军全面胜利，即开人民代表大会，实现全国性之新民主主义联合政府，临电神驰，并祝新政协克日实现”。大同盟哈瓦那总干部执委会主席梁普航得悉中国人民解放军取得胜利后，宣布：“在北京成立了新的中国政府，这证明了中国人民已经打败反动势力取得了胜利。”① 他还敦促古巴政府尽快承认新中国。

国民党利用古巴残存的保守势力，对拥护新中国的民主团体伺机打压。大同盟奋勇地同国民党特务作斗争，维护新中国尊严，表明古巴华人对新中国的坚决支持。适逢1949年“双十节”，大同盟召开庆祝新中国成立大会。会议正在进行时，国民党特务勾结当地警察破坏大会，将新中国国旗和“庆祝中华人民共和国成立”的横额强行拆下，将梁普航拘捕，搜查大同盟总干部秘书李矩芝的商店。大同盟的全体华人对国旗受辱异常激愤，展开了护旗斗争，得到了古巴当地民主人士的同情和支持。大同盟主席吕戈千特致电新中国外交部部长周恩来，请求就此事向古巴政府提出抗议。经过与当地警察多方交涉，被捕华人不久获得释放。②

古巴洪门组织也因坚决支持中共的政治主张而遭到国民党特务的诬告和陷害。1949年6月，古巴华侨洪门人士联名致电回国，祝贺中国人民解放军解放南京、上海，并联合430名洪门人士，草拟了《美洲各国洪门人士对时局宣言》，寄至美洲各国洪门组织，发动各国洪门人士签名响应。还未及完成签名正式发表《宣言》，由于国民党分子向当地警察局

① ［古巴］梅赛德斯·克雷斯波·比利亚特著，刘真理译：《华人在蔗糖之国——古巴》，60页。

② 参见任贵祥：《华侨与中国民族民主革命》，443、447页。

告密，《宣言》领衔人黄作湛、秦挺生、林秉礼、黄焯洪、马啸天等五人被捕。后得以保释出狱。①

在古巴华人共产主义组织和其他华人社会组织的积极努力之下，1960 年古巴革命政府承认中华人民共和国是中国唯一合法政府，台湾“外交代表”撤离古巴。古巴是第一个承认中华人民共和国的拉美国家，1961 年古巴驻中国大使馆在北京设立。除了古巴以外，其他拉美国家的华人进步分子也积极支持中共领导的新中国政权。秘鲁中华通惠总局的骨干们曾公开挂出五星红旗表达他们对社会主义新中国的拥护和向往。②

新中国宪法明确规定保护华侨的正当权益，对归侨、侨眷实行“一视同仁，适当照顾”的方针。随着新中国外交政策的顺利推行以及国际地位的逐步提高，新中国与拉美许多国家建立了正式外交关系。拉美华人也逐渐了解了新中国对侨胞的保护政策。为了鼓励海外华人归国投资、建设家乡，1952 年 7 月，福建成立了华侨投资公司；1955 年 5 月 23 日，国务院发布了《关于彻底保护侨汇政策》的命令，并把“便利侨汇，服务侨胞”作为一贯的对侨政策。③

7.4.2　台湾阵营

从 1911 年到 1949 年，国民党政府一直是中国对外合法政府，代表中国与外国政府建立外交关系，设立使领馆，其政治影响力也随之渗透到海外华人社会之中。比如，牙买加中华会馆从 20 世纪 20 年代起就向中国驻伦敦使领馆和国民政府侨务部门呈交请愿书，请求设立领事馆。直到 1943 年，国民政府终于委任黄泽光出任牙买加第一任领事。1945 年 4 月 13 日，曾公义、李谈仁等国民党党员经过积极筹备，建立了中国国民党牙买加分部。④

因此，虽然 1949 年新中国成立，但是世界上仍然有 28 个国家与台湾

① 参见黄作湛：《古巴见闻录》，见《中华文史资料文库·华侨华人编》，849 页。

② 参见《秘鲁中华通惠总局》，http://www.gzqw.gov.cn/gzqb/zwgk/zwgk_View.jsp?ID=16738。

③ 参见周基亮：《华侨投资与泉州工业》，见《中华文史资料文库·华侨华人编》，992 页。

④ See Li Anshan, “Survival, Adaptation and Integration,” pp. 52-53.

当局保持着“外交关系”。国民党在拉美各国的分支机构仍然保持着一定的影响力。根据1954年牙买加《中山报》刊登的消息，国民党牙买加支部在金斯顿、蒙特哥贝、西班牙城、曼德维尔（Mandeville）等七个重要城市设有直属分部；各分部代表定期召开代表大会，讨论党务问题；并委派代表前往台湾参加“国民大会”。台湾当局以海外华人“祖国”自居，采用多种途径和手段向拉美华人社会丑化新中国形象，宣传反共思想。比如，1955年派遣张遵贤等所谓的“反共义士”组成海外访问团，到牙买加等国进行反动宣传；加强台湾与牙买加华人工商企业之间的交流与合作；在机关报纸《中山报》上刊载文章，故意歪曲中国土地革命的性质，肆意夸大自然灾害的结果；在牙买加华人社区兴办侨民学校，推行台湾当局“教育部”的教学制度和教学大纲。①（参见表36）

表36　　牙买加《中山报》部分报道一览（1954—1957）

标题	刊登时间	内容分类
国民党支部开代表大会	1954-04-13、1954-05-04、1955-02-25	国民党在牙买加的活动
国民党支部召开代表大会：直属七个分部代表均到齐，重要提案均顺利通过	1954-04-30	国民党在牙买加的活动
金斯敦分部党员大会志	1955-02-04	国民党在牙买加的活动
国大代表曾公义君回埠	1955-03-01	国民党在牙买加的活动
国民党召开代表大会纪	1955-03-18	国民党在牙买加的活动
驻埠国民党召开代表大会	1956-02-24、1956-03-02	国民党在牙买加的活动
中国国民党直属支部第十二届代表大会宣言	1956-03-06	国民党在牙买加的活动
中国国民党驻占直属支部第十三届代表大会宣言	1957-03-23	国民党在牙买加的活动

① 1944年1月华侨公立学校新章程颁布，“遵循‘祖国（即台湾当局）教育部’的制度”。参见Li Anshan，“Survival，Adaptation and Integration，”p.48。

续前表

标题	刊登时间	内容分类
国民党将召开八全会：占美加、千里达、亚鲁巴合选代表一人	1957-08-09	国民党在牙买加的活动
李谈仁任八全会代表：将于九月底首途赴台湾	1957-08-13	国民党在牙买加的活动
李谈仁君将首途回台：国民党同志并友好联合送行，定期本月廿五日在云居餐室	1957-09-17	国民党在牙买加的活动
中国国民党驻占直属支部第十四届代表大会宣言	1958-05-13	国民党在牙买加的活动
反共义士函谢侨胞照录	1955-01-07	反共宣传
一封来自东莞家乡的信：现在家家户户都闹饥荒，食木薯者幸得魂归天国	1955-03-15	反共宣传
狂风暴雨打侨乡	1955-03-25	反共宣传
一封来自香港的报道信	1955-04-15	反共宣传
台山侨眷被共党歧视	1957-01-22	反共宣传
一封归侨的血泪来鸿	1957-05-07	反共宣传
一封血泪交织的家书	1957-12-17	反共宣传
台糖考察团访候侨团	1958-04-22	与台湾的交流
驻埠国民党宴考察团	1958-04-25	与台湾的交流
如何挽救本埠侨童的教育	1956-05-04	模仿台湾教育体制
积极筹备恢复侨民学校	1956-05-18	模仿台湾教育体制
本埠国民党支部复办侨民学校劝捐序	1956-05-22	模仿台湾教育体制
再论本埠侨民教育	1956-07-20	模仿台湾教育体制
本埠华侨教育应注意之点	1957-01-11	模仿台湾教育体制

资料来源：《中山报》，1954—1957。

从 20 世纪 50 年代开始，台湾当局在海外华人中间积极培养亲台力量，对中美洲国家尤为下功夫。中美洲和巴拿马华人协会联盟成立以后，台湾当局在财力上积极支援，特别是对总部所在地的巴拿马更是通过投资当地华人社会公益项目的办法收买当地华人。台湾当局建立了孙中山学会（the Sun Yat-Sen Institute）、巴拿马华人文化中心（the Panamanian Chinese Cultural Center）、友谊公园（Friendship Park）等公共设施，参与资助各种华人社会内部或华人与当地社会之间的会议。① 为此，以巴拿马为首的中美洲国家成为台湾当局的政治支持者和联合国的“投票者”。

7.4.3 中间路线

抗战胜利以后，海外洪门组织发生了分化，产生了代表不同集团利益、拥有不同政治诉求的派别。1946 年，陈演生、严锡煊等香港老致公党党员加入了中国共产党领导的人民民主统一战线。在中国共产党的支持和领导下，1947 年 5 月中国致公党第三次代表大会在香港召开，陈其尤、陈演生、黄鼎臣、雷荣珂、钟沃梅、萧重光等 40 多位致公党党员参会。拉美的墨西哥和古巴的致公党组织委托在港成员参加了这次会议。大会讨论和修改了致公党的政治纲领和党章，发表了宣言和告海外同胞书，一致决议加入中国共产党领导的人民民主统一战线。该党政治纲领明确规定：“为民族解放，国家富强，人民自由而奋斗”，反对帝国主义、封建主义和官僚资本主义；该党党章确定了以民主集中制为组织原则和以普选制为选举原则。新生的中国致公党蜕去了旧式帮会的性质，转化为中国共产党领导下的新民主主义政党。②

1946 年 7 月的“五洲洪门恳亲大会”，在国民党的操纵下演变成“中国洪门民治党第一次代表大会”。以司徒美堂为代表的洪门元老反对国民党一党专政，退出了改组后的民治党，继续保持“中国洪门致公党”（即美洲致公党）的名称；而美洲洪门民治党则长期与台湾当局狼狈为奸，利用历年召开的恳亲大会，在海外积极进行反动宣传。

1957 年 4 月 28 日至 5 月 18 日，中国洪门民治党在纽约召开第六届恳亲大会和第十五届全美洲大会联席会议。全美洲及中国港、澳、台各

---

① Lok Siu, *Memories of A Future Home*, p. 52.

② 参见秦宝琦：《中国地下社会》，第三卷，122～123 页。

地党部均派人，牙买加洪门民治党总支部派丘晋泰、李光昌俩人参加。他们在大会上报告牙买加总支部及辖下各埠党务；时任主席的丘晋泰在第四次会议上“检讨各国代表之党务报告，并研讨议决提案多宗，于深夜十一时散会”。台湾当局“副总统”陈诚、“外交部部长”叶公超、“侨务委员会委员长”郑彦芬等都发去贺电，强调国民党与民治党间“有中华民国反共努力而加强之必要”。甚至有代表发言认为，“洪门是反共性质的团体，因为共产主义与洪门原则背驰”。会议期间还在纽约支部礼堂，“大放洪门”，“以舞台艺术献演洪门历史加盟仪式”，“出席代表均在场观礼，备极一时之盛”①。民治党以义气为先的帮会风气和抱残守缺的思想观念从中可窥一斑。

然而，不久古巴朱家兆被选为中国洪门民治党美洲总部主席。由于看到大陆与台湾长期对峙，手足相残，同时海外华人社会组织的社会责任转向华人与当地社会适应、融合，因此，他改变了民治党对中国共产党与国民党的政治态度：走中间路线，“不倒向任何一边”。②

---

① 《洪门在美召开恳亲大会》，载《中山报》，1957-05-10。

② 参见司徒丙鹤：《司徒美堂与美洲洪门致公堂》，见《中华文史资料文库・华侨华人编》，665 页。

第 8 章　拉美华人社会的文化心理及历史转变

8.1　拉美华人社会的文化心理分析

早期拉美华人大多是通过苦力贸易贩运而来的契约华工。在出国之前，这些契约华工是失去了土地的农民或城市贫民，由于家境贫寒，他们没有机会接受良好的文化教育和职业技能训练。他们被迫流落沿海城市，能出卖的只有自己的劳动力；兵荒马乱的年月，他们又被迫加入劳务输出大军，出洋以谋生计。

除了契约华工之外，早期拉美华人中还有一少部分“持照通商”的商人；他们还充当着贩运和资助“新客”的角色。清政府禁止百姓私自移居国外，但是允许商人持照通商。① 百姓出境移居海外的重要途径之一就是混入商队，冒充商人随从，借船出海。据此推测，持照商人中也不乏以私自挟带、贩运人口等手段牟利的人。此外，先期移居海外的华商为拓展人力资源的获取渠道，会在居住国设立宗亲会或同乡会，客观上在帮助侨乡宗族或同乡移居拉美、谋得生计等方面发挥了重要的作用。

无论是农民、城市贫民还是商人，拉美华人在思想意识和文化心理方面存在着两个层面。他们去国离乡时，长期接受的是封建正统思想的教育和熏陶，没有经历思想文化解放运动的洗礼，形成根深蒂固的乡土意识。他们移居拉美时，饱受欧洲殖民者操控下的奴隶制度的荼毒以及极端民族主义和种族主义分子的迫害，过着颠沛流离、居无定所的日子，沦为名副其实的弱势群体。两相杂糅，形成了拉美华人社会纷繁芜杂、

---

① 参见陈翰笙主编：《华工出国史料汇编》，第一辑，3 页。

迥然不同的文化心理特质。

8.1.1　先天的小农经济思想

8.1.1.1　追求实效的处世态度

第一代拉美华人始终抱着“客居他乡”的心理，衣锦还乡、叶落归根才是他们人生的奋斗目标。因此，拉美华人追求实效的重要内容和最终指向不再是土地等不动产，而是如何更多、更快地赚取金钱等易于携带的流动资产。虽然他们也会在繁华地段购买店铺等不动产，但购买目的是房产升值后可以待价而沽。事实上，他们还认为，股票、债券是把自己辛辛苦苦赚来的钱交到了陌生人的手中，很可能血本无归，其吸引力远不如现金。

俗话说：“工字不出头。”拉美华人普遍认为，要想出人头地，就不能在别人手下做工，而要自己创业，做自己的生意。与种植园、矿山等大规模、长周期投资产业相比，资本需求少、投资回收快、经营方式灵活的杂货店零售业得到了拉美华人的青睐。华人常说的开门七件事——柴、米、油、盐、酱、醋、茶成为杂货店经营的主要项目。虽然销售这些生活必需品，获利微薄，但是存货少，风险较小，既不需要特别的职业技能，也可以随时转行，变卖资产兑现。同时，源于其“经磨耐劫的性格”，以及恪守经验、脚踏实地的优良品质，拉美华人在经营杂货店方面也显示出比其他族裔更为优秀的个人品质，容易获得商业上的成功。

第一，节俭储蓄的美德。拉美华人以“摆地摊”或“三把刀”（菜刀、剪刀、剃刀）等低等服务业白手起家①，开店创业，靠的就是吃苦耐劳、克勤克俭的中华民族传统美德。而经营利润微薄的杂货店更是要锱铢必较才能有所盈余。攒钱一方面是未雨绸缪，万一“天有不测风云”就可渡过难关，更重要的是为未来的事业发展积蓄资本。这与拉美人及时行乐、透支未来的金钱观是完全不同的。正因如此，同等历史条件和

---

① 参见郑富英编著：《放飞的龙——海外华侨成功商法》，8 页，北京，人民中国出版社，1993。

社会环境下，拉美华人店铺比其他族裔的店铺积累了更多的资本。20世纪50年代，当牙买加人店铺资本不过100镑时，华人店铺资本已达到500～1 000镑，自然华人店铺货物又多又好。

第二，善待老顾客，培养回头客。拉美华人杂货店不但对长期客户殷勤备至，而且对光顾一两次的客户也不厌其烦地解决商品售后的问题，千方百计地维持关系，建立商业信誉，培养和扩大客户群。即使某一单生意因此赔钱折本，目光长远的他们也不会急功近利，而是善始善终，妥善解决。在这方面，与华商同样以精明、务实闻名的日本商人则是"不见兔子不撒鹰"，信奉"事成之后，必有重谢"。华商待人接物合乎礼仪，讨人喜欢，腿脚勤快，既可以为客户免费送货上门，又可以在客户手头不宽裕的时候，提供赊账服务。

第三，积累和传授经验。"子不教父之过，教不严师之惰"，拉美华人仍然秉承着传统的儒家教育价值观，普遍注重对下一代的家庭教育和学校教育。如果说他们的第一目标是赚钱，积累资本，那么他们的第二目标就是教育年轻一代，或将家业发扬光大，或开创自己的事业。拉美华人子女自幼就在自家店铺劳作，培养经商理念。当华人父母发现道德、珠算等课程在当地学校教育中不被重视之后，他们还会送子女回国接受中华教育，或者根据子女的兴趣爱好和事业发展的需要，送往欧美留学，学习现代化的经营理念和管理方法。在拉美华人社会里，三代而大富的例子是屡见不鲜的：第一代筚路蓝缕、艰苦创业，第二代恪尽职守、尽责守业，第三代发奋图强、推向顶峰。

但是，这种生活目标也导致拉美华人社会的保守倾向，抱残守缺，缺乏创新性。依靠日积月累发展的拉美华人商业企业长期处于中小型企业阶段，很难跻身于超大型企业行列。

以金钱为目标的经营理念也使某些拉美华人为谋取金钱不择手段，利用人性的弱点赚钱赢利，或开办色情、赌博等经营场所，或设立黑社会组织以收取保护费谋利，或贩卖毒品、偷渡人口，为当地社会所诟病。此外，拉美华人勤俭节约的生活习惯和衣锦还乡的奋斗目标，也往往被居住国社会视为只攫取社会财富，而不愿意回报当地社会，从而引发当地社会反华、排华情绪，在民族矛盾和社会矛盾激烈的时候，还会演化和升级为排华暴乱。

8.1.1.2　讲求亲情的人际观念

在华人世界里，讲求亲情的主要特征是以家族关系为核心，按照血缘关系的亲疏、地缘距离的远近、上下关系的尊卑等社会网络，形成各种相应的人伦观念，并通过民俗风尚而对象化。以此为基础，进而产生了联结邻缘关系的“信”（人情意识），还扩展为凝结性更强的“义”（结盟意识），即从“扶老携幼”到“出入相友”，从“路见不平”到“歃血为盟”。[①] 这里提到的“歃血为盟”演变为帮会成员之间建立虚拟血缘关系的一种重要手段。需要指出的是，秘鲁、古巴、圭亚那等拉美国家华人为了融入当地社会而皈依了基督教或天主教，甚至与一个或几个当地人结成了“教父教子”关系。拉美华人入教或入籍的主要目的是，扩大生意伙伴范围，扫除经商的宗教或法律障碍。因此，这种“教父教子”关系有着十分明显的功利性，与上述的虚拟血缘关系是存在差别的。

以血缘、地缘或虚拟血缘关系为尺度，华人把社交圈划分为内外有别的“圈内”与“圈外”。常说的“各人自扫门前雪，休管他人瓦上霜”、“肥水不流外人田”、“敝帚自珍”等处事原则，都反映了华人对于“圈内”、“圈外”的不同态度。拉美第一代华人在很长一段时间里沉浸在自身民族和文化优越感之中，或对当地政治生活漠不关心，置身事外，或“危邦不居，乱邦不入”，明哲保身，以至于为当地社会所误解、孤立，视作见风使舵、大捞一笔的投机分子。但是由于历史变迁、种族融合和教育的西方化，第二代、第三代拉美华人的社交圈被重新整合、划分。他们不再拘泥于祖辈和父辈的华人社交圈，而积极争取被当作多民族国家一员来平等对待，关注居住国社会问题，投身当地政治活动。以亲情为纽带构建起来的拉美华人社会具备建立自主性、独立性、垄断性华人经济体的得天独厚的组织优势。

第一，牺牲个人的家族利益取向。牙买加学者莱维（Levy）对当地华商发展史进行了详细的调查和分析，指出：“华人商店的扩大和成功要归功于华人家族内部的勤奋与和谐，以及家族利益高于个人利益的儒家

① 参见程歗：《晚清乡土意识》，54、56 页，北京，中国人民大学出版社，1990。

观念。"① 这也画龙点睛地指出了所有拉美华人社会商业企业成功运作的组织结构因素。拉美华人店铺都是全体家族成员共同拥有、共同经营、代代相传的。家庭成员吃住都在店里，甚至可以24小时营业，家庭感情也因此变得更为亲密；华人子女耳濡目染经商之道，将来可以更好地继承家业。一位从业29年的牙买加女杂货店老板，继承了她父母开的店铺。原来她父母的家就在店铺后面。店铺工作是十分繁重的，常常要营业到晚上10点以后。即使店铺关门，家人还要分割和包装鲜鱼，为第二天的经营做准备。②

第二，互帮互助的组织协作方式。除了拉美华人之间会互相关照生意以外，同乡会、宗亲会和帮会等华人社会组织提供的资源和服务成为拉美华人商业取得成功的重要因素之一。如果一个华人经营的杂货零售店取得了成功，那么他就会再增加批发的业务。当人手捉襟见肘时，他不会雇用当地员工，而是更愿意雇用价格低廉、"知根知底"的国内宗族或者拟宗族的同乡。这时，国内的亲戚或同乡会通过同乡会或宗亲会的介绍得到国外华商的资助，在国外的华商店铺做学徒。华商生意规模会进一步扩大，需要在各地设立分店。在学徒期满后，他会帮助学徒开一个杂货零售店，自立门户。而这家零售店也就成了他批发业务的一个销售渠道。③

第三，众人添柴的资金筹募渠道。同乡会、宗亲会和帮会等拉美华人社会组织可以为"新客"提供创建或者发展事业的低息贷款，即"出钱不出嘴，赚了钱也不分红"。由此获得的贷款不需要任何担保或手续，还款期限长，每个月还款数额也很少，几乎相当于对"新客"的资金援助。拉美华人社会组织筹办的集会也为华人谋求志同道合之人、寻找商机、共同投资、集中力量办大事，提供了结识和交流的场所。这种合作或投资项目有的时候甚至是跨国性的全球项目。

---

① Jacqueline Levy, *The Economic Role of Chinese in Jamaica*: *The Grocery Retail Trade*, p. 21.

② See Gail Bouknight, "Chinese Economic Development and Ethnic Identity Formation in Jamaica," p. 74.

③ See Ching Chieh Chang, *The Chinese in Latin America*, p. 84.

然而，由亲缘和地缘关系成立的拉美华人组织有时又会基于共同利益进行重新组合，重新组合之后的共同利益组织会因为利益冲突而发生明争暗斗，甚至造成自相残杀的流血事件。

8.1.1.3　谋求公益的社会理念

谋求公益的社会理念主要体现在“老而有食”、“寡欲息争”、“差序和谐”、“财货均有”和“讲信修睦”五个方面。一般来说，中国的乡里社会是一个群体取向的社会，“一家发财，千家倒灶”。发迹的人对周围的人总怀有一种莫名其妙的歉意，愿意回报社会，而大家也都觉得他负有帮助别人的义务。但是这种帮助只限于同族、亲戚、同乡这一“圈内”层次。[①] 在中国农村，有些宗族设有义庄、义仓，“廪其谷若干，以周族之贫者、老废疾者、幼不能生者、寡不嫁者。粜其余谷，为钱若干缗，以佐族之女不能嫁者、鳏不能娶妻者、学无养者、丧不能葬者。而又凶馑祲札于斯，延师养弟子于斯，旌节、劝孝、宾兴于斯”[②]。在这种“均平—太平”的社会理想的指引下，拉美华人社会群策群力，热心公益，富者慷慨解囊，穷者捐助人力，主要用于以下三个方面的社会公益机构：

第一，创办华文学校。20 世纪 50 年代，拉美华人发现，华人与外国人之间存在礼教上的差异：“我国人之所尊者为亲亲，为敬长，为爱国，为爱家，为互助，为合作，为俭朴，为勤劳，以礼义廉耻为之基础，以忠恕和平为之实行。在彼方则多以娱乐、舒适、华丽、奢侈为先决之条件。”[③] 拉美第一代华人为强化后代的中华民族意识，募集资金开办华文学校，力图在下一代身上保持汉语能力和其他中华民族文化要素。拉美华文学校的教学内容既注重英文科目，以满足学生将来谋生的需要；又极力设法补充中文科目，使学生对祖国优良文化及传统礼教有深切的认识。拉美华文学校都是非营利的，学生还可以根据自己的经济条件缴纳全部或部分学费，家境贫困的优异生还可以免交学费，因此，学校开支入不敷出。1956 年牙买加华侨公立学校的学费收入不足 900 镑，而支出

① 参见程歗：《晚清乡土意识》，64～79 页。

② 魏源：《庐江章氏义庄记》，见《魏源集》下册，502 页。

③ 《本埠华侨教育应注意之点》，载《中山报》，1957-01-11。

则近 5 000 镑。①

第二，兴办医院和养老院。“家有一老，如有一宝。”拉美华人社会始终保持着尊重长辈、赡养老人、扶助病弱的优良传统，建立公益性的医院和养老院。有时这些公益性社会机构是由某一富庶的社会群体出资兴办。1924 年，九江侨商公医院（Quinta Benefica de Kow Kong）就是由广东南海九江富商捐款建立的。广东籍华人的月治疗费仅 1.05 美元，贫困者的医疗费还可以由华人社会组织支付。②

第三，修建华人公墓。拉美国家多笃信基督教或天主教，华人因为宗教信仰和入殓仪式的不同，而无法安葬于当地人墓地。同时，拉美华人社会有自己独特的表达对先人敬畏与缅怀的风俗习惯，如清明节、重阳节公祭，周年祭奠，供奉香烛、果品、鲜花等。因此，拉美各国华人都在当地购置土地，募集捐款，建设或修葺华人公墓。20 世纪 30—50 年代，牙买加中华会馆于清明、重阳两节安排免费大车，组织华人公祭，由主席任主祭，书记任赞礼及执事。公立学校学生唱哀思歌，仪式庄严隆重。为筹措公祭费用，华人少女还会沿街卖花贴补当日开销。③

历史学者程歗先生关于中国农村乡土意识的研究正好与本书研究思想契合，他指出中国农村乡土意识体系包括四个方面：务实求验的处世态度，人生和谐的价值取向，执着亲情的道德情操，“均平—太平”的社会理想。毋庸置疑，这种乡土意识也根植于祖祖辈辈生活在乡土社会之中的拉美华人灵魂深处，是刻骨铭心的先天本性。

8.1.2 后天的弱势群体心理

早期拉美华人多是出身于社会地位卑微的苦力或华工。他们遭受种族立法歧视、政治生活排挤、经济参与限制，是拉美社会中名副其实的弱势群体。

8.1.2.1 内向的自我进攻性

在契约华工史上，集体自杀是华工无法对抗外界压力时，表现出的

① 参见《中华会馆 1956 年 4 月 15 日至年尾会务概况》，载《中山报》，1957-02-08。

② See Kethleen López, “ ‘One Brings Another’,” p. 104.

③ 参见李谈仁：《中华义山的创建与二次重修》，载《中山报》，1957-04-16。

内向自我进攻性。19 世纪 50、60 年代，秘鲁钦查岛和瓜纳普岛的鸟粪工时常有人自杀。他们的工作条件极为艰苦，“每人每天清除四五吨鸟粪”，“无休止鞭挞让他们喘不过来气来”，“死亡则是逃出苦难的最好方法”。① 古巴种植园的华工也会自寻短见，“绝望至极，他们会吊死在树上，穿着最好的衣裳。他们会投井或者投河自尽。自杀使他们完成了自我牺牲的行为”。② 在众多的华工自杀事件中，巴拿马科隆铁路的华工在马特秦(Matachin)③ 集体自杀的事件引起很多国外学者的关注。

1854 年 3 月 30 日，709 名华工乘“海巫”（Sea Witch）号到达巴拿马，16 人在旅途中丧生，另有 16 人到达后不久死去。余人被派往科隆铁路工地。不到一个星期，80 多人在科隆马特秦营地自杀。几个月后，剩下的人被运往牙买加。④ 还有另外的统计数字显示，125 名华工上吊而死，300 多名华工采用的是其他方式：有的坐在岸边，等着潮水卷走，溺水而死；有的吊死在树上；有的扑倒在刀刃或者其他工具上；有的绝食而死。⑤

有资料表明，恶劣的生存条件和冷漠的社会态度是华工集体自杀的重要诱因。在科隆的铁路施工工地，“每个男人、女人和孩子都因吸入毒气而面色苍白”⑥。加之，新鲜蔬菜短缺，工作条件恶劣，管理方式严酷，大量华工病倒后被囚禁在铁路公司医院里。由于医疗和生活根本无法保障，于是华工就“寻找一切机会逃离医院，去巴拿马城乞讨”。

1854 年 5 月到 8 月间，《巴拿马之星》连续刊登了数篇关于华人乞丐的报道，“街道上经常可以看到华工讨饭”，“每天都有大量的华人在街道上为生计乞讨，他们病恹恹、凄凄惨惨的样子，路人无不为之动容”。⑦ 为了推卸责任，铁路公司“澄清”，他们“竭尽全力让这些不幸的可怜人离开工

---

① See Watt Stewart, *Henry Meiggs*: *Yankee Pisarro*, pp. 96-97.

② See Juan Jeménez Pastrana, *Los Chinos en las Luchas por la Liberacion Cubana*, *1847-1930*.

③ 马特秦（Matachin），在西班牙语中是“杀害中国人”之意。

④ See Oliver Senior, “Corollary: The Chinese Who Came from Panama,” *Jamaica Journal* 13, No. 2, 1980, p. 79.

⑤ See Lucy M. Cohen, “The Chinese of the Panama Railroad,” p. 312.

⑥ Robert Tomes, *Panama in 1855*, Harper & Brothers, 1855, p. 63, Quoted in Lucy M. Cohen, “The Chinese of the Panama Railroad,” p. 312.

⑦ See *La Estrella de Panama*, 1854-05-18, 1854-08-04.

地，住进设备精良的医院”。事实上，医院治疗和收容华人的经费已引起管理层的不满。所谓“设备精良”只是愚弄民众、掩盖暴行的谎言。为了防止华工逃跑，医院增设了守卫。铁路公司还呼吁居民不要施舍华工，“食物和金钱只会促使华工滞留在城中更久”。① 走投无路的华工只好自戕。

关于华工自杀原因，学者众说纷纭，见仁见智。肖特（Schott）获得了关于华工吸食鸦片的历史记录：100 多名华工到达巴拿马后，病倒了。华工翻译建议给病人吸食鸦片。在吸食鸦片之后，2/3 的病人居然可以劳动了。但这种做法违反纽约鸦片法令（New York opium law）关于特许专营的规定，并且这种奢侈的习惯也是不敢培养的。就此，肖特得出结论：大量同伴死于热病给华工造成了巨大心理压力，继而中断鸦片供应又放大了心理压力并且将其外化。② 有的学者尝试通过分析华工的来源地来解释心理压力的来源。如墨菲（Murphy）和威廉姆斯（Williams）注意到，华工大多来自广东和福建沿海地区。因而他们主张从华人家乡和方言入手分析华工遭受的心理折磨。科恩（Cohen）认为，多样的语言造成这些华工以地域分化为独立性非常高的小团体，缺乏缓解心理压力的倾诉对象。卢博克（Lubbock）从招募华工的手段和过程分析心理压力的来源。他认为，来自贫苦地区的华人听信了招工代理人或宗亲、同乡组织的谎言，出洋谋生；他们得不到中国政府的保护，被囚禁船上，亲眼目睹同伴亡命海上。科恩还指出华工运输过程中的非人待遇，“虽然航海日志上没有此类事件的记载”，但是参照当时其他苦力船的通行做法，“为了防止船被旅客劫持，甲板和船舱门都用被封死了，就像囚禁罪犯一样”。因此，她认为华工的心理防线已经崩溃，“自杀是一种保护或者内向侵犯的文化模式”。③

---

① See MMBDPR (the Minutes of the the Meeting of the Board of Directors of the Panama Railroad): 1854-03-24, 1854-05-13, 1854-06-28, 1854-08-16, Quoted in Lucy M. Cohen, “The Chinese of the Panama Railroad,” p. 314.

② See Joseph L. Schott, *Rails across Panama*, pp. 178-182.

③ See H. B. M. Murphy, “Culture and Mental Disorder in Sigapore,” in Marvin K. Opler, ed., *Cuture and Mental Health*, New York: The Macmillan Company, 1959, pp. 291-316; Alfred B. Lubbock, *Coolie Ships and Oil Sailers*, p. 33; Lucy M. Cohen, “The Chinese of the Panama Railroad,” pp. 312-315.

诚如以上分析，华工背井离乡、无依无靠，自杀是一种超脱方法和斗争方式，但是为什么只有华工会大批自戕生命，非洲、印度等地的劳工却处之泰然呢？为什么个体自杀行为携带的“末世”情绪会蔓延至整个华工群体，发展成集体自戕事件呢？

笔者认为，还应该从信仰体系的角度分析华工自杀原因。华人与西方人对自杀的价值取向是完全不同的，华人信仰体系对自杀并不持否定态度。由这批华工来源地——广东和福建乡村可以推知，他们信仰体系的主要内容是秘密教门和儒释道杂糅的教义，其核心内容是“无生老母”崇拜，以及“末劫”说、“弥勒救世”和“天盘三副”等。[①] 清茶门《三教应劫总观通书》载有“以燃灯佛、释迦佛、未来佛（弥勒佛）为三劫”[②]。“三佛轮管天盘”，“过去者是燃灯佛”，“度道人道姑，是三叶金莲为苍天”，“现在者是释迦佛”，“度僧人尼僧，是五叶金莲为青天”，“未来者是弥勒佛”，“度在家贫男贫女，是九叶金莲为黄天”[③]。《九莲如意皇极宝卷真经》也提到，“无生老母差遣弥陀下界”，拯救九十二亿下凡尘世的“失乡儿女”，“度救众生”，回归真空家乡，得到永生。[④] 这些华工坚信，一旦入教，死后不堕轮回，来世享荣华富贵。因此，他们并不畏惧死亡，那只是投生“来世”和进入“极乐世界”的起点，“早死早托生”。于是，他们自杀以脱离现世苦难。

8.1.2.2　敏锐的外界感知力

早期拉美华人的出国动因是，好男儿志在四方，出洋闯荡一番，发财致富，衣锦还乡。当时的清政府贪污腐败，经济凋敝萧条，外交软弱无能，加之交通落后，信息闭塞，拉美华人只能在自己内部组织（如同乡会、宗亲会、帮会、行业协会等）力量的协助下，自力更生，艰苦创业。由于“寄人篱下”的客居意识和较低的文化素质，早期拉美华人在很长时间内没有或不去行使选举权和投票权，在居住国没有政治后台。

---

① 参见秦宝琦、谭松林：《中国秘密社会》，第一卷，67 页，福州，福建人民出版社，2002。

② 朱批奏折直隶总督那彦成折，嘉庆二十年十二月十四日。

③ 军机处录副奏折湖广总督马慧裕折，嘉庆二十一年正月二十八日。

④ 参见《清史资料》，第三辑，84～86 页，北京，中华书局，1982。

他们深知，一旦发生事情，只能依赖自己或同胞的互相关照。因此，为了保护自己打拼下的事业，拉美华人对居住国的政治、经济和社会形势始终保持着敏锐的感知力，一有风吹草动，就见风使舵，及时撤退，避免风险。因此，对于居住国社会任何不稳定、不安全的因素，拉美华人社会都会产生相应的保护性应激反应。

建立和强化保护性互助社会组织是拉美华人社会应对外界政治环境变化的最常见的保护措施。在居住国经济低迷、失业率上升之时，小有资产的华人就成为泛滥的民族保护主义和极端种族主义宣泄和攻击的目标。与华人有关的斗殴、抢劫、谋杀等社会犯罪案件都给当地社会和政府当局以排华、反华口实，而且当地人不愿意为华人出庭做证，当地法庭的审判对华人涉案人员也毫无公平可言。于是，拉美华人内部的保护性和互助性社会组织应运而生，其主要功能就是调节与华人有关的社会纠纷。

对拉美华人影响最大的政治环境就是种族歧视性立法和限制性的移民政策，这也是华人被主流社会边缘化为少数弱势群体的政治和立法环境因素。这些歧视性法律强化了华人对祖国的归属感和在居住国的侨居者（sojourner）心态。① 他们无意于提高自己的生活境遇，目标只是工作，赚钱，回国过好日子。抱着这种态度，暂时的不公正待遇和限制性规定已经无关痛痒；对突击搜查、肆意索贿、随意逮捕等执法人员侵犯人身权利的不法行为也可三缄其口。华裔学者吴成图（音译，C. T. Wu）曾经这样描述早期华人的恐惧和不安心理："对于过去令人恐惧的压迫和二战时期日本侨民的悲剧，许多华人特别是老一代华人仍然记忆犹新。他们谨小慎微，不愿发表任何支持共产主义的言论。很多华人社团首领谨言慎行，不随意发表看法。也就是说，华人依然生活在政治恐惧之中。"② 华人的社会福利和安全保障也完全依赖华人社会组织的力量，而不是当地的治安和社会保障部门。如拉美各国的中华会

① See Paul C. Siu, "The Sojourner," *American Journal of Sociology*, 1952, 58, pp. 34-44.

② Cheng-tu Wu, "Third Class Minority," *Bridge Magazine*, Vol. 1, 1971-02, p. 9.

馆都会把改善华人生存条件、照顾病困、经济援助、募集善款等写入组织目标之中。

拉美华人虽然可以对政治环境的变化避重就轻，但是不能对真正动摇和影响拉美华人社会存在的经济因素（即获取经济利益的机会与权利）置若罔闻。他们可以敏锐地观察出居住国的商业条件和商业机会，并且制订应对策略。如果居住国的经济环境是以巨额资本为主导、政治后台为支撑、国籍为先决条件，对少数族裔是相对封闭的，那么华人就会建立起自己的经济体系，包括：人口集中化以自我保护和互济互助，职业专门化以避免与主流社会竞争、冲突，建立朋友、亲属、老主顾等构成的纵横交错的人际关系网，加入互济互助的社会组织。① 如果居住国的商业机会对资本较少的华人是平等的、开放的，那么华人就可以通过积累社会财富的方法获得社会地位的提升和社会阶层的向上流动，从而更容易融入当地社会，比较典型的国家是秘鲁。若居住国的政治、经济和社会环境恶化，则会引发拉美华人的再移民活动。

拉美华人频繁的、连续的移民活动对拉美华人社会的文化心理造成了以下三个方面的影响：

第一，拉美华人在不同社会政治环境的逼迫和偶然事件的影响下所进行的连续移民活动，造成拉美华人社会的文化心理趋向多样化。社会政治力量是造成拉美华人移民的主要原因，而移民活动是华人为谋生而当机立断进行社会迁移的一种生存策略。

第二，拉美华人的连续移民经历延伸和丰富了他们对身份认同、他乡与故乡、身份归属等概念的认识。无论是横跨太平洋来到美洲，还是在美洲各国间辗转谋生，对华人而言，这些移民活动不再是断裂的人生记忆，而是连缀到一起，构成社会实践活动的整体，成为他们客居意识、社会归属感和家乡观念等思想意识的重要来源。

第三，移民活动使拉美华人把对美洲和中国的认识都融入了自己的

① See Bernard Wong, “A Comparative Study of the Assimilation of the Chinese in New York City and Lima, Peru,” p. 347.

身份认同之中。他们不再仅仅是中国或者某一居住国的子民，而是中国和整个美洲的子民，即跨越洲际的“美洲籍华人”。

8.1.2.3 坚定的种族认知力

在多族裔并存的拉美社会，华人始终保持着“同根同种”的种族认知和种族等级意识。这在华人选择结婚对象和结婚方式上表现得最为明显，而且会成为显示华人社会地位及经济地位高低的标志。华人结婚的对象首选是华人男女之间。如果是与当地人通婚，他们会选择社会地位较高的白人，其次才是黑人。而且华人的黑人妻子多是没有名分的“事实婚姻妻子”，只是同居关系，是不被华人家族所承认的。

华人与当地人通婚的混血华人后代也不被拉美华人社会当作纯血统华人一样认同。纯血统华人与混血华人之间的通婚也会受到种族意识的影响。大部分混血华人的父辈多因经商不利，无力从家乡迎娶新娘而与黑人女子同居。混血华人的家庭出身是社会和经济地位较低的华人阶层，而且是不被中华传统观念认可的“非婚生子女”。因此，讲求“门当户对”的华人家庭很难接受纯血统华人男子迎娶混血华人女子为妻。一般来说，混血华人之间会互相通婚，混血华人男子与黑人女子通婚的情形也很多，但很少有混血华人女子与黑人男子通婚的。这是因为，在种族等级意识中，华人始终认为自己的社会地位要高于黑人，夫妻关系中要保持“男尊女卑”，反之则不易接受。

事实上，大多是华人小商店店主会选择与黑人女子同居，他们之间在经济和社会地位上差别不大。在家事以外，华人依然保持着自己在华人社会的人脉关系，而不会与同居妻子的黑人社会建立密切的私人往来。其主要原因依然是华人的种族等级意识和“暂居一时”的侨居意识。

华人的种族等级意识还体现在通过各种手段提高与同居妻子所生混血子女的种族地位上。他们极力争取混血子女被官方列入白种人，进而进入白人社会。1945 年，古巴西恩富戈斯华人何塞（José Wong Lam）控告当地低级法庭，获得胜诉，成功地把儿子的官方注册种族从混血（mestizo）改为白人（blanco）。孩子出生登记时，政府部门承认孩子的父母是华人和白人，而且孩子的肤色是白色，但是仍然登记为混血。当地低级法院法官以“混血是指父母均不同种族的人，在这里是指黄种人父亲和白种人母亲所生子女”为理由，驳回了何塞的控诉。但是，高级法院援引 1943 年人口统计法（1943 Census Law），指出古巴居民种族有四类：白色人种（blanca）、黑色人种（negra）、黄色人种（amarilla）和混血人种（mestiza）；而混血人种的外延是白人和黑人、华人和穆拉托人、华人与黑人所生子女，不包括华人与白人的后代。因此，从 1899 年开始古巴人口统计中被划归“混血人”的种族，其社会地位与“黑人”是相差无几的。[①]

8.1.3　结论

以上六个方面的文化心理因素，既相互联系，相辅相成，又相互制约，互相斗争。在不同的政治、经济和社会条件下，以及拉美华人社会发展的不同时期，拉美华人社会心理主要受某一个或某几个文化社会心理因素所支配。它们既可以推动或抑制拉美华人的社会活动，又可以加速或阻碍华人社会组织的形成和发展，还可以建立或瓦解拉美华人社会的存在基础。

需要特别指出的是，抗日战争和拉美排华运动，以及拉美民族独立运动和社会主义革命在中国取得的胜利等四个历史事件对拉美华人社会心理产生过重要而深远的影响。抗日战争和拉美排华运动激发了拉美华人的中华民族主义情绪，在民族认同感上更倾斜于祖国。他们慷慨解囊，支援抗日战争；他们在遭受迫害时，向中国驻外机构求助，寻求外交方式解决。拉美民族独立运动的胜利造就了多种族共存的资产阶级民主国家，空间的阻隔又使拉美华人无法理解“社会主义道路才是中国革命的必然选择”，而认为“骚动的中国日益成为一个抽象的存在，它献身于一种这个地区视为异端的意识形态”[②]。因此，拉美华人努力适应新的社会现实和政治现实，加快融入当地社会的步伐，在国家、民族认同感上也向居住国倾斜。在政治、经济和文化等各个领域，他们积极争取在居住

---

① See Kethleen López, “ ‘One Brings Another’,” pp. 120-121.

② 王庚武著、赵红英译：《单一的华人散居者?》，载《华侨华人历史研究》，1999 (3)，4 页。

国的生存权益和发展权益。

8.2 拉美华人社会的历史转变及对我国华侨政策的启示

拉美华人社会的文化心理因素中某一个或某几个因素的削弱或加强，反映在社会实践中是拉美华人社会在移民活动、政治活动、经济活动、文化生活、社会组织等五个方面经历了重要的历史转变。与此同时，拉美华人身份认同和社会角色也发生了转变：祖国故乡变成了祖父口中遥远的传说，而异国他乡却成了生于斯、长于斯的现实存在。我国在制定和执行华侨政策时，必须注意这些转变，既要有的放矢，又要恰到好处。

8.2.1 拉美华人社会的历史转变

8.2.1.1 移民活动从“居无定所”到“安身立命”

由于对拉美当地的情况并不了解，早期华工或苦力到达拉美的签约国家之后，并不是一劳永逸地生活下去，而是因生存环境所迫或社会条件所惑会发生趋利避害的连续移民活动。在契约期内，华工对移民目的地的选择是非自发、非自愿和不自由的，或者是由拉美殖民当局和华工代理公司派遣到其他国家；或者是逃出来的，跑到城市谋生或偷渡到其他国家。前者如“海巫”号华工从巴拿马铁路工地被运送到牙买加种植园，后者如秘鲁和古巴种植园华工逃到利马或哈瓦那做家佣，以及古巴华工逃至墨西哥尤卡坦种植园继续从事种植园劳动。

在三年或者五年的契约结束以后，自由华人的移民活动就是自发、自愿和自由的了，趋利避害的移民目的十分明显：城市有好的工作机会，他们就趋之若鹜；其他国家可以赚大钱，他们就义无反顾地移民他国。

1864—1870 年，特立尼达、英属圭亚那、巴拿马和夏威夷的 200 名华工三年合同期满。由于经济不景气，当地种植园纷纷破产，自由华人需要一份待遇优厚的工作。此时，美国农业公司在牙买加投资，亟须种植香蕉、蔗糖和椰子的农业工人；华工聪明勤奋、任劳任怨、诚实可靠，而且热带作物种植经验丰富，是最合适的招工对象。① 到达牙买加的华人发现，当地的政治环境和经济环境非常有利于安家立业。从政治环境看，牙买加当局在很长一段时间内没有限制华人移民的政策；从经济环境看，当地商品经济有待发展，市场空间很大。经过一两代人的努力，牙买加华人在当地已小有资产，使他们与当地的经济和社会联系越来越紧密。经济地位的提升也伴随着社会地位的提升，他们摆脱了原有的劳工奴隶、小商贩的社会形象，而成为受人尊重的商人。牙买加土生华裔对身份认同也改变了：不愿做“单独群体”的华裔，而争取做“平等相待”的牙买加人。②

秘鲁一黄姓家族，第一代祖父是种植园苦力，受尽凌辱。1942 年，第二代移居利马的父亲黄炳辉开了两家小杂货店，惨淡经营，但供养了五个儿子上大学。第三代兄弟五人合力创立了有近 20 家连锁店的利马 E・WONG 超市，被誉为“超市王”。③ 在拉美华人中间，像这种“三代而富”的家族发迹史是屡见不鲜的。

事实上，如果从拉美华人家族发展史的角度看，跨国界、跨洲界、跨文化区域的连续的甚至是迂回往复的移民活动构成了拉美华人日常生活和职业生涯的重要部分。拉美华人凭着自己的勤勉和节俭精神可以闯荡天下，四海为家，同时他们也在比较、甄别哪里生存条件最好，一俟决断，就能落地生根。有趣的是，在华人家族移民的过程中，家族成员会散落居住在世界各地，相互扶持，相互关爱，形成跨国性的家族关系网络。

促使拉美华人移民或定居拉美国家的因素主要有以下四个方面：

第一，经济利益驱动。第一代华人从中国移民至拉美的主要目的就是养家糊口，源源不断的侨汇让他们的家人度过了战乱、饥荒，甚至购置了房产和土地。一旦站稳脚跟，他们还会携妻挈子，呼兄唤弟，一起

---

① See Walton Look Lai, *Indentured Labor*, *Caribbean Sugar*, p. 104.

② See Li Anshan, “Survival, Adaptation and Integration,” p. 61.

③ 参见《南美洲的华侨华人》，http://www.china.com.cn/book/zhuanti/qkjc/txt/2004-12/06/content_5721430.htm。

在拉美有所作为。为了扩大先辈创下的家族企业，拉美华人后裔会跨国境地寻找商机，移民经商。

第二，政治环境驱逐。政权更迭和政治迫害是迫使拉美华人移民的重要原因。比如20世纪40年代后半期，因巴拿马总统阿里亚斯剥夺华人公民权和零售店所有权，迫使比较富有的华人返回广东，或移居巴拿马运河区以及拉美其他地区。1949年新中国成立以后，在全国推行土地改革运动和公私合营的商业模式，不少归国华人又返回居住国经商。

第三，文化资本提升。拉美华人家庭都非常重视子女的教育，开始他们是把孩子送回香港、澳门或广东的华侨学校读书。后来，受美国强势文化的影响，只要家庭经济条件允许，拉美华人家庭特别是中产阶层和富人阶层都会送子女到美国大学学习。海外留学经历使他们熟悉了两种甚至三种语言技能和文化知识，成为他们登堂入室、步入当地较高社会阶层的通行证。比如，有美国留学经历的华人应聘美国巴拿马运河区的工作比巴拿马人更有优势。

第四，种族歧视排斥。源于此，拉美华人即使在美国获得了很高的学历，找到了工作职位，也大多会回拉美居住国工作和生活。在拉美华人社会发展史上，当地社会并不严格反对甚至鼓励种族间通婚，加之，早期华人多为男子劳工，因此，有华人血统的混血人数众多。美国华人很少与其他种族通婚，而且歧视和排斥华人的政策从19世纪80年代萌发一直延续至二战结束前夕；而拉美各国虽也受美国影响曾经排华，但是时间相对较短。特别是华人与其他种族的混血后代已经被拉美主流社会当成多族裔大家庭的一员了。

8.2.1.2 政治活动从“隐忍无为”到“无所不为”

客居心理是早期拉美华人与主流社会隔阂、政治无为的内在心理原因。衣锦还乡是第一代拉美华人忍辱求生、辛苦劳作的信念支撑。为了能够继续奴役契约工人，种植园主采用欺骗利诱的手段，想尽办法巧取豪夺契约工人的“血汗钱”。种植园主“在工人居住地附近开设了朗姆酒吧和赌场，一天的辛苦劳作和背井离乡的孤独感，让他们走进酒吧和赌场寻求一点点人间温暖。然而，很快他们少得可怜的工资就所剩无几了，接着他们典押了下个星期的工资，然后是下下个星期的”，然而“那些最有信念的华工是有足够的自制力远离那些肮脏的酒吧的”①。这里所说的信念包含着华人对美好生活的憧憬：有朝一日，衣锦还乡，买房置地，封妻荫子，光耀门楣。对于种植园主的卑劣伎俩，他们只是躲避、隐忍，避免正面打交道。

正是凭着这份信念，华工完成了三年的劳动合同以后，还能够小有积蓄。他们进城打工，赚取了开杂货店的本钱。19世纪在牙买加开杂货零售店的本钱只有20～30镑。② 他们清醒地认识到，一没家族根基，二没政府支持，只能靠勤俭节约、吃苦耐劳和优质服务来赢得客户，积蓄财富。加之，语言不够熟练、经济实力不强、社会地位不高等原因，他们奉行“和为贵”、“和气生财”的人生信条，对于政治是没有兴趣的。只要能赚到钱，对任何政治派别和政治势力他们都是愿意合作的。秘鲁的华商就曾向交战革命军双方都出售货物，而且还把遭抢掠部分计入销售成本。

事实上，拉美华人社会与当地主流社会一样都是存在种族歧视观念的，互相不认可、不关心，甚至加以迫害。拉美华人社会对非华语种族和混血华裔都是存在偏见的。而拉美主流社会也同样歧视华人和华裔。随着拉美某些国家华人行业垄断实力的凸显，华人政治上的不作为常常使之置身于种族迫害的危险境地。当居住国当地民众向政府要求政治和经济权益时，某些居心叵测的政客们就会将社会矛盾转嫁给华人。华人成为当地政治斗争的牺牲品。20世纪50年代，越来越多的拉美华人开始意识到，必须争取政治权益。牙买加生华人办的英文周刊《高塔》曾发表社论，鼓励年轻人进入政界，放弃主动的自我隔离。③

而且，20世纪50年代以后，第二代和第三代拉美华裔成长起来。他们接受过良好的社会教育，可以流利地使用两种或两种以上的语言交流，跻身于中上社会阶层，完全有条件、有能力参与社会政治事务。主要有

---

① Helen Chinsee, “A Chinese in Jamaica,” p. 1.

② See Li Anshan, “Survival, Adaptation and Integration,” p. 56.

③ See Ching Chieh Chang, *The Chinese in Latin America*, pp. 139-140.

以下三个方面的表现：

第一，提高政治敏感度。一方面，警惕各种反华言论，并予以回击。如1940年牙买加华裔写信给当地周报编辑，抗议该周报对唐人街的丑化描述。后周报编辑在头版刊登了道歉信。① 另一方面，号召华人认真行使自己的选举权，“我们如果参加选举，无论哪一方，哪一党都会来争取我们”②。

第二，扩大社会关注度。拉美华人将关注和帮助的对象从华人社会扩展到整个社会。如1961年，牙买加中华会馆为洪都拉斯风暴受灾人民捐款；设置常年接受捐款的委员会，为牙买加全体老年人捐款。“如果我们想减少针对华人的歧视性犯罪的话，我们就必须采取一种和平相处的战略，必须与每一个民族都结合在一起，必须与其他人友好相处，必须帮助穷人，必须毫无偏见地平等对待他人。”③

第三，提升政治参与度。20世纪40年代以来，拉美华人积极参与政治，担任各种政界职务。1943—1955年，12名牙买加华人被任命为圣安德鲁、金斯顿等城市的地保官（Justice of the Peace）。④ 第二代、第三代秘鲁华裔在政界大展拳脚，有华裔总理、部长、省长、将军等10余人。曾任秘鲁部长会议主席的维克多（Victor）·许会的父亲20世纪初移民秘鲁，并供儿子读书。许会认为，读书是华裔进入秘鲁政界的必由之路，政界为展示华裔形象提供了表现舞台。曾任秘鲁自由省省长的陈汉威是广东后裔，能讲流利的粤语。他强调华人在勤奋节俭之外，还要更多地对居住国产生影响，树立认真、正直、关心社会的形象，这样才能赢得当地社会的认可与尊重。⑤

8.2.1.3 经济活动从“趋利避害”到“落地生根”

经商是拉美华人社会发展进程中最重要的经济活动，也是拉美华人

---

① See Li Anshan, “Survival, Adaptation and Integration,” p. 63.

② 《政治与我们》，载《中山报》，1954-04-15。

③ 参见《中山报》，1961-11-07、1961-11-10、1961-12-01、1961-12-08、1961-12-22。

④ See Li Anshan, “Survival, Adaptation and Integration,” p. 66.

⑤ 参见《南美洲的华侨华人》，http://www.china.com.cn/book/zhuanti/qkjc/txt/2004-12/06/content_5721430.htm。

社会存在和发展的基础。早期拉美华人是以自给自足的封建小农经济的商业意识为出发点建立华人商业体系的。“家族传承”、“小富即安”等管理理念和经营模式最终决定他们不可能建立起现代化商业体系，而只能是小农经济思想土壤上开出的“无果之花”。其特点有三：

第一，相对封闭性。

资本、劳动力和产、供、销的物流网络等大部分都是拉美华人商业体系以自我封闭的方式建立起来的，商品和资本的交换和循环也是在华人社会内部完成的。首先，或者是自己打工赚钱，或者是自带资本，华商拥有了开店的启动资金；其次，在同乡会或宗亲会的中介下，华商企业招募移民拉美的穷困同胞作为伙计或学徒，解决了劳动力问题；最后，华人社会内部通过行业间的纵向联合，顺利地完成了产品生产、供给和中间产品的销售环节，最后形成商品，再通过与拉美社会的商品和劳务交换，实现最终商品的销售。此外，华人社会内部还会因为照顾“自己人”生意，内部“消化”掉部分最终商品。由此可见，华人社会与外部环境（拉美社会）的关系只是进行商品和劳务的单向提供，销售收入流入华人社会内部，形成新的商业资本。（参见图 13）

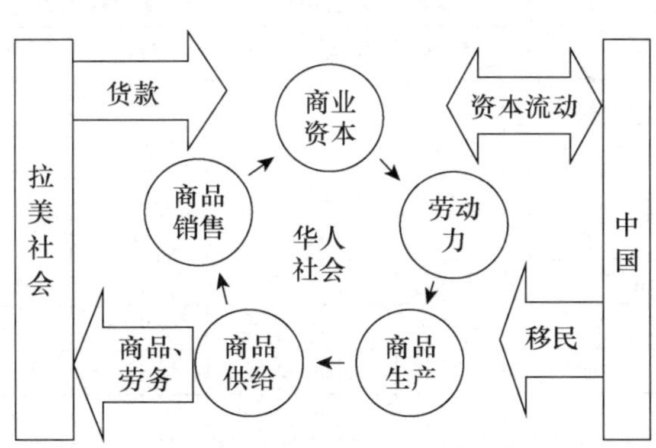

图 13　早期拉美华人商业体系示意图

由此可见，早期拉美华人商业体系与拉美社会之间的联系只是最终商品或劳务的简单交换，而资本、劳动力以及行业间的产品流通等重要环节都是在华人社会内部完成循环和积累的。因此，相对于拉美其他商业企业，华人商业体系是相对封闭的。只要外部环境允许（即居住国华人移民政策足够宽松），那么这套华人商业体系是可以整体移植到任何一个拉美国家的。

第二，行业的集中性和垄断性。

在拉美华人商业体系中，小型商品零售业和商业服务业是居于核心地位的，华人从业最早，人数最多。拉美华人很早就确立了在该行业中的垄断地位。比如，1919 年华人在墨西哥索诺拉的商业零售企业多达 827 家，几乎比墨西哥人和其他外国人拥有的商业企业数量多一倍；商业资本总额也与墨西哥人和其他外国人的相差不多。牙买加和秘鲁的华人杂货店也曾在居住国占据垄断地位。

第三，资本分布的分散性。

拉美华人商业资本的总量分布和地域分布都非常分散，是各自为战的散兵游勇，不能集中起来做大事。1919 年，墨西哥劳动部（Mexican Labor Department）调查了索诺拉各城镇中各种国籍的商业企业数量和企业资本数量。（参见表 37）

表 37　墨西哥索诺拉商业企业数量及资本（1919）

地区	华人商业企业		墨西哥人及其他外国人商业企业	
	数量	资本（比索）	数量	资本（比索）
蒙特祖马（Moctezuma）	81	220 520	28	522 270
瓜伊马斯	248	854 110	54	936 805
萨瓦里帕	6	27 000	29	40 550
阿尔塔	30	61 404	42	73 810
阿拉莫斯（Alamos）	102	185 100	44	104 400
乌雷斯	25	48 900	28	45 400
阿里斯佩	110	196 320	67	546 555
马格达莱纳	107	320 621	54	168 400
埃莫西约	118	272 960	88	375 350
合计	827	2 186 935	434	2 813 540

资料来源：Departamento de Travajo, Sección de conciliación, informe que rinde el Jefe de la Secció sovre la situación de las colonias asiáticas en la Costa Occidental de la República, 1919 (E. Flores, commissioner), Archivo General de la Nación/Trabajo, México, D. F.。

上述调查结果表明：华人商业企业的资本总量与墨西哥人及其他外国人商业企业的资本总量相差无几，但是华人企业的数量几乎是后者的

2 倍，企业平均资本量不到后者平均资本量的 1/3。827 家华商企业分布在 60 多个居住区，其中 740 家资本低于 5 000 比索。① 可见，从单个企业来看，华商企业都是本小利薄的小型企业，没有掌握国民经济命脉的大型企业。

20 世纪 50 年代以后，早期华人商业体系的垄断地位逐渐衰弱。具体表现在如下三个方面：

首先，相对的封闭性被逐渐打破。由于政治因素的影响，新移民迅速减少，而第二代和第三代华人后裔又转向其他行业，华人社会内部商业服务行业的劳动力供给不足。有些拉美国家还规定，华商企业必须雇用一定比例的当地籍员工。商品的产、供、销等也被现代商业物流体系所取代。

其次，行业的集中性和垄断性不复存在。除了第二代、第三代华裔转行等因素以外，实力强大的欧美或居住国商业资本开始运作大型连锁超市，成为华人零售企业的强劲竞争对手。在现代交通运输网络的基础上，这些连锁超市建立起了顺畅、高效的商品流通体系，华人零售企业失去了灵活、多样等“船小好掉头”的优势。

最后，资本分布的分散性使华商企业难以形成规模，资本积累缓慢，进一步加速了早期华人商业体系垄断地位的瓦解。相对封闭的商业体系瓦解以后，华商企业从“关起门来成一统”，开始更多地融入居住国和西方经济体系之中。在商业竞争中获胜的实力较强的华商企业引进了资本主义商业模式，转型为西式现代化企业。资本主义商业模式也无孔不入地渗透到拉美华人社会的文化生活中。在子女教育方面，美式教育的比重逐渐超过了和取代了中式教育。华人后裔的从业范围从商业和城市服务行业扩大并提升到政界、军界、艺术界和学术界。

8.2.1.4　文化生活从“保根保种”到“本土融合”

早期拉美华人由于保持着客居他乡和认祖归宗的文化心理和文化取向，因此他们把传统文化表演形式和文化思想原封不动地移植到居住国，除排遣乡愁、娱乐身心之外，还期望异国出生的后代子孙不数典忘祖，保持华人尊老爱幼、勤俭节约等优秀的民族特质，薪火相继地传承中华

---

① See Evelyn Hu-DeHart, “Latin America in Asia-Pacific Perspective,” pp. 47–48.

文化。然而，随着中国和拉美政治环境的变化，以及拉美华人社会与当地主流社会融合进程的发展，特别是拉美土生华裔越来越多地参与拉美华人社会的政治和经济活动，拉美华人社会的文化生活主题也不再是华人社会自己“保根保种”的中华民族认同活动，而是向本土化方向发展，以满足拉美华人社会政治和经济发展的需要。

拉美华人文化生活的本土化发展和融合包含了以下两个方面的内容：

第一，某些拉美当地群众喜闻乐见的传统文化内容和文化形式被保留了下来，并且逐渐演变成拉美华商进行资本主义商业运作的重要宣传营销手段，而那些受语言和文化背景限制，很难为当地社会所理解的传统艺术表演形式则逐渐被束之高阁、乏人问津。

为了彰显企业文化特色，吸引顾客光顾，拉美唐人街的中餐馆和华人店铺都会给自己的企业添加中华文化要素。如华人餐馆和店铺的招牌用汉字书写；建筑形式和内外装修风格会采用中华传统形式，飞檐、屏风、灯笼、关公、水墨丹青等中华文化要素随处可见；设备和服务也展现中华传统风貌，如身着旗袍或长衫的服务人员，色、香、味、形俱佳的中式菜肴，陶瓷器皿、筷子等中式餐具等等。春节、端午、中秋等中华传统节日更成为唐人街华人商户促销商品、宣传品牌的宝贵商机。他们会出资邀请当地华人文化社团到唐人街舞狮、舞龙，燃放烟花爆竹，组织赛龙舟等体育竞技活动，以吸引当地群众前往唐人街观光、就餐和购物。有学者认为“华人社区本来就是虚构出来的”，名存实亡，唐人街保留的只是传统形式，实际上已经成为一种单纯的商业营销手段。①

此外，融合了中华文化精髓和治病救人、强身健体等实用功效的中医和武术更成为拉美华人谋生的手段之一，在当地广为流传。中药、针灸、按摩等中医治疗方法的神奇功效使华人中医院病患络绎不绝。太极、少林、武当等中国功夫强健筋骨、防身自卫、出神入化的功效和特质更是吸引了拉美社会各个年龄层、各个社会阶层趋之若鹜。近年来，随着中国经济实力的增强，拉美各国青年人开始学习汉语，以拓宽就职范围，增加职业技能。各种各样的汉语补习班和培训学校由此应运而生。

---

① See Ching Chieh Chang, *The Chinese in Latin America*, pp. 132-134.

与之相对的是，地方戏剧、民间音乐等文艺表现形式影响范围日趋缩小。只有为数不多的老年华人华侨因个人爱好而小范围地、自娱自乐地研习和表演，拉美土生华人后裔则视之为陈旧、过时的文化形式而不闻不问。

第二，拉美华人积极吸纳资本主义文化生活要素，改造或重建拉美华人文化生活。这些文化活动既吸引了当地社会群众参与其中，扩大和增强了社会影响力，也为拉美华人融入当地主流社会提供了条件。

中华小姐、中华先生等选美活动在拉美各国都经常举办。这完全突破了老一辈传统封建礼教的思想藩篱，成为拉美青年一代向华人社会和当地主流社会展现东方魅力和学识才华的社会舞台。选美活动还在拉美华人社会募集善款、宣传公益等方面起到了重要的宣传作用。各种华人文体协会组织的篮球、乒乓球等体育竞赛活动也吸收当地选手参加，增进了华人青年与当地青年的友谊。

8.2.1.5　社会组织从“拉帮结伙”到“多元发展”

早期拉美华人经历过殖民主义的奴役、资本主义的压榨、种族主义的歧视，不得已拉帮结伙，组建各种宗亲会、同乡会、帮会或商业协会等华人社会组织以求自保。无论是哪种形式的华人社会组织，其服务对象都是华人，目的是协调华人社会内部或华人与当地社会之间的关系，为华人社会成员提供福利等。从中国移植而来的传统华人社会组织甚至在入会方式、组织形式等方面都保持着原有的仪式和结构。随着中国政治形势的转变和拉美国家多元化种族政策的推行，拉美华人社会组织原有的存在基础被动摇了，也朝着多元化的方向发展。主要的发展方向有以下四个：

第一，中华会馆、华人商业协会等华人社会组织将服务对象扩展为当地社会全体成员，转变为全社会或全行业的福利机构。这些华人社会组织下属的各种公共服务、组织的社会公益活动也是面向当地社会全体成员的。如华人商业协会改名为居住国全行业商人的协会，华文学校招收非华裔学生，养老募捐的扶助对象也扩展到华人以外的所有老年人等。

第二，中国致公党、中国洪门民治党等曾经参与过中国革命运动的华人社会组织在中国或拉美居住国注册为现代政党组织，致力于搭建拉美华人与祖国交流与沟通的民间桥梁，组织拉美华人回乡探亲，考察投资，为侨乡修桥筑路，修建学校，资助公益等。这些社会组织还利用在海外洪门组织中的影响力，召集拉美各国洪门组织成员恳亲大会，加强拉美洪门成员与祖国的联系与合作。多米尼加等国的洪门致公堂组织也在尊重传统的基础上，修改了某些陈腐的帮规，如入会仪式上“歃血为盟”喝血酒的仪式变为喝红酒代替，加入帮会的目的也从原来的互济互助转变为方便经商，构建商业关系网。

第三，以地缘、业缘、学缘等为纽带结成的新型华人社会组织兴起。这些新型社会组织的组织者有时候是混血华人，组织成员有着共同或相似的社会背景、教育背景或家庭背景，发展组织成员的方式多是朋友间相互介绍，而且加入大多无须履行任何手续。参加或组织这类华人社会组织的目的与其说是出于对中华民族的认同感，不如说是扩大个人的社会交际网络，搜集商业情报。如华人青年社交舞会和交谊舞会为华人青年男女结识、相亲提供条件，庆祝母亲节的活动为年轻的华人父母交流育儿经验和求学信息提供了良好的机会，各种各样的同业集会、宴会、年会等活动成为华人触类旁通地学习商业经验、轻而易举地获取商业情报、水到渠成地寻找合作伙伴、日积月累地提升社会地位的最佳场合。

第四，随着香港、台湾等黑社会组织向全球发展势力，拉美某些帮会堂口随之转变为黑社会组织，成为全球性华人犯罪集团的分支机构。这些黑社会组织的犯罪手法有绑架勒索、收保护费、贩卖毒品、放高利贷、开设色情场所、非法开赌、走私军火等。它们还注册成立公司，用漂白的黑钱投资房产、金融、商业、工业、矿山等行业。为了夺取地盘、敛取钱财，华人黑社会组织大批招揽门徒或门生，并与其他黑社会组织发生火拼、暗杀等危害社会公共安全的犯罪活动，成为当地社会的不安定因素。拉美是香港第一大三合会犯罪组织——新义安（Fa Yen，又名潮州帮）的势力范围。①

8.2.2 对我国华侨政策的启示

8.2.2.1 保护海外华侨的利益

从拉美华人社会百年演变史中可以看出，一旦拉美社会出现政治动

① 参见秦轩、刘斌等：《海外华人黑帮调查》，载《南方周末》，2010-08-05。

荡或经济危机，首当其冲的受害者就是华人（即使入籍或归化的华人也无法幸免），生命和财产安全毫无保障。在拉美华人的集体回忆中，亲人陈尸街头、店铺洗劫一空、军队烧杀抢掠、官吏苛收重税、财产无端没收、官府集中囚禁等等种族歧视造成的惨痛经历，历历在目。大部分拉美国家都曾颁布过的排华法案，又使这些惨无人道、灭绝人寰的暴行披上了合法化的外衣。当时，饱受列强蹂躏之苦的中国政府（清政府和其后的民国政府）亦因国力衰微，对拉美殖民政府和独裁政权欺凌华人行为的控诉也有心无力。改革开放以来，随着中国综合国力的增强和国际地位的提升，我国政府必然要采取行之有效的措施保护海外华人的人身和财产的安全。我们应当看到，海外华人经历的惨痛历史离我们并不遥远。即使在标榜自由民主的当代社会，海外华人沦为政治风潮或经济危机牺牲品的事件仍时有发生，如1997年印度尼西亚的暴力排华事件。我们必须提高警惕，防患未然，制定强有力的保护侨民的政策。

中西方文化的误解与隔阂是拉美主流社会视华人为“异端”的重要文化背景，使他们认为华人是“不可同化”的，“因此对于国家是个潜在威胁”。在西方种族主义分子看来，华人“遵循着传统和祖宗的根深蒂固的惯例，以禁欲主义的漠不关心的态度来对待一切欲望和环境”，“仇恨外国”，“毫不关心外面世界的战争、进步、文学以及这个世界为自由而进行的斗争”①。这类种族歧视性的论调在社会发生动荡时则会煽动一大批不明真相的盲从者，造成排华悲剧。因此，消除中西之间的文化误解和隔阂，建立、健全理解和沟通机制，向西方社会介绍和展现历久弥新的现代中华民族风貌，将是一项任重道远而又意义非凡的工作。

拉美是我国推行和平发展的外交政策、加强“南南合作”的重要阵地，因此我们要充分发挥拉美华人社会在宣传中国文化和中国思想的“桥头堡”和“先锋军”的作用。开展多种文化交流活动，坚持先民间再官方，再到官民结合的沟通方式，用博大精深的中华文化和蓬勃发展的中国经济社会现状来影响拉美人民特别是青年一代对中国的认识，增进

---

① 方旭红：《论“黄祸论”的形成根源及影响》，载《安徽大学学报》（哲学社会科学版），2005（1），13页。

心灵上的沟通和思想上的理解，促进中拉各个领域合作的建立和发展。

8.2.2.2 尊重华人自己的决定

20世纪50、60年代，拉美民族主义国家的兴起以及拉美华人与祖国的时空隔断使华人对当地社会的身份认同不断强化，全面融入当地社会之中。但是拉美华人与祖国大陆或台湾当局之间的关系并不是完全可以斩断的，双方都存在着政治上或者精神上的希望和诉求，以及文化归属上的张力。“中国希望最终将所有的海外华人视为侨居者，是中国人大家庭的成员，他们的忠诚和爱国主义在切实需要时是可以指望的。另一个是华人移民和定居者的希望，他们希望他们的子女在某种程度上在文化上依然是华人，而且至少确保几代的血统。”虽然如此，在海外推行我国华侨政策时，必须注意到“海外华人已经具有能够群策群力在他们中间培育新型华人性的能力”①。新型华人性中既有遵从中华传统文化道德观念的一面，也有守卫西方自由民主观念和居住国民族主义信念的一面。因此，在保护海外华人利益的同时，我们要注意把握好分寸，免得过犹不及，正视华人在居住国民族同化和民族融合的历史趋势，尊重拉美华人在居住国政治、经济和文化事务方面的决定；在对海外华人的宣传活动中，尽量淡化政治色彩和民族色彩，更多地开展民间色彩较浓的文化交流活动和经济贸易活动。

另外，改革开放以后新移民的社会活动和民族主义意识的衰微也应该引起我们的关注。改革开放以后的新移民不再有安土重迁的观念，他们“穿梭于中国大陆和海外居住国之间的‘哑铃模式’及其新的认同形式（既非落叶归根，又非落地生根）”②。同时，民族主义意识的衰微和现代化交通、通信技术的日新月异，也催生了一批游走于多个地域社会活动圈的国际化华人。他们在多个区域都有自己的人际关系网，社会活动和经济活动也颇具全球化视野，不再束缚于某一个民族主义国家范围之内。这些新移民和拥有全球化思维的华人必然会对华人社会在世界的政

---

① 王赓武著，赵红英译：《单一的华人散居者?》，载《华侨华人历史研究》，1999（3），5页。

② 刘宏：《王赓武教授与海外华人研究：方法论的初步观察》，载《华侨华人历史研究》，2003（3），67页。

治和经济格局产生新的影响。

8.2.2.3　加强与海外侨团沟通

为了互济互助或拓展业务，拉美华人大多加入亲缘、地缘或业缘性的华人社会组织。在我国政府开展海外联络工作时，拉美华人社会组织既是我们了解拉美华人社会生存状态的舆情站，又是与拉美华人社会直接接触的中转站。宗亲会组织的祭祖大会和同乡会组织的返乡大会等，都是我们与拉美华人社会畅叙同根同种亲情、建立社会联系的大好时机。

近年来，海外华侨社团国际化的潮流方兴未艾，全球性、跨国性活动呈现活跃态势。一方面表现为国际性华人社团的联谊活动频繁，参与者广泛，成为沟通亲缘、地缘关系，扩大商业和文化网络的重要平台。如 1995 年第三届世界华商大会，有来自 23 个国家和 80 个地区的 1 500 名代表参会；1996 年于马来西亚召开的第二届世界福建同乡恳亲大会有 2 500 名代表参加；2001 年 9 月于南京召开的第六届世界华商大会约有 3 000 名海外华商和 1 500 名中国商人参加。[①] 另一方面世界性的地缘组织纷纷建立，并设立长期的组织和指挥机构，如世界江门五邑恳亲大会、世界台山籍乡亲恳亲大会、世界赤溪客属恳亲大会、世界台山宁阳首届联谊大会等。

海外华侨社团的国际化活动大多与经济全球化和区域化带来的商机密不可分。正如新加坡中华总商会会长陈永裕在首届世界安溪乡亲联谊会上所说："下一个世纪肯定是亚洲太平洋世纪。太平洋西缘是一个充满朝气的蓬勃发展地区，也是华裔密集的地区，若各地华裔能以汇百川为巨流之精神团结起来，这将是一股举足轻重的经济力量。"[②] 海外华人的国际化经济活动必然会进一步加强海外华人之间、海外华人与祖国（特别是侨乡）的经济联系。因此，我们应当鼓励海外华侨社团的全球性联谊活动，推动跨国性华侨组织的建立，特别应当注意吸收中华民族意识

---

① 参见朱桃香、代帆：《融合与冲突——论海外华侨华人的认同》，载《东南亚研究》，2002（3），66 页。

② 刘宏：《海外华人社团的国际化：动力·作用·前景》，载《华侨华人历史研究》，1998（1），51 页。

相对薄弱、容易为人所忽视的拉美华侨社团加入其中。此外，我国政府还应该强化各级地方政府侨务机构同拉美华人社会组织的联系，把拉美华人请进侨乡，组织相关政府机构和企业访问拉美华人社会组织，促进拉美华人社会组织同其他国家华人社会组织以及同祖国侨乡之间的经济交往和文化交流。

参考文献

一、史料

中国第一历史档案馆等编. 清代外务部中外关系档案史料丛编. 北京：中华书局，2008.

国家图书馆藏清代孤本外交档案. 北京：全国图书馆文献缩微复印中心，2003.

中国第一历史档案馆藏清代朱批奏折. 北京：中国第一历史档案馆，1990.

陈翰笙主编. 华工出国史料汇编. 北京：中华书局，1981，1984.

中国社会科学院近代史研究所近代史资料编辑组. 华侨与辛亥革命. 北京：中国社会科学出版社，1981.

中国人民大学清史研究所，中国第一历史档案馆合编. 天地会（1～7）. 北京：中国人民大学出版社，1980—1988.

何凤娇主编. 排华史料汇编：墨西哥. 台北："国史"馆，1991，1993.

秘鲁中华通惠总局编. 秘鲁中华通惠总局与秘鲁华人（纪念特刊）. 利马，1999.

巴西美洲华报编印. 巴西华人耕耘录. 圣保罗：巴西美洲华报，1999.

Helen Atteck and Philip Atteck，Stress of Weather：A Collection of Original Source Documents Relating to a Voyage from China to Trinidad，West Indies in 1862，in Conjunction with a Family Chronicle，St. Catharines：Wanata Enterprises，2000.

Denise Helly Introduction，The Cuba Commission Report：A Hidden History of the Chinese in Cuba（The Original English-Language Text of

1876), Baltimore and London: The Johns Hopkins University Press, 1993.

Walton Look Lai. The Chinese in the West Indies, 1806－1995: A Documentary History, Kingston: The Press University of West Indies, 1998.

二、论著

秦宝琦．洪门真史．福州：福建人民出版社，1995.

秦宝琦．中国地下社会．北京：学苑出版社，2009.

谭松林等主编．中国秘密社会．福州：福建人民出版社，2002.

蔡少卿．中国近代会党史研究（增订版）．北京：中国人民大学出版社，2009.

李春辉，杨生茂主编．美洲华侨华人史．北京：东方出版社，1990.

梁初鸿，郑民编．华侨华人史研究集．北京：海洋出版社，1989.

吴于廑．十五十六世纪东西方历史初学集续编．武汉：武汉大学出版社，1989.

沙丁，杨典求，焦震衡，孙桂荣．中国和拉丁美洲关系简史．郑州：河南人民出版社，1986.

郝名玮，徐世澄．拉丁美洲文明．北京：中国社会科学出版社，1999.

庄炎林主编．世界华人精英传略·南美洲与加拿大卷．南昌：百花洲文艺出版社，1995.

周南京主编．华侨华人百科全书．北京：中国华侨出版社，2002.

吴凤斌．契约华工史．南昌：江西人民出版社，1988.

余受元．墨西哥华侨史话．台北：海外文库出版社，1954.

宋锡人．古巴华侨史话．台北：海外文库出版社，1957.

何名忠．南美国家及华侨事业简介．台北："中国"侨政学会，1969.

袁颂安．秘鲁华侨概况．台北：正中书局，1988.

陈晏图，杨锋编著．委内瑞拉华侨概况．台北：正中书局，1988.

杨镕鉴．阿根廷、智利、乌拉圭华侨概况．台北：正中书局，1988.

梁贤继编著．多米尼加、海地共和国华侨概况．台北：正中书局，1988.

陶长仁．哥伦比亚、厄瓜多尔华侨概况．台北：正中书局，1988.

伍根华．墨西哥、危地马拉华侨概况．台北：正中书局，1989.

魏龙翔. 千里达、牙买加华侨概况. 台北：正中书局，1989.

张震西编著. 巴拉圭、玻利维亚华侨概况. 台北：正中书局，1989.

张长洋. 巴拉圭共和国华侨概况. 台北：正中书局，1989.

洪振勋编著. 苏利南华侨概况. 台北：正中书局，1990.

简汉生. 巴西华侨概况. 台北：正中书局，1991.

李文炳. 洪都拉斯华侨概况. 台北：正中书局，1991.

熊建成. 西班牙有关古巴华人移民政策的演变. 台北：新陆书局，1979.

[美] 刘令编著. 华侨人物志. 洛杉矶：东西文化出版社，1949.

[美] 陈匡民. 美洲华侨通鉴. 纽约：美洲华侨文化社，1950.

[美] 李谈仁. 占美加华侨年鉴·1957年. 金斯顿：占美加华侨年鉴社.

[美] 马丁·布斯著，林添贵等译. 黑社会之华人帮会纵横史. 台北：时报文化出版企业股份有限公司，2006.

[古巴] 梅赛德斯·克雷斯波·德格拉著，刘真理译. 从苦力到主人翁：纪念华人到古巴150周年. 北京：世界知识出版社，1997.

Wang Guangwu. The Chinese Overseas: From Earthbound China to the Quest for Autonomy. Cambridge, Massachusettes, London: Harvard University Press, 2000.

Ching Chieh Chang. The Chinese in Latin America: A Preliminary Geographical Survey with Special Reference to Cuba and Jamaica. PhD Dissertation, University of Maryland, 1956.

Walton Look Lai. Indentured Labor, Caribbean Sugar: Chinese and Indian Migrants to the British West Indies, 1838 - 1918. Baltimore and London: The Johns and Hopkins University Press, 1993.

Luz. M. Martinez Montiel ed. Asiatic Migrations in Latin America. Cuidad de México: Le Colegio de México, 1981.

Raymond B. Craib. Chinese Immigrants in Porfirian Mexico: Preliminary Study of Settlement, Economic Activity, and Anti-Chinese Sentiment. Albuquerque: Latin American Institute, University of New Mexico, 1996.

Roger Sanjek ed. Caribbean Asians: Chinese, Indian and Japanese

Experiences in Trinidad and the Dominican Republic. New York: The Asian/American Center at Queens College, 1990.

Arnold Meagher. The Introduction of Chinese Laborers to Latin America: The "Coolie" Trade, 1847 - 1874. PhD Dissertation, University of California at Davies, 1975.

C. H. Haring. The Spanish Empire in America. Oakland: Harbinger Books, 1963.

J. Gonzalez de Mendoza. The History of the Great and Mighty Kingdom of China and the Situation Thereof. New York: Burt Franklin, 1853.

Michael S. Werner, ed. Encycolpedia of Mexico: History, Society and Culture. Chicago and London: Fitzroy Dearborn Publishers, 1997.

Leo M. D. Jaques Dambourges. The Anti-Chinese Campaign in Sonora, Mexico, 1900 - 1931. PhD Dissertation, University of Arizona, 1974.

Watt Stewart. Henry Meiggs: Yankee Pisarro. Durham: Duke University Press, 1946.

Michael J. Gonzales. Cayaltí: The Formation of A Rural Proletariat on a Peruvian Sugar Came Plantation, 1875 - 1933. PhD Dissertation, University of California at Berkeley, 1978.

Adam McKeown. Chinese Migrant Networks and Cultural Change: Peru, Chicago, Hawaii, 1900 - 1936. Chicago: The University of Chicago Press, 2001.

Marshall K. Powers. Chinese Coolie Migration to Cuba. PhD Dissertation, University of Florida, 1953.

Duvon C. Corbitt. A Study of the Chinese in Cuba, 1847 - 1947. Kentucky: Asburry University, 1971.

Cecil Clementi. The Chinese in British Guiana. Georgetown: Argosy, 1915.

Trev Sue-A-Quan. Cane Teapers: Chinese Indentured Immigrants in Guyana. Vancouver: Riftswood Publishing, 1999.

K. O. Lawrence. Immigration to Trinidad and British Guiana, 1834－1871. PhD Dissertation, Cambridge University, 1958.

Margery Kirkpatrick. From the Middle Kingdom to the New World: Aspects of the Chinese Experience in Migration to British Guiana. Georgetown: The Author, 1993.

Marlene Kwok Crawford. Scenes from the History of the Chinese in Guyana. Georgetown: The Author, 1989.

Laura Jane Hall. The Chinese in Guyana: The Making of a Creole Community. PhD Dissertation, University of California at Berkeley, 1995.

John Othneil Stewart. Coolie and Creole: Differential Adaptations in A Neo-Plantation Village: Trinidad West Indies. PhD Dissertation, University of California at Los Angeles, 1973.

Trevor M. Millett. The Chinese in Trinidad. Inprint Caribbean, 1993.

Russell Dwight Lee. The Perils of Ethnic Success: The Rise and Flight of the Chinese Traders in Jamaica. PhD Dissertation, Harvard University, 1979.

Moise Guillermo Leon Azofeifa. Chinese Immigrants on the Atlantic Coast of Costa Rica: The Economic Adaptation of an Asian Minority in a Pluralistic Society. PhD Dissertation, Tulane University, 1987.

Bill Albert and Adrian Graves ed. Crisis and Change in the International Sugar Economy, 1860－1914. Norwich & Edinburgh: ISC Press, 1984.

Gonzalo de Quesada. The Chinese and Cuban Independence. Leipzig: Breitkopf and Hartel, 1925.

Michael J. Gonzales. Plantation Agriculture and Social Control in Northern Peru, 1875－1933. Austin: University of Texas Press, 1985.

José Angel Espinoza. El ejemplo de Sonora. México: [s. n.], 1932.

José Angel Espinoza. El problema chino en México. México: [s. n.], 1931.

Humberto Rodríguez Pastor. Los trabajadores Chinos Culies en el Perú. Lima: Articulos Historicos, 1977.

José Luis Trueba Lara. Los Chino en Sonora: Una historia olvidada.

Sonora，México：Instituto de Investigaciones Histricos，Universidad de Sonora，1990.

José Joege Gómez Izquierdo. El movimiento antichino en México 1871－1934：Problemas del racismo y del nacionalismo durante la Revolución Mexicana. Ciudad México：Instituto Nacinal de Atropologia e Historia，1991.

Eduardo Auyon Gerardo. El dragon en el deserto：Los pioneros chinos en Mexicalí. Mexicalí：Instituto de Cultura de Baja California，1991.

Dora Mayer de Zulen. La China silenciosa y elocuente. Lima：Editorial Renovacion，1924.

Fernado de Trazegnies Granda. En el país de las Colinas de arena：Reflexiones sobre la inmigración China en el Perú de S. XIX desde la perspective del Derecho. Lima：Fondo Editorial de Pontificia Universidad Catolica del Perú，1994.

Mariella Balbi. Los Chifas en el Perú：Historia y recetas. Lima：Ediciones Universidad de San Martín de Porres，1999.

Wilma Derpich. El Otro Lado Azul：Empresarios Chinos en el Perú，1890－1930. Lima：Editorial del Congreso del Perú，1999.

Juan Peréz de la Riva. Democrafia de los culies Chino en Cuba，1953－74. Habana：[s. n.]，1967.

Gillermo Tejeiro. Historia ilustrada de la colonia China en Cuba. Habana：[s. n.]，1947.

Juan Jeménez Pastrana. Los Chinos en las luchas por la liberación Cubana，1847－1930. Habana：Instituto de Historía，Ac. De C.，1963.

En Pedro. Sintesis histórica de la Milicia Popular China Brigada "José Wong" en Cuba，1959－1961. Habana：[s. n.]，1995.

José Baltar Rodríguez. Los Chinos de Cuba：Apuntes etnográficos. Habana：Fundación Fernando Ortiz，1997.

Julio A. Leon and Rene Leon. Requiem por el Chinatown de La Habana. Standford：Center for Latin American Studies，Standford University，1975.

Elsa Kam-Ching Zambrano. Histori de la colectividad China en Chile. Santiago：Universidad de Chile，1966.

Denise Helly. Idéologie et ethnicité：les Chinois Macao *à* Cuba，1847－1886. Montrèal：Presses de I'Université de Montrèal，1979.

福本勝清. 中国革命を駆け抜けたアウトローたち：土匪と流氓の世界. 東京：中央公論社，1998.

石田収. 中国の黒社会. 東京：講談社，2002.

佐々木正哉. 清末の秘密結社. 東京：巖南堂書店，1970.

酒井忠夫. 中国民衆と秘密結社. 東京：吉川弘文館，1992.

「秘密社会」研究グループ. 秘密社会と国家. 東京：勁草書房，1995.

浅井紀. 明清時代民間宗教結社の研究. 東京：研文社，1990.

川合貞吉. 匪賊：中国の民乱. 東京：新人物往来社，1973.

和田正広編. 中国伝統社会の歴史的特質：宗教・官僚・啓蒙. 東京：中国書店，1997.

佐々木衛編. 中国の家・村・神々：近代華北農村社会論. 東京：東方書店，1990.

スターリング・シーグレーブ（Sterling Seagreave）著，山田耕介訳. 華僑王国（Lords of the Rim）. 1995 edition by Peggy. 東京：サイマル出版会，1996.

リン・パン（Lynn Pan）著，片柳和子訳. 華人の歴史（Sons of the Yellow Emperor：The Story of the Overseas Chinese）. 1990 edition by Martin Secker & Warburg Ltd. 東京：みすず書房，1995.

三、期刊

世界历史，1980.

拉丁美洲丛刊，1983.

华侨华人历史研究，1988，2000.

八桂侨史，1994，1997.

拉丁美洲研究，1996，1998，2002.

华人之声，1997.

传记文学，第38卷.

侨务月报，1966，1968，1970，1972，1974.

四海之友，1976，1978.

中山报，金斯顿：中山报社，1954—1968.

华侨公报，金斯顿：华侨公报社，1945—1977.

开明公报，哈瓦那：开明公报社，1939—1963.

墨国公报，墨西哥城：墨国公报社，1961—1962.

民声日报，哈瓦那：民声日报社，1939—1960.

光华报，哈瓦那：光华报社，1969.

民醒日报，利马：民醒公报社，1963—1965.

公言报，利马：公言报社，1952—1995.

Chinese Review, Vol. 5-6.

Journal of the Royal Asiatic Society of Great Britain and Ireland, Vol. 1-20.

American Journal, 1989.

Journal of Overseas Cinese Studies, 1989.

Slavery and Abolition, 1993.

Journal of Arizona History, 1976, 1980.

Amerasia Journal, 1982.

The Far Eastern Quarterly, 1942.

Hispanic American Historical Review, 1960, 1987.

Ethnohistory, 1979.

Arizona and the West, 1974.

The Chinese Quarterly, 1939.

Journal of Latin American Studies (Great Britain), 1980, 1989.

Comparative Studies in Society and History, 1978.

Journal of Comparative Family Studies, 1985.

International Monthly, 1946.

Frontera Norte, 1994.

Histórica，1996.

東洋文化研究，2002.

中国近現史入門，1992.

一橋論叢，1989.

史論，1963.

明治学院論叢，1986.

イスラムの都市性研究報告 No. 11，1989.

四、书目汇编

Leon Lamgen，ed. Asians in Latin America and Caribbean：A Bibliography. Queens and New York：Asian/American Center，Queens College，1990.

Clara M. Chu. Asians in Latin America：Work Published 1990 – 1998. Los Angeles，1998.

Jane J. Cho. Asians in Latin America：A Partially Annotated Billiography of Select Countries and People. Standford：Center for Latin American Studies，2000.

Clara M. Chu. Information Sources on Chinese in Peru：A Resource guide. Los Angeles，1999.

Nelly S. Gonzalez. Latin American Studies in East Asia：A Summary Description. Blletin International Oriental Library，30/31，1987.

Centro de Documentacion en Poblacion y Desarrollo，Migracion y colonizacion en Bovlia：Bibliografia Anotada，La Paz：Consejo Nacional de Povlacion，Centro de Documentacion en Povlacion y Desarrollo，1989.

五、网上资源

华人在拉丁美洲（Chinese in Latin America），http://www. gseis. ucla. edu/faculty/chu/chinos.

寻根（Rooting for Roots），http://www. rootsweb. com.

华人组织网，http://www. huaren. org.

巴拿马的华人，http://www. bsos. umd. edu/cidcm/mar/chinpan. htm.

后　记

九易寒暑，方得付梓。掩卷而思，感慨良多。

从攻读硕士研究生的时候起，我就在授业恩师秦宝琦教授的引领下与中国秘密社会研究结下了不解之缘。在我心目中曾经五花八门的神道教门和光怪陆离的会党结社，在秦宝琦教授的研究成果中褪去了神秘的面纱，变为一种可以解析、值得关注的社会历史学研究范畴。

也是在秦宝琦教授的指导下，我选择了为学界极少关注的拉美华人社会作为博士生学习期间的研究方向。当我把中文、英文、西班牙文和日文关于拉美华人社会的资料整理和连缀起来以后，一部拉美华人移民的血泪史铺陈于我眼前。腐败无能的清政府与西方列强签订不平等条约，置子民生死于不顾，拉美华工被奴役，被虐杀，是饱含屈辱的国家史；背井离乡的华工远赴拉美，置生死安危于度外，为谋生存在异国他乡颠沛流离，赚钱糊口，是白手起家的家族史；追求自由的拉美华人与当地人民团结一致，置民族大义于胸怀，反抗西方殖民主义的剥削和压迫，是可歌可泣的斗争史；眷念故土的拉美华人心系祖国安危，置家仇国恨于心间，抗日救国，义卖捐赠，是感天动地的民族史。我为这些跃然纸上的有名的和无名的英雄而感动，历史不应该忘记他们，我愿为他们做书立传！

在此，我要感谢秦宝琦教授，他务实严谨的治学作风、扎实考据的研究理念和循循善诱的授业之道让我为之钦佩、崇敬和无比感激。感谢在写作过程中给予我帮助的老师们——林被甸、李铁城、张研、贺耀敏、孟超、郑永华，他们提出了许多真知灼见。感谢出版社的领导和同事对我的指点和帮助，让拙作在北京市社科基金的资助下得以出版。感谢我的家人们，是他们的鼓励和支持让我不气馁、不放弃，一直前行！

图书在版编目（CIP）数据

他乡·故乡：拉美华人社会百年演变研究：1847～1970/刘叶华著．—北京：中国人民大学出版社，2015.12

ISBN 978-7-300-22108-3

Ⅰ.①他… Ⅱ.①刘… Ⅲ.①华人-历史-研究-拉丁美洲-1847～1970 Ⅳ.①D634.373

中国版本图书馆 CIP 数据核字（2015）第 270669 号

北京市社会科学理论著作出版基金资助

他乡·故乡

——拉美华人社会百年演变研究（1847—1970）

刘叶华　著

Taxiang Guxiang

出版发行	中国人民大学出版社		
社　　址	北京中关村大街 31 号	**邮政编码**	100080
电　　话	010－62511242（总编室）		010－62511770（质管部）
	010－82501766（邮购部）		010－62514148（门市部）
	010－62515195（发行公司）		010－62515275（盗版举报）
网　　址	http://www.crup.com.cn		
	http://www.ttrnet.com(人大教研网)		
经　　销	新华书店		
印　　刷	涿州市星河印刷有限公司		
规　　格	160 mm×230 mm　16 开本	**版　　次**	2015 年 12 月第 1 版
印　　张	21 插页 2	**印　　次**	2023 年 4 月第 2 次印刷
字　　数	304 000	**定　　价**	78.00 元